晋学文库
张有智 主编

晋学探微

张有智 谢耀亭 编

科学出版社
北京

内 容 简 介

本论文集是山西师范大学历史与旅游文化学院同仁在晋国史及三晋文化研究方面的一次学术总结。

论文集分"论晋学""尧文化研究""晋国史研究""三晋文化研究"四个部分。"论晋学"主要探讨了晋学学科体系的构建。"尧文化研究"集中探讨了尧都地望问题。"晋国史研究"探讨了晋国郡县、宗族、土地、经济等问题。"三晋文化研究"集中探讨了晋与三晋的思想文化及政治等问题。

本书可供历史学、地方学的研究者，大专院校相关专业师生及文史爱好者阅读、参考。

图书在版编目（CIP）数据

晋学探微/张有智，谢耀亭编．—北京：科学出版社，2013.8
（晋学文库/张有智主编）
ISBN 978-7-03-038342-6

Ⅰ.①晋… Ⅱ.①张… ②谢… Ⅲ.①文化史–山西省–文集 Ⅳ.①K292.5-53

中国版本图书馆CIP数据核字（2013）第191601号

责任编辑：郝莎莎　肖丽娟/责任校对：鲁　素
责任印制：赵德静/封面设计：黄华斌

科学出版社 出版
北京东黄城根北街16号
邮政编码：100717
http://www.sciencep.com

中国科学院印刷厂 印刷
科学出版社发行　各地新华书店经销

*

2013年8月第　一　版　　开本：787×1092　1/16
2013年8月第一次印刷　　印张：24 1/4
　　　　　　　　　　　　字数：500 000

定价：**98.00元**
（如有印装质量问题，我社负责调换）

序

张有智和谢耀亭编的《晋学探微》一书，是山西师范大学三晋文化研究所（前身是晋国史研究室，现在也是山西省晋学研究中心）两代学者自1980年该所成立至今30多年来所发表的重要论文的选集，是他们几十年来在晋学研究领域辛勤耕耘取得的成果的结晶，是他们在晋学领域从初创到不断克服重重困难勇登研究高峰的写照，代表了当前晋学研究领域的最高水平。

这部书共分"论晋学""尧文化研究""晋国史研究""三晋文化研究"四大部分，收论文58篇，并附有"山西师范大学历史与旅游文化学院晋学研究论著目录"，共约50万字。

尽管我没有逐篇逐字阅读完全部书稿，但它已给我留下强烈印象，使我深受教益，深受启发，大致可归纳成四个方面。

一，对何谓晋学、如何研究晋学，有理论高度的认识和理解，从而保证了晋学中心一直能够沿着明确的方向开展研究，做出了骄人的业绩。在"论晋学"部分，共收了5篇论文，张有智的《关于"晋学"研究的战略思考》，可以看作是晋学研究的纲领性文件，在这篇文章中，他首先对晋学进行了科学界定，提出了"所谓'晋学'，是对晋地历史与文化进行多学科、全方位研究的学问。其时空范围，当是自远古至近代以来的晋地文化，包括远古文化、晋文化、三晋文化、河东文化和山西文化。其研究的内容，当是在这个时空范围内所表现出来的千姿百态的文化事项及其演变和关于它们的研究史包括民族文化、考古学文化、思想文化、宗教文化、语言文化、民俗文化、艺术文化、制度文化、体育文化、科技文化、文化地理、文化事业、比较文化及政治与文化、经济与文化、军事与文化等"的概念，并将其区分为微观研究和宏观研究两类，认为可以看作是"微观"的各分支学科研究，是晋学研究的基础。"没有这些分支学科的研究，宏观层次的'晋学'只能是无源之水、无本之木；相反，我们如果不把各个分支学科置于整个宏观层次的'晋学'研究中来考察，那么，我们的研究便难以升华，同时也难以把握晋地区域文化的总体面貌和特征，难以把握它在中华文化浩瀚海洋中的地位"，这是完全正确的。同时，他提出的"繁荣晋学研究是实现三晋大地传统文化向现代化转换、振兴山西的必由之路"的观点，不仅是晋学研究者的着眼点，也是山西省各级领导者应该清醒认识到的。现在的竞争，无论是国内各省区之间、或者是国际各国之间，归根结底是文化的竞争。而文化实力的增强，一个重要方面就是从自己的传统文化中汲取营养。

2003年山西省委审时度势提出"文化强省"战略，在时任山西省委宣传部长申维辰同志倡导下成立了八大研究中心，令人振奋，令人鼓舞。当时我曾有幸参加了宣布八大研究中心成立的盛会，但10年过来，除了屈指可数的包括晋学中心在内的几个，其他许多所谓中心似乎都沉寂下来了。面对如此形势，很希望主管部门有所察觉，加以整顿，支持像晋学中心这样10年来孜孜以求、蒸蒸日上的单位，把"文化强省"战略真正落到实处。

二，研究范围广泛，不仅涉及晋地的历史与文化，也涉及不同历史时期晋地的经济、政治、军事等社会的方方面面。关于晋国史的研究，除1988年李孟存、常金仓出版的《晋国史纲要》和1999年李孟存、李尚师出版的《晋国史》早为学术界所熟知，许多单就某一方面、某一问题进行研究的论文，对于全面了解晋国历史发展也发挥了重要的补缺、纠误的作用，这里可以举出李孟存、常金仓的《叔虞封地诸说正误辨析》、李孟存的《略论春秋与战国的年代界限》、畅海桦的《晋国史书〈乘〉探微》、卫文选的《晋国灭国考略》《晋国县郡考释》，杨秋梅的《试论晋吴联盟》等。关于晋国政治、经济、军事、社会方面的研究，晋"作爰田""作州兵""铸刑鼎"等一直是史学界十分关注又争论不已的问题。对此，李孟存、常金仓、张玉勤围绕"作爰田"的研究和讨论，围绕"作州兵"和晋国军制的研究和讨论，李孟存、常金仓围绕范宣子"铸刑鼎"的研究和讨论，都有自己的真知灼见，深受好评。"晋无公族"是东周时期晋国不同于其他封国的重要特点之一，在这方面，杨秋梅的《"晋无公族"的形成及其历史影响》《晋国公族与公室关系的变异》、卫文选的《历代晋卿与晋国兴衰的关系》及张有智的《论春秋晋国宗族组织间的政治关系》《有道与无道：春秋晋国史中最生动的一页》等，做了有益的探讨，谁要研究这个问题，都应该参考它们。晋和三晋是东周时期诸国中最早产生法家和法制思想的地区，围绕这一课题，李孟存的《晋法与鲁儒的冲撞与融通》、陈德安的《荀子的哲学和社会政治思想》和《韩非子的哲学和社会政治思想》、张有智的《论法文化在先秦时期的孕育》、杨秋梅的《魏国率先变法原因探析》、谢耀亭的《子夏法思想论析》等均有深入研究，给继续研究者以启迪。当然，晋学中心朋友们研究的领域还有很多，这里就不一一列举了。

三，注重研究质量，不断涌现创新成果。科学研究有自己的规律，有严格的程序，在浮躁炒作之风不断向学术界袭来的现在，像晋学研究中心这样，能够坚持正确方向，保持清醒头脑，甘于寂寞，潜心做学问，时时把质量放在首位，实属难能可贵。在这里，我要特地提到仝建平的《晋学研究资料利用问题》这篇文章，他清醒地指出，作为晋学研究重要资料来源的"碑刻、地方志、家谱的史料价值的高低具有相对性，在研究中必须认真鉴别，要具体内容具体分析，以求合理利用。但在近年来的晋学研究中，对碑刻、地方志、家谱资料不加辨析地盲从之现象却经常能够见到。这种倾向在外省的地方文化、地方学建设和研究中也屡见不鲜，务必引以为戒"。对此，我举双手赞成。

在具体研究方面，我可以举出许多事例，其中给我印象最深、也是我十分推崇的是常金仓的《晋侯请隧新解》一文。晋侯请隧的故事见于《左传·僖公二十五年》，究竟"隧"指什么？历来有不同解释，主要有两种说法，一说是指只有天子葬礼才能用的四个墓道；一说是指周代都城郊外实行的乡、遂制度的遂，"掌供王之贡赋"和徭役。搞考古的多主张第一种说法，认为晋侯请隧就是晋侯自恃有功向周王要求死后也享用四个墓道的待遇。但苦恼的是，无论是晋国或东周其他封国国君之墓都没有发现有四个墓道的，所以至今未得其解。常金仓看到了这两种解释的牵强，别开路径，引《周礼·春官·司常》"日月为常，交龙为旂，通帛为旜，杂帛为物，熊虎为旗，鸟隼为旟，龟蛇为旐，全羽为旞，析羽为旌"的话，考证晋文侯请隧的隧，就是指周王旗章制度中的"全羽为旞"的旞，"旞"通"隧"，是指标志身份地位的非常高规格的一种旗帜。他指出："晋国在晋武公时是拥有一军的诸侯，晋献公时发展为二军，晋文公勤王方才有三军，所以晋国不能建旞在当时也是很可能的。这时晋文公要称霸诸侯，要求建旞，提高自己的地位，合乎情而顺乎理。"对"晋侯请隧"，还会有不同看法，还会有争论。但我认为，常先生的分析有较充分的理由和说服力，是有新意的、可能更符合事实的一种解释。

科学研究要从材料出发，要有创新思维。常金仓做到了，晋学研究中心的许多先生做到了，我们应该向他们学习。

四、事实求是地、与人为善地开展学术讨论、学术批评，是促进学术进步的重要手段。体育赛事中的接力赛跑是如此，学术研究也是如此。在学术研究中，每一个学术观点的提出，都是在对前人、别人研究成果认真分析的基础上，吸收其精华，找出其问题，通过自己的潜心研究得出的。例如围绕"晋作爰田"问题，李孟存、常金仓同林鹏展开的讨论，张玉勤同李孟存、常金仓之间的讨论及卫文选的有关文章，尽管看法不同或存在差异，但都是本着与人为善的态度、求得确解的目的进行的。从这些文章中，可以看出的是基于对史料的不同理解而进行的平等的讨论，而不见时下并不少见的盛气凌人、扣帽子等现象。通过这样摆事实、讲道理的讨论和批评，既推进了对讨论的问题的解决，又不伤感情，甚至增加了彼此之间的友谊。我觉得应该提倡这样的学风！

阅读《晋学探微》文集，使我增长了许多新鲜的知识，我坚信，它的出版一定会促进晋学研究的深入和更好的发展。

我常常对朋友说我是半个山西人，因为在我的学术生涯中，有20多年是伴随着晋文化研究度过的，我作过调查、作过发掘，写过文章，至今还在为北赵晋侯墓地的发掘报告而冥思苦想……我深爱着山西这块土地，也常常怀念和想念共同在天马-曲村遗址奋斗过的老师、领导和朋友，想到这一层，我也不揣冒昧为晋学中心提两点建议：一个建议是，在中心增加一两个学考古出身的人员，懂得和熟习用考古学的方法做研究；再一个建议是,希望实行课题制,吸收中心以外有实力、有兴趣者参加研究。如果能有这样的改进,我想,晋学中心一定会不断扩大研究领域,办得越来越红火,取得越来越多的更加骄人的成绩。是为序。

李伯谦

2013年8月16日于北京昌平区回龙观寓所

前　言

春秋时期的晋国，自西周初年建国时偏居晋南一隅的方圆百里的小国，迅速发展成为地跨今山西全省、河南北部、河北、陕西、山东、内蒙古自治区之一部的大诸侯国。虽历600余年而亡，但其间不仅称霸时间达150年之久，在春秋五霸中时间最长，而且，在政治、经济、军事、思想、文化诸领域都留下了丰富的宝藏，成为中华文化中的灿烂花朵，山西人至今视之为荣耀。研究它，不仅有助于我们了解这一区域的历史实相和文化特征，而且更有助于我们加深对中华文化具有海纳百川的普遍性格的整体认识。

我们的工作正基于此。1980年，位于尧都和晋都腹心地带（今山西省临汾市）的山西师范大学历史系同仁在李孟存先生的带领下，以其得天独厚的区位优势和办出地方文化研究特色的先进理念，建立起"晋国史研究室"，地址设在南小楼四层的两间小房子里。自此，晋国史的专门性研究在全国率先起步。研究人员也随着研究工作的逐步开展，由最初的两三位老师不断扩大，形成一支朝气蓬勃的研究队伍。主要有李孟存、卫文选、张志刚、张玉勤、张守中、常金仓、张有智、林宏跃、杨秋梅等。人员虽为兼职，但研究目标相对一致，围绕着晋国史和山西地方史出版了《平阳史话》《晋国史纲要》《山西史》《山西历史人物评传》等一系列学术著作和论文。研究队伍结构合理，发展态势良好。山西师范大学历史系亦成为全国晋国史研究的重镇。

20世纪80年代中后期，随着文化研究热的兴起及晋国史研究领域拓展之需，1999年将"晋国史研究室"易名为"三晋文化研究所"。 2003年，山西省大力推进"文化强省"战略，时任省委宣传部长的申维辰先生积极倡导在山西省建立"八大文化研究中心"。鉴于山西师范大学晋国史研究和地方学研究的团队力量和影响，决定依托这支队伍建立"山西省晋学研究中心"，此中心于当年9月29日正式挂牌运行。次年10月，在科学出版社闫向东，中国国家博物馆佟伟华、王力之，首都师范大学侯毅，山西省考古所宋建忠、田建文及侯马市晋国博物馆馆长高青山等先生的支持下，山西师范大学历史与旅游文化学院前院长徐跃勤、院党委书记朱习勤及林宏跃、畅海桦、许学军等同仁经过三个月的辛苦努力，以中华文明在黄河流域的历史进程为主题的"晋学博物馆"终于落成。落成后的晋学博物馆同戏曲文物博物馆、黄河民俗文化陈列室交相辉映。三个博物馆又同三晋文化研究所、戏曲文物研究所、黄河民俗文化研究所相互对应配合，各有侧重，共同支撑起一个"山西省晋学研究中心"， 期盼整合学科力量，从广义晋学的角度出发，对山西历史文化的过去与现在进行深入研究，并为山西社会经济发展、实现文化强省战略,提供智力支持。在教学上,地方文化类课程形成了理论教学—校内实践—校外实践的较为完备的教学体系。这一做法,不仅使山西师范大学的办学特色更加鲜明,而且成为当年教育部本科教学评估中的亮点。这一时期,三晋文化研究方面主要出版了《先秦三晋地区的社会与法家文化研究》《三晋文献集》《魏国史话》等著作和论文,同时,也为服务地方文化建设做了许多十分有益的工作。诸如与安泽县合作举办多届荀子文化节高层论坛,并促成山西师范大学与安泽县人民政府共建荀子学院即是显例。其他如侯马、乡宁、曲沃、洪洞、襄汾、古县、古交等县市的文化研究与建设也留下了我们的足迹。但是,近年来随着老先生的退休和部分人员的工作调动,研究人员逐年减少,加之青年学者硕博时期形成学有专攻的研究方向殊难调整之限等诸多因素,历经数十年积淀而形成的极富地方特色的晋国史研究队伍堪忧。

三晋的历史很辉煌,晋学的研究却很落后。纵有孟存师开创在先,我辈继之以恒,然天性愚钝,比之其他地方学研究,差距依然很大。故以山西师范大学历史与旅游文化学院同仁的有关先秦三晋地区历史与文化的研究论文为范围,选集出版,既是对以往工作的回顾和总结,也是为研究者提供翻检查阅之便,更是对后学的鞭策和期望!

本书选编的研究对象,上起尧舜禹,下迄秦灭三晋。关于秦汉以后的研究论著不予收录。附录部分,是同仁们的论著和研究生学位论文的目录索引。研究生的学位论文目录不限于先秦,采取"广义晋学"的概念,与山西有关者均予收录。属于多人合作的论文,一般列于第一作者名下。根据学术研究规范和排版的需要,对个别字句、标点及注释做了认真的校正。

本书的选目和统稿由我和谢耀亭负责。专门史研究生李文秀、李文霞、丁帆、张峰、石敏、宋俏、李天龙、武幸龙、吕玲、张淑良做了大量的文字工作,在此表示谢意!

承蒙科学出版社文物考古分社闫向东社长和孙莉、肖丽娟、郝莎莎诸位编辑的厚爱与支持,在此一并致谢!

由于我们的水平有限,存在的纰漏和错误一定不少,恳请读者批评指正。

张有智

2012年12月27日

改于2013年6月26日

目 录

序 ·· 李伯谦（i）
前言 ·· 张有智（v）

论 晋 学

关于"晋学"研究的战略思考 ······································· 张有智（3）
晋学概念及其他 ··· 张有智（9）
晋学的四大特征 ··· 畅海桦（12）
晋学学科体系的构建 ··· 林宏跃（15）
晋学研究资料利用问题 ··· 仝建平（18）

尧文化研究

也论尧文化——兼与高邮发祥说商榷 ············· 张玉勤　张晓荣（23）
尧都平阳在临汾不在太原——对王尚义《太原建都已有4470年》一文的商榷
　　　　　　　　　　　　　　　　　　　　　　　　　周征松（30）
试论陶寺遗址即尧都 ·································· 张有智　武幸龙（34）

晋国史研究

叔虞封地诸说正误辨析 ································ 李孟存　常金仓（43）
古唐国与我国原始驯养业 ·· 常金仓（50）
西周时期的晋国 ······································ 李孟存　常金仓（53）
晋国的始盛之君——晋献公 ·· 杨秋梅（60）
晋侯请隧新解 ·· 常金仓（66）
对《晋作爰田考略》的异议 ························· 李孟存　常金仓（70）
爰田与井田——与林鹏同志再商榷 ················· 李孟存　常金仓（75）
晋作爰田探讨 ·· 张玉勤（80）
晋作爰田、作州兵考释 ·· 卫文选（85）
晋国的军制 ·· 李孟存　常金仓（96）
晋作州兵探析 ·· 张玉勤（101）
晋国灭国略考 ·· 卫文选（107）
晋国县郡考释 ·· 卫文选（115）
晋文公富国要略 ··· 卫文选（121）

晋国公族与公室关系的变异……………………………………………………杨秋梅（129）
"晋无公族"的形成及其历史影响………………………………………………杨秋梅（136）
论春秋晋国宗族组织间的政治关系……………………………………………张有智（142）
有道变无道：春秋晋国史中最生动的一页……………………………………张有智（149）
赵世系中赵夙与赵衰的辈分考辨………………………………………………林宏跃（156）
绛商与空首布……………………………………………………………………李孟存（160）
晋国后期内战及其历史影响……………………………………………………杨秋梅（164）
历代晋卿与晋国兴衰的关系……………………………………………………卫文选（169）
略论春秋与战国的年代界限……………………………………………………李孟存（176）

三晋文化研究

论三家分晋形成的社会机制……………………………………………………林宏跃（183）
《山西省文化史略》述评…………………………………………………………张有智（190）
三晋地缘政治特色之解析………………………………………………………杨秋梅（197）
晋文化是东周时期的主体文化…………………………………张玉勤　张辉杰（202）
周族起源考………………………………………………………………………张玉勤（209）
论法文化在先秦时期的孕育……………………………………………………张有智（216）
宗法制在晋国的衰落……………………………………………………………张有智（235）
范宣子刑书探微…………………………………………………李孟存　常金仓（241）
晋国的道德风尚及其形成的社会基础…………………………………………林宏跃（249）
《周易》与晋国文化………………………………………………………………李孟存（255）
孔子与晋国………………………………………………………………………李孟存（258）
晋文公称霸的战略思想…………………………………………………………周征松（263）
晋国史书《乘》探微………………………………………………畅海桦　鞠　振（266）
试探晋国史官地位嬗变之因……………………………………………………畅海桦（272）
魏国率先变法原因探析…………………………………………………………杨秋梅（279）
论赵国的定都与变迁……………………………………………………………畅海桦（287）
卜子夏教育思想探微……………………………………………………………杨秋梅（292）
子夏法思想论析…………………………………………………………………谢耀亭（299）
子夏在儒学发展史上的贡献……………………………………………………谢耀亭（304）
子夏故里温邑考——兼与"卫国说"者商榷……………………………………谢耀亭（310）
子夏之学与三晋学术……………………………………………………………杨秋梅（317）
荀子与晋学………………………………………………………………………张焕君（320）
荀子游齐考………………………………………………………………………谢耀亭（323）

荀子的哲学和社会政治思想……………………………………陈德安（328）
荀子的学习思想探析……………………………陈德安　申国昌（336）
荀子论道德教育和道德修养的意义……………………………陈德安（348）
韩非的哲学和社会政治思想……………………………………陈德安（359）

附　录　山西师范大学历史与旅游文化学院晋学研究论著目录…………（367）

论　晋　学

关于"晋学"研究的战略思考

张有智

李元庆先生在其新著《三晋古文化源流》一书中通过对三晋古文化变迁过程的宏观研究，在提出三晋古文化研究的"三个历史层面"和"三大理论层次"的基础上，提出构建"晋学"研究体系的问题①，这无疑为深入开展三晋古文化研究提供了方法论依据。但"晋学"的内涵究竟是什么，学术界目前也没有作过任何阐释。因此，本文想对晋学问题做一番探索性的研究，并从山西发展战略的角度，对"晋学"研究与文化现代化和经济现代化的关系进行论述。

一

所谓"晋学"，是对晋地历史与文化进行多学科、全方位研究的学问。其时空范围，当是自远古至近代以来的晋地文化，包括远古文化、晋文化、三晋文化、河东文化和山西文化。其研究的内容，当是在这个时空范围内所表现出来的千姿百态的文化事项及其演变和关于它们的研究史，包括民族文化、考古学文化、思想文化、宗教文化、语言文化、民俗文化、艺术文化、制度文化、体育文化、科技文化、文化地理、文化事业、比较文化及政治与文化、经济与文化、军事与文化等②。因此，它是宏观研究与微观研究的统一。各种分门别类的文化研究是"晋学"研究中的分支学科，也是"晋学"研究的基础。没有这些分支学科的研究，宏观层次的"晋学"只能是无源之水、无本之木。相反，我们如果不把各个分支学科置于整个宏观层次的"晋学"研究中来考察，那么，我们的研究便难以得到升华，同时也难以把握晋地区域文化的总体面貌和特征，难以把握它在中华文化浩瀚海洋中的地位。

构建"晋学"研究体系具有一定的必然性。这主要表现在以下两个方面。

第一，晋地具有丰富多彩的历史与文化。在政治方面，从传说的尧、舜、禹开始一直到五代时期，其间除稍有短暂的失落外，绝大部分时间，山西都是作为当时全国的政治中心而活跃于历史舞台。春秋时期的晋国，称霸诸侯达一个半世纪之久。西晋末年，

---

① 李元庆：《三晋古文化源流》，山西古籍出版社，1997年，第38~46页、第466页。
② 朱维铮：《文化的类型》，《音调未定的传统》，辽宁教育出版社，1995年，第27~38页。

匈奴酋长刘渊在今山西离石起兵建汉，不久迁都平阳（今山西临汾）。公元四世纪末至五世纪末，大同作为北魏的首都近一个世纪。隋唐时期的国都虽然不在山西，但山西仍然是"仅次于长安、洛阳的第三政治中心"①。五代时期的五个小朝廷中有三个是以太原为根据地的沙陀人南下建立的②。唐末和梁朝时，山西有李克用、李存勖父子建立的晋国。五代末的后周时，又有刘崇建立的北汉。北宋统一以后，定都开封，山西在政治上的中心地位渐次衰落。在经济方面，一般来说，政治上的中心往往也是经济、文化上的中心，在交通、信息极不发达的古代尤其如此。在大约两千年前的春秋战国时代，山西的农业即以先进的生产工具和耕作方法获得农业产量的大幅度提高。在手工业方面，金属冶炼铸造业久负盛名，所铸器物备受周天子青睐③。在商业方面，三晋地区的商品主要有盐、铁、马、牛、羊、枣及其他农产品和纺织品；使用的货币有布币、刀币和圜钱等，货币铸造场遍布于平阳、屯留、长子、涅（今山西武乡县西北）、蔺（今山西柳林县）、离石、晋阳、中阳（今山西中阳县）、中都（今山西平遥县西南）、安邑、皮氏（今山西河津市）、蒲坂（今山西永济市）、垣（今山西垣曲县）等全山西省大部分地区。商品经济的发展促进了商业城邑的繁荣。不仅做过都城的翼城、侯马、太原、临汾、安邑等地是商业中心，而且洪洞、曲沃及上述的铸币地也是著名的商业城邑。

用上述三个方面来表现先秦时期山西地区的经济繁荣是不全面的，但它所说明的问题应该十分明了：山西自春秋中期以后到战国乃至秦汉时期确实是经济繁荣地区。"晋楚之富，不可及也"④是时人公认的事实。如果说先秦时期山西地区的经济繁荣与其政治地位密切相关的话，那么明清时期的晋商，则是山西自北宋始就失落了政治地位达四个世纪之久以后崛起于中国北方、并对近代中国社会经济产生深远影响的一支生力军。晋商以其开拓进取、自强不息的敬业精神，同舟共济的群体意识，以及审时度势的敏锐眼光、诚实笃信的经营作风和严密的管理手段⑤，把他们的足迹铺遍祖国的大江南北，甚至俄国、日本、朝鲜、伊朗等地也闪耀着山西人的光彩。尤其是山西票号，更是一度执全国金融界之牛耳。所以说"明清晋商完全可与世界商业史上著名的威尼斯商人、犹太商人等相媲美"⑥。古代山西地区历来是游牧文化和农耕文化的交汇地，它所呈现的文化面貌在中国文化史上的地位也是不同凡响。法家学派形成于斯，魏国藉以成为战国前期的头等强国。他们的理论被其他诸侯国借鉴引用，形成规模宏大的变法运动。著名的

---

① 谭其骧：《山西在国史上的地位》，《晋阳学刊》1981年第2期。
② 即李存勖建立的后唐、石敬瑭建立的后晋、刘知远建立的后汉。
③ 《左传·昭公十五年》记载周天子索器于晋被拒绝，周天子骂晋"数典忘祖"，反映了晋器声价之高。
④ 《孟子·公孙丑下》，（十三经注疏本），中华书局，1980年，第2694页。
⑤ 张正明：《晋商兴衰史》，山西古籍出版社，1995年，第134~156页。
⑥ 张正明：《晋商兴衰史》，山西古籍出版社，1995年，第1页。

商鞅变法就是由商鞅携带着李悝的《法经》离魏入秦以后加以实施，从而使秦国强大起来的。秦汉以后，法家思想与儒家思想互为表里，密切配合，成为此后历代王朝统治人民的两大法宝。山西的佛教文化也十分丰富，东晋的法显、慧远，北魏的昙鸾，唐代的窥基等都是著名的佛学家。昙鸾创立的净土宗对日本净土宗的建立产生了巨大影响，日本净土真宗尊昙鸾为本师，尊昙鸾居住过的山西交城玄中寺为祖庭①。著名的佛教圣地五台山、净土宗的发源地玄中寺及大同云冈石窟、浑源悬空寺、洪洞广胜寺等，都是佛教文化在此发展兴盛的重要标志。"古代山西曾是中国戏曲最重要的发祥地、繁盛地和根据地之一。"②泽州人孔三传创立的诸宫调"直接促成了元杂剧的诞生，可以说是元杂剧出现的先声"③。在这里涌现了一批诸如元好问、郑光祖、石君宝等著名的杂剧散曲家。地上地下发现的戏曲文物居于全国之首，堪称"戏曲文物荟萃之乡"。

  失却政治中心地位的山西的文化教育并没有衰落。宋金元时期，首都虽不在山西，但山西平阳却是全国四大雕版印书中心之一。金代的科举考试在全国十九个路设立的十个考区中，仅山西的三个路就有三个考区④。明清时期，山西的书院、府州县学和乡镇义学星罗棋布，遍及全省各地。二十世纪初期，山西的教育仍居全国领先地位。据1916年教育部报告显示的数字，山西省每34人中就有1名小学生，远远超过全国各省之平均数而跃居首位⑤。高等教育也随着1902年山西大学堂的建立揭开了近代化教育新的一页。当时全国的大学仅有三所，山西大学堂即是其中之一（另外两所是京师大学堂和北洋大学堂），而且是唯一一所设立在省会的大学堂⑥。为解决教材问题，英国传教士李提摩太于1902年在上海设立了山西大学堂译书院，成为中国第一所大学译书院⑦。从山西大学堂的专业构成、课程设备、试题内容和使用的译书院的教材等方面来看，它对开启民智、学习科学知识、促进山西的近代化都起到了不可忽视的作用。

  第二，近年来有关晋地的历史与文化研究的论著如雨后春笋纷纷问世，为晋学研究奠定了基础。从资料的搜集、整理，到分门别类的探索研究都取得丰硕成果。在资料的搜集与整理方面，山西人民出版社出版了《千年晋版书目（986—1986）》和《山西文献总目提要》，著录山西文献5000余种，收录佚书590余种，全面汇集了有关山西历史文献的纲目。点校出版了光绪本《山西通志》，还有《薛瑄全集》《傅山全书》《阳曲学案》《柯璜选集》《蒲州梆子传统剧本汇编》（12册）、《三晋石刻总目（运城

---

① 乔志强主编：《山西通史》，中华书局，1997年，第228、670页。
② 冯俊杰：《山西石刻戏曲史料的认识价值》，《文史知识》1996年第4期。
③ 李元庆：《三晋古文化源流》，山西古籍出版社，1997年，第466页。
④ 谭其骧：《山西在国史上的地位》，《晋阳学刊》1981年第2期。
⑤ 蔡咏春等译：《中华归主》，中国社会科学出版社，1987年，第398～399页。
⑥ 乔志强主编：《山西通史》，中华书局，1997年，第228、670页。
⑦ 徐士瑚：《李提摩太与山西大学堂西学专斋》，《山西大学学报》1984年第4期。

卷）》《山西民歌》《山西民俗》《山西琉璃》《山西寺观壁画》《山西古代文学作品选》，等等。

在研究性论著方面，《傅山书法艺术研究》不仅展现了276幅傅山作品，而且还探讨了傅山的人品书品、美学思想、艺术风格，以及他的书法艺术成就和历史地位。《元好问诗词研究》《西厢记鉴赏词典》《西厢记新论》《王勃诗文咀华》等，在文学层面展示了山西文化的风采。《三晋历史人物传》（4册）、《历史人物与山西地名》《武圣关羽》《裴氏人物志》《武则天探秘》《明代理学大师薛瑄》《傅山评传》等反映了山西是一块地灵人杰、群英荟萃的文化宝地。《晋盐文化述要》对河东盐池天日晒盐的嬗变过程及其独特的生产工艺，以及由盐业经济辐射而形成的城市建设、水利建设和文化事业的发展等，都做了有益的探讨。张正明先生的《晋商兴衰史》对山西商人的兴起、特点、性质、经营方式、成功经验、衰落原因及历史地位和历史作用等，进行了详尽的剖析，展现了山西商业文化史上的一页光辉画卷。《山西民俗与山西人》通过对山西人的生育、婚姻、丧葬、家庭、信仰等民俗事相的分析，深刻地透视了山西人的心态特征，是实现传统文化的现代性转换的一部引玉之作。乔志强主编的《山西通史》是目前研究山西地方史的最为系统和完备的著作，尤其是文化史部分更为该书增添了引人入胜的光彩。冯宝志的《三晋文化》和李镇西的《魂系山西》，从自然环境和社会结构方面，扼要介绍了山西的政治军事地位、思想文化、民族文化、戏曲文化和晋商文化等山西文化史上的主要部分。李孟存等著的《晋国史纲要》是第一部系统研究晋国历史的专著，通过对晋国政治、经济、军事、文化的详尽论述，把晋国自建立到解体的近六百年历史勾勒得眉清目秀。李元庆的《三晋古文化源流》是从宏观角度研究三晋古文化的一次有益尝试。它以宏伟的构架，把丰富悠久的三晋古文化发展序列分为三个历史层面：三晋古文化自身发展的层面，三晋古文化的历史渊源和三晋古文化的流风余韵。《三晋古文化源流》的面世，是三晋文化研究走向深入、不断升华的表征。

在文物与考古研究方面，侯马晋国都城遗址、晋侯墓地、铸铜遗址、盟誓遗址、太原赵卿大墓（M251）等都是近年来晋文化研究中的重大考古发现。有关这方面的研究成果除了专业刊物和非专业刊物发表的有关报告和论文以外，主要著作有《上马墓地》《侯马铸铜遗址》《侯马铸铜陶范艺术》《侯马盟书》《太原晋国赵卿墓》《晋都新田》《汾河湾——晋文化国际学术研讨会论文集》等，为晋文化研究提供了地下实物资料。《山西考古四十年》等一些其他文物考古资料和研究成果，对整个山西地区远古以来的历史文化研究具有不可或缺的参考价值。综上所述，晋地自远古至近代以来悠久而丰富的历史文化为晋学研究提供了最基本的内容，文献资料的整理、考古资料的发现及分门别类的研究成果为宏观层次的晋学研究奠定了丰厚的基石，构筑了多学科、全方位的多维立体研究坐标。

二

如果说二十世纪的晋地文化研究为"晋学"的建立创造了"呼之欲出"的客观前提的话,那么悄然来临的二十一世纪迫切要求我们把"晋学"研究置于山西发展战略的高度来认识。

繁荣晋学研究是实现三晋大地传统文化向现代性转换、振兴山西的必由之路。现代化是一个系统工程,毫无疑问它包括文化的现代化,而且文化现代化是其关键,在一定意义上讲,是经济现代化的前提。没有文化现代化,经济现代化将是一种"泡沫现代化",难以对二十一世纪新经济时代提出的挑战做出积极的卓有成效的回应。中外历史的现代化行程已经充分证明文化具有影响现代化进程及其实现的作用。在西方,先有文艺复兴,后有产业革命;在中国,"五四"以来,先有文化运动,后有社会风暴。但是,五四以前半个世纪的中国,皆因缺乏思想文化上的必要准备而导致几次实现现代化的尝试和奋争归于失败。洋务运动在戊戌变法之前,失败了;辛亥革命在新文化运动之前,也失败了;它们都是社会经济政治变革先于思想文化方面的变革而最终未能实现现代化的史证[1]。新中国在二十世纪七十年代末正是通过举国上下的真理标准大讨论,在思想文化领域发生了巨大革命,于是才有了改革开放及随后的经济高速发展。由此可见,有没有文化现代化是关系到改革成败、国家盛衰的关键,是关系到我们能否在二十一世纪的全面竞争时代立于不败之地的关键。

综观晋地的历史与文化发展过程,昔日的辉煌也首先得力于文化的进步,大致说来,表现为四个方面。第一,兼容并蓄的开放性。古代山西是一块夷夏杂居之地,农耕文化与游牧文化在这里激烈地碰撞、交流、融合,文化面貌呈现出一种海纳百川的开放态势,创造了中国历史上称霸诸侯的晋国和强大的北魏王朝。第二,顺时应变的革新精神。从晋国的"法治"思潮到法家学派的形成,从魏文侯的变法改革到北魏孝文帝的汉化政策,都是思想文化领域的深刻革命。第三,举贤任能的用人观念。春秋时晋文公"楚才晋用",战国时魏文侯礼贤下士等,致使先秦三晋地区英才荟萃,势力强盛,久居于政治、经济、文化之中心地位。第四,积极进取的敬业精神。山西商人不因山西近两千年的政治中心地位在北宋时期的丧失而悲观颓废,反而发奋图强、积极进取,走出一条自强不息的商业文明之路。

可见,无论是晋文化还是三晋文化,或者是山西文化,都是在以农业为本的传统社会结构下、伴随着晋地夷夏整合和社会变迁而形成的一种独特的区域文化。如果说这种文化的基本精神曾经创造了三晋大地昔日的辉煌,那么在当今人类进入知识经济时代,注重以文化为底蕴、发展为主题的新的历史条件下,如何振兴山西文化,使之适应新时

---

[1] 庞朴:《文化的民族性与时代性》,中国和平出版社,1988年,第24~26页。

代,进而带动山西经济与社会发展已显得十分迫切和必要。可以说,晋地文化的重建与振兴将关系到山西未来的发展与繁荣。因此,山西的振兴关键在于文化的振兴,在于文化的现代化。山西要改变自己在全国的落后位置,实现经济腾飞,就必须首先进行文化的改造与重建。只有把晋地历史与文化研究引向深入,才能在社会转型时期实现文化的创造性转换,才能增强山西人的现代化意识和实现现代化的使命感、紧迫感,才能再造历史辉煌、重振三晋雄风,这是时代赋予"晋学"研究的历史使命,也是笔者之所以将"晋学"提高到关系晋地经济与社会发展的战略高度来看待的原因所在。

综上所论,倡兴晋学研究,实现山西地区传统文化的现代化,对山西迎接二十一世纪的挑战具有深远的战略意义。要使晋学研究与晋地经济与社会发展有机结合,进而促进山西的发展,就需要有相应的具体措施。

第一,有必要建立一个高规格的晋学研究机构。政府应在人力、物力和财力方面给予充分的保证,使其职能不仅限于研究晋学,更主要的在于通过晋学研究,为山西今后的腾飞制订出可供政府参考、利用的方针政策。

第二,使晋学研究国际化。当今世界正处于走向一体化的趋势,东西方在结束"冷战"的对峙和隔膜后,率先开始了文化的沟通与交流,这为晋学的国际化提供了适宜的环境和条件。山西地处华夏腹地,长期的封闭造成晋地文化的萎缩乃至落伍,这种现状,现虽有所改观,但还远不尽如人意。因此,振兴晋学使晋学走向世界,既是文化的复兴,同样也是晋地提高引资、广布国际、深化改革、发展经济的有力途径。

第三,通过晋学研究寻求新的发展思路。基于山西作为国家的能源大省及其目前落伍的现状,适时调整产业结构,重点开发有关煤炭资源再生利用、环境保护、信息技术、文化旅游等新产业项目,为晋地经济增长注入新的活力。目前,国际经济因自去年至今一连串金融危机的震荡而现紧缩之势,但我国作为一个发展中的人口巨型国家,其经济增长和发展的潜力依然很大,特别是经过20年的改革开放后,以往制约我国的落后的生产力与人民群众不断增长的物质、文化生活需求之间在数量上的矛盾大大缓解。现在随着市场的开发度日益提高与经济规模的扩大,矛盾的重点已转为如何依靠科技进步、合理利用资源、保护生态环境、提高产品质量和国际竞争力、促进产业结构科学调整,以实现可持续发展,进而调整社会利益分配机制,促进社会公平、保持社会稳定。也就是说,如何实现"两个根本转变"。在此情况下,晋学研究所带来的新思维、新视野对促进晋地的发展则显而易见。

二十世纪很快就要过去了,二十一世纪即将来临。在这世纪之交,生活在这片黄土地上的山西人究竟该做些什么,怎样做,才能上无愧于祖先父辈,下对得起子孙后代?这也许就是本文的初衷罢。

(原载《山西师大学报》1999年第3期)

晋学概念及其他

张有智

"晋学"一词，当是在二十世纪二三十年代由蒙文通先生在其《经学导言》讲义，后由商务印书馆于1933年出版时改名为《经学抉原》中提出的。蒙文通先生认为，我国太古民族可以分为江汉、河洛、海岱三系，他们活动的地域不同，文化面貌各异，故荆楚、三晋、邹鲁说史、学术思想各不相同，"殆皆源于三方民族之有别也"。以史学而言，"北方三晋之学邻于事实""史学实其正宗"。就经学而论，深信齐鲁之学为今文，齐鲁学外有三晋之学，三晋之学为古文；"今文之学，合齐、鲁学而成者也，古文学据三晋学而立者也。今古学门户虽成立于汉，然齐、鲁以并进而渐合，晋学以独排而别行，则始于秦""贾谊、晁错、贾山陈论政事，此出于三晋纵横法家者也……纵横法家固三晋北方之学也""申、韩（商君卫人）之徒，并是北人，此三晋之学也"。由此可见，蒙文通先生提出的"晋学"概念，是以先秦三晋地区的史学、经学及诸子思想学术为研究内容的。

时隔半个世纪，也就是二十世纪八十年代以来，中国的社会、政治、经济、文化生活发生了翻天覆地的变化，学术研究出现了令人欣喜的局面。晋学也如同徽学、藏学、楚学、蜀学等其他地方学一样，重新被列入学术研究日程。但是，究竟什么是晋学？它研究的对象、范围是怎样的？至今仍是学界普遍关切的问题。有人认为，晋学就是春秋时期的晋国学，是研究晋国的学问；有人认为晋学是研究晋文化的学问；有人认为晋学是研究战国时期三晋的思想学术问题，等等。对这一概念理解有差异性，其原因恐怕在于：一是山西历史发展的曲折性和复杂性；二是晋学研究内容的时代性、广泛性和多样性；三是研究者对"学"的认识的差异性而导致研究视角的不同。

事实上，一种概念即是人们对一种事物认知的概括。随着时间的推移、社会的发展和科学研究的进步，概念的内涵和外延也将随着人们认知程度的不断深化而发生变化，使之更趋完善，更具科学性。世界上关于"文化"的定义竟有200种之多，不正是反映了学术界关于文化概念的讨论经历了一个由简单到复杂、由狭义到广义、由模糊到清晰的认知过程么？晋学概念的讨论亦当如是。

"学"有学派、学问、学科的含义，"晋学"正是在前人研究的基础上，基于当代学科发展的新趋势而提出来的一个学科概念。二十世纪六十年代，地区学作为一门新兴学科在国外兴起以后,至今虽然刚刚半个世纪,但东方学、中国学、日本学、埃及学、美国学、亚述学等诸多地方学学科遍布全球。它们研究的对象,是"把地区(空间)作为一个固定的范围进行具体研究,以探索地区演变的过程,并预测未来发展趋势"①。其研究内容包括经济学、地理学、社会学、政治学、历史学、文化学和人类学等多种学科的相关领域。那么,在这个意义上提出的晋学概念显然属于地方学的一个分支学科。

在笔者看来,晋学是关于晋地的学问。之所以称之为"晋学",而不叫"山西学",是因为山西自古皆有称"晋"之名。西周初年,周成王的弟弟叔虞受封于今天山西南部的古唐国(今曲沃、翼城一带),其子燮父即位后,改唐为晋,这是山西最早称晋的由来。其辖地范围不过是"河、汾之东方百里"②,也就是今天山西南部的临汾、运城一带。春秋以降,晋国的版图不断扩大,包括今天山西的全部、河南的北部及西北部、河北的东南部和陕西、山东的一部分。战国时期,晋国虽然被其内部的三家强宗大族韩、赵、魏所瓜分,建立起三个独立国家,但时人和文献常以"三晋"称之。秦汉以后,山西虽然常有河东、并州等名称的变化,但是,"晋"作为人们对山西区域的一种指认则是不言而喻的。明代始用山西省名至今,以"晋"作为山西的简称却是代代沿袭,至今不变。因此,以"晋"名学,是人们普遍可以理解的概念。至于晋学研究的范围,应该以晋地不同时期的疆域变化为依据。秦汉以前,以晋国和韩、赵、魏疆域为研究的空间范围;秦汉以后,以山西地区为研究范围。晋学研究的时间范围,当是自山西的上古时期至当代山西。

所以,晋学主要是研究山西地区历史文化和社会变迁的学问。其研究的内容主要有:山西区域的历史变迁、政权组织、民族文化交流、生产生活、文化教育、思想学术、宗教信仰、民俗风情、文学艺术(包括戏剧、民歌、绘画、雕塑等)、文物考古、生态环境、山西人的精神、当代山西发展中的问题与出路等。所涉及的学科主要有:历史学、考古学、哲学、人文地理学、政治学、经济学、民族学、民俗学、社会学、文化学、生态学等多种学科的相关领域。虽然说它的研究内容十分广泛,但确也是将人们生活的空间区域作为研究对象的学科必然面对的问题。因为人类生活的空间区域就是一个复杂的综合体,既离不开自然的,也离不开人文的,既包含物质的,也包含精神的。这就决定了晋学这一学科所具有的多样性、交叉性和综合性的特点。

分析与综合是晋学研究最基本的科学方法。没有分析就没有综合,分析是综合的基础;没有综合,分析就不会深刻,就得不到升华,就不能对研究对象形成整体认识,就会造成只见树木不见森林之憾。晋学是以晋地整体历史作为自己的研究对象的,对它所涉及的诸多学科领域进行分门别类的深入研究是晋学研究的基础,没有这些分门别类的

---

① 张广照、吴其同主编:《当代西方新兴学科词典》,吉林人民出版社,2000年,第57~58页。
② 《史记·晋世家》。

研究，晋学研究将会是无源之水、无本之木。分门别类的研究越深入、越细致，我们对晋地社会发展演变的认识就越深刻、越全面。同时，晋学的学科特点要求我们在对多学科分门别类进行研究的时候，必须以整体史观予以观照，用综合的、联系的方法加以研究。也就是说，既应该将它们置于晋地这样一个特定的空间区域中进行综合分析，也应该将它们置于整个中华民族文化的空间区域中予以审视，从而发现它们之间的种种联系和晋学研究的内核，揭示晋地整体历史发展演变的规律和特点，增强对中华文化"多元一体"的整体认识。

晋学内容丰富，学科体系庞大，面面俱到的深入研究尚待有志之士的不懈努力。目前，晋学研究则应该从三晋区域中最具特色的文化现象和最能体现三晋思想精神的方面予以考虑，诸如华夏文明探源、晋与三晋国家的历史与文化、三晋地区的学术思想、民族文化的交流与融合、晋商与移民、晋地艺术文化、民俗文化、方言文化及当代山西社会的发展等问题。以上仅撮其心要，略陈管见，以期引玉。

（原载《光明日报》2009年12月15日）

晋学的四大特征

畅海桦

山西发展历程表明：源远流长的晋学在伴随着历史的发展而不断发展、充实，并表现出强有力的人文支撑作用。我们将晋学的特征概括为：一是丰富的自然资源使之成为中华文明的核心地区；二是特殊的地理位置使晋地成为民族大融合的纽带；三是晋学的法治思想；四是商品经济相当活跃。试作分析如下。

山西境内山脉纵横，西吕梁东太行间以太岳山，东南及南部有中条山；河流交错相聚，汾河、涑水河、滹沱河、漳河、沁河等遍布各地。由于地理环境优越，《左传·僖公二十八年》记载，在晋楚"城濮之战"前，子犯曾对犹豫不决的晋文公说："若其不捷，表里山河，必无害也。"自此之后山西被称为"表里山河"之地。山西又地处黄土堆积深厚的黄土高原腹地，土壤疏松肥沃，能够为人类提供生活保障；山西的矿产资源也非常丰富，有运城的"潞盐"、垣曲中条山的铜矿、襄汾、翼城县的塔山和中条山的铁矿等。《汉书·地理志》记载："河东，土地平易，有盐铁之饶，本唐尧所居。"这两个独特的优势，亦造就了晋学的四大特征。

尧、舜、禹时期，中华文明已步入成熟阶段，西晋皇甫谧《帝王世纪》中指出"尧都平阳，舜都蒲坂，禹都安邑"。他们之所以在晋南建都，除了看中这块土地上五谷丰登外，再一个就是盐池。有了人类必需品之一的盐，就能进行贸易交换，从而获取大量财富。

到了西周和春秋时期，晋国的周边国家都不产盐，盐成为晋国与之进行贸易的重要商品。铜"戎生编钟"铭文记载，在晋昭侯六年（公元前740年），晋国商人戎生带了1000辆车盐去河南繁阳换"金"，这个"金"可能是铅、锡一类的铸造青铜器的原料。接着，晋献公从赤狄手里夺取盛产铜矿的中条山，铸造了风靡中原的"晋式铜器"，奠定晋国成为春秋五霸的物质基础，在侯马发现的铸铜作坊便是铁证。在当时晋国的中心区域襄汾、翼城一带有储量巨大的铁矿，当铸造铜器的熔炉温度不断提高到能够熔化铁矿时，铁器就应运而生了。春秋时期的晋国是最早生产铁器的国家，赵简子铸刑鼎、侯马东周墓中出土的铁带钩和铁针都是有力的证明。秦以后至今，山西生产的盐、铜、铁等，还在中华民族的历史中发挥着不可估量的作用。所以，山西自古至今一直是中华文明的核心地区。

山西境内山河呈南北走向排列，导致山西自古就是沟通中原和北方草原的一条天然通道，也成了从新石器时代至今一万年间，多民族在政治、经济、文化等各方面相互交流、融合的大舞台。仰韶文化时期来自关中的半坡文化向山西扩张，其因素已经到达临汾盆地；起源于晋南的西阴文化（庙底沟文化）几乎占领北半个中国，并与辽西地区的古文化碰撞后产生红山文化，是五千年中华文明的曙光，也为"尧都平阳"创造了物质和精神两方面的条件，而"尧都平阳"已经在襄汾陶寺遗址中发现的古城和观星台得到证实。两周时期的晋国和四周犬牙交错的少数民族通过通婚、联盟、贸易等形式进行了民族大融合，晋悼公时"魏绛和戎"开创了三晋时期赵国"胡服骑射"的先河；秦汉以来，实行和亲、通商的安抚政策，鼓励匈奴人到山西定居；两晋时民族融合的规模再次升级；"五胡乱华"在客观上促进了民族大融合。

肥沃的土地、丰富的资源、民族大熔炉使得山西成为文化最活跃的地区之一。春秋时期晋国变革先起，首先是政治上的洗礼。晋国率先举起了革除旧礼的大旗，春秋初年的"曲沃代翼"，打破了嫡长继承的宗法礼制，晋献公时的"诛灭公族"摧毁了血缘宗法系统；其次是经济上取消旧的公田制，废除劳役税，采取按亩征收的实物税，宗法奴隶经济基础被瓦解；再次是在人事上"奖励军功"，不仅"庶人工商"可以入仕做官，而且"人臣、隶圉免"也可除去奴隶身份，这就意味着，国家人事的安排只看有没有功绩，而不论身份、地位和血缘关系，这样便造就了一批凭实力和能力组织起来的社会团体。

伴随着这场大变革，法治思想在三晋大地异军突起，形成"天下法家三晋出"的局面。从历史角度看，当时的法家代表了先进社会生产力的要求和先进文化的前进方向。战国初年，魏国率先变法，在政治上推行"食有劳而禄有功，使有能而赏必行，罚必当"的吏治之道；经济上全面执行"尽地力之教"和"善平籴"的政策，旨在解放生产力，打击投机商。主持变法的李悝，把实践升华为理论，编纂了中国古代第一部地主阶级法典《法经》，把魏国法治措施推向新的高峰。继而韩国任用申不害，对内"修政教"，对外"应诸侯"，使韩国发展到"国治兵强，无侵韩者"的强盛局面。赵国的"胡服骑射"更是一场推陈出新、破除旧制的革命行动。

随着晋国的法治理论和实践的成功，三晋法治思想向周边延伸和移植，吴起奔楚国主持变法，使楚"南平百越，北并陈蔡，却三晋，西伐秦""诸侯患楚之强"。商鞅带着李悝的《法经》出走秦国，由此"革法明教，而秦人大治"，商鞅也成为晋文化向秦文化移植的第一使者。秦统一中国前夕，韩非子的法治学说又被秦所用。韩非认为，一个国家要强大必须严明法治，强调"法不阿贵""刑过不避大臣，赏善不遗匹夫"。他还提出君主专制中央集权的理论，要起用经过实践锻炼的有能力的官吏。韩非也因此成为三晋法家文化向秦文化移植的终结者。

继新石器时代、夏、商、西周以盐贸易之后，春秋时期的晋国采取宽裕的"工商食官"政策扶持商业发展，促进商业繁荣。明清之际的晋商更是利用山西得天独厚的地理位置，发展商业贸易，并开辟了一条以山西、河北为枢纽，北越长城，贯穿蒙古戈壁大沙漠，进而深入俄境西伯利亚，又达欧洲腹地的国际商路，这是继我国古代丝绸之路衰落之后兴起的又一条陆上国际商路。也是由于这个因素促使山西成为金属货币和票号的策源地。我们目前所知道的最早的金属货币见于文献记载的是《国语·周语》："周景王二十一年，将铸大钱。"此时为公元前524年。这只是文献上的记载，而1990年天马-曲村遗址发现了两枚迄今最大的空首布，不晚于春秋晚期即晋国迁都至新田的公元前585年。秦始皇统一货币后一直通行圆形方孔金属货币，一直到北宋出现"交子"才宣告金属货币独占鳌头的局面被打破，但"交子"却没成为在金融领域与金属货币相抗衡的主力军，而为适应国内外贸易发展而产生的"票号"却日渐昌盛。曲殿元在《中国金融与汇兑》中说："山西票庄执中国金融界之牛耳，约百余年。"

晋学的四大特征是祖先留给我们的优秀文化遗产，也时刻激发我们民族成员的归属意识、进取意识和奋斗意识，让人们的价值取向朝着合法合理的趋利性和务实性转变，经济活动及其管理由崇德轻力向法德相结合转变，这一传统可以凝聚社会各方面的力量，从而形成推动社会前进的强大动力。

（原载《光明日报》2009年12月15日）

晋学学科体系的构建

林宏跃

山西省晋学研究中心于2003年9月在山西省委宣传部的领导和支持下在山西师范大学隆重挂牌成立,激发了晋学研究高潮的到来,出版了一批扛鼎之作。近年来,晋学研究的主要趋势是从分散的点面认知转向多元化的系统整合,从局部探索转向整体性研究,从事实叙述转向理论分析。因此,如何构建科学的晋学学科体系就成为摆在晋学研究面前的迫切问题。

任何学科体系的构成都必须以其学科属性为基础,学科的根本属性取决于其所研究的客体的特殊性和主体的价值取向。晋学是研究晋地的学问,其客体是晋地人类聚落所构成的地方综合体。其空间范围具有动态变化的特点,以今山西省地域范围为基准,以春秋战国时期的晋国和从晋国分裂出来的三晋国家(韩、赵、魏)之疆域四至为其最大地理空间,包括今天山西全部、河南北部和西北部、河北东南部、陕西、山东、内蒙古自治区的少部分(这正是我们当以晋学命名之而不称山西学的主要理由之一);其时间范围当自山西的远古时期至当代山西,其中,西周初年、特别是春秋至战国末年的晋国与魏、韩、赵三晋国家时期所形成的"晋文化"(或称"三晋文化"),是山西历史文化在同期中国各区系历史文化中处于强势发展的时期,是山西历史文化趋于成熟形态的发展高峰期,也是山西历史文化的一个承前启后的轴心期(这正是我们当以晋学命名之而不称山西学的主要理由之二),此前为山西历史文化的孕育期,此后为山西历史文化的流变期。晋文化内涵丰厚,个性独特,源远流长,在中华民族文化总体系中占据特殊重要的地位。面对晋地综合体这一客体的晋学研究,晋地的历史、文化、社会、政治、经济、地理、自然、环境等都有可能成为其研究对象;研究内容的综合性,必然导致学科领域的综合性,形成多种人文学科和多种自然学科的交叉,因而需要综合性地运用多种研究方法,且晋学理所应当具有综合性。但研究者在价值取向上可以有多样化单向选择,如果在取向上只着眼于晋文化、或晋地历史、或晋地学术思想等,只能是晋学的分支学科。

晋学的区位综合性属性决定了其构建晋学体系的多层面性。

首先是理论层面,即晋学的基本理论,主要阐释晋学这一学科的内在关系、本质特征及其特殊规律的基本概念、原理,是对晋学系统化了的认识,归纳起来,主要包括晋学的学科定义、学科性质、学科特点、研究对象、研究方法、研究范围、研究目的及晋学的形成与发展等。由于晋学研究的目标是以晋地为基本范围，其本质应当隶属于地方学，是地方学的分支学科。如果说地方学是以地球表面某一区域及该区域的人类聚落所构成的地方综合体为研究对象，研究其生成基础及发展演化规律的科学，那么就可以说晋学是以晋地综合体为研究对象，研究和阐释晋地自然生成、历史文化发展过程及其规律的科学，是一门以人文科学为主，又关照自然科学的文理交叉的综合性学科。晋学包含若干分支学科，涉及社会科学、人文科学、自然科学诸领域。各分支学科既相互交叉、相互渗透，又相对独立，所以在研究方法上也具有多样性的选择。系统研究法、历史对比法、区域比较法、时空结合法等是其最基本的方法，分析与综合是其最基本的手段。当然，任何一门学科的建立必须具有其学科特点，即其独立的价值意义。晋学的特点在于晋地历史文化在中华文明发展史上的重要地位和重大影响。

其次是晋学史料学层面，即晋学基本资料的搜集、整理、公开与研究。晋学研究资料在历史文献中有许多较为集中的内容，如《竹书纪年》，《国语》之《晋语》，《史记》之《五帝本纪》，《魏书》，《晋书》之刘渊、石勒载记等，新、旧《五代史》之后唐、后晋、后汉、北汉本纪，《晋乘蒐略》《山右石刻》《山右丛书》等，明清以来的山西地方志，民国以来的山西档案文书，以及三晋学人的丰富著作，这些是晋学建立的基础。虽然有如此得天独厚的先天条件，但是对于晋学研究来说还是远远不够的。一是散见于各种文献典籍和档案中的资料尚待进一步系统搜集整理，分别从现存各种史书、政书、类书、志书、宗教典籍、笔记小说、域外典籍、各级档案中进行系统搜求势在必行。近些年来，张有智等编撰出版了《三晋文献集》，山西各市县正在搜集整理出版石刻文献和石刻目录，都是这一工作的良好开端；二是各种资料还需要系统化，应分门别类地汇集出版，并编写目录提要，以满足各分支学科的研究需要，比如《山西考古资料汇编》《山西大槐树移民资料汇编》《晋商资料汇编》《山西宗教资料汇编》《山西金石资料汇编》《山西学人著述目录提要》《晋学研究论著目录》，等等；三是资料研究工作尚需大力进行，去伪存真，去粗取精，将晋学研究建立在坚实的基础上；四是已有的晋学研究成果也有待总结，这样才能及时了解晋学研究成果，掌握晋学研究动态。

第三是学科层面，即各个分支学科的基础性研究。晋学内涵丰富，学科层面广泛，一般而言，在历史、文化、社会、政治、经济、军事、文学、宗教、地理、自然、环境等各个方面都应建立相应的分支学科。但晋学分支学科的构建应以具有研究条件、研究基础并能凸现晋学特色的分支学科为其主导，不宜面面俱到。就其基本框架而言，应当建立纵向与横向研究相结合的模式，纵向研究主要探索山西古往今来历史、文化、社会、地理、环境形成、发展、变迁的源与流，横向研究主要比较研究山西各地区的差异性和晋地与其他区系的差异性。就其重点专题而言，目前应着重于：山西考古与华夏文明探源、晋与三晋国家的历史与文化、三晋地区的学术思想、山西地区的民族融合与文化交流、山西社会与晋商兴衰、当代山西社会的发展与特点。

第四是综合层面，即对晋学精神、理念、价值方面的概括与总结及其应用研究。学术研究的目的归根到底是为现实服务。晋学研究目的就是探索和开发晋地的物质文明和精神文明潜能，使之为现实服务。为此，需要建立晋学的评价体系，如山西历史治乱兴衰的规律与经验借鉴、晋文化传统精神的继承与扬弃、晋学在中华文明发展史上的地位与影响、晋地人文与自然资源的状态与开发应用、地理环境的优劣态势与对策。

目前，在晋学学科体系中，山西史、晋文化史、山西地理、山西民俗等方面的研究业已初具规模。一些重要专题研究，诸如山西考古与华夏文明探源、晋与三晋国家的历史与文化、山西地区的民族融合与文化交流、山西社会与晋商兴衰也取得突破性的进展。但是在晋学基本理论、三晋地区的学术思想、当代山西社会的发展等领域的研究尚显薄弱，学科体系的总体构建和充实有待来者的不懈努力。

（原载《光明日报》2009年12月14日）

晋学研究资料利用问题

仝建平

晋学研究的深入、研究水平的提高离不开对资料的利用。在广泛搜集资料的基础上，善于利用资料，分析资料的可靠程度，进而剔除不可信的资料成为研究工作能否逐步提升的关键环节之一，否则，盲目地使用资料会削弱晋学研究的科学性和生命力，影响其研究水平的提高，甚至会使研究走入歧途。

作为研究晋地的学问，晋学研究的资料主要产生和保存于三晋这一区域，其中以碑刻、地方志、家谱三者为大宗。山西现存明清及民国的碑刻与地方志、清代民国的家谱较为丰富，为国内外学界所瞩目。碑刻、地方志、家谱的史料价值的高低具有相对性，在研究中必须认真鉴别，要具体内容具体分析，以求合理利用。但在近年来的晋学研究中，对碑刻、地方志、家谱资料不加辨析地盲从之现象却经常能够见到，这种倾向在外省的地方文化、地方学建设和研究中也屡见不鲜，务必引以为戒。

对碑刻的利用。山西民间现在散存着许多明清和民国碑刻，但大部分是寺庙宫观（民国年间废庙兴学，许多改建为学堂）内的功德碑，其中多有精品。如现存于临汾市安泽县府城镇高壁村的通玄观（主体为清代建筑，已严重损毁），现存金代石碣2方、元碑1通、清碑3通、民国残碑1通，合成一组道教历史资料；其中1方金代石碣为兴定元年（1217年）礼部尚书赐通玄观牒文；元大德三年碑阴之"通玄观记"，记有当时周边6县的13处道观名称，成为研究元代该区域道教历史的珍贵资料。现存的碑刻可以从不同的角度进行研究，但绝对不能把碑文所记完全等同于历史真实。比如晋城市阳城县山头村的水草庙（新中国成立前期在庙内办过学校），主要为纪念广禅侯（当地人指传说中两宋之交当地的一位民间兽医常顺）而闻名，其庙始建年代已不可考，现存的系列碑刻都是清代民国的，最早的为顺治十六年。据曾在此教学的一位教师回忆，庙内原有大小碑刻60余通，1976年全部拆毁改建成教室；他本人于1959年曾抄录过其中的几通碑文，其中的一通明代碑刻（碑现已不存）碑文称元太宗七年修广禅侯大殿，至明成祖十六年（1418年）又整修大殿，并称宋徽宗政和四年（1114年），宋金交战于平阳年余，宋军战马万匹生病，常半村牧医常顺将其治愈，宣和二年（1120年）钦封广禅侯①。这通抄录的明代碑文所记的宋代和元代的事,值得琢磨,其中关于1114年宋金大战于平阳一带的历史记述明显错误,其时金还没有建国,再者北宋末年宋金也未曾大战于平阳。过去就曾有人轻信此碑文而据此写过历史研究文章。这通抄录的碑文对于研究民间信仰、民俗文化有一定价值,已有学者写过研究文章《广禅侯与元代山西之牛王崇拜》;进行文化开发也可以,阳城县与山西电视台联合拍摄了电视连续剧《广禅侯传奇》,编著出版了历史小说《兽医广禅侯》。可见,有的碑记内容从属于民俗文化现象,应该用民俗文化学的视角去思考,不符历史实际的碑文内容千万不能用作史料研究历史。

对地方志的利用。地方志是研究地方历史文化最基本的资料,内容最为详尽。与全国其他省份一样,山西现存的地方志(省、府、州、县志)主要是明清及其以后的。一般来说,地方志记载编纂时代的内容时可信度相对高些,某些资料可以补充他书记载之缺失或疏略。但利用后代编纂的地方志来研究前代历史时,就得小心谨慎,甄别辨析材料。比如,辑自《永乐大典》的洪武《太原志》古迹目载有榆次县金代有煤窑三十座,并有具体地点,这是极为少见的金代煤窑史料,是研究山西乃至中国煤炭开采史的珍贵资料。再如,北宋著名的史学家刘恕(1032~1078年)曾在宋仁宗时任和川(今属临汾市安泽县)令,而现存的雍正《岳阳县志》、民国《新修岳阳县志》和民国《重修安泽县志》俱作"英宗时以进士知和川"②,当为误。现存明清两代及民国时的地方志在记述前代历史时属于二手资料,研究时不妨查找更早的资料,以早期资料为主,当时的资料最好,适当参考后代编成的资料,以免以讹传讹。当然,对地方志的史料价值要具体内容具体分析,不可一概而论。

对家谱的利用。山西民间现存的清代、民国家谱较多,对家谱内容史料价值的判断也应区别对待。一般来说,距离家谱编撰时代较近的内容信息准确度较高,如世系、族人年龄、履历、婚姻、墓地,对于研究基层社会结构较有价值。某些收录、保存于人物传和艺文中的诗文整篇或残句对于文学研究具有积极的作用;有的内容可以起到补史的作用。如笔者不久前从地摊上寻得的民国二十二年续修襄陵(今属临汾市襄汾县)李氏家谱(抄本),谱中抄录康熙六十年、嘉庆二十三年所修家谱内容,其中记始祖为李岩,八世李本隆第二子李宦"乙亥地震殇"、九世李宠长子李寄德"地震殇",可以作为研究康熙乙亥年(1695年)平阳府大地震灾情的资料。但家谱中追述远代祖宗名人的事迹时,主观感情因素往往较重,牵强附会、夸大其辞者甚多,比如攀附历史名人为远代祖宗、夸大家族贤能者之功绩;远代祖宗情况不详时,往往均称其祖先于明朝初年自

---

① 详见阳城县广禅侯学术讨论会筹备组编:《全国首届广禅侯学术讨论会资料汇编》,1987年9月。

② 详见李裕民师《刘恕年谱》,载氏著《宋史新探》,陕西师范大学出版社,1998年。李先生推算刘恕始知和川的时间大致在宋仁宗至和元年即1054年前后。北宋知县的任期一般为三年。宋英宗到1063年四月才即位。

洪洞大槐树移民而出，是洪洞大槐树移民后裔。因此使用时应慎之又慎。如笔者所见临汾市乡宁县七郎庙村杨氏后代所编的《重修杨氏家谱》，尽管谱中转录了明清两代《杨氏家谱》的一些内容，但罗列的家族远代祖宗仍然包括杨宗保在内。代县杨忠武祠所藏道光版和光绪版《杨氏族谱》，仍把杨宗保列为杨业孙辈，正如新编《杨氏族谱》序言所称该谱的部分内容具有一定的史料价值，而绝非全部，可见主编者的态度是严谨理智的。

由于有山西各级党委政府重视、专家学者积极参与，近年来的晋学研究取得积极的进步。但与此同时，研究中存在的问题也不容忽视，除上述对碑刻、地方志、家谱等资料不加辨析地盲从外，还有混淆历史与文化现象、研究中的主观感情压倒理性思辨等。这些不良倾向的存在对晋学研究具有极大的负面作用，不仅会损害学术本身，还会造成巨大的资源浪费。只有坚持科学，崇尚学术，科学规划，扬长补短，晋学研究才能再上新台阶，晋学才能立足于中华学术文化之林，才能实现文化兴晋的发展目标，惠及后世。

（原载《光明日报》2009年12月15日）

尧文化研究

也论尧文化
——兼与高邮发祥说商榷

张玉勤　张晓荣

尧是华夏文明的始祖。尧文化是标志着华夏文明孕育形成时期的文化。自《尧典》以来，从有关尧的记载都比较具体明确、又和考古资料基本吻合上看，尧是真实的历史存在，他是人不是神，以尧为代表的尧文化也不是超越历史的。在中华民族步入构建和谐社会的今天，为增进中华民族的凝聚力，谋求社会主义的和谐发展，给尧和尧文化以科学的认定是必要的。下面，就什么是尧文化、尧文化发祥于晋南、与高邮发祥说商榷三个方面，谈谈我们的看法。不当之处，希望学术界学者指正。

一、什么是尧文化

任何一种历史文化的形成，都有其特定的时间、地点和内涵。尧文化亦不例外。我们认为，尧文化并非单一的陶唐氏部落或唐尧一个人在位时的文化，它应该是包括虞舜在内的我国原始社会向第一个阶级社会过渡的阶段，在华夏族的中心地域内，吸取诸多地域文化的先进成果，融合、升华为一体，发展到华夏文明形成时期的文化。尧文化形成的时间，根据"夏商周断代工程阶段成果报告"，夏禹即位的时间是公元前2070年。参照《史记·五帝本纪》集解中皇甫谧考证的五帝在位年代[1]，推定华夏族人文初祖黄帝始建华夏部落联盟是在公元前2500年～公元前2400年。尧舜在位时间是公元前2200年～公元前2070年间；尧文化形成的地域，是司马迁所说的舜"之中国践天子位"[2]的"中国"，《史记·五帝本纪》集解云："帝王所都为中，故曰中国。"已故的著名考古学家苏秉琦先生论证说："中国"之称最初见于尧舜，尧舜所都，指晋南一块地方[3]。尧文化形成的内涵，是同时具备了文字、铸铜器、宫城建筑、礼仪制度等华夏文明形成的标志。以上时间、地域和内涵三位一体，缺一都不可称之为尧文化。

---

[1] 皇甫谧考证的五帝在位年代，分别是黄帝100年；颛顼78年；帝喾70年；尧98年；舜22年；尧、舜居丧各3年。
[2] 《史记·五帝本纪》。
[3] 苏秉琦：《华人·龙的传人·中国人——考古寻根记》，辽宁大学出版社，1994年，第89页。

尧文化是具有综合体性质的更高一个层次的文化，虽然其中含有诸多地域文化的因素，但这些因素都不能取代尧文化的主体地位，而且在未融入尧文化之前，他们也只能是一种有着自身特征的地域文化，是绝不能称之为尧文化的。正如氢元素和氧元素化合成水，在未化合之前，氢是氢，氧是氧，是不能称之为水的。我们说尧文化的发祥地，是指最早形成尧文化的地方，而不是尧文化中的某个因素来自什么地方。在讨论尧文化及其发祥地时，这是首先需要界定清楚的。

二、尧文化发祥于晋南

尧文化发祥于晋南，可以从以下两个方面得到证明。

（一）晋南是华夏族、华夏文明的肇基之地

晋南地处黄土高原东南部的"三河"之中，是黄土高原和华北大平原的结合部。这里有宽阔的河谷台地，土质肥沃疏松，加之古代气候温和湿润，适宜于木石农具耕作和农作物生长。此处地势高，能防水灾；交通方便，易于各部族的聚集、交流、融合；又有硕大的天然盐池，无疑是先民们发展原始农业和定居生活的好地方。

到了父系氏族公社时期，在陕西兴起的炎帝部落向晋南地区发展，从山东及东南沿海一带兴起的九夷部落也以蚩尤为首向晋南一带扩张，他们先后与从北方迁到河南新郑一带壮大起来并向晋南地区进发的黄帝部落相遇。于是，为了争夺晋南地区的战争便在公元前2500年~公元前2400年发生了。先是炎帝"侵凌诸侯"，黄帝"乃修德振兵，以与炎帝战于阪泉之野"[①]。"阪泉"在什么地方？大都说在今河北涿鹿东南，但沈括的《梦溪笔谈》则认为在晋南的运城盐池附近。我们认为前说不足为据，因为争夺晋南地域的炎、黄两家，绝不可能离开晋南，率领部众到千里之外的河北去决一雌雄。后说可信，一则运城盐池位于晋南，就地争战，乃兵家常事；再则，据《梦溪笔谈·辩证一》说："解州盐泽，方一百二十里。久雨，四山之水悉注其中，未尝有溢；大旱未尝涸。"《说文》解："坡者曰阪，一曰泽漳也。"阪泉其实就是坡泉，此与《梦溪笔谈·辩证一》描述的地势正合。结果，黄帝"三战而后得其志"，打败了炎帝部落，并与其结成部落联盟。

后来，由于东方的"蚩尤作乱，不用帝命"，黄帝又"征师诸侯，与蚩尤战于涿鹿之野"[②]。"涿鹿"又在何处？说法也不少。不过，和阪泉不在河北是同样道理，涿鹿也绝不会在河北或晋南以外的其他地方。《史记·五帝本纪》（索隐）云：涿鹿"或作'浊鹿'，古今异字耳"。"鹿"与"陆"同音假借，"浊鹿"又可写作"浊陆"。

---

① 《史记·五帝本纪》。
② 《史记·五帝本纪》。

运城解州镇西二十五里有浊泽，《史记》载：战国时期，赵、韩伐魏，两次交战于此，说明浊泽一带乃战略要地。由此看来，"浊陆"可能就是浊泽边的陆地。浊陆一战，黄帝"执蚩尤，杀之于中冀"①。"中冀"指冀州之地，晋南正在此范围之内。擒杀蚩尤后，黄帝"乃命少昊请司马鸟师，以正五帝之宫"，其中"鸟"是东夷的氏族图腾，"五帝之宫"是部落联盟的主庙，整句意思是命少昊统领东夷的氏族部落加入黄帝为首的部落联盟。于是，诸侯"咸尊黄帝为天子"。这里"天子"的说法，虽属后人附会，但从此在以晋南为中心的"三河"地区，建立起以黄、炎部落为主体、包括东夷等氏族部落在内的部落联盟却是真实的（这意味着来自北方、西方、东方以至南方的地域文化在晋南与中原文化的碰撞结合）。黄炎部落联盟地处中原，人多势盛，号称"华夏"。《说文》曰："华，荣也。"引申为光华、兴盛。"夏，中国之人也。"引申为中原大族。"华夏"就是兴盛的中原大族。

从此，华夏族、华夏文明进入孕育发展时期，到尧舜时，随着民族、民族文化融合的不断扩大加深，遂成为一体，以龙图腾为族徽的华夏族，以文字、铸铜器、宫城建筑、礼仪制度为标志的华夏文明终于形成。

（二）陶寺文化遗址群的证实

发现于晋南襄汾县的陶寺文化遗址，是一处规模恢宏的反映龙山文化晚期发展到极高水平的文化遗址。该遗址总面积为300多万平方米。从地域上看，它西邻汾河，东靠塔儿山（古称崇山或唐山），北距古平阳（今临汾市西南）仅10余千米，恰在尧文化中心的晋南地域之内。从年代上看，根据碳素年代和树轮年代测定，约当公元前2600年～公元前2000年，恰把黄帝阪泉、涿鹿之战，始建华夏部落联盟到尧舜时华夏族、华夏文明的形成囊括其中。遗址以公元前2200年左右为界，分为连续发展的早、晚两期。早期反映着华夏族、华夏文明的孕育发展；晚期反映着华夏族、华夏文明的孕育形成。陶寺文化遗址的发掘不但印证了晋南是华夏族、华夏文明的肇基之地，而且真实地反映了华夏族、华夏文明从孕育到形成的发展过程。

下面着重就陶寺文化遗址晚期的出土情况，对华夏族、华夏文明的孕育形成加以论证。晚期1000多座墓葬，成组成排地集中在一起，基本为成人仰身直肢单人葬，头朝东南，没有人殉现象，虽然仍属氏族社会的埋葬方式，但在墓型上已出现大、中、小的明显区分。大墓极少，占总数的不足1%，其墓穴宽大，墓主皆有木棺，随葬品丰厚，多达一二百件，其中有成套的漆木器、陶器，还有表示身份高贵的鼍鼓、特磬、彩绘蟠龙陶盘，以及玉钺等礼器。而小墓最多，占到总数的80%以上，一般无葬具，也无随葬品。大、小墓葬相差如此悬殊，反映了贫富分化、贵贱等级有别的严重程度。据此推

---

① 《四库全书·逸周书》。

断,大墓的主人当属部落或部落联盟的首领权贵,小墓的死者必是氏族部落中的一般平民。这与文献记载的尧舜军事民主制时期私有制发展、阶级分化严重、国家权力机构萌生的情况相吻合。尤其是晚期墓葬中出土的一件铜铃,专家们认定是中国早期铜器中年代最早的复合范铸造品。在居住地出土的一件陶扁壶上有朱笔书写的"文"字,古文字学家确认其与殷墟甲骨文属同一系统,其字形结构与甲骨文十分相近。晚期遗址中,近年又发现了面积达280万平方米的城址,还有面积达5万多平方米的宫殿区,以及祭祀区内1400多平方米的天文观测遗迹。文明时代指阶级社会的形成,文明时代的主要特征和标志,是铸铜器、文字、宫城建筑、礼仪制度的产生。这说明到尧舜时期,以尧文化为代表的华夏文明已经孕育形成。

陶寺文化遗址晚期的大墓中,一般都有一件红彩或红、白彩绘的蟠龙纹陶盘出土,表明唐尧时代把赤龙作为华夏部落联盟的图腾加以崇拜。这和《汉碑·咸阳灵台碑》记载的尧母"庆都游观河滨,感赤龙,交始生尧""厥后尧求祖统,庆都告以河龙"一致。龙在现实中并不存在。从陶寺遗址出土的彩绘蟠龙纹形象上看,它头似鳄、角似羊、身似蛇,口衔枝杈似鸟羽,这不正是华夏部落联盟是由炎帝氏族的羊图腾、东夷氏族的鸟图腾、中原氏族的鱼鳞类图腾等合为一体的象征吗?龙作为氏族部落的图腾,在尧之前是隐蔽的。如《国语·晋语》载:有蟜氏女,感神龙首生炎帝;《史记正义》说黄帝"生日角龙颜,有景云之瑞",都不知具体所指。到了尧的时代则具体明确了。龙被确立为华夏部落联盟的图腾,标志着经过长期的民族融合,华夏族作为一个稳定的共同体已经形成。从此,龙备受尊崇,华夏族人开始称自己是龙的传人,华夏族的历代帝王也称自己是"真龙天子"。

陶寺类型的文化遗址,迄今发现80多处,其面积多在一万平方米以上,有的达数万平方米,以至数十万、上百万平方米。值得注意的是,这类文化遗址都集中在以临汾盆地为中心的晋南地区,其他地区没有。这就无可辩驳地证实晋南不仅是华夏族的肇基之地,而且是尧文化的直接发祥地。正是因此,苏秉琦先生在他的《华人·龙的传人·中国人》中感慨地说:"小小的晋南一块地方曾保留远至7000年前到距今2000余年前的文化传统。可见这个'直根'在中华民族总根系中的重要地位。"[①]"直根"是"主根",它表明晋南才是华夏族、华夏文明的直接源头。

三、与高邮发祥说商榷

丁季华、薛小荣二位先生在《尧文化圈漂移点击——兼论高邮是尧文化的重要发祥

[①] 苏秉琦:《华人·龙的传人·中国人——考古寻根记》,辽宁大学出版社,1994年,第90页。

地》一文中（下简称"丁文"）①，通过对历史文献中有关尧出生地、早期活动地的解读和对高邮龙虬文化发展的推定，论证说：尧的故里及其早期活动中心在高邮，高邮是尧文化的重要发祥地。对此，无论是丁文论证的方法，还是论证的结果，我们都不能赞同，特辨析如下，以与二位先生商榷。

在论证方法上，丁文割裂引用文献、断章取义、以偏概全的做法显而易见。如，解读"水逆行"，割裂了引文中的"当尧之时，……泛滥于中国"；解读"斗维之野"，割裂了引文中的"母曰庆都"；解读"三阿之南"，割裂了引文中的"寄于伊长孺之家，故从母所居为姓也"；解读"观于三河"，割裂了引文中的"常有龙随之。……赤龙感之"；解读"生于丹陵"，割裂了引文中的"及长，封于唐"；论证龙虬文化对尧及尧文化的孕育和影响，又只讲7000～5000年前龙虬文化的文明程度，避而不谈4000多年前，在尧的童年、青少年时代龙虬文化的发展状况。这样断章取义、以偏代全的论证，其结论自然不能融会贯通引文，更不能自圆其说。

从解读的五条文献资料看，有的放回原文便不攻自破，如，作者解读"水逆行"的结论是，洪水泛滥完全是由海侵造成的，黄河流域地势高，根本不可能发生旷日持久的大水灾。尧文化主要是生活在江淮一带的尧部落群，为了逃避海侵，漂移到中原，把东部土著部落的原文化因子带到中原后形成的。将"水逆行"放回原文，却是"当尧之时，水逆行，泛滥于中国"。很明显，"当尧之时"，是指尧在位之时；"中国"是指舜"之中国践天子位"的晋南地区。明明说的是尧在位时晋南一带遭到洪水泛滥，这和文献中记载的大禹治水自冀州始和大禹用疏通河道的方法，把高处的洪水引入大海是一致的。既如此，怎么能断言当时黄河流域根本不可能发生大的洪水，又怎么能够把尧和东部的土著部落联系起来，说尧文化主要是尧部落群把他们的原文化因子带到中原后形成的？又如，把"斗维之野"放回原文，是"母曰庆都，生于斗维之野"。明明说的是尧母庆都生于斗维之野，怎么能说尧也必然生于斗维之野？谁都知道，由于人的迁徙流动，母子生于两地，是司空见惯的。

有的根本不足为据，如"三阿之南"。其一，"三阿之南"不见于先秦的文献记载，显然出于后人之手；其二，虽然《皇览》与皇甫谧同有此说，但《皇览》的编者与皇甫谧同代同时，从表述的文字上看，《皇览》载，尧"生于三阿之南，寄伊长孺之家"；皇甫谧说，尧生"在三阿之南，寄于伊长孺之家"。二者如出一辙，若属彼此抄袭，实难免"孤证"之嫌；其三，即使"三阿之南"确证有此，把"三阿之南"放回原文，和"寄于伊长孺之家"联系起来，若不能证明伊祁氏就住在高邮一带，说尧生在高邮，也是站不住脚的。

再看，对高邮龙虬文化孕育和影响了尧文化的推导。丁文用很大篇幅论证了

---

① 参见《探索与争鸣》2007年第4期。

7000~5000年前龙虬文化的文明程度，但谈到尧的出生和青少年时代时，却没有具体的考古资料加以说明，只是无据推定说："经过1000多年的传承和发展，到尧诞生及青少年时代，这一带文明的程度必定更高，有组织的活动越来越完善，同时对部落领袖产生了较高的领导要求。在这种形势下，出现一些为后世所敬仰的卓绝人物是非常可能的。"无据推定的结论，是毫无说服力的。

我们知道，概瞰全国考古，大约在四千几百年前的龙山文化晚期，山东、浙江、燕辽、江苏等文化系统中，普遍出现了文化断层，断层后的后续文化都呈现出退步的现象；唯独华夏联盟所在的中原地区，特别是其中心所在的晋南汾、浍三角地带，不但没有出现断层，反而在继承土著文化的基础上，融合了来自四面八方的诸多文化因素，产生了飞跃，使以陶寺遗址群为代表的尧文化达到领先于周边文化的中心地位。从丁文拿不出尧舜时代高邮龙虬文化发展的具体资料看，当时高邮地区肯定也正处在文化断层期间，地域文化显然是一片空白。在这样的环境下，怎么能孕育出尧这样为后世所敬仰的卓绝人物！

下面，我们再从"观于三河"和"生于丹陵"两个方面，辨析一下尧的故里到底在哪里。

尧母庆都"观于三河"的"三河"在哪里？把"观于三河"和"常有龙随之……赤龙感之"联系起来看，只有黄河流域以晋南为中心的"三河"地区，才与史实相符。原因如下。其一，以龙为图腾的氏族部落一直生活在黄河流域，感龙而生的传说也都发生在这一带。这在前面已经举例说明，不再重复。由此看来，庆都只能是观于黄河流域的"三河"地区，才能"常有龙随之……赤龙感之。孕十四月而生尧"。其二，司马迁说："唐人都河东，殷人都河内，周人都河南，夫三河天下之中，若鼎足，王者所更居也。"①这"三河"明显是指以晋南为中心的三河地区。又《汉碑·咸阳灵台碑》记载："昔者，庆都兆舍穹精氏，姓曰伊，游观河滨，感赤龙，交始生尧。"可见，汉人心目中的"三河"，也就是"河滨"。"河滨"指哪里？《史记·五帝本纪》在"舜耕历山，……陶河滨"下，《史记正义》引《括地志》云："蒲州河东县雷首山，亦名历山。"又云，舜陶河滨的"陶城，在蒲州河东县北三十里，即舜所都也，南去历山不远"。由此看来，"三河""河滨"是一回事，都是指晋南永济一代的地方。古时，永济正在"三河"地区的黄河岸边。

"生于丹陵"的"丹陵"又指什么地方？丁文认为是指高邮的神居山一带。因为神居山不仅在"三阿之南"，而且是一块面积为8万多平方米、相对高10~20米的有着红棕色土壤的丘陵。"红"即"丹"，红色的丘陵，就是"丹陵"。

我们认为，这一说法不正确。"丹陵"指的应该是山西上党地区长子县城南丹河

---

① 《史记·货殖列传》。

的发源地"丹林"。《山海经》曰:"沁水之东有林焉,名曰丹林。丹水出焉。"即指此。"林"与"陵"近音,故"丹林"亦称"丹陵"。

经考证,父系氏族公社时期,炎帝部落东迁时,有一支先迁到河南洛阳一带建伊国,后又渡河北上,进入上党地区建耆国。这就是《竹书纪年》所记的"先国伊,继国耆"的伊耆氏部落。今上党东北的黎岭有耆国遗址。《史记正义》曰:"耆国即黎国、在上党东北。"2006年,山西省考古研究所在上党东北的黎城县发掘了西周的黎侯墓,出土了黎侯即耆侯的青铜器铭[①],从而证实这里确曾是伊耆氏部落的居住地。上党长子县城南的丹陵,恰在伊耆氏部落的居住区内,这与文献记载的尧初生时,"寄于伊长孺之家,故从母所居为姓也"相吻合。又《帝王纪》说:"帝挚初即位,封异母弟放勋于唐。"遂后,唐人世居于唐。周初,唐有乱,周公灭之,成王"遂封叔虞于唐。唐在河、汾之东,方百里,故曰唐叔虞"[②]。二十世纪末期,北京大学考古专业和山西考古研究所合作,在河、汾之东方百里的方位内,经对天马-曲村遗址的发掘,果然发现了晋国早期从文侯到武侯的八位晋侯及其夫人墓葬[③],从而证明了晋国的始封地和尧封于唐的唐地确实在晋南塔儿山(古唐山)麓的今翼城一带。唐地离上党长子县城南的丹陵不远,这又与尧生在丹陵,"及长,封于唐"的文献记载相吻合。

塔儿山四周的广大丘陵地区,为陶寺文化遗址群的聚集地。庆都"观于三河",在其西南;尧生于丹陵,在其东北;尧"封于唐",在其东南;尧都平阳,在其西北,都在山西晋南及与晋南相邻的晋东南地域之内。从地望上看,以上诸地不仅环环相扣,自成锁链,而且也都与有关尧的文献记载、考古资料相吻合。这说明尧的故里和尧都平阳一样,都在尧文化的发祥地晋南和与晋南毗邻的晋东南一带,是毫无疑问的。

(原载《探索与争鸣》2007年第8期)

[①] 参见《黎城出土"楷侯宰作宝壶永用"铭文,西周黎国所在地之谜破解》,载《山西日报》2007年3月22日。

[②]《史记·晋世家》。

[③] 参见《天马-曲村遗址北赵晋侯墓地发掘》第1~5期简报,载《文物》1993年第3期,1994年第1期、第8期,1995年第8期。

尧都平阳在临汾不在太原

——对王尚义《太原建都已有4470年》一文的商榷

周征松

尧建都在晋阳，还是平阳，从汉代起就发生争论，是一个老问题。但是，自从明末清初著名学者顾炎武在《日知录》中加以辨析，又经学术界长期研究，尧都平阳在临汾已成定论。尤其是20世纪70年代以来襄汾县陶寺遗址和尧都区下靳遗址的发掘，更加确定了尧都平阳在临汾的历史事实。2003年9月16日《光明日报》"九州周刊"发表了王尚义的《太原建都已有4470年》的长文。王文的主要论点是：一，"太原建都已有4470年历史"；二，"尧都在太原"。

关于"太原建都已有4470年历史"这一问题，王先生说："我们是历史唯物主义者，可根据战国时史官撰《世本》，西汉经学家孔安国《尚书序》，三国魏晋皇甫谧（公元215~282年）著《帝王世纪》，清程允升《历代帝王纪》、齐召南《历代帝王年表》《二十四史》及有关古籍资料，对各朝历代帝王的世系、传承方式、谥号、在位时间的记载，逐一推论简明叙述，亦可对太原的建城时间问题做出较科学的、有根据的说明。"我们知道，从1995年至2000年，费时五年多，集中了200余位学者和科学家，对"夏商周断代工程"展开了历史学、考古学、天文学、年代学等多学科、跨学科的综合研究，才将中国历史的确切纪年从公元前841年上推至公元前2070年，而且商代前期列王年表和夏代列王年表，尚付阙如。王先生怎么能仅按传统文献中有关尧以来年数（即所谓"太原建都已有4470年"）的推测结果，运用算术中的加减法就计算出来了呢？而且按照这一计算，有两个数据，即4470年和4416年，他不加任何说明，就断然选择了4470年，这一论断是缺乏科学根据的。

关于"尧都在太原"的问题，我认为，王先生没有认真审读历史文献资料，造成两大硬伤，从而导致结论的错误。尧都是太原的翻案不能成立！

第一大硬伤是关于太原的名称问题。王先生所仰赖的历史文献资料主要是晋皇甫谧的《帝王世纪》。引文说："帝尧始封于唐，又徙晋阳，及为天子，都平阳。平阳即今晋阳，即太原也。"初看起来，其言凿凿。细检原文，却令人疑惑不解。太原什么时候叫过平阳？翻检作者所示的《太平御览》①，果然作如是说。《太平御览》是辑录式的类书，但它不是原文照录，而是经过了摘要、删节。为了解决这个疑问，我决定查看原著。《帝王世纪》原书早佚，现在只存辑本，并且有好几种，我选择了《丛书集成初编》本，我认为这个版本较好。不看不知道，一看吓一跳。《帝王世纪》原文是：

> 帝尧氏，始封于唐，今中山唐县是也，尧山在焉。……地理志：尧之都，后徙涿鹿。……后又徙晋阳，今太原也，于周礼在并州之域。及为天子都平阳。（原注：（太平）寰宇记（卷）40，此下有"平阳，即今晋州。晋阳，即今太原也"二句。（太平）御览（卷）163脱"晋州"二字，余同）②

按照此注，《太平御览》所记"平阳即今晋阳，即太原也"应为"平阳即今晋州。晋阳即今太原也"。晋州即平阳即今临汾，从而割断了平阳与太原的地域联系。王先生对于他的这个重要的"论据"，没有认真地审查检核，仅凭这一孤证而且是错误的孤证，就匆匆地下了"平阳即太原"的结论。

王先生在论证了"晋阳、平阳、太原三个名称，其实一也"后，又说："今仍有平阳路以窥其事。"王先生的意思是，今太原市的平阳路也能说明平阳和太原"其实一也"。然而今太原城是北宋才创建的，平阳路的出现更是晚近的事，这怎么能"窥"出"尧都在太原"一事呢？试想，天津市有一条临汾路，难道就说明临汾是天津的吗？

第二大硬伤是：王先生从平阳即太原的见解出发，进一步将《汉书·地理志》、唐太宗御撰的《晋书·地理志》和《隋书·地理志》中河东郡平阳、临汾并列，平阳郡平阳、临汾并列，临汾县后魏曰平阳等列举后说："由此可见，今人将汉朝、三国和西晋以前的平阳即太原和后魏以后的平阳即临汾没有区别开来，结果将太原的尧都误解为临汾，这是原因之一；其次，临汾有尧庙，将尧庙误解为尧帝皇宫，这是原因之二。"这个结论也是错误的。

首先，《汉书》《晋书》和《隋书》"地理志"所并列的平阳、临汾都在河东郡、平阳郡、临汾郡，太原则在以上各史"地理志"中另有自己的位置，把平阳和太原捆绑在一起，拉扯得太远了。其次，王先生似乎没有读懂后魏以前的临汾县，认为当时的临汾就是今天的尧都区（以前的临汾市、临汾县、平阳县），从而将"多余的"平阳划归太原。其实，平阳建县在公元前514年，魏献子分羊舌氏之田为三县，平阳即其中之一，赵朝为大夫。平阳县从春秋延续到隋建立之前。临汾在汉代设县，其辖地在后来的太平县和正平县，直至后魏。北齐时太平县、正平县各自成县，临汾县又成为汾西县的县名。隋朝建立后，隋文帝杨坚不愿看到"平阳""阳曲"这样刺眼的地名，在开皇三年（583年）改平阳县为临汾县，阳曲县为阳直县。自此，临汾县名一直沿用至今。从

---

① 李昉等：《太平御览》，中华书局影印本，1960年。
② 皇甫谧：《帝王世纪》，《丛书集成》本。

此平阳作为县名在山西消失，唐代以后平阳成为有的朝代的郡、府一级的地方机构名称。平阳县则成为浙江省的一个县名。新中国成立后，作为郡、府名称的平阳也消失了。事实是，此临汾（《汉书》《晋书》地理志中的临汾）非此临汾（隋朝以后的临汾），乃彼临汾（太平县和正平县的前身，北齐汾西县名），此平阳（《汉书》《晋书》地理志中的平阳）非彼平阳（所谓平阳即太原），乃此平阳（隋以前的平阳县，隋以后的临汾县，今临汾市）。而"将尧庙误解为尧帝皇宫"，这是极大的误解。尧庙是后人为祭尧而兴建的纪念性建筑。西晋时在汾河以西，唐高宗显庆三年（658年）迁于今址。在广运殿中，帝尧和四大臣在正中央神龛上，或坐或立，享受百姓的祭拜。其中并无衙署式的布置，没有像平遥县衙、霍州署那样的处理公务的气氛。

在这里王先生所犯的错误是将隋以后的临汾县等同于隋以前的临汾县，认为现在的临汾和历史上的临汾在辖地上没有区别。这就犯了历史地理研究的大忌，不能区分同名异地和同地异名，不能明于地理的建置沿革。胡三省为《资治通鉴》作注，被誉为《资治通鉴》的功臣。他的《资治通鉴》"地理注"最负盛名。他的经验是："晋、宋、齐、梁、陈之疆理，不可以释唐之疆理。释《资治通鉴》者，当随事随时考其建置、离合、沿革也。"① 这是治历史地理学的金科玉律，不能稍有忽略。

上述两大硬伤，都是对历史文献疏于检核，不明就里，结果当然就会导致尧都在太原的错误结论。

其实顾炎武早就指出：春秋时晋都在翼不在太原晋阳县，"况霍山以北自（晋）悼公以后始开县邑，而前此不见于传"（《日知录》卷31《唐》）。晋悼公之前，晋国尚未越过霍山以北，唐尧时可想而知，必在临汾。他又说，临汾县是帝尧的"国都之地"，尧陵在此地"无疑也"（《日知录》卷22《尧冢灵台》②）。

正在王先生的太原建都已有4470年的"发现"的同时，太原市也正在隆重庆祝建城2500年。太原市有一批中青年学者于城庆期间在《山西日报》"经典山西"连续发表了8篇研究太原历史文化的系列文章，认为太原建城有2500年的历史。我并不是笼统地反对太原建都4470年，如果有足够充分的文献和考古资料，太原建都的历史或长或短都是很好的。文献资料不实，考古资料欠缺，说多长历史也没有用，是不能取信于人的。

但是尧都平阳在临汾则不一样，历史文献资料既系统又充分，考古资料的证明已得到多数专家的认同，传说、遗迹遍布临汾市各市、区、县。在历史文献中，我国最早的历史文献汇编《尚书》所记信史从尧开始，第一篇就是《尧典》。司马迁在《史记·五帝本纪》中也特别注意到"学者多称五帝，尚矣。然《尚书》独载尧以来"的事实。《左传·哀公六年》引《夏书》曰："惟彼陶唐，帅彼天常，有此冀方。"两河之

---

① 司马光：《资治通鉴》，中华书局，1956年。
② 黄汝成：《日知录集释》，上海古籍出版社，1985年。

间就是冀州，即河东。《史记·货殖列传》说："昔唐人都河东。"《汉书·地理志（下）》也说："河东土地平易，有盐铁之饶，本唐尧所居，《诗·风》唐、魏之国也。"所以尧都平阳，即唐晋州平阳，即今临汾市。在考古方面，襄汾县陶寺遗址规模宏大，总面积达300多万平方米，属河南龙山文化陶寺类型，这一类型的文化遗存"主要分布于汾河下游及其支流浍河流域"，在临汾、襄汾、侯马、曲沃、翼城、绛县、新绛、稷山、河津诸县（市）"已发现陶寺类型遗址70多处"。陶寺遗址内涵丰富，在已发掘的1000多座墓葬中，大、中、小型墓呈塔式结构，显示出社会的阶级分层。大量精美礼器、乐器的出现，大型城址的发现，勾画出一个城邦国家的轮廓。彩绘蟠龙纹陶盘，与帝尧赤龙图腾崇拜相契合。据此，有的学者得出结论性看法："陶寺遗址、墓地的文化遗物，在地望、年代、器物、葬法和赤龙图腾崇拜迹象等方面，基本上与帝尧陶唐氏的史迹相吻合，很可能是陶唐氏文化遗存。"[①]在河、汾之东方百里的地方，流传着许多关于帝尧的传说，留下许多有关的遗迹。据传帝尧生于临汾市尧庙乡伊村，姓伊祁。伊村尚存"尧神屋碑"和明代所立"茅茨土阶"碑。今翼城县和沁水县分别有尧都村。临汾城东康庄村原名康衢村，村中有"击壤处"，是我国最早的民歌"日出而作，日入而息，凿井而饮，耕田而食，帝力何有于我哉"诞生的地方。临汾城西的"仙洞沟"，相传是帝尧与鹿仙女成婚的地方，其"洞房"犹存。襄汾的"席村"是帝尧之师席居住的地方，蒲县"蒲伊村"是帝尧之师蒲伊子隐居的地方。永济、沁县、浮山分别有"尧山"；长子县有"尧水"、有"陶唐村"，安泽县有"唐城镇"，翼城县有"唐城村"，霍州市有"陶唐峪"。浮山县有帝尧上马的"马台村"，临汾城东有"下马庄"。尧都区的"高河村"是尧镇住洪水的地方。"马站村"和"马务村"是帝尧牧马的地方，"车辐村"是尧修车的地方；洪洞县九箕山的"洗耳泉"是帝尧访许由的地方，"羊獬村"是帝尧发现能辨忠奸的怪兽的地方。古县有"丹朱邑"，浮山县有"尧嗣故都"、丹朱的"饮马泉"，长子县有"丹朱城""丹水""丹朱岭"，翼城有"丹子山""朱村""丹朱墓"，尧都区王曲村有"丹朱墓"、尧都区有规模庞大的"尧庙""尧陵"，高平县也有"尧陵"。还有许多长期流传在民间的关于帝尧的生动的传说。这些在一个地区存在着密集的遗迹和传说的事实，正是尧都平阳在临汾的生动反映。

（原载《山西师大学报》2004年第1期）

[①] 王文清：《陶寺遗存可能是陶唐氏文化遗存》，《华夏文明》（第1辑），北京大学出版社，1987年。

试论陶寺遗址即尧都

张有智　武幸龙

陶寺遗址是否为尧都，近年多有讨论，本文也试就此问题从时间和空间两个维度，略陈管见，请方家指正。

陶寺遗址位于襄汾县城东北约7千米处的崇山（塔儿山）脚下，距尧都区约20余千米。遗址东西长2000米，西北宽1500米，面积达到300万平方米。经过研究，确定其为中原龙山文化的陶寺类型。陶寺遗址的年代，根据^{14}C测定陶寺遗址的时代范围为：早期，距今4300年～4100年；中期，距今4100年～4000年；晚期，距今4000年～3900年。考古工作者认为，"陶寺遗址的上限约为公元前2500年～前2400年，下限为公元前1900年"[1]，前后共延续了500余年的时间，下限所处的年代已经和二里头文化衔接。二里头文化距今大约3800～3500年，相当于中国历史上的夏、商时期。我国史学界长期公认，夏的纪年始于公元前二十一世纪至公元前十六世纪。"夏商周断代工程"成果把夏商年代划分得更为具体，认为"夏代始年约为公元前2070年，夏商分界约为公元前1600年"[2]，如此看来，陶寺遗址的中、晚期已经进入夏纪年的范围之内，大致相当于我国古史传说中的尧舜时代。也就是说，陶寺遗址所处的年代正处于尧舜活动的时间范围内。苏秉琦先生也认为，"它相当于古史上的尧舜时代，亦即先秦史籍中发现的最早的'中国'"[3]。

一、尧都冀州在晋南

从文献记载来看，尧都多与冀、大夏、夏墟、平阳、唐等空间地理名词有关。《左传·哀公六年》："《夏书》曰：'惟彼陶唐，帅彼天常，有此冀方。'"意思是，

---

[1] 高天麟、张岱海、高炜：《龙山文化陶寺类型的年代与分期》，《襄汾陶寺遗址研究》，科学出版社，2007年，第230页。

[2] 李学勤：《从"夏商周断代工程"到"中华文明探源工程"》，《中国文化遗产》2004年第3期。

[3] 苏秉琦：《华人·龙的传人·中国人——考古寻根记》，辽宁大学出版社，1994年，第243页。

陶唐氏能够遵守上天常道，才有了冀方。杜注认为："唐虞及夏，同都冀州，不易地而亡……"①从唐尧、虞舜一直到夏代，都共同建都于冀州，而且没有另迁都于他州。顾炎武称："古之天子常居冀州，后人因之，遂以冀州为中国之号。"②既然唐尧虞舜及夏代天子都居冀州，称为"中国"，那么，冀州又在哪里？《尔雅·释地》曰："两河间曰冀州。"何谓两河？孔疏曰："东河之西，西河之东，南河之北是冀州之境也。"③这里的"西河"，是指黄河南流至风陵渡陕晋间一段；"东河"是指由风陵渡折向而东经豫、晋南至河北一段；"南河"是指晋豫之间的黄河。这一段记载，明白无误地指出了冀州的方位就在晋南。《史记正义》曰："古帝王之都多在河东、河北，故呼河北为河内，河南为河外。又云河从龙门南至华阴，东至卫州（今河南卫辉一带），折东北入海，曲绕冀州，故言河内云也。"④也就是说，山西的晋南地区这片区域的大部分都属于冀州，也叫河内。《吕氏春秋》云："两河间为冀州，晋也。"⑤即，两河之间称冀州，是晋国的疆域。《周礼》也记载："河内曰冀州，其山镇曰霍山。"⑥《山海经·大荒北经》载："蚩尤作兵伐黄帝，黄帝乃令应龙攻之冀州之野。"郭璞注："冀州，中土也。"由上述记载可知，尧都在冀州是没有问题的，"尧都平阳，舜都蒲城，禹都安邑，概属冀州"⑦。而且，冀州就是今天的山西晋南即临汾、运城一带，亦即古代的"中国"。

二、尧都夏墟在晋南

这一带又被称为"大夏""夏虚"。《左传·昭公元年》："子产曰：昔高辛氏有二子，伯曰阏伯，季曰实沈，……迁实沈于大夏，主参，唐人是因，以服事夏、商……及成王灭唐，而封太叔焉。故参为晋星。"⑧《左传·定公四年》："分唐叔以大路、密须之鼓……而封于夏墟。"《通志·都邑略》载："晋都唐，谓之夏墟，大名也。本尧所都，谓之平阳。"以上三条记载透露出这样一条信息：唐人属陶唐氏之后，在夏商时期一直都于夏墟，周成王灭唐之后，唐叔虞被封于此，建都于唐，也谓之夏墟，而且也是帝尧建都之所。由此看来，大夏、夏墟实为同一区域的不同名号，晋都、唐都、尧都均在这一区域。

---

① 《左传·哀公六年》（十三经注疏本），中华书局，1980年，第2162页。
② 黄汝成：《日知录集释》，上海古籍出版社，2006年，第78页。
③ 《尔雅·释地》（十三经注疏本），中华书局，1980年，第2614页下。
④ 张守节：《史记正义》，中华书局，1982年，第1839~1840页。
⑤ 《吕氏春秋》，上海书店，1986年，第125页。
⑥ 彭林整理：《周礼注疏》，上海古籍出版社，2010年，第1277页。
⑦ 顾颉刚：《〈禹贡〉上的二大问题》，《文史》2001年第1辑。
⑧ 杨伯峻：《春秋左传注》，中华书局，1981年，第1217~1218页。

关于大夏、夏墟之地望，服虔认为，"大夏在汾浍之间"。《元和郡县志》记载："平阳、翼城、安邑间三、四百里，春秋时犹有大夏之称。"顾炎武在《日知录》中写道："所谓大夏者，正今晋、绛、吉、隰之间，……大夏之在平阳明矣。"①刘起釪先生认为，"夏族最初的活动地区和夏文化的发源地在晋南"②，晋南即是夏人之墟。邹衡先生说"夏王朝在山西境内直接控制的地域似乎仅限于晋西南的汾河下游和涑水流域"③，处于尧、舜拥护者和旧势力的包围之中。夏后氏后来将都城迁移到阳翟（今河南禹州），将"中国"的头衔由晋南转移到豫西，仍称"大夏"，晋南则改称为"夏墟"。高炜先生进一步指明："以崇山周围汾、浍三角洲地区为中心，应是唐之所在，或者说是大夏，夏墟的中心区域"④，身为帝尧后裔的古唐国就地处"夏墟"之内。武王克商之后，求吴太伯后裔，"封虞仲于周之北故夏墟"⑤。可见，陶寺遗址所在的崇山周围、南抵平陆一带的地域都属于"夏墟"的范围，这一推论在夏县东下冯遗址发掘后已被证实。

三、尧都平阳在临汾一带

除了上述尧都冀州，尧都大夏、夏墟之外，尧都平阳也多见于史册。《汉书·地理志下》云："河东土地平易，有盐铁之饶，本唐尧所居，《诗·风》唐、魏之国也。"又师古注引应劭曰：平阳，"尧都也，在平河之阳"⑥。《后汉书·郡国志》也说："平阳侯国有铁，尧都此。"皇甫谧《帝王世纪》云："尧都平阳，于《诗》为唐国。"⑦那么，平阳又在何处？《括地志》指出："今晋州（今临汾一带）所理平阳故城是也。平阳，河水，一名晋水也。"⑧《读史方舆纪要》云："《禹贡》冀州也，即尧舜之都，所谓平阳也。春秋属晋，战国属魏，秦为河东郡地。"《史记·秦始皇本纪》云："昔唐人都河东。"秦置的河东郡，辖境相当于今山西省沁水以西、霍山以南地区。

临汾，古称平阳。位于临汾市西的姑射山上有一座山峰称作平山，山下泉水蜂涌，

---

① 黄汝成：《日知录集释》，上海古籍出版社，2006年，第1771页。
② 刘起釪：《古史续辨》，中国社会科学出版社，1991年，第133页。
③ 邹衡：《夏商周考古学论文集》，文物出版社，1980年，第278页。
④ 高炜：《试论陶寺遗址和陶寺类型龙山文化》，《襄汾陶寺遗址研究》，科学出版社，2007年，第285页。
⑤ 司马迁：《史记》，中华书局，1982年，第1446页。
⑥ 《汉书·地理志上》。
⑦ 皇甫谧：《帝王世纪》，辽宁教育出版社，1997年，第11页。
⑧ 司马迁：《史记》，中华书局，1982年，第15页。

汇集成河，因出自平山，故称平水①。《山海经》载："平山，平水出其上，潜于其下，是多美玉。"雍正版《山西通志·山川》平阳府临汾县条记载："平山，在县西南二十五里，即姑射之支也，平水出焉。"②同书《沿革一》临汾条载："唐，应劭曰，尧都也，在平河之阳。"《水经注》云："平水出平阳，平阳因在平水之阳而得名。"《汉书·地理志》注："平阳县，春秋鲁昭公二十八年置，当今临汾县治，取义平河之阳。"《文献通考》："晋州古尧舜之都所谓平阳也。晋州，平阳同地异代之名。"经过文献梳理，我们发现"自汉至唐宋的史书和传说，无不主张平阳（今临汾西）是帝尧之都"③。《山西省辑要》卷二、平阳古城下："在临汾西南，尧都平阳。"《山西通志》："其见于经者始唐尧，则都于平阳。"通过以上记载，我们可以这样认为，平阳一名，由位于平水之阳而来；平水在今临汾西南；故平阳在临汾一带。"平阳"是一个空间区域概念，史籍中所说的"尧都平阳"是泛指，并非确指。

四、尧都、古唐国、晋都相距不远

那么，尧都的具体位置在哪里？

既然尧都在平阳，平阳在临汾一带，我们就应该在临汾一带去寻找它。史籍中记载的古唐国与陶唐氏关系密切，我们试从考察古唐国的地望入手，探讨一下尧都的位置。《左传·襄公二十四年》载范宣子的话说："昔匄之祖，自虞以上为陶唐氏，在夏为御龙氏，在商为豕韦氏，在周为唐杜氏，晋主夏盟为范氏。"④这里的范宣子虽然自述家史，但也揭示出帝尧部族的发展过程。这个陶唐氏是《史记·五帝本纪》中的帝尧古族，历虞夏商周四代，其中一支久居古冀州一带⑤。由此看来，"商代及其以前很有影响的古唐国，就是帝尧陶唐氏后裔的一支"⑥。他们世居一地或称冀州，或称夏墟，或称平阳，冀州、夏墟、平阳均为大名，是总号，是一个区域范围，陶唐氏、唐人、晋人居住于其内。如果我们搞清楚了古唐国的位置，尧都的位置也必然清楚。

再从《左传·昭公元年》载子产说古唐国曾"服事夏商"之语来看，表明夏商时期确有古唐国存在，而且同殷商关系密切。甲骨卜辞显示古唐国向殷商王朝纳贡⑦，殷商

---

① 卫文选：《尧都考》，《山西师院学报》1981年第3期。
② 储大文：《山西通志》，中华书局，2006年，第449页。
③ 张永山：《卜辞中的唐与唐尧故地》，《殷都学刊》2000年第4期。
④ 杨伯峻：《春秋左传注》，中华书局，2009年，第1087页。
⑤ 张永山：《卜辞中的唐与唐尧故地》，《殷都学刊》2000年第4期。
⑥ 马宝春：《晋国历史地理研究》，文物出版社，2007年，第74页。
⑦ 郭沫若主编：《甲骨文合集》9269、9811、5776反，中华书局，1982年。

王朝允许唐国修筑城邑①，并时常关注唐国的灾害吉凶②。那么唐与殷商的方位又是怎样的？甲骨卜辞记载如下：

　　……自长友唐，舌方征……戈舌示易，戊申亦有来自西告牛家，……出出设新星。（《甲骨文合集》6063反）

　　癸［卯卜，□，贞］旬亡祸。王占曰："［有祟，其有来艰］，"四日丙午，［允有来艰自西，长］友唐告曰：［舌方征我奠］，入于苋，［亦戈舌］。（《甲骨文合集》8236）

　　……来艰自西……舌方征我……苋，亦戈舌……（《甲骨文合集》6062）

　　……唐告曰：舌方……于苋，亦戈舌……申亦有来艰自西……（《甲骨续存》下297）

这四条卜辞记载了古唐国向商王报告他们遭到来自西边的舌方侵犯的史实。另外一些卜辞中还出现了"西邑"的名称。这个"西邑"可能是相对于东方商都亳而言的③，胡厚宣先生疑西邑即唐邑。至此，古唐国的方位大体明晰：古唐国在殷商王朝统治中心区域殷墟安阳一带的西边，舌方又在古唐国的西边。因为土方与舌方相邻，依据郭沫若先生对土方到殷都的路程推算和邹衡先生的考古研究，舌方也可能在今天的石楼、永和一带，至于吉县是否为舌方地，尚待研究证明。所以，古唐国在殷都和舌方之间，"约在今山西南部的翼城，乃夏之旧墟"。

《史记·晋世家》说："唐在河、汾之东。"张守节《史记正义》引《括地志》云："故唐城在绛州翼城县西二十里。"程恩泽《国策地名考》引《列国兴废说》也说："成王封叔虞于唐，始都翼。"《元和郡县志》卷十二河东道绛州翼城县下曰："故唐城，在县西二十里。"《太平寰宇记》卷四十七绛州翼城县下也有相同记载。顾炎武《日知录》亦云："晋之始见春秋，其都在翼。"据此可知，唐在翼，即今天晋南的翼城县一带。

周成王时，唐有乱，存在了千年之久的古唐国被周公诛灭，遂封叔虞于唐，唐叔虞便成为古唐国的最后一位国君，叔虞死后，其子燮父改唐为晋。于是，寻找晋都与唐都的位置便成为一个问题的两个方面。即使唐晋两都非为同一地点，但只要找到其中任何一个都城，都会给我们寻找另一都城提供十分有意义的线索。

令人欣喜的是，二十世纪中期天马-曲村遗址晋侯墓地的发现，为我们探索晋国都城和古唐国都城提供了地下实物证据，随之，研究出现热潮。邹衡、李伯谦、陶正刚、侯毅、田建文、谢尧亭、王立新等一批学者纷纷撰文。他们虽立论各异，但观点基本趋

---

① 郭沫若主编：《甲骨文合集》14200正，中华书局，1982年。
② 郭沫若主编：《甲骨文合集》14208，中华书局，1982年。
③ 张永山：《卜辞中的唐与唐尧故地》，《殷都学刊》2000年第4期。

向一致，即，晋和唐的都城当距晋侯墓地不远，应在浮山、翼城、曲沃、襄汾、临汾的范围之内。

五、陶寺遗址即尧都

国都，中国古代叫都，近世也叫首都，是历史上各朝代或国家的政治中心，是古代文明进步的一个重要标志。研究上古时期的国都，不能不与中国古代文明的起源问题相联系。阶级和国家是文明产生的根本标志，文字、城市、金属器、宫殿、礼器和祭祀、礼仪性建筑等，也是重要因素。这些在陶寺遗址中均有发现。

陶寺遗址中陆续出现的大批都城遗存，包括若干大规模的墓地和夯土城墙遗迹等，具有王都之象。不仅有"王墓"、陶礼器、铜器、朱书文字，而且有城垣、宫殿、祭祀区、仓储区等；遗址中还发掘出部分大型聚落遗址群，以及烧陶作坊、仓库、观象台遗址，出土了成套的礼乐器物，玉钺、特磬、鼍鼓和象征王权的彩绘蟠龙陶盘。从葬制、葬具、殉葬品显示出的差别表明，当时这里已经步入文明社会阶段。

《左传》载："凡邑，有宗庙先君之主曰都，无曰邑。"[①]陶寺遗址内的宫殿、宗教建筑，已成为其作为聚落之都的象征。从聚落形态角度看，高规格的宫殿建筑、宗教建筑及与天文历法有关的观象台等，应当是"王都"级聚落所具备的标志性建筑要素。由此判定，这是一处都城遗址。

在陶寺遗址出土的扁壶上，发现了朱书的"文尧"二字。它们的字体结构同甲骨文一致，但至少要比甲骨文的时间早了七八百年。对于"文"为"文"的隶定，已得到大多数学者认可，而"尧"字却存在争议，何驽先生认为它很可能就是最原始的"尧"字的初字，"文尧"当是后人追忆帝尧时的称谓，也即"先王的尊称"。陶寺遗址应该是尧的都城。

综上所述，陶寺遗址在时间上与帝尧时代相吻合，空间上在古冀州、夏墟、平阳（今临汾）的范围内，并与古唐国、晋都相邻，出土资料也符合都城的基本要素，而且有文字证明。所以，我们认为，陶寺遗址即尧都。

（原载《临汾日报》2012年9月12～13日）

---

① 杨伯峻：《春秋左传注》，中华书局，2009年，第242页。

晋国史研究

叔虞封地诸说正误辨析

李孟存　常金仓

关于唐叔虞封地一案已经聚讼一千八九百年了。它涉及的具体问题颇多，似乎又是晋国史研究中一个必须首先解决的问题。从战国初年到今人的探讨，已经出现了唐叔始封晋阳说①、永安说②、平阳说③、襄汾说④、翼城说⑤、夏县说⑥，以及永济说⑦、乡宁说⑧。以研究方法和产生的结论来看，上述诸说大致可以分为三个类型：晋阳、永安、平阳、乡宁说为一类，翼城说自成一类，其余又算一类。但是关于这个问题的研究未见长足进展，甚至在晋国历史的一般常识上不断出现错误。我们认为对上述诸说的形成及其中错误发生的历史渊源做一些粗浅分析，达到正本清源，是十分必要的。

一、关于晋阳说（附永安、平阳、乡宁说）

唐叔封地在文献上的最初记载应推《左传》。《左传·定公四年》："分唐叔以大路、密须之鼓、阙巩、沽洗，怀姓九宗、职官五正。命以《唐诰》而封于夏墟。"所谓夏墟（或大夏）就是夏人活动的中心区域。据说今之晋南、豫西都曾留下夏人的踪迹，皆可谓之夏墟。所以《史记·吴太伯世家》曰："武王克殷，求太伯、仲雍之后，得周章。周章已君吴，因而封之。乃封周章弟虞仲于周之北故夏墟。"顾炎武说："齐桓公伐晋之师，仅及高梁，而《封禅书》述桓公之言，以为西伐大夏，大夏之在平阳明矣。"是大夏又在今临汾。

《左传》还有两段极要紧的文字历来为学者所瞩目，其一曰：

"昔高辛氏有二子，伯曰阏伯，季曰实沈。居于旷林，不相能也，日寻

---

① 见《汉书·地理志》。
② 见《汉书·地理志》颜师古注转引臣瓒语。
③ 见《帝王世纪辑存》。
④ 见邱文选：《晋国七都六迁始末》，《晋阳学刊》1982年第5期。
⑤ 见顾炎武《日知录》。
⑥ 见童书业《春秋左传研究》"春秋晋绛都"条。
⑦ 见马斗全：《唐叔虞封地在今永济考》，《晋阳学刊》1982年第4期。
⑧ 见《世本》，《史记索隐》《史记集解》《史记正义》引。

干戈，以相征讨。后帝不臧，迁阏伯于商丘，主辰，商人是因，故辰为商星。迁实沈于大夏，主参，唐人是因，以服事夏商。"①

这就是说参的分野就是唐人的居处。然而单单凭借分野，远远不能满足人们企图将唐叔的封地确指为一城一地的愿望。《左传》另一段记载道：

"昔金天氏有裔子曰昧，为玄冥师，生允格、台骀。台骀能业其官，宣汾洮、障大泽，以处大原，帝用嘉之，封诸汾川。沈、姒、蓐、黄实守其祀，今晋主汾而灭之矣⋯⋯"②

沈、姒、蓐三国（姑如此说）无丝毫痕迹流传。唯《山西通志·金石记》著录了一篇"黄叔单鼎铭"，使我们知道殷周之际确有一个黄国。但《山西通志》既未说明此器的来历，也未见与黄叔单鼎有联系的其他器物，黄国所在无从知道，而且它仅是为晋所灭的一国而非唐叔的封地。

后世学者通过种种努力，只证明了"大夏"是一个笼而统之的区域概念，并非专指某城某地，《左传》亦未能将"大夏"自释清楚。

司马迁作《晋世家》是第一次写晋史，其先人世掌秘籍，其故乡又近于河东，他对唐叔的封地做了进一步的说明。《晋世家》说："唐在河汾之东，方百里。"这里仍然仅仅描述了唐的版图范围而非其都城。上述材料告诉我们，至少在战国时人们对唐叔初封的具体地望已经不甚了了。不过这些材料尽管笼统，毕竟是早出的东西，舍此则无从谈研究。

至《汉书·地理志》才第一次将叔虞的封地具体化："太原晋阳县，故诗唐国，晋水所出，东入汾。"我们认为晚出的汉志并未得到司马迁不曾见到的材料。汉志臆断的根据至少有二。第一，《左传》说"宣汾洮、障大泽，以处大原"。而汉时太原郡治正好在晋阳。在这里班氏忘记了晋阳的营建时间在春秋末年而非西周初年。太原郡始置于秦庄襄王四年（公元前246年），况且《左传》所说的"大原"是"广阔原野"之意。第二，《史记·晋世家》曰："叔虞子燮，是为晋侯。"班氏以为燮既称晋侯，而且此后连国号亦改为晋，必然境内有晋山或晋水了，无巧不成书，古晋阳之南恰有晋水一流。但是他忘了考察一下这些地名、河名是何时而起、因何而起的。关于汉志的思想方法在该书中有一段自白："唐有晋水，叔虞子燮为晋侯，是燮以晋水改为晋侯。"这个判断句将汉志穿凿附会的轨迹刻画得洞若观火。汉志虽然使《史记·晋世家》中晋国的初都具体化，并且凭空给唐国添了一条晋水，但是只要想到古晋阳却是在汾河的西岸，这种说法就不攻自破了。

郑玄作《诗谱》，由于有了汉志，不但认晋阳为晋国的初都，同时又给这个所谓

---

① 《左传·昭公元年》。
② 《左传·昭公元年》。

的晋都蒙上一层神话色彩。《诗谱》说："唐者，帝尧旧都之地，今日太原晋阳是。尧始居此，后乃迁河东平阳。成王封母弟叔虞于尧之故墟，曰唐侯。南有晋水，至子燮，改为晋侯。"郑氏的独创在于以下三点。第一，他给晋阳的唐都加了一段"史前史"，把唐与尧墟联系在一起，于是《左传》所说的"夏墟"，在这里改为"尧墟"。童书业先生搜集大量古文献材料证明到战国中期"陶唐"与"尧"才联在一起[①]，"帝尧陶唐氏"首见于《世本》。《左传·昭公二十九年》子产那段话里只说刘累是陶唐氏裔子，并未说是尧的裔子。因此唐国不应被视作那亦神亦人的尧裔所建的国家，我们追踪唐的都城则不应以其是否为尧墟作为根据。第二，郑玄给汉志中的"晋水"确定了方位，所谓"南有晋水"，则晋都在其北了。古人把山南水北叫做"阳"，这样一来，汉志附会的"晋阳"似乎更加合理可信了。第三，传说尧时有九年大水，下民不能粒食，风俗俭啬。但晋人僻处深山，土狭民众，民俗爱物，据郑玄看来，这便是尧之遗风，而晋人则是尧之遗民了。

我国各民族差不多都有一些口传的历史，这些传说在其自身的发展过程中情况极其复杂，不加分析地使用传说材料是马克思主义史学工作者所不取的。郑玄的说法首先使信史和传说互相影响，对传说而言，尧有了国都，而且不止一个，对历史来说，使后人放弃真实的大夏之墟去找所谓帝尧之墟。而且，日后倘有人企图另找晋都，那么它不仅应有晋水，而且必须在晋阳之南。这样的人果然出现了，这就是晋代的皇甫谧。皇甫谧作《帝王世纪》说："尧始封于唐，今中山唐县是也。后徙晋阳，及为天子，都平阳，于《诗》为唐国。"皇甫谧把平阳南之平水叫做"晋水"，平阳即是唐都，即是尧墟，于是创造了叔虞始封"平阳说"。平阳说虽创制于皇甫谧，其始作俑者却应是郑玄。无独有偶，这样的人还有臣瓒。应劭说顺帝改彘为永安，臣瓒说"尧居唐，东于彘十里"。于是又创造了一个叔虞始封"永安说"。"平阳说""永安说"是"晋阳说"的附庸，它们的出现本身就反映出"晋阳说"自身矛盾重重，预示其难以立足。

"晋阳说"是在从东汉到清初一千五六百年中像滚雪球一样形成的。到唐代，因李唐发迹于太原，当时文人特别乐意把太原描绘成一个龙兴之地，因此到孔颖达博采诸书作了《诗谱正义》后，此说臻于完善，尽管它破绽百出，人们还是信之不疑。1961年6月，山西文物工作者对晋阳古城遗址进行了初步勘察，认为古晋阳的营建年代大体与文献所记不相上下，绝不能早到西周初年[②]。此外在对今晋祠所谓叔虞冢的发掘中，亦不见晋国早期的实物[③]。因此关于叔虞的封地，"晋阳说"及其附庸"永安说"[④]"平阳说"不应该再作考虑了。我们在追踪晋国初都的时候，不论当时唐国有无晋水，传说中

---

① 见《春秋左传研究》"陶唐"条。
② 谢元璐、张颔：《晋国古城勘察记》，《文物》1962年第4~5期合刊。
③ 邹衡：《晋豫鄂三省考古调查简报》，《文物》1982年第7期。
④ 1953年山西省洪洞县永凝东堡曾出土350件西周期铜器，见1953年《文物参考资料》第12期，但西周初年洪洞有个封国叫杨，未审为何国器物。

的尧是否"建都"于此,由"晋阳说"者臆造的"晋水""尧墟"不应再成为我们跟踪的目标。

"乡宁说"未受汉儒的影响,《左传·隐公六年》载:"翼九宗五正顷父之子嘉父逆晋侯于随,纳诸鄂,晋人谓之鄂侯。"《世本》以为鄂就是晋国最早的都城,据说鄂在今乡宁,于是唐叔封地又有乡宁之说。

二、关于翼城说

歧义迭出是经学发展的必然结果。所谓"闭户注书"[①],是汉以来儒者治学的主要方法。清初,儒林突起了一支异军,他们以疑古精神重新清理典籍。第一个对唐叔始封晋阳说给予否定的人就是顾炎武。他骑马负书,远涉山河到山西来,亲自观察山川形势,采访民间的佚事传闻。他认为春秋时期的晋国是从翼城一带扩展开去的,没有远迁七百里由晋阳到曲沃的可能,而翼城一带的遗迹又远较晋阳可信,因此他断然指出唐叔始封在翼城。由于他以《史记》为基础,兼采《尚书》《吕览》等早出的史料,才使他从汉志、郑玄所散布的迷雾中摆脱出来,因此他的结论更为实际。

翼城说未能立刻得到学界的承认,当时颇有声望的学者如全祖望、阎若璩都持反对态度。但是他们的非难,在今天看来却是苍白无力的。第一,他们宁信晚出的汉志和《诗谱》,死守由唐改晋须有晋水,却说"唐在河汾之东未可信也"。第二,顾氏所引的《括地志》本来著录了两个唐城,一在古晋阳北二里,一在翼城西二十里。全氏责难顾氏为什么弃前者而主后者。西周初年称唐的小国至少有三个[②],择善而从是十分正常的。倒是应该指出,《史记正义》引《括地志》肢解了《史记·晋世家》。

《晋世家》之"武王崩,成王立,唐有乱"条下,《史记正义》引《括地志》曰:"故唐城在绛州翼城县西二十里,即尧裔子所封。"这个唐指成王灭掉的古唐国,在翼城西。

《晋世家》之"唐叔子燮,是为晋侯"条下,《史记正义》引《括地志》曰:"故唐城在并州晋阳县北二里。"

《史记》原文古唐国与叔虞之唐本为一地,经过"正义"以后,忽然变成远不相及的两地,造成成王灭翼城之唐而封叔虞于晋阳的大笑话,倘使司迁有知,也会惊诧莫名的。

"翼城说"后学通过方志的纂修进一步为这一派提供了不少证据,比如说依据《诗·唐风·扬之水》中的"从子于鹄",他们指出即今曲沃的安鹄,豢龙氏扰龙之董

---

① 见《新修曲沃县志·唐晋绛翼故绛考》。
② 见《逸周书·王会解》,《穆天子传》,今古本《竹书纪年》。

泽在今闻喜县西，汾神台骀庙在今曲沃翠金山上，"宣汾洮"之洮水在闻喜等。新中国成立后考古工作取得的成就也证实了"翼城说"比较可靠。1962年9月24日翼城县城关公社凤家坡村发现了西周墓葬，得西周早期铜器八件①；近年北大考古专业在翼城苇沟、北寿城发现了一处晋文化晚期城址，出土器物的第一期正与凤家坡铜器的年代相当，从1963年到今年在曲村、天马的三次试掘中，出土大量晋国陶器、铜器，他们初步确定这里主要是西周中晚期的遗址②。根据目前占有的材料，我们虽然还不能把晋国的初都指为某某遗址，但是它在翼城一带，则是没有多大问题的。

三、夏县、永济、襄汾说

后来有些同志打算放弃翼城另觅叔虞的封地。如童书业先生疑叔虞始封于夏县，他说："顾氏辨晋始封不在晋阳，其说甚是。惟谓晋之始封在翼城则非。《秦策四》：'魏伐邯郸因退为逢泽之遇，乘夏车，称夏王。''乘夏车，称夏王'，盖以其国都安邑在故夏墟也。魏故都古安邑，在今夏县附近，盖即唐叔所封之夏墟（大夏）矣。"③古安邑诚然在夏墟，但是安知翼城就不在夏墟？中国科学院考古所山西工作队于1959年5月、1961年7月和1962年10月分别对夏县禹王城进行三次调查，通过对城内遗物的观察，认为它应该是战国时的魏都安邑④。

去年马斗全同志又新考叔虞始封在永济虞乡。他的思想方法却是值得注意的。他首先借用"翼城说"者手中的武器，论证了"大夏""太原"不应该包括古晋阳，接着他又借用"晋阳说"者手中的武器责难翼城没有晋水和晋阳，从而否定了"翼城说"。最后他从《史记·六国年表》中找到一个"晋阳"在今永济虞乡，并且毫无根据地指涑水为晋水，进而说春秋末智瑶决水所灌的赵氏晋阳即是此城。如晋阳就在虞乡，赵国的疆土就与史实不符了。叔虞的封地本来叫"唐"而不叫"晋阳"，"晋阳说"者后来也感到欠妥，于是创造了燮父迁都晋阳的说法（见下节），但是愈改愈糟，这样一来，晋阳就成了二迁之地而非初都了，马斗全同志于此全无留意。

邱文选同志的《晋国七都六迁始末》的蓝本去年我们已见于《山西师院学报》了。那时候他只说襄汾县赵康古城是献公之绛，后来又干脆把赵康古城同时认作是叔虞的封地。近年来对赵康古城也进行过调查，《简报》说："由采集的遗物观察，所有的瓦都应晚于春秋，陶器与侯马以西东周遗址中春秋晚期的遗物接近。在城墙夯土内又杂有东周早期遗物，所以初步断定该城营建于春秋战国之际。"倘说赵康古城是"献绛"，似

---

① 李发旺：《山西翼城发现青铜器》，《考古》1963年第4期。
② 邹衡：《晋豫鄂三省考古调查简报》，《文物》1982年第7期。
③ 见童书业《春秋左传研究》"春秋晋绛都"条。
④ 见陶正刚、叶学明：《古魏城和禹王古城调查简报》，《文物》1962年第4~5期。

乎还可以商榷，若说是叔虞封地，则需见到西周早期的遗物。

以上三说在理论形式上并没有"晋阳说"那么精细完整，在史学方法方面没有超过顾炎武，有时还不及"晋阳说"。考古学是史学的前驱，我们不应该对两三千年前留下来的宝贵文物视而不见，却囿于某些传说或陈说，或者对那些光靠书本无法解决的问题，却偏要从书本上训释出一番道理来。

四、关于迁都

晋国的都城名号有唐、晋（阳）、曲沃、绛（穆绛）、翼、故绛（献绛）、新田七个，据说晋国也顺次进行过六次迁都。这就给考古工作带来一项任务，即是说一定要找这七个古城的遗址并且一一对号入座才行。然而当我们细心阅读古籍时，就发现其中有几分故弄玄虚的意味。

唐的存在是毫无疑问的。《左传》《史记》都提到这个地方。按现有出土文物来看，其遗址应在今翼城附近。至于晋阳，《左传》未言及此，《史记》只说"唐叔子燮，是为晋侯"。因而就据此认为必有晋阳，是武断的。《汉书·地理志》虽认为第二个都城是晋阳，但如前所述，其仅仅出于推测，况且明言"改为晋侯"，何尝说是迁都？徐才《宗国都城记》说："唐叔虞之子燮父徙居晋水傍。"① 这件事今、古本《竹书纪年》都有记载：

（古本）"晋侯作宫而美，康王使让之。"

（今本）"唐迁于晋，作宫而美，王使人让之。"

古本与《史记》同，疑在汉时《竹书纪年》有藏于秘府者。至于今本，很显然是在晋太康出土至宋佚失这段时间里根据经学被改过的。这个比较大致可以告诉我们燮父迁都之说出现的时代。"晋"是"晋阳说"者一手制造的伪晋都，我们应该像摈弃"晋阳说"那样，把"晋"从晋国都城中剔除出去。

曲沃历来被认为是晋国都城之一，但证据很不充分。《史记》为昭慎重，对西周时期的晋国史仅仅记了些国君世系，并说"自唐叔至靖侯五世，无其年数"。更不必说迁都。只有《左传·桓公二年》（公元前710年）载，师服论昭侯封桓叔于曲沃道："故天子建国，诸侯立家……今晋，甸侯也，而建国，本既弱矣，其能久乎？"这是一句模棱两可的话。曲沃给人们印象最深的就是曲沃代翼后立武公庙于此，所以骊姬说："曲沃，君之宗也。"晋文公、悼公乱后归国都曾入曲沃朝于武宫。武公是后期晋国的奠基人，曲沃是他发迹的地方，因此他在晋国的地位特别重要，除此以外我们拿不出更多的理由可以证明曲沃在西周曾作过都、城。所谓成侯迁曲沃，是由晋阳迁来，晋阳既不作都城考虑，曲沃也很值得怀疑。

---

① 《史记·晋世家》正义引。

《诗谱》曰:"其孙穆侯又徙于绛。"绛确实是晋国的都城,但是否由穆侯所迁也有问题。孔颖达《诗谱正义》就指出,如果成侯迁曲沃不错,"至昭公之时分曲沃以封桓叔,则正都不在曲沃,明昭公以前已徙绛矣。知穆侯徙绛者,盖相传为然"。今本《竹书纪年》载宣王"十六年(公元前812年)晋迁于绛"。是年乃晋献侯十一年,可见穆侯徙绛不完全可靠。

翼见于《史记》是在公元前745年(晋昭侯元年),当时昭侯封成师于曲沃,司马迁说:"曲沃邑大于翼。翼,晋君都邑也。"至少说明其于昭侯元年即都于翼。翼见于古本《竹书纪年》在公元前731年,其文云:"翟人俄伐翼,至于晋郊。"《左传》中到公元前718年才出现翼,杜预说"昭侯以下又徙于翼"是据《左传》推来,殊不知昭侯以前晋都已在翼,看来"绛""翼"是同地殊名,犹如曲沃又叫"新城"和"下国"。今曲村-天马遗址出土器物多是西周中晚期的晋文化遗存,而且遗址规模特大,为我们寻找古绛都(或曰翼)提供了重要的线索。

晋献公九年命士蒍城绛就是献绛。晋武公代翼,由三世食采的曲沃入于晋都为诸侯,旋即死去。其子晋献公扩建了城垣宫室。晋景公十五年迁新田,新田亦名绛。于是后人称晋献公之绛为故绛。《史记》说献公城聚杀桓庄之族,然后以聚改绛而都之,显系太史公笔误,孔颖达已据《左传》给以纠正,他说:"《世家》言命聚曰绛,非也。"然而直到今天,我们许多同志还在为《史记》所愚,忽而把今绛县的车厢城认为是献绛,忽而把襄汾赵康古城认作献绛,但我们不能再作茧自缚了。

综上所述,晋国的初都唯翼城为可能。其较为可靠的都城最多有四个,即唐、曲沃、绛、新田,其中曲沃尚待进一步研究,我们认为从晋国传说的都城中把那些显系后人假造的伪都去掉,然后缩小包围圈,在日后的考古发现基础上,人们的观点才会趋于一致。目前所知的七都六迁中必然有"晋阳说"连带来的伪都。拿春秋时十几个较大诸侯国作参证,迁都如此频繁的实属罕见。加之晋国除了曲沃代翼的67年内战,政治上一般是比较稳定的,不会有这样多的迁徙。邱文选同志的《晋国七都六迁始末》可以说是自有迁都说以来的集大成之作(其实他只举出五个都城)。他搜集的不少传说需经过一番考证才能转化为可靠史料,这里不一一辨析了。孟子说,尽信书则不如无书。我们愿意以此来提醒自己,也提醒同志们。

(原载《晋阳学刊》1983年第4期)

古唐国与我国原始驯养业

常金仓

《左传·昭公二十九年》记载了晋太史蔡墨的一段话，其文云：

> 古者畜龙，故国有豢龙氏，有御龙氏。……昔有飂叔安，有裔子曰董父，实甚好龙，能求其耆欲以饮食之，龙多归之，乃扰畜龙以服事帝舜，帝赐之姓曰董，氏曰豢龙，封诸鬷川，鬷夷氏其后也。故帝舜氏世有畜龙。及有夏孔甲，扰于有帝，帝赐之乘龙，河、汉各二，各有雌雄，孔甲不能食，而未获豢龙氏。有陶唐氏既衰，其后有刘累，学扰龙于豢龙氏，以事孔甲，能饮食之。夏后嘉之，赐氏曰御龙。以更豕韦之后。龙一雌死，潜醢以食夏后，夏后飨之。既而使求之，惧而迁于鲁县，范氏其后也。

这则传说又见于《左传·襄公二十四年》范宣子的一段自述，他说："昔匄之祖，自虞以上为陶唐氏，在夏为御龙氏，在商为豕韦氏，在周为唐杜氏，晋主夏盟，为范氏。"当时我们编著《晋国史纲要》时，仅仅根据这两段传文将古唐国及范氏的历史勾勒了一个轮廓，并未作更多的探索。我认为这是远古传来的一则真实而动人的故事，因时过境迁，后人不解其意，遂对它作了不少曲解。例如，春秋晚期的蔡墨把龙误解为神话故事中腾飞入云的神兽灵虫，在上述引文后面说"龙，水物也"，接着又附会《周易》乾卦爻辞，解为"潜龙勿用""见龙在田"等。其实蔡墨的误解正好反映了这则传说的古老性。因为早在春秋时代，像蔡墨这样博学多识的人已经不能洞察它的真实含义，那么它必然在春秋之前已流传了很多世代。蔡墨的解释又写在《左传》正文中，这样便增加了它的权威性，所以汉代儒生们便不敢在"水物"之外另求正解，于是进一步强作解人用五行学说来附会它。

二十世纪二三十年代正是古史学界疑古思潮很盛的时候，于是便导致对这个传说真实性的否定。他们说陶唐氏后裔刘累云云是向、歆父子为了制造汉为尧后的神话伪造的传文。我们如果相信它是汉人伪作，结果只能是丧失这段文献的珍贵价值，使我国的驯养业史上一个光辉片段永远湮没在历史尘封之下，同时如果割去刘累这一段故事，这则传说也会变得有首无尾。解开这个传说之神秘性的关键在于正确认识故事中的"龙"字，我以为龙就是马，扰龙就是驯马。

先秦文献中"龙"有两个含义，其一当然是"五灵"之一的神话中的龙，其最初出现至今最少有六七千年的历史了，因为我们在陕西半坡的仰韶文化遗址出土的细颈瓶上就看到了它的形象。其二指骏马，《周礼·庾人》云："马八尺以上为龙，七尺以上为䮫，六尺以上为马。"《尔雅·释畜》说与《庾人》相同。在《周礼·䡔人》中，八尺之马又叫"国马"，七尺之马叫"田马"，六尺之马叫"驽马"。八尺、七尺、六尺皆指马高，先秦尺度，一尺相当于后世六寸，八尺之马约当后世五尺。《礼记·月令》孟春："天子乘鸾辂，驾苍龙。"《仪礼·觐礼》："天子乘龙载大旆。"我们总不能说古代天子骑着腾云驾雾的神龙去颁朔告闰，接见诸侯，这里的龙必然是《庾人》和《尔雅》中的八尺之马。

战国秦汉间在上述意义上"龙""马"混用是习见现象，如《周易》《尚书·顾命》《论语》等书中记载的"河图""洛书"；《礼记·礼运》说"山出器车，河出马图"；而张衡《东京赋》则说"龙图授羲，龟书畀姒"；杨雄《覈灵赋》索性说"大易之始，河序龙马，洛贡龟书"。

"扰"字古训为"驯"，《周礼·冢宰》说"以教官府，以扰万民"，郑玄注曰"扰犹驯也"；《周礼·夏官·服不氏》说"掌养猛兽而教扰之"，郑注说"扰，驯也"，那么扰龙便是驯马。"乘龙"，古注中就说是"一乘之龙"，显然是后来共引一车的四马，"河、汉"为马名，犹如卫灵公所献给鲁昭公之"启服"。

然而古代为什么称骏马为龙？惠士奇曾经说二十八宿的房星又名"天驷"，而房星居东方七宿之中，东方七宿在"四象"称为青龙，古代以天驷为马祖，春天牧马于野，设祭于天驷，祈求畜马兴旺。这个解释不能说没有道理。也有人说龙首像马，得马之一体，所以龙马混称，略涉臆度。

这样我们认定了蔡墨传说中的"龙"应该是指"马"，"扰"为"驯"，这则传说的面貌就豁然明朗了，豢龙氏、御龙氏当为我国远古时期从事驯养野马的部落。

在世界各民族中，狗至晚驯化于一万年前，牛、绵羊、山羊、猪大约驯化于距今八千年左右，驴驯化于五千年前，马的最早驯化记录是巴比伦，距今约4300年。印度哈拉帕文化遗址中尚未发现养马迹象，而稍后的雅利安人，毫无疑问已是拥有畜马的民族，时代也在4000年前。英国动物学家莫里斯说马是人类驯化较晚的野生动物，"四千多年前，苏美尔人就把驴子作为役畜，但是后来又引进了更容易驾驭的马，驴便废弃不用了"（《裸猿》）。我国豢龙氏与御龙氏出现在传说的尧舜时代至夏代后期，距今也是四千年左右。中国新石器时代考古发现表明北方地区驯养马是从龙山文化时期开始的，恰好证明了上述豢龙氏和御龙氏故事的真实性，反映了中国驯马业的历史之悠久。

不过在这个历史阶段中，他们豢养马并不曾想到利用它们引重致远或作为餐桌上的一道美味。人类最初把野生动物的某个种属驯化为家畜往往并非如一些极端的经济决定论者所断言的那样是出于食用和役使的动机，在很多情况下却是出于观赏玩好或宗教行为等需要，只是后来人们才把马用于役使的。到了周代，马又被作为一种礼物相互赠送，成为社交礼仪中的一项重要内容。

与豢龙氏为帝舜氏驯养野马的同时，中国境内还有一些氏族从事着同样的事业。《史记·秦本记》说秦人的祖先大费"佐舜调驯鸟兽，鸟兽多驯服，是为柏翳，舜赐姓嬴氏"，他们世代操持这种生业，成为专业氏族。还说大费生二子，"一曰大廉，实鸟俗氏；二曰若木，实费氏"，大廉玄孙孟戏、中衍"鸟身人言"，这是人类学上常见的披着鸟羽、化装为鸟的同类，径直走入鸟群猎鸟的现象。费氏子孙费昌在夏桀时"去夏归商，为汤御"，而中衍在帝太戊时为太戊御。到周穆王时，中衍的子孙有造父"以善御幸于周穆王，得骥、温骊、骅骝、騄耳之驷，西巡狩，乐而忘归。徐偃王作乱，造父为穆王御，长驱归周，一日千里以救乱"，造父被封于赵，成为春秋时赵氏的祖先，晋献公时赵夙为献公御戎，而驾车仍然是驯马氏族的祖传职业。西周后期，与赵氏同祖的非子"居犬丘，好马及畜，善养息之。犬丘人言之周孝王，孝王召使主马于汧渭之间，马大蕃息"，孝王以为"昔伯翳为舜主畜，畜多息，故有土，赐姓嬴。今其后世亦为朕息马，朕其分土为附庸"。秦赵二族先世的业绩同样可以证明马的驯化早在原始时代末期已有。

驯养业让原始人着了先鞭是世界通例，凡是能驯养的物种全被他们驯养了，文明人尽管可以把大象驯服，但除非一个个从野象群里驯服出来，不能供人役使，它们不肯像牛马一样在人类统治下自由繁殖，永远做人的助手，驯象一死，它的儿女仍然是野性不改的动物。很多一时为人所用的动物并不能划归到家畜类中，人类对愿意就范的野生动物的驯化经过了长时期的实验，才使社会进入游牧畜养阶段。

中国上古时代各方国的统治者几乎无一不是史前文化英雄的子孙，《大戴礼记·帝系》及司马迁《史记·五帝本纪》所载史前文化英雄的后裔大都成为后世的王侯，以致周初的旧国皆有不凡的来历，且无一不与史前文化英雄相关。古唐国统治者也和上述列国一样，由于其远祖豢龙氏、御龙氏曾在野兽驯化运动中为人类做出巨大贡献，人民感戴他们的恩德，遂使他们有机会步入贵族的行列。卢梭谈到史前时期的自然不平等时说："当一个人的财产条件不比别人优越时，人们所以选举他，是根据他的功绩，因为功绩给人以自然的威望。"（《论人类不平等的起源和基础》）他说的正是这种情况。

（原载《山西大学师范学院学报》1991年第3期）

西周时期的晋国

李孟存 常金仓

一、叔虞封唐

殷周之际，在今山西省南部的翼城、曲沃、绛县之间，有一个古老的小国，历史上叫做唐国。唐国东邻太岳山脉的西麓，北、东、西三面地形偏高，向西倾斜，浍水由东北向西南缓缓流去，至今侯马市注入汾河。3000年前浍水水量丰富，不仅可以灌溉两岸良田，而且兼有水运之利。

古唐国有十分悠久的历史，《左传·昭公二十九年》有一段文字将它的历史追溯到传说中的唐虞时代：

> 昔有飂叔安有裔子曰董父，实甚好龙，能求其耆欲以饮食之，龙多归之。乃扰畜龙，以服事帝舜。帝赐之姓曰"董"，氏曰"豢龙"，封诸鬷川，鬷夷氏其后也。故帝舜氏世有畜龙。及有夏孔甲，扰于有帝，帝赐之乘龙，河、汉各二，各有雌雄。孔甲不能食，而未获豢龙氏。有陶唐氏既衰，其后有刘累，学扰龙于豢龙氏，以事孔甲，能饮食之。夏后嘉之，赐氏曰"御龙"，以更豕韦之后。龙一雌死，潜醢以食夏后，夏后飨之。既而使求之，惧，而迁于鲁县，范氏其后也。

世界各民族大都有一段口传的历史，上述这段文字就是古代先民口耳相传、于春秋战国之交才用文字记载下来的史迹。归纳这段话的内容，就是说在远古时代，我国北部曾有一个叫陶唐氏的部落，可能是善于烧造陶器，故以陶为名。"陶"古读为尧，于是后世遂把作为族名的陶唐氏人格化为传说中的帝尧，或连称为"帝尧陶唐氏"①，或把夏、商、周以前称为唐尧虞舜。陶唐在若干年代之后衰弱下来，有虞氏代兴。陶唐氏的宗子飂叔安有个后裔叫做董父，曾在帝舜联盟中供职，甚得帝舜氏赏识，于是封之土田、赐之姓氏。"飂"就是"刘"，可能是陶唐氏大部落之一族，所以到夏代就出现了陶唐氏裔子刘累，刘累应就是飂叔安的后人。豢龙氏自董父始，到夏孔甲在位时衰落

---

① 首见《世本》。

了，这时叔安的另一派子孙刘累出来在孔甲王朝居官，改称御龙氏。御龙氏获罪，畏罪迁于鲁县（据说即今河南省鲁山县），他们就是春秋时晋国卿族范氏的远祖。

《左传·襄公二十四年》记晋卿范宣子（士匄）对使晋的鲁大夫叔孙穆子也说："昔匄之祖，自虞以上为陶唐氏，在夏为御龙氏，在商为豕韦氏，在周为唐杜氏，晋主夏盟，为范氏。"

根据范宣子对他们家世的自述，似乎南迁的御龙氏在商代曾北上复居故地，因为在夏时他们也以豕韦氏为族名，所以在商时仍袭用这个旧名，商末周初，他们的国家叫唐，周灭唐，唐君被迁到杜（陕西省长安县东南），故名唐杜氏①。

古唐国在历史上的存在是毫无疑问的，《山西通志·金石记》著录了一只前代出土的"唐子爵"，其铭文仅有四字："唐子且（祖）乙。"阮元《积古斋钟鼎彝器款识》断定它是"商世唐君之器也"。

西周初年称唐的国族恐怕不止一个。《逸周书·王会篇》中有一个北唐戎，北唐据说在今山西省太原市一带居息，周穆王时，"北唐之君来见，以一骊马是生绿耳"②，他们可能是陶唐氏宗族当中长期停留在畜牧经济阶段的一个支裔。这样看来，上古时代的山西是陶唐氏子孙、继而是夏后氏子孙散居的地方，这里的文化类型是与殷商文化不同的一个系统。

武王克商时，古唐国大约也被周人征服了。武王时的青铜器《大丰鼎铭》之"不（丕）显王乍省，不（丕）䜌王乍虡"，其中"省"就是商，"虡"就是唐，"乍"就是征伐的意思。《诗经·周颂·武》篇说武王"胜殷遏刘，耆定尔功"，这里的"刘"即指上述刘姓的陶唐氏后裔③。可见在当时伐唐是仅次于伐商的一件大事，只因史书失载，古唐国在这次历史大动荡中遂成了默默无闻的角色。

武王克商建立了周人的统治，但他在位的短短几年中，周对全国的统治并不巩固，政治上潜存着严重的危机。因此在他死后不久，纣子武庚（禄父）便利用周上层集团中的矛盾发动叛乱。周公率师东征，历数年才镇压了殷贵族残余势力的反抗。古唐国也参与了这次叛乱，周公举兵灭唐，迁古唐国君主和贵族于杜（见上），叫做唐杜氏。唐杜氏虽失国迁居，但仍在周室供职，仍占有一定数量的土地和人民。一直到西周后期，周宣王杀死唐杜氏子孙杜伯，杜伯的儿子隰叔避难来到晋国，做了大理（法官），这就是晋国贵族范氏的始祖。

《史记·晋世家》说：

（周）成王与叔虞戏，削桐叶为珪以与叔虞，曰："以此封若。"史佚

---

① 参看孙诒让《唐杜氏考》，载《国粹学报》1906年第5期。
② 《古本竹书纪年辑校订补》引《穆天子传》《史记·秦本纪集解》。
③ 见郭沫若《两周金文辞大系图录考释·大丰簋》释文及《李平心史论集·周伐商唐新证》。

因请择日立叔虞。成王曰："吾与之戏耳。"史佚曰："天子无戏言。言则史书之，礼成之，乐歌之。"于是遂封叔虞于唐。

叔虞是武王之子，成王之同母弟，字子于。其时成王似尚未亲政，叔虞亦在少年[①]。桐叶封弟的故事把周初政治生活中封藩建卫的一件大事，描写成一段儿童戏语，恐与史实不符。武庚与唐人先后作乱，给了周人一个深刻的教训，他们感到有必要在叛乱者盘踞的地方建立一些军事据点，控制局面，拱卫王畿。叔虞封唐也和鲁、卫等国一样，是在这种特殊形势下所采取的有计划、有目的的重大措施。

叔虞封唐时，山西境内的局势动荡不安。为了更好地理解叔虞封唐的作用和意义，我们不妨稍稍上溯到商末的历史上去。商末，山西境内本来是居住着不少方国和国族的。周文王时，在今山西南部的平陆、芮城二县，有两个小国叫做虞、芮。虞、芮因土地问题发生纠纷。据说他们的君长曾请求周文王给他们裁断曲直。在武王伐商战争中，虞国肯定被消灭了，周室将同姓的虞仲封为虞君，同时迁芮于陕西省朝邑县的芮乡，而在芮国的故墟上又建同姓的魏国，这些事件都发生在叔虞封唐前不久，《尚书》有一篇《西伯戡黎》，叙述周文王伐黎的故事。黎在今山西省东南部的黎城县境内，据说武王克商立帝尧之后于黎[②]，则黎也是一个新建的国家。《逸周书·世俘篇》记武王大将百韦（伯韦）攻伐宣方、霍侯、艾侯和厉（即黎）的战争过程。据学者们考证，宣即是甲骨文中的"亘"，它在今山西垣曲县境内；艾即是"刈"，今山西省黎城县北有刈陵；霍在今山西省霍县，武王克商后立其弟叔处于霍为霍侯[③]，原来的霍确是亡国了。近年来，有些学者通过对甲骨刻辞中所见方国地望的研究，也发现了一些商末居住在山西境内的国族[④]，计有先、丕、缶、基、亘（已见上）、重等。先、丕不知其所在，然而春秋时晋国大夫有先轸、先且居、先克和丕郑、丕豹等，他们无疑是以国为氏的先、丕两国后裔；"缶"据说是"匋""陶"的初文，有时作"寶"的假字，文献上写作"保"，它应是吕相绝秦辞中"伐我保城"之保；基即是冀，在今山西省河津县；重即是董，在今山西省临猗县。董、冀到春秋时先后被晋国吞灭，成为晋国的县邑。以上所举在当时山西实际存在的方国中不过凤毛麟角而已，从他们的兴亡存灭可以看出当时山西境内战争十分频繁，阶级矛盾和民族矛盾都很尖锐，许多商代方国虽然被保存下来，

---

① 《国语》云唐叔虞曾"射兕于徒林"，有些同志据以对传统说法质疑，以为叔虞受封时已非幼年。又《晋公𪻝铭》："我皇祖唐公，〔膺〕受大命，左右武王，□□（正阙）百蛮，广嗣（司）四方，至于大廷，莫不事〔王〕，命鄋（唐）公、宅京自（师），□□□晋邦……"则叔虞受封应在武王之世。故两存之。

② 武王封帝尧之后，《吕氏春秋·真大览》作黎；《礼记·乐记》作祝；《史记·周本纪》作蓟，当以《吕氏春秋》为确。

③ 李平心：《李平心史论集·周伐商唐新证》，人民出版社，1983年。

④ 见张亚初：《殷墟都城与山西方国考略》，《古文字研究》第十辑，中华书局，1983年。

但一旦时机成熟还会兴兵作乱。唐、霍、虞、魏等新建的国家星罗棋布地屹立于山西南部，正是为了对新附周室而心怀异志的陶唐氏、夏后氏国族实行有效的控制。

叔虞封唐时，举行过隆重的授土授民仪式。周天子赐叔虞"怀姓九宗，职官五正"①，帮助他去组织新的政权，赐叔虞以"大路、密须之鼓、阙巩（之甲），沽洗（之钟）"以炫耀周人的武功。这些器物大多是战利品，近年在山西省曲沃县曲村西周晋国遗址出土的"𰹖𫐄方鼎"②，就是商王康丁之侄𰹖𫐄祭祀父亲廪辛的宗庙彝器，它出现在晋国的遗址上，很可能是武王克商时掠去的殷器而又转赐给叔虞的。由于唐国地处夏人的故墟，四周遍布戎狄部落，为了以夏戎之俗以治夏戎之民，成王命叔虞要"启以夏政、疆以戎索"③。唐新主对唐遗民的政策最初大约是比较宽容的。以后世晋国兼并小国的情形推论，这个结论应不会有太大的错误。公元前520年晋人灭白狄之鼓（河北省晋县），虽然"以鼓子鸢鞮归"④，如唐王之迁于杜，然而终"与鼓子田于河阴""令鼓人各复其所，非僚勿从"⑤。这应是晋国的一个传统政策，叔虞开始做封君时，其情形应与此类同。

二、燮父改国号

唐叔虞在位年限大体与成王相终始。叔虞死后，他的儿子燮父继位，改称晋侯，同时把唐国改称晋国。这一国号一直沿用了约600年，到公元前五世纪，三家分晋，由韩、赵、魏取而代之。燮父为什么改国号？《汉书·地理志》说："唐有晋水，叔虞子燮为晋侯，是燮以晋水改为晋侯。"班氏的晋水在今山西省太原市西南晋源一带，实际上在春秋以前那里还是戎狄活动的地方，唐（晋）没有可能在那里建国，而且这种说法在文献上没有任何根据（详后）。唐改国号当别有原因。

文字学家认为古代名物，尤其是山水国邑的名称之由来，多不可考。一名而立，往往是当时当地人根据某些特定的社会或自然因素确定下来的，一经约定俗成，这种因素就渐渐被人们遗忘。"晋"字的起源很早，在卜辞中已经出现了。在《铁云藏龟拾遗》中字形作𦥑，《甲骨文编》中作𦥑，在西周以前它可能就作为语言符号被人们使用了。

---

① "怀姓九宗"，王国维《观堂集林》认为怀是"隗"的伪变，隗即甲骨文的鬼方。郭沫若认为它与周所赐鲁之"殷民六族"，赐卫之"殷民七族"都是奴隶。然《左传·隐公六年》说："翼九宗五正顷父之子嘉父逆晋侯于随，纳诸鄂，晋人谓之鄂侯"，九宗五正既有迎纳逃亡之君的力量，定然不是奴隶，而应是异姓的贵族。
② 张颔：《𰹖𫐄方鼎铭文考释》，稿本。
③ 《左传·定公四年》。
④ 《左传·昭公二十二年》，《国语·晋语》"鸢鞮"作"苑支"。
⑤ 《国语·晋语九》。

《积微居小学金石论丛·释晋篇》，认为它的字形像一件器物中放置了两支竹箭，应是"箭"字的古文。我们认为晋国以箭义得名是难以索解的，况且先秦文献上箭多称矢，箭似是后起之字。从字形上看，它的下半部有时作"ᗑ"，确像一盛物器皿，"ᗑ"只是"ᗑ"的文饰。它的上半部，有人说是下飞的二鸟，有人说是倒立的二"子"字①，总之是一个会意字，是器物中盛放某物的象形；从训诂上讲，《说文解字》云"晋，进也，日出万物进。"晋确有进意；《广雅·释诂》把它与"供、奉、献、御、奏、渐、跃、前、升、敕、奋、揖、荐、许"等作为一组同义词列在一起，后世说"晋升""晋封""晋谒"也都含有自下而上的意思，从通假关系上分析，"搢"是晋的孳乳字，《周礼·春官》说"王晋大圭"实即"王搢大圭"；《说文解字》说"搢"挿也，从手晋声。搢绅，前史作"荐绅"，说明"搢"、荐是通假字，那么晋、搢、荐实同一源。荐本意是草席，后来把祭祀天叫荐羞，《左传》说"明德以荐馨香"，《国语》韦注说"荐，进也"，可见"晋"字在造字之初是取器中盛物、献于神明之义。耐人寻味的是《史记·鲁周公世家》说："天降祉福，唐叔得禾，异母同颖（穗），献之成王。成王命唐叔以馈周公于东土，作《馈禾》。周公既受命禾，嘉天子命，作《嘉禾》。"②这似可作为燮父改唐为晋的史证。在迷信上帝鬼神的上古时代，人们往往把自然界出现的异常现象视为上帝所降的灾异或祥瑞，对于刚刚灭商而取得政权的西周王室来说，当时正处在周公东征、胜负未卜的时候，更需要以神道设教，团结周人，坚定东征将士的胜利信心。因此当叔虞晋献嘉禾以后，成王与周公都赋诗撰文相唱和，可见这株嘉禾曾在心理上给予西周贵族很大的慰藉。燮父继进为君，由于先君叔虞曾有过晋献嘉禾的令名，改称晋侯以志之，以后便将国号也改为晋国了③。

三、迁都绛邑

晋侯燮父之后，历经武侯宁族、成侯服人、厉侯福、靖侯宜臼、釐侯司徒、献侯籍六世，相传到穆侯费千时，晋国迁都于绛邑④。穆侯从什么地方迁都到绛？晋国的第一个都城在哪里？绛在今天的什么地方？至今还是一个大公案，但根据近年来的探索已经可以描绘出一个大体轮廓了。1962年，翼城县城关公社凤家坡曾出现大批的西周早期铜器，据其形制、纹饰、铭文综合分析，它们的制作时代可以早到殷周时代⑤。近年，经考古工作者调查，在今翼城县西北1公里的苇沟-北寿城发现了包含龙山文化、二里头

---

① 《金文诂林》引。
② 又见《尚书·微子之命》。
③ 见常金仓：《唐改国号一解》，《山西师院学报》1984年第2期。
④ 见郑玄《诗谱》。
⑤ 李发旺：《山西翼城发现青铜器》，《考古》1983年第4期。

文化，一直到西周早期、东周文化遗存的遗址，面积达2000米×1000米①。在翼城县东南7.5千米处的故城村，有夯筑的古城墙暴露在田间，夯土层中包含丰富的古代文化遗存，晋国最早的政治中心无疑应在翼城附近。苇沟、北寿城的文化遗存在年代上似有中间迹象，西周中期至东周间可能废弃过，这是很值得注意的。穆侯所迁绛邑的地望也未从考古上得到证明，根据翼城附近公布的几个晋文化遗址分析，其时代能与穆侯相当者，唯有翼城西北十余公里处发现的天马-曲村遗址②。这是一处西周中晚期以至春秋早期的晋文化遗址，总面积大约为3800米×3800米，在这个遗址上发现大量晋国器物，甚至出土了前面已经提到的殷王康丁时的宗庙祭器——"帝孳方鼎"。天马-曲村遗址位于浍河中下游，倘若日后证明它就是穆侯所迁之绛，那么晋国都城是依次由浍水上游西迁到其下游的。翼城位于太岳山下的高地上，交通不便，随着晋国疆土的扩大，政治中心渐次转移到平坦开阔的浍水下游，符合历史发展的要求。

晋穆侯在位于公元前811年～公元前785年，公元前七世纪上半叶，晋献公又扩建了绛邑，直到公元前585年，晋景公才放弃绛邑，迁都新田，晋人又称新田（今侯马市）为绛，称旧都为故绛，故绛作为晋国的政治经济中心达200余年之久。

四、文侯勤王

公元前785年晋穆侯死后，晋国的嫡长子继承制第一次被打破，晋穆侯长子仇（晋文侯）没有能继承国君之位，但穆侯弟殇叔，以弟及兄成为晋国的统治者，表明殇叔在穆侯生前已经掌握了相当权力。

太子仇不得继位，遂避难出奔。过了4年（公元前781年），他率家徒卷土重来，成功地袭杀叔父殇叔，夺取政权，这就是晋文侯。这次内乱在当时对晋国社会各方面的影响似乎不算太大，但是它却成为晋国尔后长期内战的先声。

晋文侯在晋国历史上是一位杰出的君主。在他统治晋国的时候，西周王国已濒临亡国的前夕。公元前771年，周幽王荒淫无道，废太子宜臼，欲立庶子伯服，宜臼奔申。申侯联合鄫、犬戎攻下镐京，杀幽王和伯服，拥立太子宜臼为平王。这时犬戎进据泾渭，侵扰京师，王党虢石父又立幽王庶子余臣于携，历史上称为携王。战火后的镐京残破凋零，周室不能复在关中立国，决定东徙成周，这时候晋文侯率晋军入陕，与郑武公、秦襄公合力勤王，开创了东周政权。周平王嘉文侯之功，作《文侯之命》③，这篇文诰至今被保存在《尚书》中。周平王勉励晋文侯能像周文王时代的贤哲们那样勤事王室，勉励他继列祖列宗之余烈，治理好自己的国家。周平王赐文侯矩鬯一卣，彤弓一，

---

① 北京大学考古专业商周组：《晋豫鄂三省考古调查简报》，《文物》1982年7期。
② 北京大学考古专业商周组：《晋豫鄂三省考古调查简报》，《文物》1982年7期。
③ 《史记·晋世家》将此篇误断为襄王赐文公重耳之命，杨树达《积微居小学述林》已作辨正。

彤矢百，卢弓一，卢矢百，马四匹。在晋国历史上得到周天子这种赏赐的仅有三人：叔虞其一，文侯其二，后来的晋文公重耳其三。这些弓矢车马是征伐不廷之臣的象征，所以在公元前760年，晋文侯执杀非正统的携王，结束周室达10年之久的二王并立局面，晋文侯俨然像周初的周公一样，成为再造周命的功臣。无怪乎春秋时晋人总是以"继文绍武"来自勉，无怪乎周人总是对晋郑夹辅王室念念不忘。

（原载《山西师大学报》1985年第2期）

晋国的始盛之君
——晋献公

杨秋梅

晋献公，名诡诸，晋武公之子，于公元前676年继位，至公元前651年病卒，在位凡26年。晋献公即位之初，正值齐国称霸华夏，楚国已经勃兴，郑也形成所谓的"郑庄小霸"，秦人亦有了较大的发展，而"晋国之方，偏侯也，其土又小，大国在侧"[①]，尽管因"文侯勤王"而引起过诸侯国的注目，但其国际地位还不很高。国内则刚刚结束了长达67年的内乱，百废待兴。献公在此基础上即位后，雄心勃勃，决意要"继文绍武"，振兴晋国，与诸侯争雄。他全力整顿内政，建立了"晋无公族"[②]制度，这一相异于其他诸侯列国的十分显著的政治制度，影响和制约着晋国社会的历史朝着生机勃勃、开拓进取的方向发展；对外则展开了大规模的兼并战争，消灭了众多的周边国家，大大拓展了晋国的疆域；在婚姻生活方面，首开华戎通婚之先例，有效地促进了民族文化的交融汇合。晋献公在位期间，是晋国由小到大、由弱变强的大发展时期，他本人对晋国社会的发展确实起了一定的积极作用，为晋国的百年霸业奠定了坚实的基础。

一、斩断血缘纽带，建立"晋无公族"制度

"曲沃代翼"在经过67年的大动荡大内乱之后，终于取得胜利，晋献公在代翼后的第二年继位为君。他清醒地意识到，要振兴晋国、图强称霸，必须首先强化和巩固新建立起来的政权。"曲沃代翼"事件表明，直接威胁君权的力量来自公室宗族内部，因此，必须从根本上扭转公族逼君的局面。从当时的政治势力看，晋君的老宗亲大多数已在"曲沃代翼"的长期内乱中作了牺牲品，极少数幸存者的地位日益下降，只有桓叔、庄伯的支庶是一股强大的政治势力，直接威胁着君权。"晋桓、庄之族，献公患之"[③]，在大夫士蔿的积极策划下，于公元前669年"尽杀群公子"，把桓、庄以来的公族势力剪除殆尽，这是晋国历史上第一次大规模诛灭公族的事件，从而使公族逼君的局

---

① 《国语·晋语一》。
② 《左传·宣公二年》。
③ 《左传·庄公二十五年》。

面得以改善。是时，晋国发生了震撼朝野和列国诸侯的骊姬之乱，骊姬为立己之子奚齐为太子及日后能顺利地登上君位，唆使晋献公逼迫太子申生自杀，公子重耳和夷吾出逃他国。在"尽逐群公子"之后，"诅无蓄群公子"，由此确立了以后历代晋君恪守不渝的一项政治制度——"晋无公族"。

晋无公族制度对晋国社会历史的发展产生了极其深远的影响。

首先，它沉重地打击和削弱了宗法分封制。宗法制的核心是嫡长子继承制，殇叔以弟及兄，是打破嫡长制的先声；文侯复得国，说明尽管宗法制在西周末年已出现危机，但在整个社会中仍占据着主导地位，曲沃代翼、献公废嫡立庶，是小宗彻底战胜大宗的重要标志；献公以后，历代晋君不仅有庶子，甚至有叔继侄位者，如晋惠公、晋文公、晋襄公都不是嫡子，成公继灵公位是叔父继侄子位。国君子弟除了世子之外统统都得出居他国，不得在国内蓄留，史籍中不再有晋公子被分封以官爵采邑的任何记载。清人顾栋高说："盖世卿为春秋列国之通弊，而晋以骊姬之乱，诅无蓄群公子，故文公诸子孙，雍仕秦，乐仕陈，黑臀仕周，无在本国者。惟悼公之弟扬干，与其子公子憖二人见传，终不闻其当国秉政为卿。故通经无书晋公子来聘之事。"[①]公子送往列国寄寓，再也无法形成对君权构成威胁的公族势力。它表明以血缘亲亲为纽带的宗法分封制已从根本上被冲毁了。

其次，它提供了晋国政治生活中尚贤、尚功等特点产生的社会机制。晋献公不再分封公室宗族子弟，使君权以下的卿大夫各职不能得到来自与国君有血缘关系的宗族子弟的补充，只能是从异姓、异氏中去选拔，而异姓、异氏不能像国君宗室子弟那样，只需凭借血缘关系就可取得封地赐爵，他们只有依靠自己的努力，以真才实干来获取高官厚禄。国君选拔人才也不能再用血缘关系的近疏为标准，而要选贤任能。这就促使晋国形成了国君贤明、知人善任、臣下忠贞、荐贤让能的良好社会风气，使得晋国在以后的政治生活中具有"尊贤尚功"的特点。晋文公选官的原则是"举善援能""明贤良""赏功劳"，所任用的主要是一些"诸姬之良""异姓之能"。悼公知人善任，放逐佞臣，起用有功之人。臣下荐贤让能的例子也比比皆是，赵衰三让卿位于他人，祁奚荐贤时"外举不弃仇，内举不失亲"[②]等都被传为千古佳话。

再次，它为法制国家的建立奠定了基础。随着宗法制度的崩溃和异姓势力的崛起，晋国社会内部公室与宗族及各宗族之间的关系进一步复杂化。握有军政大权的异姓、异氏卿族或与晋君根本就没有血缘关系，或与晋君庙属之亲已远，使之对公室的吞噬和彼此间的兼并较之其他列国更为激烈无情。本来礼治观念就很淡薄的晋人，单纯用"礼"的规范根本不能维系社会的秩序，只能依法来约束社会成员、协调各种矛盾。因此，晋

---

① 《春秋大事表》卷二十三。
② 《左传·襄公二十一年》。

国的成文法产生的时间比较早。从文公所作的"执秩之法"、赵盾所作的"赵宣子之法"、士会所作的"范武子之法"、赵鞅铸"范宣子刑书"于刑鼎等都可以看出晋国的立法活动比较频繁，这在一定程度上反映了公室与卿大夫之间的斗争情况。晋国旗帜鲜明地提倡法治、摒弃礼治，主张变法图强，成为我国古代法治文化的摇篮和成文法产生的故乡。

晋献公所建立的国无公族制度，使晋国社会具有了上述鲜明的政治特点，促使晋国社会奋发向上，是晋国很快成为春秋霸主的一个很重要的原因。

二、对外扩张兼并，拓展晋国疆域

晋国自叔虞封唐到献公继位，就其疆域而言，并无多大发展，只是在武公时期才开始向外扩张。"晋是以大，若非侵小，将何所取？"①因此，献公只有在此基础上继续坚持对外用兵，吞并周边小国，才能充实和扩大自己的领地范围。

晋献公十六年（公元前661年），晋作上下二军，献公将上军，太子申生将下军，一年之内向南北用兵，先后灭掉耿、魏、霍。耿为姬姓侯国，或曰嬴姓，在今山西省河津市南，灭后赐大夫赵夙。魏、霍皆属晋之同宗姬姓。魏在今山西省芮城县北五里魏城村，灭后赐大夫毕万。霍在今山西省霍州市西南十六里，灭霍后，使晋国疆域遂即扩展到晋南地区的北部边沿。

灭虢。虢国系周武王分封王季之子虢仲所立，其封疆从今山西省平陆县跨黄河达今河南陕县及三门峡市。春秋初年，虢国仍以十分强大的势力与晋对峙，曾多次侵扰晋的边境，虢公林父以王室卿士的身份多次干扰晋国内政，尤其是在"曲沃代翼"的长期内乱中，多次奉王命以诸侯之师伐曲沃。因此，虢是晋向南发展的巨大隐患，正如献公所说："始吾先君庄伯、武公之诛晋乱，而虢常助晋伐我，又匿晋亡公子，果为乱。弗诛，后遗子孙忧。"②但与晋南边接壤的是虞，虞南才是虢，虞是灭虢的必经之地。公元前658年，献公用大夫荀息之计，以"屈产之乘"和"垂棘之璧"赂于虞君，先后两次假道于虞以伐虢。公元前658年，晋师第一次伐虢，取虢国在黄河北岸的大邑下阳（今山西省平陆县西南二十里太阳渡近处），三年后，晋再次假道于虞，消灭了虢国。灭虢后，晋国疆域又跨越黄河而达河南境内。

灭虞。虞国是周章的弟弟虞仲的封地，在今山西省平陆县北三十里古城村。虞、虢两国，辅车相依，虢国一灭，虞国即失去屏障，虞国大夫宫之奇以唇亡齿寒的道理力谏虞公，虞公贪恋晋的"屈产之乘"和"垂棘之璧"，一意孤行，两次假道于晋，导致晋无需再次举兵，于灭虢还师的途中顺便就灭掉了虞。

---

① 《左传·襄公二十九年》。
② 《史记·晋世家》。

晋献公在大举吞并周边小国的同时，也开始了对戎狄用兵。晋国在其600年的历史进程中，无不以各种方式同环绕在它周围的众多戎狄部族进行交往，其中战争就是一种重要的手段。武献时期，晋国才开始扩张兼并，由于"君之仓廪固不实，又恐削封疆"①，同时又受到南方强楚、西方强秦的威胁，因此对戎狄基本上还是沿袭以前的政策，以防御为主。当时，对晋国威胁最大的是黄河两岸的白狄和太行之野的赤狄东山皋落氏，献公命太子申生伐东山皋落氏，"败狄于稷桑而反"②，又命大夫里克讨伐白狄，"败狄于采桑"，这两次讨伐都限于击败为止，被灭掉的只有骊戎部族。对戎狄用兵有效地戍守了晋国的边防阵地，使戎狄不敢轻率地觊觎晋国，同时又能使晋国集中精力兼并其他小国。

献公坚持不断地对外用兵而开拓的疆土，二三倍于晋侯时或更多一些，再加上武公时所扩张的领土，已使晋国的地理界域大大突破"河、汾之东，方百里"的范围，不仅覆盖了几乎整个晋南地区，而且跨越黄河到达今豫西部分地区，史称"武献以下兼国多矣"③。献公的兼并扩张使晋国的疆域大大扩展，确实为晋的称霸奠定了坚实的基础。时人指责献公为"灭同姓之国，绝先族之裔"④，但"从历史发展的角度来看，晋献公的扩张和兼并活动，符合春秋时代历史进步的方向和大一统的必然趋势。可以说，晋献公是一位对山西的发展、对中原的统一起过积极促进作用的历史人物"⑤。

三、与戎通婚，促进民族交往

"戎狄之民实环之"⑥的晋国，在与戎狄民族的相互交往中，或是通过激烈的征战，或是通过缔结盟约、朝聘、职贡、通婚、通商等和平方式，使华夏民族文化与北方游牧文化不断地交汇融合，使晋国社会从政治生活到观念形态、民族习俗等各个领域都呈现出兼容并蓄的开放态势。而首创华戎通婚之先例的乃是晋献公。

献公的婚姻生活虽然属于个人的私事，但在古代社会，尤其是公侯的婚姻，是与政治紧密地联系在一起的。一定的婚姻关系，往往直接制约着一定的国家之间、民族之间的关系。世代通婚的甥舅之国，往往是政治上长期稳定的盟友，连年兵戎相见的国家，一旦建立婚姻关系，也会由此而化干戈为玉帛。因此，婚姻关系必然直接受制于宗法关系。为了维护和巩固宗法奴隶制的国家政权，华夏诸族长期保持着华夏族内部互为姻亲的婚俗习惯。但献公的婚姻却首次打破了传统的婚姻习俗，对晋国以后的婚姻生活乃至

---

① 《国语·晋语一》。
② 《国语·晋语一》。
③ 《左传·襄公二十九年》。
④ 高士奇：《左传纪事本末》第二册，中华书局，1979年，第297页。
⑤ 晋安邦：《晋国历史人物评传》，《山西大学师范学院学报》1991年第1期。
⑥ 《国语·晋语二》。

政治生活都产生极大的影响。

姬姓的黄帝氏族和姜姓的炎帝氏族是华夏族内最古老的两大族系，两族之间世为姻亲，一直保持到周代，如周武王姬发娶姜太公之女邑姜为夫人，生成王姬诵和唐叔姬虞。因袭其俗，晋国的许多国君都娶姜姓的齐女为夫人，如晋穆侯娶齐女姜氏生太子仇和少子成师；晋文侯亦娶姜氏女，叫晋姜；晋武公的少妾亦是齐女，叫齐姜。武公死后，献公纳齐姜为夫人，生太子申生和秦穆公夫人；晋文公流亡避难到齐，亦娶齐桓公之女为妻，直到春秋后期，晋平公还娶了齐女少姜，不久，少姜死，齐国又请纳齐女为继室。晋献公在社会大变革浪潮的强烈冲击下，率先冲破宗法制婚姻习俗的束缚，同"非我族类"①的戎狄通婚，先后娶四位戎女为妻，先娶狐戎之女大戎狐姬和小戎子，分别生了重耳和夷吾，又娶骊戎之女骊姬及其娣，分别生了奚齐和卓子。献公首次打破"华夷之别"的婚姻传统的举动，极大地影响了以后历代晋国君臣的婚姻，他们或是纳戎狄之女为妻，或是嫁女于戎狄首领。如晋文公重耳不但为戎女所生，还在流亡期间娶了隗姓赤狄廧咎如之女季隗为妻，季隗之姊则嫁给了重耳的随从赵衰，生了赵盾。春秋末年，赵鞅也娶狄女，生赵毋恤，赵毋恤又娶了西戎空峒氏女。同时，晋国也出嫁女子给戎人，如晋成公将女儿嫁给赤狄潞氏的君长潞子婴儿，赵鞅将女儿嫁给狄族代国君王。

晋献公所开创的华戎通婚现象，不仅造成种族血缘的混合，而且也是民族文化交流的重要途径，不但直接引起民族语言和生活习俗的变化，而且还产生强烈的政治辐射作用。震撼列国诸侯的骊姬之乱就是由戎女骊姬亲手谋划的，晋献公之所以听信谗言，表面上看是宠爱骊姬的缘故，实质上还有着更深刻的思想根源，从诛杀桓庄之族可以看出献公的宗法血缘观念本来就很淡薄，加之又与众多戎女长期生活在一起，戎女们从小就接受的"贪而无亲"②的戎狄文化，不能不直接影响着晋献公的行为，促使晋献公最终下决心诛杀和驱逐自己的亲生儿子，形成晋无公族制度。晋献公与四位戎妻所生的四子，都曾在晋国的政治生活中掀起轩然大波。骊姬姐妹所生的儿子，在晋献公死后，先后都被立为君，但随之即死于争夺君位的斗争中。小戎子所生的夷吾，被迎回国立为晋惠公，在位14年，因未能正确处理国内外一系列问题，引起国人的极大愤慨。大戎狐姬所生的重耳，是威震华夏的春秋五霸之一，也是晋国百年霸业的开创者和奠基者。晋国臣下与戎女通婚所生的后代对晋国政局的影响也颇为引人注目。赵衰与戎女所生的赵盾，专权晋政，曾是晋襄公、晋灵公、晋成公三朝权臣，是叱咤晋国的风云人物。狐氏也是如此，因嫁女于晋献公而在晋国发迹，曾一度掌握晋国军政大权，后在卿族的倾轧中失利，退出历史舞台。由此可见，由晋献公开创的华戎通婚对晋国的政局及其社

---

① 《左传·成公四年》。
② 《左传·隐公九年》。

会的发展产生了巨大的影响。

在晋献公的婚姻生活中还出现了违背祖制的现象。"同姓不婚"是古人历来遵循的婚俗习惯，但晋献公的六位夫人中，姬姓者就占了五位，第一位夫人贾君为姬姓贾国之女，大戎狐姬与小戎子姐妹为狐氏戎之女，而"狐氏出自唐叔"①，亦姬姓，骊姬与少姬姐妹为骊戎之女，"骊戎，西戎之别在骊山者也。其君男爵，姬姓"②。晋献公的这些反常规举动，曾被其他诸侯讥笑嘲讽，但他却义无反顾，这不仅反映了他的叛逆创新的性格，而且也说明了他对"男女同姓，其生不蕃"③的古训有了新的认识。

作为奴隶制时代的一个诸侯国君，由于受阶级和历史的局限，晋献公对晋国社会发展的负面影响也是显而易见的，如他贪图享乐，专宠骊姬，以致骊姬乱晋，使晋国社会又一次蒙受动荡的灾难，暂时中断了武献以来的蓬勃发展进程。对于骊姬之乱给晋国社会所造成的影响，献公有着不可推卸的责任。对此，史学界早有定论，此不再赘言。以往学者们每每论及晋国的霸业时，只提及晋文公的功绩，但对晋献公所做的贡献很少论及或只字不提。从本文对献公在晋国社会的发展中所做贡献的粗浅论述中可看出，晋献公是一个大有作为的国君，对晋国的逐步强盛做出了一定贡献，其历史功绩不容抹杀。

（原载《山西师大学报》1999年第3期）

---

① 《国语·晋语四》。
② 《国语·晋语一》韦注。
③ 《左传·僖公二十三年》。

晋侯请隧新解

常金仓

《左传·僖公二十五年》记晋文公平王室之乱而杀叔带，晋侯请隧的故事。关于晋侯请隧，旧注中有两种解释。杜预注说："阙地通路曰隧。王之葬礼也。诸侯皆悬柩而下。"此说首创于贾谊，见于《贾子·审微》。韦昭《国语》注驳曰："隧，六隧也。《周礼》天子远郊之地有六乡，则六军之士也；外有六隧，掌供王之贡赋。唯天子有隧，诸侯则无也。"后人亦有著文论及此事者，然无非徘徊于以上二说之间，欲定是非于一尊，或干脆合二而一强作解人。如章太炎先生《春秋左传读》"请隧"条曰："《周礼·地官·遂人》云：'大丧，帅六遂之役而致之，掌其政令。及葬，帅而属六绋、及窆、陈役。'《遂师》云：'大丧，使帅其属以幄帟先，道野役及窆，抱磨，共丘笼及蜃车之役。'据此则天子葬用隧，使六遂之民役之，六遂之遂，即取名于葬之隧。"古籍中"隧""遂"字很多，岂可一例牵合？其实上述两说皆不合古代礼俗制度，因此"文公请隧"至今仍不得正解。

据礼典记载，周代天子葬礼确有掘地为隧之制，如《周礼·春官·冢人》说："及窆，以度为丘隧，共丧之窆器。"但是该文又说："大丧既有日，请度，甫窆，遂为之尸。"杜注："甫，始也。请度量所始窆之处地。为尸者，成葬为祭墓地之尸也。"就是说天子死后，卜定下葬之日，才由冢人请示冢宰去度量穿地为穴的地方。这里指的就是墓穴。《周礼·小宗伯》云："卜葬兆，甫窆，亦如之。"疏曰："既得吉，而始穿地为圹，故云甫窆也。"《小尔雅·广名》云："圹，谓之窆。"周代实行族葬制度，丧礼中还包含了浓厚的原始社会风习的残余，不像秦汉以后，天子即位之始，就下令营建陵寝。《左传·隐公元年》说："天子七月而葬，同轨毕至；诸侯五月，同盟至；大夫三月，同位至；士逾月，外姻至。"这段时间就是用来修治墓穴，收受赗赙襚含，进行致哀祭祀。据《国语》推算，僖公二十五年，晋文公年方36岁，正在虎视中原欲成霸业，没有理由向天子提出请以隧礼下葬。晋侯请隧虽是违礼行为，但必须以客观现实为根据，周代天子颁赐之物，据《礼记·王制》："天子赐诸侯乐，则以柷将之。赐伯子男乐，则以鼗将之。诸侯赐弓矢，然后征，赐斧钺，然后杀，赐圭瓒，然后为鬯。未赐圭瓒，则资鬯于天子。"据其他文献及两周金文，所赐之物尚有土地、人口、衣服、礼器、车旗等,却未闻有以葬礼赐人者。所以,杜氏以隧为葬礼之说实不足从。韦昭的六遂说也是牵强比附。他说:"唯天子有隧,诸侯则无也。"然而《尚书·费誓》就说:"鲁人三郊三遂。"是诸侯有隧的证据,诸侯既然有隧,则不烦晋文公再请。乡遂就是国野之别,它是从原始社会部落居住地的划分演变而来的,到春秋时,列国国野名称各异,实质却同。据《周礼·地官》王畿之内划为六乡六遂,乡谓之郊,遂谓之野,乡辖州、党、族、闾、比,而遂由县、鄙、酂、里、邻组成。《左传·僖公十五年》晋作"州兵",《国语·晋语》说"以皋落狄之朝夕苟我边鄙,使无日以牧于田野",证明晋国当时乡遂组织俱全,晋侯请六遂之遂于理难通。所以六遂之说也是不足信据的。

然则晋侯所请之隧究为何物?《周礼·春官·司常》说:"日月为常,交龙为旂,通帛为旜,杂帛为物,熊虎为旗,鸟隼为旟,龟蛇为旐,全羽为旞,析羽为旌。"我以为晋侯所请之隧即是"全羽为旞",是一种贵族身份的标志,是一种特定形式的旗帜。《左传》称它为"王章",《国语》说它是"王章""大章""大物""服物采章",皆指旗物之"文章"。所谓"死生",就是说贵族生前以所张旗物文章示人以地位身份,死后送葬复以此旗为旌铭。《周颂·载见》之"载见辟王,曰求厥章"几乎是晋侯请隧的一件复制品。

《司常》九旗据清人金榜《礼笺》和孙诒让《九旗古义述》研究其实只有五正旗,縿斿同色叫做旜,异色叫做物,全羽之旗叫做旞,析羽之旗叫做旌,此四者是五正旗"常旂旜旗旟"各自之细别。它们是五旗通制。同时他们还考证了五正旗颜色源于古老的"五方色"观念,这些无疑都是正确的。《周礼·夏官·大司马》中秋治兵说"王载大常,诸侯载旂,军吏载旗,师都载旜,乡遂载物,郊野载旐,百官载物",若诸侯之制建旂,而且"旜物旞旌"又是五旗之通制,则晋乃甸服诸侯,自应有旞旌之旗,准此似乎又无须请于天子,根据传记来看,周代旗制在现实生活中恐怕不像制度规定的那样严格。

《左传·定公四年》追述周人建国之初"分鲁公以大路、大旂⋯⋯分康叔以大路、少帛、綪茷、旃旌⋯⋯分唐叔以大路、密须之鼓、阙巩(之甲)、沽洗(之钟)⋯⋯",鲁国受大旂,合于《周礼》诸侯之制。卫国的少帛,据孙诒让说少帛就是"小白",纳入《周礼》制度,"熊虎为旗"色白,不合诸侯之制。至于晋国则全然未提到分旗物一事。

《左传·襄公十四年》:"范宣子假羽毛于齐而弗归,齐人始贰。"杜注:"析羽为旌,王者游车之所建,齐私有之,因谓之羽毛,宣子闻而借观之。"可见他认为诸侯不当有全羽。《左传·定公四年》:"春三月,刘文公合诸侯于召陵,谋伐楚也⋯⋯晋人假羽旄于郑,郑人与之。明日,或旆以会,晋于是乎失诸侯。"杜注:"析羽为旌,王者游车之所建,郑私有之,因谓之羽毛,借观之。"

以上两段记载表明,直到春秋晚期,晋人对于旌旗这种徽帜仍然具有无限浓烈的兴趣。在春秋人的观念中，"贵"远重于"富"，所谓"谨名分"就是要保持"贵贱"界线。《左传·成公二年》说："卫侯使孙良夫、石稷、宁相、向禽将侵齐，与齐师遇……新筑人仲叔于奚救孙桓子，桓子是以免。既，卫人赏之以邑，辞。请曲县、繁缨以朝。许之。仲尼闻之曰：'惜也，不如多与之邑。唯器与名不可以假人，君之所司也。'"这里仲叔于奚请曲县、繁缨颇类晋文公的请隧，而孔子的感叹也说明当时人对"名器"的重视。唯其有这样的观念才会出现周襄王拒绝赐隧的事情。

根据以上分析，《周礼·司常》的九旗制度作为一种制度、一种规定，并不能与实际生活中的情形完全一致，我们尽可把《周礼》旗制作为制度来研究，却不要认为晋国当时必有全羽之旞。晋国在晋武公时是拥有一军的诸侯，晋献公时发展为二军，晋文公勤王方才有三军，所以晋国不能建旞在当时也是很可能的。这时晋文公要称霸诸侯，要求建旞，提高自己的地位合乎情而顺乎理。

今人谈先秦旗制，皆以孙诒让《九旗古义述》为不祧之祖，因此要断定晋侯所请为全羽之旞，还必须纠正孙诒让在周代旗制上的错误解释。先从羽毛说起。羽毛是一种旗饰，即郑玄注所谓"注旄于干首"，这是从狩猎时代传下来的习俗，进入阶级社会后，因为"雀""爵"字通，遂成为社会等级的标志。《孔丛子·执节》说战国时邯郸有令民正月正旦献雀于赵王的习惯，赵人子顺说："夫雀者，取其名焉，则宜受之于上，不宜取之于下，下人非所得制爵也，而王悦此，殆非吉祥矣……今以一国之王，受民之雀，将何悦哉？"所以收敛颁赐雀羽乃天子之事，一国之君尚不得为之，故《周礼·地官·羽人》说"掌以时徵羽翮之政于山泽之农，以当邦赋之政令"，征得羽毛之后由钟氏（考工记）负责染羽，以为车饰及旌旗之属。古代贵族所服爵弁服以雀羽为色，王后六种礼服中的揄狄、阙狄以雀为纹章，皆取这个象征意义。

什么是"全羽""析羽"？现存文献没有正面解释，若参照舞蹈所执羽毛，《左传·隐公五年》载"考仲子之宫，将万焉。公问羽数于众仲。对曰：'天子用八，诸侯用六，大夫四，士二……公从之。于是初献六羽，始用六佾也'"。那么全羽应是一定数量的羽毛，而析羽是其中的一个部分。《周礼·地官·羽人》"凡受羽，十羽为审、百羽为抟、十抟为缚"也是一个参证。《礼记·礼器》曰："礼有以多为贵者……有以少为贵者。"由此看来，羽毛是以多为贵，故全羽为贵，析羽为贱。

孙诒让按照"五旗通制"说把常旂旜旗旞五正旗与旃物旟旌四种规定分别搭配起来列为一表，于是周代旗帜就出现了二十五种。因为礼有"上得兼下，下不得僭上"的原则，所以他认为天子便拥有这二十五种旗子，诸侯二十种，以下递减。这里有两个错误。第一，他认为不建羽毛于五旗为最尊的一等，例如天子的大常列为：大常（不建羽）、大常旞旃、大常旞物、大常旌旃、大常旌物。这违反了以多为贵的原则。第二，所谓"五旗通制"应理解为：凡建全羽者，此旗即称为旞，凡建析羽者，此旗即称为旌，五旗不一定皆具全羽、析羽之别，上引卫康叔受"缙茷旃旌"，旃即通帛，旌即析羽，康叔为周公母弟，尚不建全羽之旞，可见诸侯不建全羽。故周襄王对晋侯曰："王章也。"周代的服章与旗章具有密切的关系，天子六服：大裘冕、衮冕、鷩冕、毳冕、绣冕、玄冕。大裘冕而下，分别为公、侯伯、子男、孤、卿大夫之服，但此五服的纹章却与天子服的纹章又略有变异以示区别，如衮冕服既为天子服又为上公之服，然天子衮冕服绘升龙降龙，上公之服却只有降龙而已。准此，则天子之旂在纹章装饰上与诸侯之旂亦应有所区别。

"五旗通制"说无疑是正确的，然而孙诒让为了使此说无处不通，曲解了一些材料。如《周礼·天官·夏采》"掌大丧，以冕服复于大祖，以乘车建绥复于四郊"。这就是说天子死后用绥招魂。《礼记·杂记》曰："诸侯死于道，则升其乘车之左毂，以其绥复……大夫、士死于道，则升其乘车之左毂，以其绥复。"这是说诸侯及士死后以绥招魂。孙氏引金榜曰："《夏采》乘车建绥复于四郊，绥当为旞。"《说文》"旞"亦作䍿。因讹而为䍿。这是对的，因为郑注《夏采》说："故书绥作䍿"，所谓故书即指古文之《周礼》文。这样看来，似乎自天子达于士皆得建全羽之旞，正合五旗通制了。但是《礼记·王制》曰："天子杀则下大绥，诸侯杀则下小绥。"孙诒让把这里的"绥"解为"龟蛇为旐"，即黑旗。《王制》与《杂记》同属《礼记》文字，显然《王制》之"绥"亦应解作"旞"字为确。这就告诉我们，"绥"有大小之分，所谓"大绥"即全羽之旞，"小绥"即析羽之旌，通言之旞得兼旌，对言之，旞旌各别。这里我们又一次证明，诸侯只能建小旞即旌，晋侯要求建旞，自然是王者之制，所谓"王章"了。

以上我只证明了两点：第一，《周礼·司常》九旗只能在制度意义上加以理解，实际上周代旗帜与它有很大差别，而且随着王室衰微、王纲坠地，列国旗章又有很大变化，我们只要看看《墨子·迎敌祠》、《墨子·备城门》诸篇就会发现这种差异与变化。第二，孙诒让五旗通制说虽然是正确的，但他立刻又把自己的卓著见识引向了绝对化，在讨论晋侯请隧时我们应该摆脱这两种错误思维方法的干扰。如果我们把晋侯请隧理解为一种旗章，那么晋文公图谋称霸的雄心在这里算是最初表露。

（原载《山西师大学报》1988年第4期）

对《晋作爰田考略》的异议

李孟存　常金仓

《晋阳学刊》（1982年第3期）刊载林鹏同志的《晋作爰田考略》一文认为，晋国作爰田是"取消公田"而赏给国人，因此使晋国的土地制度由原来的"八夫一井变为九夫一井"，使晋国的剥削方式"由古助法（籍）变成了新助法，即由在公田中服劳役变成交纳谷物，名曰什一之税"。从而在奴隶组织、行政区划、百官食禄、及在晋国的对外政策中也发生了一系列相应的变化，所以，晋作爰田"这件事情是一个大界限，我们就把它叫做划时代的变革也不为过"。既然问题被提到这样的高度，那么这个颇具标志性的大事件对于整个晋国史的研究就应该是十分重要的了。然而我们认为林鹏的结论似嫌言过其实，小题大做了。这必然对晋国史的研究带来许多麻烦。

林鹏看到晋国在韩原之战失败后，晋侯被俘、国土无主，于是为了挽救危局，晋人举行了"朝国人"的大典，并且认为这次大典是在晋惠公的授意下举行的，因此就做出判断：隆重的国典必然带来深刻的社会变革。其实历史并不像林鹏推断的那样，为了辨明是非，先引两段文献资料。

《左传·僖公十五年》：

  晋侯使郤乞告瑕吕饴甥。且召之。子金教之言曰："朝国人而以君命赏。且告之曰：'孤虽归，辱社稷矣，其卜贰圉也。'"众皆哭。晋于是乎作爰田。吕甥曰："君亡之不恤，而群臣是忧，惠之至也，将若君何？"众曰："何为而可？"对曰："征缮以辅孺子。诸侯闻之，丧君有君，群臣辑睦，甲兵益多，好我者劝，恶我者惧，庶有益乎！"众说。晋于是乎作州兵。

《国语·晋语三》：

  公在秦三月，闻秦将成，乃使郤乞告吕甥。吕甥教之言，令国人于朝曰："君使乞告二三子曰：'秦将归寡人，寡人不足以辱社稷，二三子其改置以代圉也。'"且赏以悦众。众皆哭，焉作辕田。吕甥致众而告之曰："吾君惭焉其亡之不恤，而群臣是忧，不亦惠乎？君犹在外，若何？"众曰："何为而可？"吕甥曰："以韩之病，兵甲尽矣。若征缮以辅孺子，以为君援，虽四邻之闻之也，丧君有君，群臣辑睦，兵甲益多，好我者劝，恶我者惧，庶有益乎！"众皆说，焉作州兵。

林鹏把《左传》作者的叙述语"晋侯使郄乞告瑕吕饴甥。且召之"。改作："晋侯使郄乞告瑕吕饴甥：'且召之。'"于是"且召之"就变成惠公嘱咐郄乞语了。林鹏批评旧注释家把"且召之"解为惠公召吕甥是大错特错，我们且不必说《左传》对话的通常体例，只要把关于这件事情的文献资料进行一番排比，就不难发现错解传文的恰好是林鹏。

晋惠公被俘入秦后，秦国的君臣在如何处理惠公的问题上进行过一次廷论，最后决定"许与晋平"，这是晋惠公使郄乞归国的历史背景。所谓使郄乞归国，其目的就是把两国将要和谈的消息告诉晋国的执政大臣吕甥，要他做好和谈的充分准备。至于"且召之"，就是召吕甥至秦，要他做晋国的和谈代表并在和谈告成后迎惠公回国。《左传》同年（公元前645年）"十月，晋阴饴甥会秦伯盟于王城"。就是"且召之"的结果，传文本来自解得十分清楚，无需我们节外生枝另做文章。郄乞回到晋国，见过吕甥，传文明言"子金教之言曰：'朝国人而以君命赏。'"子金就是吕甥，"教子"就是教郄乞，"以君命赏"就是用国君的名义赏赐国人。吕甥还生怕教给郄乞的曲子不会唱，进一步指点他要用晋侯的口气说"孤虽归……"云云，为的是引起国人对沦为秦囚的晋惠公产生缅怀心理，从而让国人自动交纳军赋，国人既得赏田，又怀君德，于是"皆哭""皆说""作爰田""作州兵"就水到渠成了。这不过是吕甥独自导演的一出把戏罢了。晋惠公何曾说过赏人以田？何曾说过以圉代己？晋惠公于九月被俘，吕甥于十月入秦谈判，十一月晋惠公被释归国，所以《国语》说："公在秦三月。"此后晋惠公又做了七八年国君，而以太子圉往秦做了人质，晋惠公又何曾担心因做过秦囚而玷辱了宗庙社稷？太子圉居留秦国，直到公元前637年晋惠公将死才潜逃回国，是时何曾卜立为君？《国语》历来被认为是《左传》不可或缺的相互补充、相互训释的材料，这里不必赘述了。

既然晋国以田赏国人令出军赋并非惠公初衷而纯系吕甥的权术，那么就也不必认为"作爰田""作州兵"是什么"划时代的变革"了。吕甥矫君命以赏人，充其量不过是拿部分公田交给国人使用，让国人在制度以外再出军赋，以挽救"以韩之病，兵甲尽矣"的危机，从而使晋国恢复元气、作为他十月间赴秦谈判的政治资本。是年十月，当吕甥至王城见了秦穆公，穆公问：

"晋国和乎？"

对曰："不和。小人耻失其君而悼丧其亲，不惮征缮以立圉也，曰：'必报仇，宁事戎狄。'君子爱其君而知其罪，不惮征缮以待秦命，曰：'必报德，有死无二。'以此不和。"

秦伯曰："国谓君何？"

对曰："小人戚，谓之不免；君子恕，以为必归。小人曰：'我毒秦，秦岂归君？'君子曰：'我知罪矣，秦必归君。贰而执之，服而舍之，德莫厚焉，刑莫威焉。服者怀德，贰者畏刑，此一役也，秦可以霸。纳而不定，废而不立，以德为怨，秦不其然。'"①

吕甥通过所谓"君子""小人"的意见分歧，描述了一幅晋国上下同仇敌忾、拥戴故君的图景，其答辞逊而不诡，柔中见刚，就是以晋国欲立新君而广征缮为后盾的。这一切都是秦穆公所始料不及的，于是才优待晋侯，改馆之而馈七牢，与晋盟而释晋侯。

吕甥以公田赏国人，其实并不是他的新创造。他的国君晋惠公当初避骊姬之乱逃亡在梁，晋献公死后，晋国大夫各援所亲，晋惠公为了得到大夫的支持，不是曾以"汾阳之田百万"赂里克，而以"负蔡之田七十万"赂丕郑的吗？晋惠公即位后党同伐异，背内外之赂，因此在国内外信用不振，韩之战中，晋大夫自知师出无名，宁愿作俘，不肯效力死战。如今国难当头，吕甥自知用执政的身份号令国中不会发生多大的效力，于是才矫君命以赏国人。对于国人来说，国难使全国的利害连在一起，同时有赏田的兑现，于是答应出赋，这不是合情合理的事情吗？以此看来，国君无命，大臣作爰田，尽管举行了"朝国人"的大典，还是不能被视为什么重大的改革，只是一种以贿赂国人、和缓国内矛盾的救急性措施。

其次，晋国的公田是否从此"取消"了？晋国的土地制度是否由"八夫一井变为九夫一井"？从而剥削方式是否"由旧助法变为新助法"？这一切，林鹏都是在"取消公田"四字的前提下推理出来的，并未从晋国史料中为自己找到足以立论的依据。晋国在田制方面的发展变化，文献上记的极少，这少得可怜的记载又极含混，使我们为理不出这条线索而苦恼。但是可以肯定地说，晋国的公田并没有因作了爰田而丧失净尽。晋国的领土在晋文公以后继续得到很大的扩展。它向南一直发展到汝水之滨，向东基本以黄河为界与齐国接壤，向北到达柏人、肥、鼓，在晋惠公以后新得的如此广袤的土地，是否因公元前645年赏了一次国人，公田就被取消净尽了？此后晋国的国君不断拿土地赏赐臣下，如晋文公赏狐氏温县②、赏赵氏原县③，晋襄公以先茅之县赏胥臣④，晋景公以瓜衍之县赏士渥浊⑤，甚至以邢赏楚国羁旅之臣申公巫臣⑥。如果这大片大片的土地不是公田，国君拿谁家的土地赐人？此后晋国的国君还因罪褫夺了许多卿大夫的食邑，

---

① 《左传·僖公十五年》。
② 《左传·僖公二十五年》。
③ 《左传·僖公二十五年》。
④ 《左传·僖公三十三年》。
⑤ 《左传·宣公十五年》。
⑥ 《左传·成公二年》。

如晋文公夺吕甥、郤芮邑，晋厉公夺三郤邑，晋平公夺栾氏邑，这些被夺的土地，除一部分改赐他人外，其余的如未变成公田竟落到何处？晋国大邑曲沃在栾氏灭族后被收回公室，直到公元前376年韩、赵、魏彻底瓜分晋国领地，徙静公于端氏才落入私家。公元前581年，晋景公病重，召桑田巫为其占吉凶，桑田巫说他吃不上新粮了。六月丙午，景公迫不及待要吃新麦，"使甸人献麦，馈人为之"。杜注："甸人，主为公田者。"这不是直截了当地表明公田尚且存在吗？既然公田还存在，那么晋国怎样以"八夫一井变为九夫一井"？公元前636年，晋文公入国后，首先就颁布法令"公食贡，大夫食邑，士食田，庶人食力，工商食官，皂隶食职，官宰食加……"①这里哪儿有一点"什一之税"的影子，百官也何得"由禄田变成禄谷"？虚伪的籍田礼在周宣王时就被废除了，从周宣王到晋惠公之时，其间相隔了170余年，籍田礼早已成为历史的陈迹。自从《左传》记事以来，我们未见过晋国的任何一个国君忽然信而好古，举行过这种仪式，怎么能说晋国作了爰田后才使籍田礼废而不作了？齐桓公以后，"戎祸"渐不似西周末年那么炽烈了，但是晋国由于居于深山而"戎狄之民实环之"，因此可以说终春秋之世，晋国与戎狄发生过多次战争，并且在兼并戎狄的基础上才进一步开拓了疆土，这些问题，前人的论争已经趋于一致，晋不与戎争，何以得大？怎么能说自从晋作了爰田后，军事上对戎狄的战争便转成了对姬姓诸侯的战争？此二者之间的联系又在哪里？林鹏同志的推论推得太远。晋作爰田，其影响不会如此深远。

诚如林鹏所说，晋作"爰田"和"州兵"是晋国在危机中的一种变通。"州兵"的面貌似比"爰田"更加清楚一些。所谓州兵，就是按州这个行政组织出军赋，类似于鲁国在成公元年（公元前590年）所作的丘甲和昭公四年（公元前538年）郑国所作的丘赋，其性质皆为以一定数量的人户为单位负担军资。它不同于鲁国在哀公十二年（公元前483年）的"用田赋"，"用田赋"就是按亩出赋了。由于上古实行工、商食官制度，所以，所赋者亦以军资的原料为对象，国家把这些原料交给官办的手工业作坊加工成器，然后藏于府库，蓄之牧圉，战前"授兵""授甲"。"爰田"既是国人出"州兵"的交换条件，那么必定将公田的使用权由国君下移到国人。杜注"爰田"说："分公田之税应入公者，爰之于所赏之众也。"《左氏会笺》说："爰田之制，因赏而作，非赏以爰田也。……晋既以田赏众，公田不足，故开阡陌以益之，名之为爰田耳。"前者释为税制的改变，后者则释为赐田制度。我们认为在没有确实可信的资料来做佐证之前，不必望文生义，穿凿附会。否则就治丝愈纷，歧义叠出了。

晋作爰田，在晋国历史上的进步作用是不必怀疑的。例如，由于晋国作了爰田，使甲兵充益，在与秦的谈判中使晋国保持了大国的地位，促成晋秦20来年的和好关系，并使晋文公后来的称霸诸侯成为可能；由于晋国作了爰田，土地中部分地下移了

---

① 《国语·晋语四》。

使用权,缓和了国内矛盾,也有利于生产发展。晋国在它的封建生产关系取得统治地位以前,曾进行过多次的渐进式的改良,而作爰田就是这样多次改良序列中的一个环节。正因为进行了这一系列的改良,不同程度地解放了生产力,促成晋国社会经济的繁荣,从而经久维持霸业,以中原先进文化影响了其他诸侯小国。但过分夸大了作爰田在晋国历史上的作用,就会使人对春秋中叶以后出现的许多历史现象无法理解。只有把作爰田与晋国史上的所有大事件进行一番对比分析,才易作出比较符合历史的估价。

(原载《晋阳学刊》1982年第5期)

爰田与井田

——与林鹏同志再商榷

李孟存　常金仓

去年，林鹏同志连续发表两篇文章[①]，认为晋作爰田是"取消公田""改八夫一井为九夫一井""改在公田服劳役为征取什一之税"。这就是说"八夫一井""九夫一井"曾经是井田制递相发展的两个阶段，而晋作爰田就成为划分这两个阶段的界限。要判断林鹏的看法是否正确，应把林同志之爰田说与历代诸说作一比较。

在林同志之前，一九五六年高亨发表《周代地租制度考》一文中说：

> 晋国的统治者们认识到在这个时候，只有给农民一点利益，缓和国内的阶级矛盾，争取农民的支持，才不至于垮台。所以作爰田一定是（重点为引者所加，下同）具有这种意义的措施，可能是解放农奴，叫他们转为农民，取消公田，把土地交给农民，放弃劳役地租采用实物地租。但是贵族们并不白白地交出公田，而要农民在一定的期间拿出一定的财物来，换取公田，所以叫做爰田。[②]

高亨"取消公田"换取实物地租之说仅仅是一种推测，因此屡言"一定是""可能是"，并且没有说取消公田之后土地所有制形式发生了怎样的变化。林之新见解比起这一推测来更进一步，他断言：取消公田之后，土地所有制形式"改八夫一井为九夫一井"了。

林之新的见解尽管与历代各种爰田说存在着很大差异，然而它们之间又具有很多相同之处。综观历史上较有影响的诸说及林之新说，他们都把"爰"字解释为"易"，都在围绕着所爰（即易）的内容进行思索。无论说爰田是轮换耕作土地也罢、赏田引起改变疆界也罢、改变土地所有权也罢、改变赋税收入者或以公田换取实物地租也罢，将"爰"训"易"（即改换、改变、变更之意）同出一辙。林之"改八夫一井为九夫一井"，同样受此影响。因此有必要先"爰"字本义，作一讨论。

循名责实，探求古意，首先应弄清"爰"是"易"之古义，还是"易"为"爰"之

[①] 《晋阳学刊》1982年第3、6期。

[②] 《文史哲》1956年第10期。

后起义。爰字出现得很早，两周铜器如《辛伯鼎》《虢季子白盘》《散氏盘》铭中均有此字①，许慎《说文解字》爰字条下云："爰，引也，从受从于。"两手牵引为意符，于为声符；援字条下云："引也，从手爰声。"可见"爰"即"援"之本字，取"援引"义，引申为援助等。

"爰"字在两周时又借作"虚"字。《尔雅·释诂》中有"粤、于、爰，曰也""爰、粤，于也""爰、粤、于、那、都、繇，於也"。《诗》《书》中不乏书证，不必烦举。

爰除上两种用法，还用在方言里。魏张揖《广雅·释诂》："爰嗳、愠、愁也。"清王念孙《广雅疏证》云："爰嗳者，方言。爰嗳，恚也。楚曰爰，秦晋曰嗳……"《方言》云："凡哀泣不止曰咺爰。"在《广雅》里，援引之意已完全由"援"字承担了。

由此看来，春秋时"爰"并不训"易"，晋作爰田语出《左传》，但《左传》中却找不到以"爰"训"易"的第二个例证。《左传》在表达"易"的两个义项"改变""更换"时往往用以下几字：一曰"代"，如庄公八年"及瓜而代"；二曰"改"，如文公六年"改蒐于董"、成公三年"服改矣"；三曰"易"，如文公六年"易中军"；四曰"渝"，如成公十二年"有渝此盟，神明殛之"。中国文字中诚有用于人名地名等专用字，但一字多义，而以其中某一义为某名物之专门义项恐不经见。晋作爰田的"爰"字既非虚词，又非方言，那么只好取其本义，即"援引"乃至"援助"了。

这里应该说明，现行《左传》各种刊本中"爰""援"并见，如桓公十一年："祭仲曰：'必取之，君多内宠，子无大援……'"又如襄公二十三年："右抚剑，左援带，命驱之。"这种现象并不能说明春秋时"爰""援"已经分离，因为那时还没有出现"援"字。古文《左传》在隶定过程中，当爰字具有明显的援引、援助语意时，人们就用通行的加手"援"字代替了"爰"，而如"作爰田"这种颇为费解的地方，人们才保存了"爰"的原始形态。这符合信以传信、疑以传疑的史家原则。

"爰"在什么时候取得了"易"义？《汉书·食货志》"三岁更耕之，自爰其处"，若释为"自换其处"，语意上恐欠妥帖。《小尔雅·广诂》："爰、换、变、贸、交、更，易也。"才将此义收入字书。《小尔雅》虽从《孔丛子》析出，但不是孔汉鲋的作品，戴震以为是后人皮傅掇拾而成②。以爰训易，贾逵说"为易田之法"③已露端绪，到服虔则明言："爰，易也。"④服氏《左传》在东晋曾立于学官，影响延及南北朝，赖服氏注，以爰训易遂成定说。由此看来，"爰"生"易"义，恐发生在汉魏

---

① 《金文诂林》，第290页。
② 《皇清经解·戴东原集》书小尔雅后。
③ 《左传·僖公十五年》孔疏引。
④ 《左传·僖公十五年》孔疏引。

之际，诚如此，则林鹏"改八夫一井为九夫一井"及历代诸说皆须存疑。

"爰"字本义既明，还需要讨论一下爰田与井田制的关系问题，因为林鹏认为作爰田是取消公田，是井田制发展进程中的一种改革。我们认为二者之间实在看不出这种关系来。井田制是否行之于周代，井田制是否为一种田制，它的内容及形式怎样，应由专文讨论，这里只打算将井田制当中与此有关的几个重要概念作一探讨，并简要述及我们对井田制下某些问题的一般看法，以探讨对晋作爰田较客观的认识。

林鹏说："先秦古籍中，有的说八夫一井，有的说九夫一井，往往使人莫名其妙，其实这是两个时代的材料。"这是说，"八夫一井"是所谓春秋变法以前、亦即晋作爰田以前的材料，而"九夫一井"则是其后的材料。这是林文立论的基础。

所谓"八夫一井"之说系指《孟子·滕文公》，原文是：

> 方里而井，井九百亩，其中为公田。八家皆私百亩，同养公田。公事毕，然后敢治私事，所以别野人也。

这就是林所说有公田存在而实行"老助法"的井田制。于此我们看到，孟轲本人对西周井田制的了解亦无可靠凭借，因为他在这里说过"唯助为有公田，由此观之，虽周亦助也"，显然是一种推论。这种井田制行于何时，他是没有把握的。另一方面，我们且不论孟子这段话的真实性，即便当真，这里反映的情况只是"八家共井"。将"八家共井"归纳为"八夫一井"，是不合适的；况且"八夫一井"也不出在先秦古籍。

所谓"九夫一井"之说，散见于《周礼·地官·小司徒》《周礼·遂人》《周礼·考工记》及《礼记·王制》。《周礼·小司徒》可谓此说的代表：

> 乃经土地而井牧其田野。九夫为井、四井为邑、四邑为丘、四丘为甸、四甸为县。四县为都……

比较两段文字，不难发现它们之间并没有本质的差别。它们都以方一里为一井，每井都为田九百亩，《孟子》明确述及公田的存在及耕种这一井土地的农夫家数，而《小司徒》在讲怎样划分和计量土地，未提有没有公田及每井家数，据此我们很难说后者必定没有公田存在。关于每井农夫家数的问题，《孟子》没有考虑休耕制，但汉儒虑及这点，认为每井通率由四五家来耕种，这样看来，每井土地上耕作者的人数就不必拘泥于"八夫""九夫"了。

对于"夫"字应作何理解是个关键问题。它是一个农夫的称谓，还是百亩土地的代名词？《司马法》云："六尺为步，步百为亩，亩百为夫，夫三为屋，屋三为井……"《周礼·地官·遂人》也说"夫间有遂……十夫有沟"云云。显然，"夫"在这里是土地面积单位。《周礼》郑玄注、贾公彦疏也认为《周礼》的"九夫为井"与《孟子》所言井田无异。贾公彦说"郑据地有九夫而言，非谓有九家也""《孟子》云经界者，则此经'九夫为井'以下，'四县为都'以上"（见上引小司徒文）。郑、贾之论当否，且置而不论。《周礼》本经以"夫"为土地面积单位，是确当不疑的。与此同时，也应看到《周礼》有时确把"夫"作农夫讲（亦即《孟子》所谓"家"），如《周礼·地官·遂人》："上地夫一廛……余夫亦如之。""夫"最初指人，《说文解字》说："夫，丈夫也。"由于在上古社会里一家受地百亩为传统制度，百亩土地渐取得"一夫"的名称，在《周礼》成书的时代，这恐怕是社会上的习说。夫即是土地单位，那么《孟子》所云"方里而井，井九百亩"，即是说"方里而井，井有九夫"。它与《周礼》描绘的井田制在"九夫为一井"方面没有丝毫差别。"夫"既有相互关联的二义，把"夫"仅理解成农夫，是读书时的片面性表现，但"八夫一井""九夫一井"之别即是在这种片面性指导下产生的错觉，它不是"两个时代的材料"。说到上述两段引文的真正差别，应该说《孟子》谈的是生产关系，而《周礼》谈的是土地计量制度，因此把两者进行比较，亦属不当。

古书上讲的井田制都是以亩里制度为基础的，汉儒据《孟子》曲解了这种制度，铸成千古笑谈。"夫"既然是一个土地面积单位，那么"井"及"邑""丘""甸""县""都"等也应是这样的一种计量单位，"九夫为井"犹如今天说"百亩为顷"，我们感到"井田制"的命名恐与此极有关系。"方里而井"的"方"应解为"平方"，方字在那时除"方向"一义外，就是"平方"，绝少讲"正方"。《史记·晋世家》说："唐在河汾之东，方百里。"《国语·周语》襄王曰："昔我先王之有天下也，规方千里以为甸服。"若皆解为"正方"，就不好理解了。有的同志据甲骨文中"田"字的诸字形[①]，不同意把井田形式解释为"豆腐干块"，或干脆否认井田制的存在，其实那些字形，正说明"方"在这里只具平方之义。"井"这个土地面积单位一旦从"正方一里"中抽象出来，便与正方形脱离关系。明于此，则知在井田制下公私田形状不一定规则，不一定连属，晋国把一部分公田赏给国人并不会触动疆界；明于此，则知"九夫为井"只是土地面积进位关系之一环而已。

《周礼》是一部面貌不清的书，充其量它不过是保存了一些古代社会史料并经过系统化、理想化的儒家政典。林同志认为其中的材料与《孟子》是"两个时代的材料"是缺乏依据的。

除了概念引起的误解，还有一些问题构成我们与林鹏的分歧。林认为晋作爰田使井田发生变化后引起了税制的改革。幸好《国语·晋语》记文公回国整顿内政时说："公食贡，大夫食邑，士食田，庶人食力，工商食官，皂隶食加。"如果这条史料的可靠性没有太大的问题，则可看出晋国社会各个等级之间并没有出现实物税的关系。现代意义的税，三代据说有贡、助、彻之别，贡以爵制，税以地行。昭公十三年载子产云："昔天子班贡，轻重以列，列尊贡重，周之制也。卑而贡重者，甸服也。郑，伯男也，而使从公侯之贡，惧弗给也。"即是明证。贡是天子对诸侯的需索，也是诸侯对自己的封臣

---

① 字见《殷契粹编》，《铁云藏龟拾遗》。

的需索，看来到文公时仍行贡法。贡外是否有税，或者说是否天子诸侯对贵族行贡法，而贵族对生产者行税法，值得考虑。中国古代税地制度的最早记载，人们曾谈到管仲的"相地而衰征"，然此语面貌不清。较可靠的有公元前六世纪初鲁国的初税亩。根据后来鲁哀公说过"二，吾犹不足"，当时的税率一般为百分之二十，鲁哀公的话及《吴问》中所说的"伍税之"足资为证，它应是什二之税而不是"什一之税"。即使说税制的兴起，有早到公元前七世纪或更早的可能，晋作爰田亦恐与此没有太大的关系。春秋以来，晋国制度的改革有明显迹象者，首先应考虑晋武公。曲沃要取代公室，必然应有相应的改革，发展生产，以收人望。《唐风》中"从子于鹄，云胡不乐"等语反映了这种情况，可惜仅凭此语不足以说明他的改革的细节；其次应谈到晋文公，他提倡改革生产工具，减轻人民负担，吸引列国商人入晋活跃经济都是有据可查的，但恰恰没有透露出税制的消息（见上引《国语》）；最后我们的视野应转到晋平公后期的六卿专国政，这时出现了《吴问》反映的情况。根据现存材料，我们只好说税制在晋国的兴起可能较晚。联系到上层建筑，自文公以来建立了强大而巩固的奴隶制国家政权，这使任何离经叛道的改革受到阻碍，同时它有十几个诸侯国充当仆从，每年从国外得到大批物质财富。尽管它内部充满矛盾、尽管它与列国充满矛盾，但比起仆从国改革的要求可能要弱一些，这是其延缓改革的另一原因。各民族、各地区历史发展具有多样性，我们不能说强国、大国就必定是制度先进的国家。倘若说晋作爰田改革了税制，那么此后晋人生产兴趣应有相应提高，国内矛盾应相对缓和。但是我们看到惠怀时期列国政治家评论晋政时却说"天不靖晋国"，可见晋作爰田尚不具有这种性质，它与井田制不宜发生多少联系。

晋作爰田是在晋惠公兵败身囚的形势下，他的亲近大臣吕、郤辈为了获得国人的援助对国人进行的一次大赏田。《国语》说"征缮以辅孺子，以为君援"即可看做是它的注脚。它不是什么制度的改革，而是一种挽救危局的权变性的措施。这次赏田比往常以功赏赐个别贵族的规模大、人数多，却又不是全国性的活动，而是仅限于国都附近。国人是居住在国都中的人，他们拥有一部分土地奴隶，其成分大约包括三代旧族，如周初封晋的怀姓九宗、职官五正，其后裔到春秋时恐皆成国人；其次是由于宗法上血亲渐远的宗室贵族之庶子庶孙，或因罪削爵的贵族及其子弟，还可能有旧唐国的遗老遗少的子孙等，他们在政治上享有民主权利，在经济上有纳贡赋的义务，很难像卿大夫那样有获得赏赐土田的机会。作爰田的"作"似有创新之意，只有在国难当头才获得这种机会，算是特恩，所以叫"作"。得到赏田后，他们"皆哭""皆说"，以"作州兵"作为对被难国君的酬谢和支援，如是而已。

（原载《晋阳学刊》1984年第4期）

晋作爰田探讨

张玉勤

作爰田是春秋时期晋国的重大的社会改革。笔者从背景、内容、性质及影响等方面对此问题作了些初步探讨，兹陈述如下，请同志们指正。

春秋时，王室衰微，土地王有，名存而实亡。就在诸侯国的土地转为公室所有的同时，采邑贵族也越来越强烈地要求扩大采地和采地的占有权。其主要表现，就是对公田的垂涎欲滴，蓄意侵夺。

在土地王有的所谓"井田制"时代，土地有公田和私田之分。公田的收益权归王室，私田的收益权归贵族。周天子为了向受封者征收定量的田税（贡），除千亩藉田和公邑之田外，在公卿大夫按爵占有的采地中也划出一定数量的公田，由采邑贵族督率采地的"野人"助耕，收获全部以贡的形式上交王室（详见拙作《井田制辨析》，载《山西师院学报》1982年第4期），王室衰落后，上交公室。由于公田的收益不归贵族，所以贵族对督率助耕的事逐渐敷衍塞责。后来，随着王室、公室的相继衰微，竟至有意放弃，任其荒废。

《诗经·甫田》篇，描写齐国的公田"无田甫田，维莠骄骄""无田甫田，维莠桀桀"。《国语·周语》中，描写陈国的公田"田在草间，功成而不收"。《汉书·食货志》，概括整个春秋时代的情况是"上下相诈、公田不治"。"公田不治"严重影响了公室的经济收入，助耕濒临崩溃，有的贵族为了索取更多的公田以扩大自己的采地，竟拿国君的废立做交易。如晋国的大夫里克、㔻郑不喜欢夷吾，杀死奚齐、卓子之后，原想迎立重耳。后来，夷吾答应给里克"汾阳之田百万"，给㔻郑"负葵之田七十万"[①]，他们也就俯首帖耳，拥立夷吾当了晋君。当里克被杀后，舆人诵之曰："佞之见佞，果丧其田。"[②]真是一针见血。

综上可知，贵族厌恶助耕，要求扩大采地和采地的占有权，已成为不可抗拒的趋势。这就是春秋时期社会改革的历史背景。探讨晋国作爰田的内容，必须以此为出发点。

---

① 《国语·晋语二》，上海古籍出版社，1978年，第311页。
② 高士奇：《左传纪事本末》，中华书局，1979年，第287页。

要了解晋作爰田的真实含义，也必须弄清楚"爰"字的训诂。《说文解字》曰："爰，引也。"段玉裁注曰："此与手部援音义皆同，今按援从手爰声，训引也。"爰，实为援的古字。《说文通训定声》曰："援、引也……即爰之或体"，亦"助"之义。《国语·鲁语》说"为四邻之援"。注："所攀援以为助也。"可见，"爰田"就是援田，就是国君为换取贵族的支持，在其按爵次占有的私田外，再资助一部分公田给他们作私田。资助哪部分公田给贵族呢？和作爰田的历史背景联系起来，问题就清楚了。吕甥矫君命作爰田，只能是以少量的赋税取代助法，把采地内原属助耕的公田作为私田资助给贵族，也就是把这部分公田的收益权以国君的名义赏赐给贵族，故曰："君命赏。"这样，一是满足了贵族的要求，换取了贵族的支持，也解决了"公田不治"的问题；二是简便易行。只要宣布一下赏赐的命令，把原来采地内公田和私田的疆界加以改易就行了，不牵扯其他的公邑之田，也不会因为赏赐的多少好坏不均而引起新的纠纷。可以说，这就是晋国作爰田手续之简单，收效之迅速的真正原因。这样，我们再去看贾逵、服虔、孔晁的"爰（辕），易也。赏众以田，易其疆畔"就不难理解了。原来，他们所说的"赏众以田"就是赏助耕的公田给贵族，"易其疆畔"就是改变采地内公田与私田的疆界。爰田制取消了助法，打破了公田与私田的疆界，使贵族的采地连成一片，完全开创了一种新的田制，故冠之以"作"。

作爰田是否承认了贵族对采地的所有权呢？没有。按照恩格斯的说法，"对土地的完全而自由的所有权，不仅意味着可以毫无阻碍和毫无限制地占有它，而且意味着可以出售它"[①]。可是，晋作爰田之后的情况却不是这样。《左传·僖公三十三年》载，贵族先茅绝后，晋襄公把他的采地赐给了胥臣。贵族绝了后，采地要归还公室，说明所有权仍在公室。《左传·成公十一年》载，晋郤至与周争鄇田，周王的使者刘康公、单襄公驳斥郤至时说："襄王劳文公而赐之温，狐氏、阳氏先处之，而后及子。"晋侯既能使温三易其主，同样说明温的所有权始终在公室。采地由公室赏赐、贵族占有，这仍然是"田里不鬻"的原则。不过，有一点是肯定的，这就是作爰田之后，贵族对采地的占有权无论从数量上还是从内容上都进一步扩大了。

从数量上看，作爰田开创了资助公田给贵族的先例。此后，晋侯为了换取卿大夫的支持，继续把一些公邑之田以赏赐的名义资助给有功的贵族。如晋文公赐狐溱以温，赐赵衰以原[②]。晋襄公赐胥臣以先茅之县。晋景公赐士伯以瓜衍[③]。申公巫臣奔晋，赐他以邢[④]……结果，使一些贵族的采地迅速扩大，终于打破按爵占田的旧制度。《左传·昭公二十八年》载，晋国贵族祁氏被灭，没收他的采地竟有七县之大，羊舌氏被

[①] 恩格斯：《家庭、私有制和国家的起源》，人民出版社，1957年，第160页。
[②] 《左传·僖公二十五年》，《十三经注疏》，中华书局，1979年，第1821页。
[③] 《左传·宣公十五年》，《十三经注疏》，中华书局，1979年，第1888页。
[④] 《左传·成公二年》，《十三经注疏》，中华书局，1979年，第1897页。

灭，没收他的采地也有三县之多。郤昭子更甚，叔向说他"其富半公室，其家半三军"①，那简直就是二分公室有其一了。

从内容上看，无论是旧有的采地，还是新赏赐的采地，都不再有公田、私田之分。而且这些采地，贵族不犯罪不绝后，是不能随意侵夺的。晋作爰田之前，晋惠公可以动辄赏里克、丕郑田百万、七十万，也可以随意取消，出尔反尔，不受任何限制。可是，晋作爰田之后却不行了。《国语·晋语六》载："鄢之役，晋伐郑，荆救之……栾武子欲战，范文子不欲，曰：'今我战又胜荆与郑，吾君将伐智而多力，怠教而重敛，大其私暱而益妇人田，不夺诸大夫田，则焉取以益此？诸臣之委室而徒退者，将与几人。'……栾武子不听，遂与荆人战于鄢陵，大胜之。于是乎君伐智而多力，怠教而重敛，大其私暱，杀三郤而尸诸朝，纳其室以分妇人，于是乎国人不蠲，遂弑诸翼，葬于翼东门之外。"这段记载十分清楚地反映出，由于晋侯不断赐公邑之田给贵族，到晋厉公时，可赏的公邑之田已所剩不多，而赐给贵族的土地归世袭占有，不得随意收回再赐他人。晋厉公逆道而行之，终被国人弑诸翼东门之外。

正是由于这种占有权具有完全的排他的性质，所以，晋国贵族在作爰田后，争田夺地的斗争激烈起来。贵族之间争，贵族和王室也争，他们如疯似狂，寸土必争，连一点田界也不肯相让。试看《左传》的记载：晋文公八年，晋"先克夺蒯得田于堇阴"；晋成公十一年，晋郤至与周争鄇田；晋成公十七年，晋郤锜夺夷阳五田；晋昭公十四年，晋邢侯与雍子争田……笔者统计了一下，整部《左传》有关争田夺地的记载十二见，仅晋国就有八见，而且全部发生在作爰田之后。相反，国君赐采邑给贵族，贵族辞而不受的，郑、鲁、齐、宋皆有之，唯独晋无。

以上雄辩地证明，晋国的作爰田应贵族扩大采地占有权而作，作爰田之后，由于采地内公田的取消和公邑之田的再赏赐，又促使这种占有权的进一步扩大。尽管还只是占有，但占有的程度已发生了很大的变化。从土地由王室所有到诸侯所有的发展过程看，诸侯的变占有为所有是随着王室的衰微逐渐合法化了的。现在的情况也是这样，作爰田之后，晋国的土地从"田里不鬻"到可以买卖，从公室所有到合法化了的私家所有已成定局，剩下的只是个时间问题。

作爰田顺应历史潮流而作，又对历史潮流的发展起了推波助澜的作用。对此，只要我们认真分析一下此后诸国的田制改革，就会发现，他们都是沿着作爰田的精神展开的。

鲁国，"宣公十五年，初税亩"②。《公羊》《谷梁》二传均释之为"履亩而税"③。今人也把它看成田税改革。其实，田税改革是以田制改革为基础的，《汉

---

① 《国语·晋语八》，上海古籍出版社，1978年，第480页。
② 《左传·宣公十五年》，《十三经注疏》，中华书局，1979年，第1888页。
③ 《公羊传》，第2286页，《谷梁传》，第2416页，《十三经注疏》，中华书局，1979年。

书·食货志》就明确指出:"公田不治,故鲁宣公初税亩。""公田不治"反映了鲁国贵族厌恶助耕,要求扩大采地占有权的强烈程度。面对这种局面,鲁国进行了田制改革,改革的内容,正如《谷梁传》透露给我们的,古者"藉而不税,初税亩,非止也"。就是说采用了"初税亩"取代藉的办法。藉者,助也。助耕的取消,就意味着把采地内公田的收益权交给了贵族,而且是拿"履亩而税"作交换的。这显然是对晋国作爰田的进一步发挥。

鲁国之外,楚国的"量人修赋"①,郑国的"作丘赋"②,陈国的"赋封田"③也都是沿袭并发展了晋国"作爰田"及"作州兵"的基本精神,他们都以田制改革为依据的。试以陈国推论,它在周定王时,公田就已经"田在草间,功成而不收"。《左传·哀公十一年》载,司徒辕颇仅仅因为挪用、贪污了一些军赋,就遭到驱逐。这都说明陈国贵族的不可驯顺,如果没有取消助耕,没有把采地内的公田交给贵族占有,向贵族"赋封田"是不可想象的。

春秋时期,由晋国开创的社会改革属什么性质?笔者以为仍属奴隶制性质。因为,就田制改革而论,尽管扩大了贵族对采地的占有权,也打破了按爵次占有采地的死规定,但并没有突破"田里不鬻"的旧框框,土地的所有权仍在公室。由田制改革而产生的田税改制,也只是公室征收田税形式的变化。特别是这一切都发生在统治阶级之间,根本没有涉及直接从事农田劳动的奴隶大众。兵制改革也是一样。对奴隶阶级来说,他们既未获得份地,也未获得人身自由,其所处的阶级地位基本没有发生变化。对此,晋文公即位不久,宣布了一个"公食贡,大夫食邑,士食田,庶人食力,工商食官,皂隶食职,官宰食加"的政策④。这实际就是晋国作爰田之后的施政纲领,很能说明问题。"公食贡",是说公室的经济来源主要靠贵族的贡税;"大夫食邑",是说贵族的俸禄靠公室赐予的采邑;"士食田",是说中小奴隶主占有较多的田地,依靠剥削束缚在田地上的奴隶;"庶人食力",是说自由平民占有份地,靠自食其力;"工商食官",是说工商奴隶就食官府;"皂隶食职",是说其他奴隶按从事的职业生活;"官宰食加",是说大夫的家臣、邑宰食大夫的加田。列宁说:"由于剥削形式的改变,奴隶占有制国家变成了农奴制国家。"⑤从上面我们能看到这种剥削形式的改变吗?看不到的。生产关系依旧,社会性质也依旧。

尽管如此,但作为首创者——晋国作爰田的意义却不容忽视。"作爰田"标志着贵族侵夺公田的开始。它取消了助耕,赐公邑之田给贵族,刺激了他们督率农耕的积极

---

① 《左传·襄公二十五年》,《十三经注疏》,中华书局,1979年,第1986页。
② 《左传·昭公四年》,《十三经注疏》,中华书局,1979年,第2035页。
③ 《左传·哀公十一年》,《十三经注疏》,中华书局,1979年,第2166页。
④ 《国语·晋语四》,上海古籍出版社,1978年,第371页。
⑤ 《列宁选集》第四卷,人民出版社,1963年,第50页。

性，促进了生产力的发展，加速了公室土地所有制向私家土地所有制的转化过程。这项改革切合时宜，成效卓著，不仅为晋国的"作州兵"创造了条件，为晋国的长期称霸奠定了基础，而且由于诸国相继效仿，也对春秋时代的社会改革产生深远影响。对此，必须实事求是地加以评价，把它看成"划时代的变革"[①]不免是抬高了，因为它还不标志着社会性质的根本变化，但把它仅仅看成一种"以贿赂国人，和缓国内矛盾的救急性措施"[②]，也未免贬之过低。

（原载《晋阳学刊》1984年第2期）

[①] 林鹏：《晋作爰田考略》，《晋阳学刊》1982年第3期。
[②] 李孟存、常金仓：《对〈晋作爰田考略〉的异议》，《晋阳学刊》1982年第5期。

晋作爰田、作州兵考释

卫文选

晋作爰田、作州兵是晋国史上的一件大事，也是春秋时期的一件要事，在山西和中华史册上理应书上一笔。

关于晋作州兵的解释已有共识，但对于晋作爰田的内容一直解说不一，本文试从春秋历史的横向考察入手，对晋作爰田的内容作一分析和探讨，期望得出一个接近历史实际的解释。

一、晋作爰田、作州兵的横向考察

晋作爰田、作州兵，发生于晋惠公六年（公元前645年），时值平王东迁——中国历史进入春秋时期一个多世纪之后。在这个时期，晋国发生作爰田、作州兵，必然受到历史发展总趋势的影响，有它深层次的原因。

春秋时期，历史发展的总趋势是由奴隶制向封建制转变。在这种总趋势下，一方面表现为"周室既衰，礼乐征伐自诸侯出，转相吞灭"①，各诸侯国"慢其经界，徭役横作，政令不信，上下相诈，公田不治"②，到处是"无田甫田，维莠骄骄""维莠桀桀"③，经济形势相当严峻；另一方面又表现为周室衰微，由千里王畿缩为百里或五十里小域。而齐负东海，秦依雍州，楚介江淮，晋阻三河，东西南北，四强争雄，更为霸主，征战拓土，烽火不息，实现着小局部的统一，为战国的七雄并存和之后的秦统一做准备。史载周"监于二代，三圣制法，立爵五等，封国八百，同姓五十有余"④，而"孔子明王道，干七十余君，莫能用"⑤。周代是否封国八百，孔子是否"明王道，干七十余君"，无考，但见于《春秋》经传的有165国，却是事实。经过春秋时期的各诸侯国之间的征战、拓土，大国灭小国，强国并弱国，确实由大分裂逐步实现了小局部的

---

① 《汉书》卷28《地理志》。
② 《汉书》卷24《食货志》。
③ 《诗经·齐风·甫田》。
④ 《汉书》卷14《诸侯王表》。
⑤ 《史记》卷14《十二诸侯年表》。

连片统一，并进而过渡到七雄并存的大局部统一。

春秋时期，各诸侯国要征战、争胜、拓土，吞灭小国，争当霸主，就必须改革旧制。谁改革早，谁就先兴盛，谁改革的内容深刻，谁就能首先富国强兵，谁就能成为实力争夺中的胜者，齐、晋、楚、秦就是如此。春秋时期历史发展的总趋势，基本上是通过这样一场益国利民的改革途径，实现着大转变的推移。晋作爰田、作州兵，正是这个时代的产物，体现着春秋时期历史推进的脉搏。

历史证明，要想富国强兵，必先顺民心，使民富，正如管仲所云："政之所兴，在顺民心。"①"凡治国之道，必先富民。民富则易治也，民贫则难治也。"②因此，当政者必须"滋民于无财而敬百姓，则国安"③。而治国富民之根本在于对土地的占有和使用，即所谓"地者，政之本也"④。政从地生，"是故地可以正政也。地不平均和调，财政不可正也，政不正，则事不可理也"⑤。由是，管仲相齐桓公，首先实行"相地而衰征，则民不移……无夺民时，则百姓富"⑥。齐国首倡改革之风，齐桓公首霸中原。所谓"相地而衰征"，实际上就是根据土质的好坏及产量之多寡，区别征赋之轻重，按亩征税，从而做到"均地分力，使民知其时。民乃知时日之蚤晏，日月之不足，饥饿之至于身也。是故夜寝蚤起，父子兄弟不忘其功，为而不倦……与之分货，则民知得正矣。均地其分，则民尽力矣"⑦。这样齐国首先打破了公田私田的界限，按亩征税，承认私田合法，既鼓励了农民勤于耕耘的兴趣，破坏了共耕公田的井田制，又扩大了征税面，增加了齐国的税收，实现了国富民强，奠定了齐桓公首霸中原的物质基础。

齐国改革的40年后，即晋惠公六年（公元前645年），晋作爰田、作州兵，尽管当时秦晋韩之战秦胜晋败，但晋作爰田和齐国的"相地而衰征"一样，也是富国强兵的根本之策，它为以后晋文公建立霸业打下了牢固的物质基础。如果我们单就齐、晋两国从改革到建霸的间距相比，齐国从改革到齐桓公称霸，中间用了29年，晋国从作爰田到晋文公建霸，仅用了12年，这种时间上的差异，足以说明晋作爰田比齐国的相地而衰征要成功得多。

晋作爰田后的第51年，即鲁宣公十五年（公元前594年），鲁国由于公私之利益不相容，民尽力于私田，而置公田于不顾，致使公田之税无法征收，经济上处于严重的困

---

① 《管子·牧民》。
② 《管子·治国》。
③ 《国语·齐语》。
④ 《管子·乘马》。
⑤ 《管子·乘马》。
⑥ 《国语·齐语》。
⑦ 《管子·乘马》。

境。于是，鲁宣公制定了履亩而税之法，实行"初税亩"，不分公田、私田一律按亩征税。虽然初税亩的推行承认了私田的合法性，但征收额为什二税，较古之什一税增加了一成，国用却仍感不足，然已超过民众的承受能力，成为伤农之举，因此，鲁国的经济仍不景气。鲁成公即位后，以此为准，又"作丘甲"。所谓"丘甲"者，即丘各出一甲，这样又大大加重了民众的负担。因为按周制九夫为井，四井为邑，四邑为丘，丘十六井，四丘为甸，甸四十六井，五百七十六夫。周赋规定：一甸出长毂一乘，戎马四匹，牛十二头，甲士三人，步卒七十二人。鲁成公把原来一甸所出之赋，改令一丘出之，其税额自然四倍于古。如果按一丘一百四十上夫计，要出七十五人为甲士步卒，其服役人数占到一丘人数的52%，还要出车一乘，牛马十六头，这种繁重的役使，使人民根本无力于农耕，因此，鲁国的经济状况更坏。为改变这种局面，鲁哀公十一年（公元前482年），季孙氏又欲以田赋，孔子曰："贪冒无厌，虽以田赋，将以不足。"次年，鲁"用田赋"。这样，鲁国自宣公作初税亩，税额二倍于古，成公作丘甲，其敛四倍于古，国用犹不足，哀公又计田出赀，名曰用田赋。鲁国田赋征敛之数不可考，但比之丘赋则又为加征也。鲁国如此之贪敛苛征，只能使民贫国穷，受制于齐晋楚诸强国。

在鲁国作初税亩后，楚康王十一年（公元前549年），楚国也实行"量入修赋"的改革。当时令尹子木治赋，先"数兵甲"，然后"书土田，度山林，鸠薮泽，辨京陵，表淳卤，数疆潦，规偃猪，町原坊，牧隰皋，井衍沃，量入修赋"①。这就是首先登记土地之类别及种植之所宜，度量山林之材以供国用。然后对其中的特殊地段，作特殊规定。如对薮泽之地，用以田猎，民不得焚燎垦种；对京陵宜视作冢墓之用地，民不得开山垦种；其他如淳卤（碱地）、偃猪（下湿地），或疆界有积水的涝潦之地，视水淹之多少，或计数减租，或改为刍牧之地。原堤防之间的"隰皋"下湿地，不能为田者，亦可为刍牧之地。不能为方正如井田者，可为小块田，其余大片衍沃平美之地，则如周制为井田，六尺为步，百步为亩，百亩为夫，九夫为井。由此可见，子木量入修赋的办法是先把土地分成九类造册登记，然后根据土地的类别及种植收获之多寡而交纳土地税，即量入修赋。除此之外，还要赋车、籍马、赋兵车、徒卒、甲盾之数，即按规定出车乘、牛马、甲士、步卒，并登记马的毛色、岁齿等，以备国用。这样，楚除了"衍沃"之地保留井田制外，其余均为个人耕种的小块田，不仅承认了私田的合法，而且在井田制的框架下，量入纳税，按亩征收，从而突破了"溥天之下，莫非王土"的旧观念，承认了变动中的社会现象，标志着楚国土地私有制的发展和封建制的开始，成为楚国能够长期与晋国争霸的重要条件。

郑国位于中原，域地不大，是南楚北晋争夺的焦点。从晋背楚，楚则兴师问罪；

---

① 《左传·襄公二十五年》。

从楚背晋，晋则加兵于郑，夹在两强之间的郑国，吃尽了苦头。郑简公二十八年（公元前538年），郑子产从"利社稷"出发，"作丘赋"①，以应付"弭兵之会"后"晋、楚之交从相见"的议定，贡赋于晋楚二主。原来郑国从楚或从晋，只贡赋于一个强主，现在要贡赋于两个强主，由是子产作丘赋，增加一倍的税额。杜预注曰：丘十六井，当出马一匹、牛三头，现子产别赋其田，计田而出赀财，如鲁之田赋。尽管子产也向私田征税，承认私田合法，然夹于两强之间，受制于南楚北晋，加之超负荷地加征于民，因此，郑国社会生产变化不大。

秦国地处西陲，至犬戎乱周，平王东徙，始为诸侯。秦国本杂戎狄之俗，至秦穆公修政，东竟至河，独霸西戎，"与齐桓、晋文中国侯伯侔矣"②。"秦在雍州，不与中国诸侯盟""诸侯卑秦"③，与之交往极少。就是这个"位在藩臣而胪于郊祀"的秦国④，也在秦简公七年（公元前408年），实行"初租禾"，不论公田、私田一律按亩纳税。到秦孝公十二年（公元前350年），秦用商鞅变法，开阡陌，废井田，实行土必田，田必税，任民开垦，任民兼并。这是始于齐国的"相地而衰征"的改革运动的继续和终结，其内容尤为丰富深刻，为以后秦国统一天下奠定了坚实的物质基础。

纵观上述各诸侯国的改革，大体上讲，一方面是公田荒芜，各国财政紧张，要增加税收，扩大征税面，必须向大量私田征税，这就在客观上承认了私田的合法性，鼓励了土地私人占有制的发展。另一方面要增加经济实力，扩大征税面，还必须不断扩疆拓土，成为军事争夺中的胜者，这样就要不断扩大兵源，既掠地又掠民，并且使民众很快成为有能力自备干戈器用的土地私有者。春秋时期奴隶制向封建制转变的过程，正是随着"相地而衰征""作爰田""初税亩"等一系列改革，局部地、区域性地瓦解着奴隶制的经济基础——井田制，改变着"溥天之下，莫非王土"的局面，逐步实现着向封建制新的生产关系的转变。

二、晋作爰田、作州兵的内涵

晋作爰田、作州兵，最早见于《左传·僖公十五年》和《国语·晋语三》。两书中对晋作州兵的内容注释基本一致，但对晋作爰田的内容注释就不尽相同了。比如《左传》书"作爰田"，《国语》则载"作辕田"，首先有了爰、辕之分。据许慎《说文》释"爰"字："从爱亏籀文以为车辕字。"可见爰与辕同，爰田即辕田。对爰田（辕

---

① 《左传·召公四年》。
② 《史记·六国年表》。
③ 《史记·秦本纪》。
④ 《史记·六国年表》。

田）内容的解释，注释家们的表述出现了差异。《左传》"作爰田"下，杜预注曰："分公田之税应入公者爰之于所赏之众。"《国语》"作辕田"下，贾侍中（逵）注曰："辕，易也，为易田之法，赏众以田。易者，易疆界也。或云辕田以田出车赋，（韦）昭谓此欲赏以悦众，而言以田出车赋非也。唐（固）曰：让肥取硗也。"之后，班固《汉书·地理志》又书"秦孝公用商鞅作辕田"。学术界对晋作爰田的内容解释数说并存，莫衷一是。仅就二十世纪五十年代以来对晋作爰田的论述，具有代表性的说法，即有"秦用商鞅作辕田说"（有井田制瓦解说和未瓦解说之别），"易田、休耕说""临时赏车马田、官府田说""用钱物换田说""废除周初以来土地定期分配说"，等等。尽管诸说都从不同角度阐述理由，但仍不能给予全面的符合历史实际的解释。正因为如此，正式出版的大型工具书如《辞源》《辞海》对爰田（辕田）条目的解释，就出现了一版一个样的情形。

这里先谈一下晋作爰田即"秦孝公用商鞅作辕田说"。秦孝公用商鞅作辕田一词仅见于《汉书·地理志》，班固只书此一语，别无他释。东汉贾逵、三国韦昭、西晋杜预于《左传》《国语》注晋作爰田时，当应该阅读过班氏《汉书》，然贾、杜二位作注时并未提及此事。秦孝公用商鞅见于《史记·秦本纪》。秦孝公三年（公元前359年），"商鞅说孝公变法"，秦孝公十二年（公元前350年），"秦并诸小乡，聚集为大县，县一令，四十一县，为田开阡陌"。《文献通考·田赋》曰：秦孝公十二年（公元前350年）初为赋，注曰："纳商鞅说，开阡陌，制贡赋之法。"《通典·田制》曰："秦孝公任商鞅，鞅以三晋地狭人贫，秦地广人寡，故草不尽垦，地利不尽出。于是诱三晋之人，利其田宅，复三代无知兵事，而务本于内，使秦人应敌于外，故废井田制阡陌，任其所耕，不限多少。"这就是商鞅作辕田的全部内容。《史记·商鞅传》也说，商鞅"为田开阡陌封疆而赋税平"。由此可见，商鞅作辕田比晋之作爰田至少具有如下不同之处：第一，商鞅尽开阡陌封疆，使地皆为田，任其所耕，而晋作爰田只限于分税、移疆界而赏田；第二，商鞅悉除禁限，听民兼并、买卖，而晋作爰田只限于分公税之下的份田；第三，商鞅以田为民之永业，田皆出税，晋作爰田之近期目的是为了作州兵，以达到增益甲兵之目的。由此，我们说商鞅作辕田是改革运动的终结，是彻底的废井田，实行土地私有化，绝不能把春秋时期改革运动的一环——晋作爰田，和战国时期的改革终结的商鞅作辕田等同起来，尽管有晋作爰田对井田的瓦解说和未曾瓦解说之别。在这里，不能把晋作爰田的内容等同于秦商鞅作辕田的内容，就像不能把中外历史上所有的改革统统视作一个模式一样，因为它们各自发生在不同的历史时期，自然具有各自的特色和内容，如果硬要把所有的改革都视作一个模式、一个框架、一个内容，那么历史将何以发展？社会何言进步？

现在我们再来谈一下"易田、休耕说"。辕田即易田之法，出自贾逵对《国语》中晋作辕田的注释，但贾逵所释易田之法，是易疆界，赏众以田，赏田以悦众，和这里把易田与休耕联系在一起的"三年爰田易居"之田[①]，即所谓三易之田，是截然不同的。《周官·大司徒》职掌有"辨五物九等之名，曰土均之法。田有一易再易，地有五而当一，十而当一，必办其等，乃可均也"。还有"凡造都鄙，制其地域而封沟之，以其室数制之。不易之地家百亩，一易之地家二百亩，再易之地家三百亩"，以区别地之肥瘦等差。如不易之地岁岁可耕，是为上地，则家百亩；一易之地者耕一岁休一岁，是为中地，是以家二百亩；再易之地，休二岁可耕一岁，是为下地，则家三百亩。三年爰田易居，指的就是再易之下地。这就是《汉书·食货志》所云"三岁更耕之，自爰其处"。显然这是一种依据土地肥瘠合理休耕的轮作制，三年一换主，就是大司徒进行定期的土地调配。这种下地，当然不如中地，更不比上地，三年爰田易居，主要指下地三年一换耕田人。如果把这种古亦有之的易田休耕轮作制，说成是晋国作爰田的内容，那么这种古有的轮作何以言"赏"？又何以赏田以悦众？更不能利于作州兵，达到甲兵益多。

事实上，晋作爰田和齐国的相地而衰征、鲁国的初税亩一样，都是在公田荒芜，民惟私家之利，公田税收甚微，国库枯竭，当局者急欲增加税收，摆脱窘境，又欲强兵富国的形势下发生的一场田制改革。如果只从秦晋韩原之战，晋惠公被囚的近因着笔，认为晋作爰田只是为了雪韩原之耻，而没有把它和作州兵视为一体，或者没有把它放在春秋时期大转变的趋势中进行考察，都是很难说清楚的。如果没有秦晋韩战中的秦胜晋败，晋国作为春秋时期的北方大国，目睹东齐、南楚、西秦的改革，岂能无动于衷！就在齐国相地而衰征之后，晋国即实行了作爰田、作州兵的改革，并且在之后的晋文公改革、晋悼公改革，都继续和发展了它的内容，正是由于这些改革的原因，晋国迅速成长为春秋时期北方的强国。因此，晋作爰田、作州兵推动着春秋时期历史大转变的进程。

晋国从骊姬之乱开始，国内就忙于权力争夺。公田荒芜，国库空虚，晋惠公依靠秦国支援即位后，第四年就发生了严重饥荒，晋人无食填腹，只好"乞粟于秦"。秦穆公听从百里奚、公孙支的意见，"以船漕车转，自雍相望至绛"，靠着秦国的救济，晋国才勉强度过饥荒。而晋作爰田的当年，即晋惠公六年（公元前645年），晋国又发生了饥荒还是靠秦再饩粟度日，四年（公元前645年）"晋饥"，六年又"晋饥"，三年两头闹饥荒，可见晋国的经济困境十分严峻，晋作爰田正是为了摆脱三年内两闹饥荒的窘境。诚然，秦晋韩战，秦胜晋败，惠公被囚，作爰田赏众以作州兵，有雪耻救君、扩大军事力量的因素，但其中的关键还在于赏田于众，恢复和发展经济，只有民众有了可耕之田，填饱肚子，才有资格、有可能去服兵役，作州兵才会成为事实。因此，作爰田和作州兵是一个统一体，是上篇和下篇的关系，只有作好上篇，才能作好下篇。

[①] 《汉书》卷24《食货志》孟康注。

关于晋作爰田、作州兵，应该说《左传》和《国语》的记载都是清楚的。《左传·僖公十五年》记载："乃许晋平。晋侯使郤乞告瑕吕饴甥（按郤乞，晋大夫；瑕吕饴甥，姓瑕吕名饴甥，字子金），且召之。子金教之言曰：'朝国人而以君命赏。且告之曰：孤虽归，辱社稷矣！其卜贰圉也。'众皆哭，晋于是乎作爰田。吕甥曰：'君亡之不恤，而群臣是忧，惠之至也，将若君何？'众曰：'何为而可？'对曰：'征缮以辅孺子。诸侯闻之，丧君有君，群臣辑睦，甲兵益多，好我者劝，恶我者惧，庶有益乎！'众说，晋于是乎作州兵。"《国语·晋语三》记载："公在秦三月，闻秦将成，乃使郤乞告吕甥。吕甥教之言，令国人于朝曰：君使乞告二三子曰，秦将归寡人，寡人不足以辱社稷，二三子其改置以圉也，且赏以悦众，众皆哭焉，作辕田。吕甥致众而告之曰：'吾君孺焉，其亡之不恤，而群臣是忧，不亦惠乎！君犹在外若何？'众曰：'何为而可！'吕甥曰：'以韩之病，兵甲尽矣！若征缮以辅孺子以为君援，虽四邻闻之也，丧君有君，群臣辑睦，兵甲益多，好我者劝，恶我者惧，庶有益乎！'众皆说焉，作州兵。"

这里首先应该指出的是晋作爰田的前提条件，即《国语》中的"闻秦将成"和《左传》中的"使晋平"，就是说秦晋将由战而和，秦将释放晋惠公归晋，尽管此时惠公仍然在囚，但因秦穆姬（秦穆公夫人，晋献公女，夷吾姊）"衰绖跣曰：'妾兄弟不能相救，以辱君命。'穆公曰：'我得晋君以为功，今（周）天子（因姬姓）为请，夫人是忧。'乃与晋君盟，许归之，更舍上舍，而馈之七牢"①。晋惠公受此礼遇，才使郤乞召吕甥，朝国人赏田以悦众。这里既有表示歉意，雪耻韩战的近期目的，更有赏田于众，摆脱"晋饥"，扩大征税面，以强兵富国的长远寓意。

诚然，爰与辕通，爰田即易田。贾逵从土地的地平面角度作注，认为辕田是易疆界，赏众以田。即改移原来土地的疆界，易换土地的主人，从而以国君施恩惠的名义赏田于众。杜预则从纳税的角度作注，分应入公的公田之税爰（易）于所赏之众。分税赏众，必然分田于众，既包括把荒芜公田连同税额分之于众，也包括把应纳之税分摊于私田。这是杜预较贾逵作注更准确、更全面之所在。因为分税必然分土地，分土地必然易疆界，如果光分税不分田，税由何出？如果光分田不易疆界，分田又何以为界？因此，我们认为，杜预和贾逵对晋作爰田作注的中心，都是一个分土地问题，其不同者，只是二位文字表述的角度不同而已。晋作爰田实际上是一次在赏田名义下的分田过程，赏者近于恩赐，是亡君晋惠公远在秦国的恩恤。既然爰田是分田于众，而且要达到悦众，就必须要重赏，轻赏或赏之甚微是不能悦众的。这种分田于众，绝不是把全国的土地打乱重新分配，而是用君赏的形式，把荒芜的公田和罪臣的土地，拿来赏之于众（这样，自然要移动原来土地的疆界，同时税随地移，原来公田应入公之税，也必然转移到新分土

---

① 《史记》卷5《秦本纪》。

地主人的头上)。且按《国语》唐固注释，还要"让肥取跷"，即只分肥沃之田，那些土地坚硬、不宜种植五谷的跷田不在赏田之列。分沃土以赏，自然易于悦众。因此把爰田说成是以田出车赋者非矣。

分公田之税于众，还包括向大量已经开垦的私田分摊公田之税，以赏田税的形式向私田征税，承认私田合法，这是"赏"字的妙用，更是"悦众"的重要内容。居住在鄙野的民众，只有有田可耕，成为土地占有者，才能自备干戈器用，充当州兵的征集对象，才能乐于效命于疆场。这就是《左传》和《国语》两书所云之"征缮"以益兵的真正内容。

晋作爰田，通过分税、易疆界而赏田的过程，必然导致井田制下共耕公田的"劳役地租"向按亩征税的"实物地租"的调整。由于经济利益的驱动，必然导致明智的国君和部分封疆大吏不自觉地向新兴地主转变，而受到赏田的都鄙农业奴隶和原来垦种私田的土地占有者，自然构成了早期农民。按亩征税，大幅度地增加了晋国的财税收入，国君和大臣是最大的受益者，分到赏田和私田的合法占有者，通过辛勤耕耘，其实惠也在逐年增长。这种局部的生产关系的调整，大大刺激了晋国社会生产的发展，增强了晋国的经济实力。

晋作爰田只是一次性的局部地易疆界，分税赏田，仅限于把国君应收税中的征收不灵的部分，即公田荒芜地之税和被罚罪臣之地税，分摊于赏众之田。尽管它也向私田征税，承认私田的合法性，但并未尽开阡陌，任民所耕，或悉除禁限，听民兼并、买卖，没有使地皆为田，田皆出税，远不能与商鞅作辕田相比。

关于晋作爰田的受田对象问题，《左传》只书"以君命赏"，杜预注曰"爰之于所赏之众"，《国语》也说"赏以悦众"。看来"众"就是赏田的受田对象。对于"众"字的解释或云指子金召之朝的"国人"二三子，或云指村社成员，或云指韩战亡士之属，或云指实行休耕的"自爰其处"者，等等，这里的关键是对"赏田之众"的"众"字的理解。《左传》从作爰田到作州兵这段文字记载中，先后三次出现"众"字，即"众皆哭""众曰何为而可"和"众说"，显然这里的三个"众"字都是指国人二三子。从行文的语法关系看，这是国人二三子与子金在朝的对话活动，以君命赏，当然要赏给这些国人二三子。不仅如此，因为子金召集国人，主要是传达晋惠公之命，让国人二三子先受到国君之赏赐，以便执行国君之命，先赏于朝，后赏于野。而《国语》从作辕田到作州兵这段文字记载中，"众"字共出现过五次，其中"众皆哭""众曰何为而可""众说""吕甥致众"，与《左传》书中的众字一样，都是子金与国人二三子在朝的对话活动，而"赏以悦众"的"众"字就不同了，它是子金转告惠公之圣命，以君命赏，赏以悦众。这里的"众"字既包括国人二三子，更包括国人二三子以外的鄙野众人。"众"字在商代是农业奴隶的代称，甲骨卜辞有"王大令众曰劦田"①，"丧众"或"不丧众"的卜辞更是时有所见。这些被呼为众、众庶、庶人的人，都是在田野进行农业劳动的奴隶。子金在朝，向国人二三子转告晋惠公的恩惠，赏以悦众的"众"字，主要指的就是这些人。也只有这样，才能有益于作州兵，达到"甲兵益多"的目的。

晋国作爰田的另一个目的是作州兵，欲"甲兵益多"。只有在作爰田的基础上，让居住在州中的野人和国人一样，交纳赋税，负担兵役，同样当兵，实现"税以足食""赋以足兵"，才能达到"甲兵益多""恶我者惧"。征集州中的野人当兵，是对商周以来只许国都及其附近的士当兵的传统的一个大变革，而这个传统的变革，又是先赏田而后才能为兵的，从这个意义上讲，作州兵又开创了按军功赐田宅的先例。

关于晋作州兵的内容，《左传》和《国语》在作州兵之下的注释基本一样。如在《国语》作州兵之下注曰："二千五百家为州，使州长各帅其属缮甲兵。"所谓党、州者，其实都是邦国、都鄙的一级地方基层组织。据《周礼·大司徒》记载：为了"施教法于邦国都鄙，使之各以教其所治民"，乃"令五家为比，使之相保；五比为闾，使之相受；四闾为族，使之遇葬相助；五族为党，使之相救；五党为州，使之相赒；五州为乡，使之相宾。比、闾、族、党、州、乡，各设长以治其事，如州之州长，只掌州之教治政令，一年三次宣读法规，劝民行德，纠其过恶，使相周济。"春秋以礼会民射于州，本无缮其甲兵的特殊使命。只是在晋作州兵之后，晋国突出了州长的地位，一跃而为"帅其属缮甲兵"的要职。又据《周官·小司徒》记载：小司徒掌建邦之教法，稽查国中及四郊都鄙夫家民众之数，施政教，行征令，"乃会万民之卒伍而用之。五人为伍，五伍为两，四两为卒，五卒为旅，五旅为师，五师为军，以起军旅，以作田役"。大司徒之比、闾、族、党、州、乡，与小司徒之伍、两、卒、旅、师、军相对应，视民之身体才能，充卒为伍，以备役用。做到居则为比、闾、族、党、州、乡，出则为伍、两、卒、旅、师、军，州长只有在出兵征战时，任师长之职，率2500兵卒，成为一级军事长官，而战毕，则居为州长，仍掌治其州，行政令之教。这种役使制度，使"兵无坐食之费，将无握兵之权"②，这种寓兵于民是建立在土地制度基础之上的。

古代的这种寓兵于民，民众是如何服役的呢？《周官·小司徒》说：上地（不易之地）家受田百亩，莱田五十亩，家七人，可任役者三人；中地（一易之地）家受田百亩，莱田百亩，家六人，可任役者二人；下地（再易之地）家受田百亩，莱田二百亩，

---

① 《殷墟书契前编》第7卷，东山学舍影印本，1912年，第30页。
② 《周官·大司马》。

家五人，可任役者二人。每家任役之数，虽有三人、二人之别，但凡起役作，每家惟一人为正卒，余皆为羡卒（预备役），这就是所谓"役凡起徒，毋过家一人"。但遇有畋猎或捕盗事，则正卒、羡卒并用。又《周官·大司马》说，依"周之法，车辇马牛兵器旗帜，民自具之。有事征伐，则遗人、委人共其道路之资粮，别无所谓军用"①。既然被役使者的车辇马牛兵器旗帜皆需自备，因此，商周以来只能是国都及其附近的士为兵。也正因为如此，无论正卒、羡卒都必须以一定数量的土地为基础，从这个角度讲，无地则无兵役，小司徒的一项重要职责就是均土地，稽查其民可役之数。晋作爰田，通过分公田之税和易土地之疆界，赏田于众，这样居住在鄙野无地之众，通过分公田之税而受到赏田，而且疆界改易，界限明确。向私田征税，使耕私田合法化。只有鄙野之众占有了土地，居住在州中的野人，才能同国人一样有能力自备车辇兵器旗帜，才能作州兵以扩大兵源。

晋作州兵，"乃是尽数调发，甚非先王之制"②。就是说，晋作州兵后，打破了正卒、羡卒之别的"役凡起徒，毋过家一人"的周礼，而是不分正卒、羡卒尽数调发，并由州长率其属缮兵甲，乡如此，遂亦如此。这种尽数征发的大范围练兵，自然"甲兵益多"，达到"征赋税，缮甲兵"、作爰田的目的。

这里还要指出的是，秦晋韩原之战前，晋人也侦察到秦人"师少于我，斗士倍我"③，这是韩战之前双方力量的对比。就实力讲，并不一定秦强晋弱。韩战中秦胜晋败的主要原因，是晋惠公听信谗臣之言，做了错误的战略决策，加之战术上的失误，导致晋惠公被俘的败局。其实晋国的兵力损失并不大，绝不是《国语》所云"兵甲尽矣"。晋惠公虽被俘，两军将帅却全部安全而归，可见晋国的兵力只是小有损失。《公羊传》称秦晋韩战为"偏战"，《谷梁传》则书为"晋侯失民，以其未败，而君获也"，正因为晋军有未败之基础，因此作爰田、作州兵之当年，晋国就"甲兵益多"，吕甥才敢于用强硬的外交词语对秦穆公，如"必报仇""宁事戎狄，不与秦和"等。由此可见，晋作爰田、作州兵，当年就收到一定的效果。

晋作爰田，是春秋时期晋国实现奴隶制向封建制转变的开始，是晋国史上的一件大事。因为它首先分公田于众，向私田摊税，承认私田合法，废除了周初以来的土地定期分配制度，鼓励了土地私有制的发展，部分地打破了"溥天之下，莫非王土"的井田制，大大增加了晋国的财政收入，克服了晋惠公时期三年两闹饥荒造成的疲惫，为晋国的经济振兴提供了良好的环境。与作爰田相对应的作州兵，更使晋国"甲兵益多"，国力随之强盛。同时，先作爰田后作州兵的先赏田后为兵之举，首开具有封建性质的赏军

---

① 遗人、委人皆周官大司徒之属。遗人掌粮储，凡国野之道，十里有庐，庐有饮食。三十里有宿，宿有路室。五十里有市，市有侯馆。委人掌敛野之赋。凡遇军旅宾客，供其薪刍木材。

② 《文献通考·兵制》。

③ 《左传·僖公十五年》。

功的先河。作州兵使居住在州中的野人和国人一样当兵，打破了商周以来只许国都及其附近的国人为兵的限制，提高了居住在州中的野人的地位。不仅如此，更重要的是晋作爰田、作州兵，揭开了晋国改革的序幕，之后的晋文公改革、悼公改革，以及韩、赵、魏三氏改革，都是沿着这条道路前进的。因此，晋作爰田、作州兵，是晋文公建霸、襄公继霸、悼公复霸的基础工程，是晋国能够南抵楚，东服齐、鲁，西扼秦，称霸中原一个半世纪的原因所在。

（原载山西省史志研究院编：《山西通史·先秦卷》，山西人民出版社，2001年）

晋国的军制

李孟存　常金仓

晋国庞大的武装力量分为车、徒二种。武公代翼后，周釐王正式任命他"以一军为晋侯"。大约西周时期，晋国的车兵，仅止一军。公元前633年，晋文公为了争霸诸侯而"作三军"，分为中军、上军、下军，递相统属。公元前629年，晋军蒐于清源"作五军"，在中、上、下军外，又添上、下新军。公元前621年，由于赵衰、栾枝、先且居、胥臣相继死去，军中乏帅，舍新军，恢复了文公初年的三军。公元前588年，晋国作六军，武装力量达到极盛，这时候晋国拥有战车约五千乘之多。公元前578年，晋厉公裁汰上、下新军，缩编为四军。公元前560年，晋悼公把新军隶属于下军，名义上成为三军。

为了与戎狄作战，晋国曾建立徒兵。徒兵创建于晋献公时代，其实只有左、右二行。公元前633年，晋文公添中行，成为中、右、左三行。以荀林父为中行主将，因此荀氏又叫"中行氏"。三行仅仅存在三年多，公元前629年，毁三行为上、下新军。从此，晋国再未正式组建过徒兵。

车兵由甲士组成。甲士是下层贵族，居住在国都周围，以便战时召之即来。因此，这个阶层在古文献上又叫"国人"。士有自己的经济，自己不直接参加劳动，而役使少数奴隶进行生产。他们的任务就是"执干戈以卫社稷"，而且"士之子恒为士"，所以他们是世代相袭的军人世家。甲士出征，需要自备甲仗粮粮，而且携带数名家奴为他管理辎重武器。车兵虽是晋国武力，但装备甲车所费甚巨，况甲士人数有限，不能无限发展士兵，为了满足日益扩大的战争需要，晋国统治者不得不征集庶人，编入卒伍。庶人是自耕自织的自由农民，他们平时要从事生产，农隙由地方官吏组织习武，战时充当徒兵或者服各种杂役。晋国军队的阶级构成，是以士和庶人为主体，而包括了卿大夫及工商奴隶各个社会阶层。整个晋军从归属上划分，又可分为两个部分：一部分是国君直属的部队，叫公乘、公行或公族。公元前632年城濮之战中，晋以"中军公族"[①]横击楚军；公元前575年晋楚鄢陵之战，"栾、范以其卒夹公行"[②]。此公族公行就是国君直

---

① 《左传·僖公二十八年》。
② 《左传·成公十六年》。

属的部队；另一部分是卿大夫的私兵。《左传·宣公十七年》载，晋卿郤克使齐受辱，郤克归国，雪耻心切，请求晋侯发师伐齐，晋侯不许，于是郤克"请以其私属伐齐"，这就是贵族的私兵。卿大夫的私兵在对外作战时，要统一编在国家的军队中，而他们既是私兵的首长，又是晋军的统帅。

晋国实行常备兵与民兵相结合的征兵制度。常备兵分两种，一种是担任宫廷戍卫的卫士。《左传·宣公三年》记载了一个作为宫廷卫士的典型人物，这一年晋灵公伏甲宫中，欲杀赵盾，在这万分危急时刻，灵公所伏甲士中，有一人挺身而出，救出赵盾，他还自称"翳桑饿人"的灵辄。当年灵辄饿饭三日，困于首山时，曾对赵盾说："宦三年矣，未知母之存否。"这就是经年累月居于营中的常备兵。我们前面提到的车兵甲士，他们虽与灵辄这样的甲士有所区别，但他们毕竟也是由国家赐予土田，不事生产的职业兵。这种常备的职业兵人数不多，晋文公从秦国回国时，秦穆公"送卫于晋三千人"，晋国车兵最盛时达到五千乘，每乘三人，不过一万五千人，所以晋军中人数最多的还是以民兵身份参战的庶人。民兵战时为兵，战后则解甲归农，国家不需要付出大量的军费开支，这实在是古代养兵的唯一的理想办法。国君只要稍许节制自己的战争欲望，使农不违时，百姓就"颂声大作"了。按《周礼》说"起徒役，毋过家一人"，其实那时征庶人当兵，远不止家一人。例如《左传·襄公二十六年》载，晋楚彭城之役，晋国为了刺激庶人的积极性，提高军队的战斗力，命令军人"归老幼，反孤疾，二人役，归一人"。可见一家有二人当役的现象十分普遍，甚至老幼孤疾也不能幸免于役了①。

在晋文公以前，国君是军队的最高统帅，两国交兵，国君一般要亲自出战。为国君驭车的人叫做"御戎"，立于战车左侧；国君居中，以旗鼓指挥全军的进退；立于国君右侧的，执长兵进击敌车者叫做"戎右"，国君的"御戎"和"戎右"必须选择大夫中机警骁勇者充任。城濮战后，国君一般不再战必亲躬，正卿成为军中总指挥，卿的御戎和戎右，有时由大夫担任，有时由士担任。

晋军的六卿又称六正，六正之下设司马、司空、舆师、侯正、亚旅分典军政，总称"五吏"。上面已经谈到，司空本来是负责营造制作之官，战时把司空编入军中，掌管修理战车武器，疏通道路、架设桥梁、备办舟楫等事物。司马掌管军政军法，训练卒乘，严肃军纪。《左传·成公十八年》说："籍谈为之司马，使训卒乘。"又《国语·晋语三》记韩之战后，司马宣布庆郑罪状说："夫韩之誓曰：'失次犯令，死；将止不面夷，死；伪言误众，死！'今郑失次犯令，而罪一也；郑擅进退，而罪二也；女误梁由靡，使失秦公，而罪三也；君亲止，女不面夷，而罪四也。郑也，就刑！'"这

---

① 关于晋军的兵员、兵役、编制等问题，可参看柳英杰：《春秋晋国军制探讨》，载《晋阳学刊》1983年第6期；罗志渊：《西周·春秋·战国兵役制度研究》，载《新政治》1939年第二卷第5~6期。

种例子很多，公元前632年城濮之战中，"祁瞒奸命，司马杀之以徇诸侯"；河曲之战中，"乘车干行"，司马韩厥"执而戮之"；晋悼公复霸诸侯，会于鸡泽，晋悼公弟扬干乱行，司马魏绛"戮其仆"。司马是军中的法官。亚旅之职，由来已久，多见于《尚书》、金文、卜辞中，《尚书·牧誓》说："嗟！我友邦冢君，御事、司徒、司马、司空、亚旅、师氏、千夫长、百夫长。"亚旅置于千夫长之上，甲文或名"亚"，或名"多马亚"①，金文中往往称"大亚"②。亚旅在晋悼公改制以后，改称军尉，列军尉于司马之前，并且增加军尉员额，三军各设军尉。亚旅或军尉的职责，据《淮南子·兵略训》说是"正行五（伍）、连什佰、明旗鼓"。侯正又叫"侯奄""元侯"，《淮南子·兵略训》曰："前后知险易，见敌知难易，发斥不忘遗，此侯之官也。"用今天的话说，侯正的职责是侦察地形与敌情。舆师也叫"舆尉"，舆师大抵主管辎重后勤，《淮南子·兵略篇》曰："收藏于后，迁舍不离，无淫舆，无遗辎。"舆师的部下叫做舆人，城濮之战，文公闻舆人之歌；平公城杞，食城杞之舆人，都指这种后勤兵。悼公改制后，于五吏之外又设"乘马御"，《晋语》称赞仆，掌管马政。《左传·成公十八年》云："程郑为乘马御，六驺属焉，使训群驺知礼。"于是五吏遂为六官③。

晋军编制的最大单位是军，每军由若干乘战车和一定数量的徒兵混合编成，卒乘配置无定数。例如公元前632年城濮之战，晋军七百乘，分为三军；公元前589年晋齐鞌之战，晋军八百乘，也分为三军；甚至公元前529年晋合诸侯于平丘，甲车四千，仍然分为三军。公元前560年晋人治兵于绵，由于新军无帅，悼公遂命新军"什吏率其卒乘官属，以从于下军"④，两军猝合为一军，当然更无定数可言了。前面已经说过，晋军每军设正副统帅各一人，叫做"将""佐"。春秋中期，每军将佐之下曾设有军大夫二人，如《左传·宣公十二年》云："赵括、赵婴齐为中军大夫；巩朔、韩穿为上军大夫。荀首、赵同为下军大夫。"

各军配备的徒兵，编有师、旅、卒、什、伍。师有师帅，旅有旅帅，卒有卒长，什有什吏，伍为最小的战斗单位。但是军师旅所辖师旅卒数，恐怕要视需要而定，并无常制。吴国的陆战是从晋国学去的，公元前482年黄池之会，吴人列阵，"陈士卒百人，以为彻行百行，行头皆官师，拥铎拱稽，建肥胡，奉文犀之渠。十行一嬖大夫（下大夫），建旌提鼓，挟经秉枹。十旌一将军，载常建鼓，挟经秉枹。万人以为方阵"⑤。因此一军之众，约在万人左右。

军队中车徒的配合，主要是为了适应不同战争环境的需要，如冲锋陷阵，追击敌

---

① 如：甲2695"其令多马亚射鹿"，库1028"亚允保王"，宁沪2、16"令多亚敀犬"。
② 徐宗元：《金文中所见官名考》，《福建师院学报》1957年第2期。
③ 关于六正五吏问题，详见王引之：《经义述闻》。
④ 《左传·襄公十三年》。
⑤ 《国语·吴语》。

军,主要依靠车兵,但攻克城邑,则主要依靠徒兵。徒兵作阵地战,必先列阵而后交锋,所以在战斗过程中车徒是分战的。此外,晋军虽有如上述之编制,但实战当中,编制变化很大,全部取决于统帅的临时变通,如公元前541年,晋荀吴与无终战于太原,无终实行步战,荀吴只好改车为徒,编为"五阵",才取得战争的胜利。

晋国要称霸诸侯,必须重视对军队的训练。军事训练的主要方式是"大蒐"。大蒐的内容,一是使士卒熟悉编队战阵之法;二是通过大蒐整编军队,变动军制;三是宣布军律,简选将帅。晋军在一个多世纪中,能够克敌制胜,所向披靡,与他们注重卒乘的训练有密切关系。

晋国的职官和军事制度有自己的特点。第一,晋国有600年历史正处在从世卿世禄制向官僚制度的过渡时期。由于宗法制度在这里被破坏得较早较彻底,因此执政的贵族,绝大多数出于异姓,国君登用这批异姓贵族,不能再用血缘关系作为标准,必须采用另外的标准,这就是任贤使能,以德行道义和功绩之大小,分配财产、权力,所以晋国卿大夫的封邑,经常更换调整。这样的封邑,已具有官僚制度下俸禄形式的萌芽,但是世卿世禄毕竟占主导地位,于是表现为有官无制,常常因人设官。第二,由于当时兵农没有彻底分离,所以反映在职官制度上,就出现军政合一,每当战争爆发,所有的官员,甚至祝宗卜史之类,也被驱赶到战场上服务于战争。第三,为了保证较高的行政效率,晋国在选举制度上,创造了一些值得称许的原则,并且出现了致仕制度。

晋国的卿族享受着世卿世禄的特权,但是他们的子孙一般只能袭父爵而不能袭父官。执政的正卿,子袭父职的仅有一例,就是先轸死后,其子先且居继父为正卿。先氏是旧贵族,文公创霸,在城濮之战中获胜,多采先轸之谋;殽之战,在先轸指挥下,秦军全军覆没,三帅皆成晋囚;最后在箕之战中为国捐躯,晋襄公为了纪念他的殊功,才以其子代为正卿,往后就连曾经扮演过国父角色的赵盾,也未能把有己的职位留给儿子。这样的组织路线,在当时有利于选拔才能俊异者主持国政。大夫当中也有个别以子自代的例子,如祁奚年老不能任职,向晋悼公推荐自己的仇人解狐代己为中军尉,解狐未及为尉而死,祁奚又推荐自己的儿子祁午为中军尉。这就是著名的"外举不避仇,内举不避子"的故事,但这件事的主旨,仍然体现了选贤任能的原则。

国君、卿大夫的继承人的选择,除了贤能这两个标准,被选者的健康状况,也是重要的标准之一。公元前601年胥甲死后,执政卿郤缺以其子胥克有蛊疾,取消了他合法继承的资格;公元前566年韩厥告老,长子韩无忌有废疾,不能代父为卿,韩无忌做了公族大夫;公元前632年晋军入曹,魏犨和颠颉焚烧了晋文公的恩人曹大夫厘负羁的私宅,并烧伤了自己的胸部,文公欲杀之,使人观其状,魏犨"距跃三百,曲踊三百",表示并未伤残,文公就免了他的死罪。不特卿大夫的继承人需要有健康的身体,国君的继承人也十分注意这一点。据说晋悼公有兄不能辨菽麦,由于不能让白痴做国君,终于使晋悼公得有晋国。

卿材必须有一定的学问，城濮战前，晋文公问帅于赵衰，赵衰说："郤縠可。臣亟闻其言矣，说礼乐而敦诗书。诗书，义之府也；礼乐，德之则也；德义，利之本也。"上引范鞅使鲁归国，所谓"人不可以不学"，也说明了这一点。

晋国卿大夫老年智昏，不能任职时，可以致仕。范氏在列卿中以慎重著称，晋齐鞍之战前，郤克以其五大夫三卿的势力，大有争做正卿的意图，于是执政的士会，以告老卸职，让郤克来执政；士会子士匄在鄢陵之战后，料到晋国不久有乱作，于是效法他的父亲也告老退休，以子士燮袭爵。如果范氏父子告老是迫于形势，不得不如此，那么韩厥告老、祁奚告老，都发生在晋悼公时代，一般说来，晋悼公统治时期内部还比较和睦，所以致仕告老，应该看作是一种制度。

（原载《山西师大学报》1985年第4期）

晋作州兵探析

张玉勤

吕甥矫君命作爰田，宣布把采地内原属助耕的公田赏赐给贵族作私田①之后，接着说：“君亡之不恤，而群臣是忧，惠之至也，将若君何？”众曰：“何为而可？”对曰：“征缮以辅孺子。诸侯闻之，丧君有君，群臣辑睦，甲兵益多。好我者劝，恶我者惧，庶有益乎！”众说，晋于是乎作州兵。②

作州兵何义？众解纷纭。归纳起来主要有三说：第一，以州为单位纳赋；第二，以州为单位征军；第三，解放奴隶，"建立地方兵团"③。对此，笔者以为均有商榷的必要。

一

"以州纳赋"说，释兵为兵器。沈钦韩《补注》曰："按《周官》，兵器本乡师所掌，州共兵器而已，今更令作之也。"这是片面的理解。《说文》曰："古文兵，从人，廾干。"段玉裁注："器曰兵，用器之人亦曰兵。"春秋时期，谓兵为军队的颇不乏例。《左传·文公七年》，叔仲惠伯谏，曰："臣闻之，'兵作于内为乱，于外为寇'。"《左传·昭公十四年》，楚子"使然丹简上国之兵于宗丘"。疏："战必令人执兵，因即名人为兵也。"《左传·哀公十一年》，"胡簋之事，则尝学之矣，甲兵之事，未之闻也"。《国语·鲁语上》，臧文仲曰："大刑用甲兵，其次用斧钺……以威民也。"昭谓："甲兵，谓臣有大逆，则披甲聚兵而诛之，若今陈军也。"都指的是军队。吕甥讲的"甲兵益多"，按文义，指的也应该是军队。

韩原一战，晋军阵亡者甚多。这有吕甥对秦伯讲的小人"悼其父兄子弟之死丧者"④为证。战后为了重整旗鼓，恢复国家元气，如果不是增补军队，难道能只是增补兵器吗？拿吕甥激励贵族作州兵的话来看，他说的明明是君、臣、兵、友、敌的情况，怎么能君、臣、友、敌都指人，唯独兵指物呢？再说，国人都是自赋为兵的。既然自

---

① 见张玉勤：《晋作爰田探讨》，《晋阳学刊》1984年第2期。
② 《左传·僖公十五年》。
③ 李亚农：《西周与东周》，上海人民出版社，1956年，第170页。
④ 《国语·晋语三》，上海古籍出版社，1978年。

赋，吕甥有什么必要再去动员贵族"以州纳赋"？征来的那些军事装备供谁使用？总不能摆着让人看吧！无论从哪方面讲，"以州纳赋"说都不近情理。

"以州征军"说呢？他们按《周礼·地官·大司徒》，国中"五家为比，五比为间，四间为族，五族为党，五党为州，五州为乡"的规定，释"作州兵"是改原来的以乡为军为以州为军。如洪亮吉诂云："作州兵盖亦改易兵制，或使二千五百家略增兵额，故上云'甲兵益多'，非仅修缮兵甲而已。"这种看法，同样站不住脚。首先，比、间、党、州、乡的行政编制，在先秦著作中不见于《诗经》《尚书》《逸周书》《左传》。《管子·立政》篇虽有"分国以为五乡，分乡以为五州，分州以为十里，分里以为十游，十家为什，五家为伍"的记载，但州以下的单位名称均与《周礼》不同，且每州一万家①，与《周礼》每州两千五百家也不合。《国语·齐语》与《管子·小匡》篇提到的国中行政编制相同，却是"五家为轨，十轨为里，四里为连，十连为乡"，根本就没有州。众所周知，《周礼》既非周公所作，也非西周一朝之礼。据顾颉刚先生的考证，此乃战国时稷下先生为齐宣王托古改制的产物，拼凑且伪造，自有不少杜撰的东西在内②。我以为"五党为州，五州为乡"就属此类。不然为什么独出无证？为什么司马迁的《史记》也不予以引用？后来，只是由于东汉郑玄注《周礼》有"州，二千五百家"，才为历代注疏家沿用传播，积讹成真。再者，即令国中的行政编制如同《周礼》所云，那也不能自圆其说。"五州为乡"，若改乡作一军为州作一军，无疑加重了自由平民五倍的负担。作爰田，贵族受益，作州兵，平民遭殃，这可能吗？假如州作一军，作州兵后晋国当有十五军之数，这在晋国的历史上何曾有过？

其实，州，最初只是一个地域概念。甲骨文、金文的"州"，均写作"州"，像前后左右皆水。《说文》曰"水中可尻者曰州""尻作𠱾形，处也"。段玉裁注："毛传皆曰，水中可居者曰州。"《诗·关雎》"在河水之洲"即指此。到了夏禹平水土而置九州，具体规定了九州的疆界、土壤、贡物及进贡的路线③，州才逐渐变成地方行政区划的名称。西周春秋时，州一般指在野的地区，而且多用于被征服者的聚居地。其例如下：

《礼记·王制》曰："二百一十国以为州，州有伯……"《周礼·载师》曰"以公邑之田任甸地"，郑玄注引司马法曰："王国百里为郊，二百里为州。"《管子·度地》篇曰："百家为里，里十为术，术十为州。"在先秦文献中，"术"与"遂"通，郑玄注《周礼·学记》曰："术有序，国有学。"就是说："术当为遂。"自然，十术为州的州必在野遂。

---

① 疑文中脱"分游以为十什"。故每州以一万家计之。
② 顾颉刚：《周公制礼的传说和周官一书的出现》，《文史》1979年第6期。
③ 《尚书·禹贡》。

再看《左传》的具体记载：宣公十一年，楚庄王伐陈后，"乡取一人焉以归，谓之夏州"。《左传·襄公十四年》，范宣子追述晋惠公召瓜州之戎居于晋之南鄙。昭公二十二年，"晋籍谈、荀砾帅九州之戎……以纳王于王城"。哀公十七年，卫庄公登城以望见戎州。哀公二十六年，越纳辄之师侵卫国的外州，大获。《国语·郑语》说郑桓公欲迁居，问史伯："谢西之九州，如何？"对曰："其民沓贪而忍，不可因也。"出土的西周康王时器《周公簋》也有"舍邢侯服，锡臣三品：州人……"的铭刻。

州既然泛指野，是被征服部族的聚居地，住在州的野人身份自然为奴。在作州兵之前，他们是"农之子恒为农"，不能当兵的。因此，管仲向齐桓公谈到"处民之居"的制度时，遂野就没有国中自由平民那样的军事编制[①]。可见，"作州兵"就是打破了国人自赋为兵的框框，把征赋的范围扩大到州野，把征兵的对象扩大到野人。从这个意义上说，李亚农先生的"晋国在开始建立地方兵团"是有道理的。但我并不认为这解除了野人的奴隶身份。因为在奴隶社会，奴隶和自由平民的根本区别是经济上无权享有份地，政治上没有人身自由。改变奴隶的身份地位，就应该使其获得与自由平民差不多的权利，至少是在经济上已经有了份地，可是作州兵150年后，赵简子奖励军功，对贵族是逐级赏赐土地，对奴隶却只是"人臣隶圉免"。至于政治上的人身自由，更谈不上。作州兵不考虑野人的利益，只拿作爰田去换取贵族的同意，这本身就说明他们依然是贵族的私有财产。

即使野人当兵后，也仍然被置于大小奴隶主贵族的直接控制之下，士为军队的核心，卿大夫又为核心中的核心，层层相约，管束极严。当时编组军队的主要内容就是征乘补卒，"明尊卑，顺长少，习威仪"[②]，从各级奴隶主贵族中任免将佐。这从晋作州兵后有关"蒐"的记载可以看出。《左传·僖公二十七年》，晋"蒐于被庐，作三军，谋元帅"；僖公三十一年，"晋蒐于清原，作五军以御狄。赵衰为卿"；文公六年，"晋蒐于夷，舍二军。使狐射姑将中军，赵盾佐之。阳处父至自温，改蒐于董，易中军"。蒐的地方均在州野。蒐者，搜也。一般指检阅军队。《左传·成公十六年》说："蒐乘补卒，秣马，利兵。"《宋史·李植传》亦说："蒐选强壮以重军势。"这些车乘和兵卒无疑是从州野的采邑和公邑中征来的，征来后又置于卿、大夫、士的控制之下。征兵范围的扩大，使晋国在地方上普遍地建立了常备兵。《左传·昭公五年》，晋国韩须、杨石"十家九县，长毂九百。其余四十县，遗守四千"的记载就是证明。于是，晋国"甲兵益多"的目的达到了。其先，最多不过作二军。其后，则作三军，作五军，甚至作六军（不过，均未超过三郊三遂的总数）。晋国之所以能够很快削去韩原之

---

① 《管子·小匡》。
② 《国语·晋语四》注，上海古籍出版社，1978年，第391页。

辱，一举而长期称霸中原，作州兵发挥了很大作用。

二

关于晋国作州兵的内容，我们还可以从其他国家的兵制改革中得到印证。

鲁国，"初税亩"三年后"为齐难故，作丘甲"①。杜注："周礼九夫为井，四井为邑，四邑为丘，丘十六井，出戎马一匹，牛三头。四丘为甸，甸六十四井，出长毂一乘，戎马四匹，牛十二头，甲士三人，卒七十二人。此甸所赋，今鲁使丘出之。"对此，后人多持否定态度，认为鲁本二军，若丘出甸赋，必增至八军，与史实不符。于是便在赋的多少上，甲的内涵上做文章，但对丘甸的编制却深信不疑。我认为，"作丘甲"的问题，正出在"丘甸"的概念上。古籍记载，春秋时代的邑大小不一，有十室之邑②，有百室之邑③，有千室之邑④，偏不见四井为邑的三十六家之邑。整齐划一的四井为邑既不存在，四邑为丘、四丘为甸如何能够成立？更何况这说法又仅见于《周礼》，和"五州为乡"一样，都是不足为信的。《广雅·释古》曰："丘，居也。"《左传·僖公十五年》载"败于宗丘"。杜注："丘犹邑也。"孔颖达疏："土之高者曰丘，众之所聚为邑，故丘犹邑也。"这说明古代丘、邑相通。丘即邑，邑在郊野。丘和州一样，都泛指野。居丘之民为丘民。《孟子·尽心下》集注曰："丘民，田野之民，至微贱也。"甲呢？是指带甲之士。由此观之，"作丘甲"就是"为齐难故"，鲁国把征赋征兵的范围从国中扩大到丘野，从国人扩大到野人，与晋国作州兵的内容完全一致。《左传·昭公八年》载，鲁"大蒐于红，自根牟至于商、卫，革车千乘"，就是这种扩大征兵征赋范围的具体表现。

郑国，在鲁昭公四年"作丘赋"。与鲁国的"作丘甲"联系起来看，显然也是把征兵征赋的范围扩大到了丘野，正是有了这种扩大，鲁昭公十八年，郑才可能"简兵大克"，大规模地精选车乘徒兵，大检阅，大演习。

楚国，于鲁襄公二十五年"量入修赋""赋车兵、徒兵、甲楯之数"。鲁昭公十四年，楚子"使然丹简上国之兵于宗丘""使屈罢简东国之兵于召陵"。在国都以外的如此广大的地区选拔、检阅军队，表明楚国的征兵征赋范围扩大到了郊野。征兵的同时，楚国还"抚其民。分贫，振穷；长孤幼，养老疾；收介特，救灾患；宥孤寡，赦罪戾；诘奸慝，举淹滞……"这些贫穷、孤寡、罪戾、奸慝的字眼一股脑儿用在应征入伍者及其家属身上，说明他们身份卑贱，社会地位低下，和奴隶没有两样。

---

① 《左传·成公元年》。
② 《荀子·大略》：禹"过十室之邑必下"。
③ 《左传·成公十七年》，"施氏之宰有百室之邑"。
④ 《易·讼卦》，《十三经注疏》，中华书局，1979年，第24页。

仅用以上三国为例，就可看出：他们的兵制改革虽然先后不一，名称各异，但基本精神却与晋国的作州兵一致。这说明，共同的历史背景，必然产生内容大致相同的社会改革。我们释作州兵为扩大征兵征赋范围于州野，是由其特定的历史条件决定的。

三

所谓特定的历史条件，我是指：第一，私家篡权的急骤发展；第二，征服部族和被征服部族的日趋融合；第三，兼并战争与日俱增。其中着重谈第一点。

春秋时期，公室衰微，私家勃起。在公室土地所有权向私家下移的同时，政权也在迅速地向私家下移。当时寓政于军，这种政权向私家下移的趋势，最集中地表现在各国的兵制改革中。

晋国，作州兵之前，还是"礼乐征伐自诸侯出"，军队的主要成分是国人，军权由公室掌握。作州兵之后，由于征兵征赋范围扩大到州野，而贵族的采邑又都集中在这里，所以随着贵族占有采地的迅速扩大，他们控制的卒乘也就越来越多。《左传·宣公十七年》，郤子在齐国受辱，"请伐齐，晋侯弗许"，竟提出"以其私属伐之"，足见郤氏的私乘不在少数。再加上晋国诸卿世袭执掌兵权，久而久之，国家的军队也就归属于他们，成为他们争权夺地的工具。《左传·哀公二年》，赵简子伐范氏、中行氏时，公然宣誓说："范氏、中行氏反易天明，斩艾百姓，欲擅晋国而灭其君……，除诟耻，在此行也。克敌者，上大夫受县，下大夫受郡，士田十万，庶人工商遂，人臣隶圉免。"这俨然就是出口成律的君主了。公室则完全成了一种摆设。后来，韩、赵、魏三分晋国，就是凭着他们手中的这些军队。

鲁国和晋国不同。作丘甲后，公邑仍由公室掌握，且很少赐给贵族。这就决定了鲁国贵族欲卑公室、篡夺军政大权，必须从瓜分公室的役邑开始。鲁襄公十二年，三桓"作三军，三分公室而各有其一"。有的同志说，这是把鲁国公室的土地、财产、奴隶全部瓜分了。不对。从文义上看，当时三分的仅仅是原由公室掌握的征兵征赋权。三分后，他们各自解散了自己的私乘，对分得的役邑采用不同的征兵征赋方式。季氏"以其役邑入者无征，不入者倍征"，即把他的役邑分成服兵役和不服兵役两个部分：服兵役的免征军赋，不服兵役加倍征军赋。这种做法既达到军赋"尽征之"的目的，又体现了为他服兵役的优越性，对其他不服兵役的役邑，自然产生了很大的向心力。孟氏"使半为臣，若子若弟"。叔孙氏"使尽为臣，不然不舍"。杨伯峻先生在《春秋左传注》中，释"臣"为奴隶，说孟氏把"应征入伍的自由民子弟皆以奴隶待之，其父兄则为自由民"。叔孙氏"仍实行奴隶制，凡其私乘，本皆奴隶，今补其军中者，亦皆奴隶。不如此，不改置"。这不近情理。服兵役本是自由民优越于奴隶的一种特权，绝不可能是服兵役者的身份反倒比不服兵役者的身份降低了。我以为"臣"在这里不能当奴隶解。《礼记·礼运》篇说:"仕于公曰臣,仕于家曰仆。"联系文义,可知"臣"乃服役于公的称谓。即孟氏采用了青年人服兵役、军赋役邑自给的办法。叔孙氏采用了役邑之人皆为服兵役对象,军赋役邑自供的办法。"舍"通赦。"不然不舍",就是"不照办的,不赦其罪过"。相比之下,孟氏、叔孙氏的办法没有季氏的优越,因而季氏赢得民心,力量迅速增大,导致鲁昭公五年"舍中军,四分公室,季氏择二,二子各一"的结果。

任何政治事件的产生,都有一个渐进的演变过程,三桓卑公室也是这样。三分公室役邑的征兵征赋权以后,三桓的势力,尤其是季氏的势力与日俱增,中间经过了鲁襄公二十五年季氏武力夺取卞邑这样的事件,到鲁昭公五年"四分公室",则是彻底地瓜分了这些役邑的权益。从此,"政令在家""民食于他"。所谓"皆尽征之而贡于公",就是说鲁公室失掉了役邑的征税权,只能仰食于三桓,靠他们的贡物来维持生活。三桓掌握的军队也基本变成了他们自己的私家武装。他们为所欲为,鲁哀公十二年,季氏为了加强自己的实力,断然"用田赋",把"有军旅之出则征之,无则已"的应急之征,改成摊赋入亩的常年之征。同年,齐伐鲁,叔孙氏、孟氏怨恨季氏的专权,竟然拥兵不战,拒绝调遣。鲁侯和晋侯一样,完全成了徒有虚名的摆设。鲁昭公、鲁哀公欲去三桓,结果也只能落个被逐流浪、客死外国的下场。

晋国贵族和鲁国三桓都利用兵制改革来夺权,这说明兵制改革是适应政治斗争的需要而产生和发展的。当然,征服部族与被征服部族的日趋融合和与日俱增的战争,也为它创造了条件,提出了要求。

总之,兵制改革的内容、道路都是由特定历史条件规定了的,探讨作州兵必须联系其历史背景。

四

那么,春秋时期由晋国"作州兵"开创的兵制改革属于什么性质?我认为和作爰田开创的田制改革一样,仍旧属于奴隶制性质。田制改革没有使野人获得份地,兵制改革也没有使野人获得自由。征兵范围的扩大和世袭为农的奴隶当兵,主要是由于兼并战争和私家夺权的需要,而他们自己所处的阶级地位则没有发生根本性的变化。但是,我们也应该看到它的积极作用。这就是从改革的后果来说,因为征兵征赋范围的扩大,毕竟打破了乡野界线,为部族的融合、奴隶的解放创造了条件。因为军权下移于私家,毕竟加速了公室的衰亡,为进一步的社会改革和国家的统一奠定了基础。

(原载《山西师大学报》1985年第1期)

晋国灭国略考

卫文选

晋国始自周成王封叔虞于唐。唐在河汾之东，方百里，只是一般诸侯的小封国，地域一同，与其他诸侯小国并无大异。但经过春秋前半期的兼并，到春秋中后期却发展成为中原大国，占有今山西全省并跨今河南、河北的中原地区，称霸中原诸侯近一个世纪，即所谓晋文公称霸、晋景公继霸、晋悼公复霸是也。这是晋国的一个不断强盛发展的过程。本文仅从晋吞灭诸侯小国这个侧面，探讨一下晋地域之不断扩大的情况。

晋在春秋中后期，挟周王、令诸侯，盟不协、征不规，南败楚、东服齐、西挫秦，称霸中原近百年，对当时的历史起过重要作用。但晋的强盛和它吞并各诸侯小国又是分不开的。"晋是以大，若非侵小，将何所取！"[①]综观晋吞并诸侯小国的情况，可分为两种类型：一种是原来周王室分封的诸侯封国，包括与晋同姓的姬姓封国和异姓诸国。一种是与姬姓封国在山间错居的戎狄之属。从地域来讲，多在今山西、河南、河北境内。晋究竟吞并了多少诸侯小国，史著历来说法不一，现据手头有关材料，考订如下。

（1）灭韩国

韩国是周初周武王之子的封国，姬姓，地在今河津县北，或称邗应韩晋，或称韩武子。韩侯为晋所灭。晋灭韩之年，今本《竹书纪年》说：周平王十四年即晋文侯二十四年（公元前757年），"晋人灭韩"。《春秋大事记》说晋灭韩在周平王十一年即晋文侯二十一年（公元前760年），其具体年代不可考。然晋文侯灭韩总是事实。晋昭侯以后，晋把韩故地封为曲沃桓叔之子、庄伯之弟、万的食邑，故称韩万。

（2）灭荀国

荀国是周的封国，姬姓，地在今临猗县境。晋灭荀之年，《竹书纪年》有三说。古本《竹书纪年》说：周釐王五年即武公三十九年（公元前677年），"武公灭荀，以赐大夫原氏黯，是为荀叔"。今本《竹书纪年》说：周桓王十三年即晋小子侯三年（公元

---

① 《左传·襄公二十九年》。

前707年），"晋曲沃灭荀，以其地赐大夫原氏黡，是为荀叔"。古文的补条又说晋灭荀的时间今本作周庄王十三年，即晋缗侯二十三年（公元前684年）。三种说法前后相距三十年，但相同的是皆在曲沃武公时期，因此曲沃武公灭荀当属事实。据《史记·晋世家》记载：晋昭侯元年，封晋文侯之弟成师于曲沃，称为桓叔。桓叔传庄伯，庄伯传武公，这就是曲沃武公。曲沃在此三传期间有了很好的发展，"晋国之众皆附焉"①。因此从晋昭侯七年开始，曲沃与晋翼就展开了第一次厮杀，揭开了曲沃并晋的战争序幕。庄伯时期，曲沃又两次用兵于晋翼；武公时期，曲沃用兵于晋翼达四次之多，致使晋的晋昭侯、孝侯被弑，哀侯被虏，小子侯被诱杀，到缗侯二十八年，被曲沃武公所代替，这就是所谓曲沃并晋。在曲沃并晋之前，曲沃活动的中心是取代晋翼。然武公之前，曲沃在与晋翼的较量中每每以曲沃失败告终。只有到武公尚一军之后情况才发生变化，"曲沃益强，晋无如之何"②。在此之前，曲沃灭荀的可能性甚微。且曲沃诱杀小子侯三年之后，即公元前703年秋，有"虢仲、芮伯、梁伯、荀侯、贾伯伐曲沃"③。显然今本《竹书纪年》所纪灭荀之年是错误的。曲沃在集中力量灭晋，代晋之前分兵于荀的可能亦不大，因此晋国灭荀的时间，当在曲沃并晋之后，即武公三十九年（公元前677年）较为合理。

（3）灭耿、魏、霍

魏、霍二国皆属晋之同宗姬姓，耿国为嬴姓。魏在今芮城县，耿在今河津县，霍在今霍县。今本《竹书纪年》说：晋献公十六年（公元前661年），献公作二军，灭耿以赐大夫赵，灭魏以赐大夫毕万。但《史记·晋世家》和《左传·闵公元年》均云是年晋作二军，灭耿、灭霍、灭魏，其赐赵夙以耿、赐毕万以魏，和古本《竹书纪年》的记述完全相同。今本《竹书纪年》何以只记晋灭耿、魏，而不记晋同时灭霍？或只见其用兵于南，未见其用兵于北？不得而知。吾从《史记》《左传》之说，把耿、魏、霍被灭同记于晋献公十六年。

（4）灭虢、虞

虢、虞皆为姬姓封国。周武王克商后封周章之弟虞仲于周之北地，称为虞国，虞国在故夏墟，即今平陆县北。周武王又封王季之子虢仲于今河南陕县东南，称为虢国。周平王东迁时，虢公忌父曾为天子之相，所起作用不小。

虢国在曲沃与晋翼较量的过程中，多次奉王命伐曲沃。曲沃并晋之后，虢国与晋国的关系有所改善。晋国十九传当政的是献公。在献公当朝的26年里，虽然出现了骊姬

---

① 《史记·晋世家》。
② 《史记·晋世家》。
③ 《左传·桓公九年》。

乱政于朝，但献公对内诛杀桓叔、庄伯之后的群公子，加强权力集中，对外不断扩拓疆域，确为晋国称霸奠定了基础。晋献公十六年，又作上下二军，亲领上军，太子申生领下军，一年之内用兵南北，灭掉耿、魏、霍，军事力量大增。又经过三年的筹备，到晋献公十九年（公元前658年），晋国决心灭虢。晋献公说："始吾先君庄伯、武公之诛晋乱，而虢常助晋伐我，又匿晋亡公子，果为乱。弗诛，后遗子孙忧。"①但虞在晋南，虢又在虞南；要灭虢，虞乃必经之地。于是有晋之荀息以晋邑"屈产之乘"和"垂棘之璧"赠与虞君，以假道伐虢。是年夏，晋国里克、荀息帅师会虞伐虢，取虢之下阳（平陆县下阳）。下阳本虞至虢之要塞，犹如虢之门户，门户既破，国必亡。但由于晋献公宠信骊姬之言，晋国发生谋害太子申生的悲剧，又逼走了重耳（即晋文公）、夷吾（即晋惠公）二子，因此虢在门户敞开之后还能延续三年。到晋献公二十二年（公元前655年），晋再次假道于虞以伐虢②，十二月晋灭虢，虢公丑逃奔周之京师。晋师灭掉虢国，还师时顺便灭掉虞。

（5）灭冀国

冀国是周代的一个小封国，地在今河津县东冀亭是也。冀后为晋所灭，被封为郤氏食邑。晋何年灭冀，无考。但可断定在晋灭虞虢之前，因为荀息持美玉良马假道于虞时，荀息对虞公说：当年冀为不道，曾兴师伐晋，军锋已到达虞国的东境，结果是虞助晋师，两国合作击灭了冀。此首次晋假虞道之功也。今虢为不道，侵虞之南鄙，请假道以伐虢。虞公许之。这就是说晋灭冀在晋灭虢、虞之前。考郤缺之父名郤芮，又名冀芮，是晋惠公的得力重臣之一，又是这位冀芮厚赂于秦，换得秦对夷吾即晋惠公的护送与支持。郤芮又名冀芮，应是晋灭冀，封郤氏于冀地以后的事，因此说晋献公时期晋灭冀应该是正确的。

（6）灭随国

随国是春秋初年的一个小国，地在今介休县北。晋鄂侯六年（公元前718年），"曲沃庄伯以郑人邢人伐翼""翼侯奔随"③，鄂侯北逃，晋翼无主，于是周桓王命虢兴师伐曲沃，遂立鄂侯之子光，是为晋哀侯。鄂侯奔随，曲沃不再进，虢公不去迎，却另立其主，可见随当时是独立于晋之外的，也就是说晋的势力在北边尚不及随。随何时被晋所灭，无考。但《左传·僖公二年》晋荀息假道于虞以伐虢条上，韩氏眉批曰："当时昏弱之国如随如虞，皆有一贤如晨星焉，本国不知用，而敌人反知重之。"可见晋灭随在晋荀息假道于虞之前，随之被灭的情况，当类似于晋之灭虞。

---

① 《史记·晋世家》。
② 《左传分国记》上册，江苏人民出版社，1963年，第242页。
③ 《左传·隐公五年》。

（7）灭董国

董国是周初的一个小封国，地在今临猗县。今本和古本《竹书纪年》均说：曲沃庄伯死后，武公初立，荀、董、芮三国乘曲沃易主之机，于武公元年（公元前715年），"皆叛曲沃"。对于乘武公之父丧而叛曲沃的董伯，曲沃岂能等闲视之。且董地处晋辖域之内，晋在武公、献公时期灭董是当然的，武、献以后，董伯的活动再不见于史就是一个证明。

（8）灭杨国

杨国在今洪洞县，为姬姓封国。或云"周宫姬襄公二十九年传为杨"，或云洪洞古以杨宗为大受封为杨。杨后被晋国所灭，被封为羊舌大夫（即叔向的祖父）的食邑。晋何年灭杨，记载不详。考羊舌者本晋武公之子伯乔生文，文生突，突即羊舌者也。羊舌属公族，突改名为羊舌，羊即杨的转音，可见晋灭杨应该在杨公的孙子突为大夫的时期。又《左传·闵公元年》说：晋献公十六年（公元前661年），晋献公授羊舌大夫为国尉。由此可见，晋灭杨是晋献公十六年以前的事，也就应该是在晋灭耿、魏、霍三国之前，而不可能在其后。杨虽小，且近邻晋都，从地理条件上讲，只有先灭杨，然后才有可能灭霍，晋献公十六年以前称其侄突为羊舌也证明了这一点。

（9）灭贾国

贾国本周初封国，后唐叔虞封少子公明于此。贾本侯国，姬姓，地在今临汾县之南。贾亦为晋灭。晋何年灭贾，记载不详。《左传·庄公二十八年》说："晋献公娶于贾，无子。"在晋献公十一年（公元前666年）以前，贾独立于晋之外，且与晋有姻缘关系。以后魏舒对贾辛说："昔贾大夫恶，娶妻而美，三年不言不笑，御以如皋，射雉，获之。其妻始笑而言。贾大夫曰：'才之不可以已。我不能射，女遂不言不笑。'"①可见贾政治的荒唐，这或许是晋灭贾的原因。此贾之被灭，很可能是被时人指为"灭同姓之国，决先祖之裔"②的晋献公所为。

（10）灭原国

原国亦周初封国，或云周文王封第十六子于原，史称原伯。原为姬姓，地在今沁水县西北里许。文公二年（公元前635年）冬，因原不归服晋，故晋军围原，"命三日之粮，原不降命去之。谍出曰原将降矣。军吏曰请待之。公曰信，国之宝也，民之所庇也，得原失信，何以庇之，所亡滋多，退一舍而原降，迁原伯贯于冀，赵衰为原大夫"③。

---

① 《左传·昭公二十八年》。
② （清）高士奇：《左传纪事本末》第二册，中华书局，1979年，第297页。
③ 《左传·僖公二十五年》。

（11）灭沈国

沈国本周初小国，地在汝南（河南省平舆县北）。沈近楚疏晋，不参盟于中原诸侯，而南服于楚。于是鲁襄公四年（公元前624年），晋率鲁、宋、陈、卫、郑等中原六国诸侯讨伐沈。结果"沈溃"。鲁定公六年（公元前506年），晋会中原十八国诸侯于召陵（河南郾城东），兴师伐楚。是年四月，蔡国公孙牲在晋侯的指令下，声言沈不会盟于召陵，率师灭沈。沈既为蔡灭，何言晋灭沈呢？因为蔡灭沈是襄公伐沈的继续。蔡国公孙牲的军事行动，奉的是晋的军令，执行的是晋的国策，所以《史记·管蔡世家》说：蔡晋昭侯十三年（公元前506年）"晋灭沈"，晋假蔡灭沈，其结果是楚怒伐蔡。蔡晋昭侯为了反击楚的进攻，乃质其子与吴，吴蔡联合共同攻楚，拉住了楚国的后腿，使楚无暇与中原相争。

（12）灭潞氏、甲氏、廧咎如

潞氏、甲氏、廧咎如诸部皆属赤狄。在春秋时期赤狄是一个很活跃的部族，曾与齐、晋、秦诸国并称，号为强大，其地域大致自平阳至潞安，杂居山间，绵延千里，东近齐鲁，南界卫郑，北接燕地，宋、鲁、齐、晋等国累受其害。特别是晋四面临狄，其处境更为特殊，就是在晋内地，也是群狄交错杂居，情况尤为复杂。晋不断发展的过程，正是兼并群狄，使群狄与华夏族不断融合的过程，晋政治、经济、文化的高度发展，正是这种融合的结果（晋与戎狄关系见另文）。大致自晋灭潞氏、甲氏、留吁、铎辰之后，赤狄所辖之地，尽入于晋。

狄人因俗尚赤衣或白衣，故有赤狄、白狄之分。赤狄姓隗氏，东山皋落氏，廧咎如、潞氏、留吁、铎辰皆属其种。春秋初期，赤狄强大，别种在"中国"者，均受赤狄控制。晋献公十七年，晋侯使太子申生伐东山皋落氏（在今山西垣曲县）。在晋文公、襄公时期狄对晋的威胁不大，但到晋成公时期，狄人不断围晋邑取晋禾，扰晋不宁。晋景公初年，晋郤缺利用众狄不满赤狄役使奴役之苦，会众狄于攒函，晋与众狄和好，使赤狄进一步孤单。且赤狄又与晋结为姻缘之邦，其与晋的关系有所改善。晋景公六年（公元前594年），酆舒为潞州赤狄之相，控制了实权。酆舒东灭黎，夺黎氏之地，在国都赤沙城伤潞国君婴儿之目，杀死婴儿的夫人（即晋景公之姊），谋图取而代之，顿时晋与潞的关系恶化。是年六月，晋荀林父率师伐曲梁灭潞。酆舒奔卫，荀林父立黎侯而还。卫人执酆舒送归于晋，晋杀酆舒。晋景公对荀林父用兵于潞的胜利非常高兴，说："吾取狄土，子之功也。"乃赏狄臣千家与荀林父，赏士伯以瓜衍之县（孝义县北），并献狄俘于周室。明年春，晋又使士会帅师灭赤狄甲氏（今河南鸡泽县）、留吁（今山西屯留县）、铎辰（今山西长治县）、赤狄余部西逃潜入廧咎如部。晋景公十二年（公元前588年），晋又使郤克联合卫的孙良夫，共同讨伐廧咎如，结果"廧咎如溃"①。至此赤狄尽灭，灭狄之地尽入于晋。

---

① 《左传·成公三年》。

(13) 灭肥、鼓

肥、鼓二国均属白狄之种，肥在昔阳，鼓在河北晋县，与晋之交往不多。后来白狄之一部——白部胡徙至西河，遂起觊觎中原之心，适逢晋文公称霸中原，晋之北界仍然少事。但晋文公刚死，白部胡就乘晋侯之丧，突入晋境箕地（太谷县）。晋襄公使郤缺败白狄于箕，俘获白狄子，但晋也损失大夫先轸。从此西河白狄大弱。晋昭公二年（公元前530年），晋荀吴借口与齐师相会，假道于鲜虞，晋师遂入肥之国都昔阳，八月晋灭肥，虏肥国君绵皋以归。因鲜虞与肥同属白狄，自后晋与鲜虞遂起兵戈。晋昭公五年，晋荀吴率师伐鲜虞，遂围鲜虞之同属鼓国。晋军兵围鼓，处于必胜之势，鼓人或请以城叛降晋，但荀吴不许且要鼓人杀其叛人，为鼓之主繢备固守。鼓人或请降于晋，仍不许。围鼓三月，鼓人告食竭力尽，荀吴遂灭鼓，不杀一人，只虏鼓君鸢鞮以归。后鼓余部虽有叛而复降，然鼓子被荀吴袭执以后，白狄鼓国就彻底被灭了。

(14) 灭偪阳

偪阳本妘姓国，地在今江苏沛东。晋悼公十年（公元前563年），晋悼公怨偪阳近楚背晋，遂于是年四月使荀偃、士匄率军围偪阳，"遂灭偪阳"。晋赐偪阳故地与宋平公，晋掳偪阳子北归，献于曲沃武公，谓之夷俘。又使周内史选其偪阳妘姓中善者，迁于山西霍县，入于霍邑，使其祀偪阳妘姓之嗣。

(15) 灭陆浑戎

陆浑戎为秦晋迁于伊川之戎，伊川地近周都，且陆浑见晋之力弱，又南睦于楚。对此门庭之患，晋不除之，其害无穷。晋顷公虽有其父晋昭公之丧，仍于晋顷公元年（即公元前525年）九月，使荀吴率师自棘津（河津）渡河，又潜使祭史置牲于洛，形同祭祀，实在备战，待荀吴渡河之后，众牲用于军旅，遂灭陆浑，陆浑子奔于楚。余众奔周地，尽为周人所获。

(16) 灭沈、姒、蓐、黄

沈等四国皆台骀之后代，其地当在介休以南的汾河流域，具体分布不详。郑子产说：从前帝少昊之后裔，有个名叫昧的人，善治水，曾担任过管水的官。昧有儿子允格、台骀，台骀疏通河渠，比昧更善于治水，他"宣汾洮，障大泽，以处太原"①，帝颛顼很赞赏台骀的治水才能，因此封台骀之众于汾州，沈、姒、蓐、黄四国皆台骀之后裔。"今晋主汾而灭之矣。"②此四小国很可能在晋献公时被灭。

(17) 灭仇由

仇由为春秋时期的小国，地在今盂县东北里许。晋出公时期，"智伯将伐仇由，而道难不通，乃铸大钟遗仇由之君。仇由之君大说，除道将纳之。赤章曼枝曰：'不可。

---

① 《左传·昭公元年》。
② 《左传·昭公元年》。

此小之所以事大也，而今也大以来，卒必随之，不可纳之。'仇由之君不听，遂纳之。赤章曼枝因断毂而驱，至于齐七月而仇由亡矣"①。（按"仇由"二字《史记》《淮南子》《战国策》及注均音同字异）

这里还要提出的是，《左传·襄公二十九年》载叔侯曰："虞、虢、焦、滑、霍、杨、韩、魏皆姬姓也，晋是以大。若非侵小，将何所取。"杜注曰八国皆为晋灭。然而滑被秦灭，焦为虢灭，有史可查。尽管《左传》收录叔侯的这段话，但在首篇中记叙晋所灭之国只有12个，其中有焦而无滑，显然滑在作者的心目中也是非晋所灭。那么何以有焦呢？因为焦为虢所灭，后晋又灭了虢，这样焦的故地自然归晋所有了。可见上文杜注八国皆晋灭并不十分确切。我认为焦、滑均不是晋所灭，故不计入晋之灭国之内。据上，可将晋国所灭诸国列表附于文末，供参考。

通过以上记述，可清楚地看到，在晋国近30年的灭国过程中，晋献公在位的26年中灭国占了一半，平均一年多就灭掉一个小国见晋国灭国时间表。在兼并之风盛行的春秋时代，晋献公是一个有作为的人物。史称"武献以下兼国多矣"②，人们把晋献公看作晋国始盛之君，其理由就在于此。从晋国灭国的地域考察，武公晋献公时期灭国的范围，北不超过介休，南则逾河而至河南陕县，大多数则集中在晋南一带。如果没有晋献公兼并小国，向四周扩张，晋国西不能沿河以抵秦，南不能与郑、宋接壤并和楚争雄于天下。晋献公的活动确实为晋的称霸奠定了坚实的基础。晋文公即位后，晋活动的重心是继续向南推进，抑制楚势力的北进。晋取南阳（太行山之南）之田，使晋楚正面相遇，城濮一役，晋胜楚败，践土之盟，晋文公称霸中原之势遂成。晋景公时期，虽然用兵于赤狄，控制了晋东南，军锋达到河北，但主要目的在于扫除后顾之忧，加强中原诸侯的联盟，重振晋国霸主的威望。其主要目标是对齐先打后拉，对鲁扶而又抑，使晋牢牢地把握中原诸侯盟主地位，时刻准备与南来的楚国决一胜负。晋悼公南灭偪阳以其地赐宋，仍是晋楚争霸的一个表现。从晋文公到晋悼公的晋称霸时期，晋侯始终以中原霸主自居。但是至晋悼公时期开始注意晋北边的问题，他用魏绛和戎，较妥善地处理了晋与狄的关系，使晋北边的情况逐步稳定下来，并在霍山以北始置县邑。晋平公十七年（公元前541年），晋中行穆子败无终（山戎）及群戎于太原，晋昭公又用兵于白狄，灭肥鼓，与鲜虞兵刃相接，把晋的疆域扩大到河北，这样就形成占有山西全省和地跨河南河北的晋国版图。韩赵魏三分晋室就是在这个基础上进行的。

---

① 《韩非子·说林下》。
② 《左传·襄公二十九年》。

晋国灭国时间表

国名	现地望	晋国灭国时间			赐封
		（鲁国纪年）	（晋国纪年）	公元前	
韩国	山西河津县北	惠公九年至十二年间	文侯二十一年至二十四年	760年至757年	赐封万于韩原
荀国	山西临猗县	庄公十七年	武公三十九年	677年	赐封原氏黡曰荀叔
东山皋落氏	山西垣曲县	愍公二年	晋献公十七年	660年	
冀国	山西河津县东	僖公五年前	晋献公二十二年以前	556年前	赐封郤芮曰冀芮
董国	山西临猗县		晋献公时期		
贾国	山西临汾县南		晋献公时期		
杨国	山西洪洞县		晋献公时期		赐封羊舌大夫
耿国	山西河津县	愍公元年	晋献公十六年	661年	赐封赵夙
魏国	山西芮城县	愍公元年	晋献公十六年	661年	赐封毕万
霍国	山西霍县	愍公元年	晋献公十六年	661年	
虞国	河南陕县东南	僖公五年	晋献公二十二年	655年	
虢国	山西平陆县东北	僖公五年	晋献公二十二年	655年	
随国	山西介休县	釐公二年前	晋献公十九年以前	658年前	
沈国	山西汾河沿岸		晋献公悼公时期		
姒国	山西汾河沿岸		晋献公悼公时期		
蓐国	山西汾河沿岸		晋献公悼公时期		
黄国	山西汾河沿岸		晋献公悼公时期		
原国	山西沁水县	釐公二十五年	晋文公二年	635年	赐封赵衰曰原大夫
潞氏	山西潞城县	宣公十五年	晋景公六年	594年	
留吁	山西屯留县	宣公十六年	晋景公七年	593年	
甲氏	河北鸡泽县	宣公十六年	晋景公七年	593年	
铎辰	山西长治县	宣公十六年	晋景公七年	593年	
廧咎如	山西太原附近	成公三年	晋景公十二年	588年	
肥国	山西昔阳县	晋昭公十二年	晋昭公二年	530年	
鼓国	河北晋县	晋昭公十五年	晋昭公五年	527年	
偪阳	江苏沛东	襄公十年	悼公十年	563年	赐宋公
陆浑	河南嵩县	晋昭公十七年	顷公元年	525年	
沈国	河南平舆县	定公四年	定公六年	506年	
仇由	山西盂县		出公时期		

（原载《晋阳学刊》1982年第6期）

晋国县郡考释

卫文选

郡县制度是中国古代中央集权精神在地方政权方面的体现，也是古代官制文化研究中的一个课题。晋国作为春秋时期的北方大国，有近700年的历史，其郡县设置如何呢？文中从晋国灭国拓土、置县邑郡的时间谈起，进而论述了晋国置边县而内县的层次变化趋势以至发展为赵、魏、韩三氏的基本布局。

县郡作为地方行政管理机构一经出现，就体现了古代中央集权的精神，也是研究古代官制文化遇到的一个课题。对于这个问题的研究，目前有四种意见：一曰"早在春秋初期，秦、晋、楚等国往往把兼并得来的土地和灭亡的小国改设为县"[1]；二曰"真正作为行政区域的县最初见于楚国，而楚国的县最初是在蛮夷地区创设的。后来其他国家也推行县制，则或多或少的仿效楚国的先例"[2]；三曰"县是我国最早出现的行政区划单位名称，始于春秋初期，最初设县于边地，带有国防作用。据现有文献记载，最早设县的是西方大国秦"[3]。四曰"最早设置郡县的都是秦国"[4]。秦、晋、楚等国到底谁先置县郡？作为北方大国的晋国县郡设置情况又是如何呢？本文想就手头的资料，作一简要论述，以求识者。

一、晋国置县的时间问题

周初，成王封叔虞于唐，仅"河汾之东，方百里"[5]。唐叔虞在这块与戎狄交错的百里之域，建封国，治域地，首先推行的仍是西周的都鄙制度。所谓都即国都，天子取百里建都，诸侯取五十里内数里建都。国都之外的广大农村则实行鄙野制度。所谓鄙野，即郊门之外鄙薄的广野。《周礼·地官·遂人》释曰：在距离王都二百里至五百里的郊野，以"五家为邻，五邻为里，四里为酂，五酂为鄙，五鄙为县，五县为遂"，遂

---

[1] 朱绍侯：《中国古代史》，福建人民出版社，1979年，第182页。
[2] 张正明：《楚文化史》，上海人民出版社，1987年，第61页。
[3] 阴法鲁主编：《中国古代文化史》，北京大学出版社，1989年，第296页。
[4] 王超：《中国历代官制与文化》，上海人民出版社，1989年，第46页。
[5] 《史记·晋世家》。

置遂人。其邻、里、酇、鄙、县、遂六级，犹比郊内之比、闾、族、党、州、乡六级。唐叔虞正是仿效周天子的这一套都鄙制度，整治地域，推行政令，管理民众，征收赋税，办其老幼贵贱废疾、祭祀丧葬诸事。那么晋国何时置县呢？

《说文》县字条曰："县，击也，从系。"《周礼·天官·大宰》曰："县以系邦国之民。"《周礼·地官·遂人》又曰："造县都然后可以定民居。"可见县制之说，由来久也。考周制县有两种情况，一种是郊区县，即五鄙为县，县辖2500家，置县正一人，掌县之政令，相当于郊内之州长。另一种是郊内县，在郊内除国都之外，尚有部分空闲土地，不再封于他人，谓之公邑，天子使人治之，其地亦称县。这种县置县师一人，专主公邑之地，负责办其夫家民人田里之数，是王公及其子弟的食邑，尽管众庶牛马车辇卒伍兵器的赋役与郊区县无异，但它毕竟是一种特殊的置县。晋初，仿周制亦置县。例如晋平公十五年二月，其母"食舆人之城杞者。绛县人或年长矣，无子，而往与于食"①。赵孟问其县大夫，则其属也。赵孟召见绛县老人，并"仕之，使助为政。辞以老，与之田，使为君复陶（主衣服之官），以为绛县师，而废其舆尉"②。注曰：绛县舆尉役使孤老故废其职。绛县距晋都近在咫尺，显然它是沿周制设置的郊区县，但在晋国当属最早的置县。

正因为周制有县，故《春秋》经传笔讳，不书春秋时期各国置县的具体时间，而是以叙事带出某国的某县，这就给后人造成许多麻烦。《国语·晋语二》曰，晋献公死后，公子夷吾急于返国即位，私于秦公子絷说："亡人苟入，扫宗庙，定社稷，亡人何国之与有？君实有郡县，且入河外列城五。"在这里夷吾公开声称秦公子实有郡县，只要秦国愿意帮助夷吾返晋，夷吾愿意割让河外五城（即河东地）给秦国。这是最早的郡县合称之说。

《说文》郡字条释曰："周制，天子地方千里，分为百县，县有四郡。"晋仿周制，县下置郡也在情理之中，否则，夷吾不熟悉郡县的地域概念，又何能与秦公子絷谈成这笔交易呢？夷吾返国是在公元前651年，因此，至少可以说晋国在此以前就有郡县了。如果我把晋穆侯七年（公元前805年）伐条戎、占条地、伐千亩、败戎狄，各派员防守，视作拓土灭国置县之始，晋国置县的时间将大大提前。且条地在绛县与沁水之间，即条山戎居住之地，千亩在安泽县，都是晋国当时的边地，合乎吞并小国边地置县的惯例。晋文侯时又灭韩国（河津县北），封于韩万为邑，使其防守西南门户。之后，晋武公又灭夷国，执夷大夫诡诸以归。再灭荀国（临猗县南），封于大夫黡为邑，加强西南门户的防守。晋献公时期，更是大量灭国拓土，灭董国（临猗县境）、灭贾国（临汾市南）、灭杨国（洪洞县境）、灭冀国（河津县东）封于冀芮，灭耿国（河津县境）

---

① 《左传·襄公三十年》。
② 《左传·襄公三十年》。

封于赵夙，灭魏国（芮城县北）封于毕万，又灭霍国（霍州市境）、灭虢国（平陆县北）、灭虞国（平陆县境）、灭随国（介休县北）、灭汾河沿岸的蓐、姒、沈、黄四国。晋献公把通过战争得来的土地赐封给作战有功的将领，或派员固守新得的领地，虽不称县，然而确属县邑的性质。晋文公返国即位后，"赏从亡者及功臣，大者封邑，小者尊爵"①。灭原国（沁水县境），曾赐赵衰为原令，赵衰以"赵世次不为相县"②为由，加以拒绝，晋文公又"举箕郑为原（县）令，大夫浑轩闻而非之"③，晋文公只好赐赵衰为原邑大夫。晋国在这些新开拓的边地，或称邑，或称县，其实一样。正如《资治通鉴·周纪一》"万家之邑"一语所注曰："邑，县邑也。"晋国也有"中行文子出亡，过于县邑"④的记载，可见县邑之称谓虽异，其实质都是县。

《左传》记载晋国最早称县的是晋襄公元年（公元前627年），晋襄公"命以先茅之县赏胥臣，曰：'举郤缺'子之功也"⑤。杜注曰：先茅绝后，故取其县以赏胥臣。至于先茅何时受封为县，传文没有交代，按常规计算，先茅受县的时间至少是二三十年以前的事，或者更早一些。因为先是姓，茅是县邑名，先姓见于晋国的有先轸、先且居、先克、先縠等十几人，茅县究竟始封于谁手，均难查考。茅县在平陆县南茅城，即茅津渡⑥，胥臣封邑在臼（解州西北），与先茅之县相距不远，同时再一次证明臼邑与先茅之县是同一语。

综上所述，晋国置县的时间应该始于晋穆侯、晋文侯时期，即公元前九世纪初年至公元前八世纪中叶，晋武公、晋献公时又不断增多，这样才会有夷吾返国的郡县之说。

二、晋国置县的发展趋势

如果我们视县邑为同一语，把灭国拓土作为置县的条件，晋国从穆侯、文侯，到武公、献公、文公至悼公几百年的时间，则是晋国由小到大、开疆拓土的一个发展过程。在这个过程中，始置的边地县必然不断地变成内地县，这种内外层次的变化，反映了晋国领土的不断扩大，晋国防御线的不断外延。例如晋景公六年（公元前594年），"赏士伯（士贞子即士渥浊）以瓜衍之县，曰吾获狄土，子之功也"⑦。瓜衍县在孝义县北的瓜城，属晋边地县。晋景公十八年，"郑伯如晋，晋人讨其贰于楚也，执诸铜

---

① 《史记·晋世家》。
② 《世本》。
③ 《韩非子·内储上》。
④ 《韩非子·说林下》。
⑤ 《左传·僖公三十三年》。
⑥ 刘纬毅：《山西历史地名录》，山西省地名领导组《地名知识》编辑部，1979年。
⑦ 《左传·宣公十五年》。

鞮"①。注曰"铜鞮晋别县在上党",即今沁县,亦属晋之边地县。晋厉公三年(公元前578年),晋大夫魏锜指责秦桓公"利吾有狄难,入我河县,焚我箕、郜,芟夷我农功,虔刘我边陲"②。查晋灭赤狄潞氏在晋景公六年,秦趁晋与赤狄潞氏之战,发兵渡河,攻晋之边陲箕、郜二县,焚毁庄稼,抢掠财物。箕县在蒲县东北的箕城,郜县在祁县北部,均属晋之边县。晋悼公时期,赵、范、韩三氏趁栾豹之死,皆欲占栾豹之邑温县为己有,范、韩二氏怕赵氏独占,皆曰"郤称受州,温已为州之属县"③,岂能借栾氏之亡为己有!州县在河南沁阳县东,温县在河南济源县北,皆属晋之东南边陲。晋平公初期,赵武为执政卿,其子赵获再次提出取州县为己有,赵武以"余不能治余县,又焉用州"为由,拒绝了赵获的要求。赵获不能治理的赵氏余县,当属内地之县。

　　随着晋国的外县向内县变化,晋国的县越设越多,到晋平公二十一年(公元前537年),"韩赋七邑,皆成县也,羊舌四族皆强家也"④。所谓成县即大县,每县域地方百里,可赋六千四百,兵车百乘。考韩须氏起于韩万,兴于韩厥,晋景公三年韩厥任军司马,十三年入卿,晋厉公八年为执政卿,晋悼公七年告老,由其子韩起继父位,起之子即韩须。韩氏在短短几十年内暴发为七邑大家,反映了晋国卿大夫势力发展之迅猛。查羊舌四族即羊舌职之四子——羊舌赤(铜鞮伯华)、羊舌肸(叔向)、羊舌虎(叔虎)、羊舌鲋(叔鱼)四人。据《春秋世族源流图考》记载,晋武公之子伯乔生文,文生突,突受封为羊舌邑大夫(曲沃羊舌),其子羊舌职袭父邑,官至中军尉佐。官爵虽不大,然羊舌氏兄弟四人竟暴发为四强家,与韩氏七邑同语于书,可见羊舌氏暴发之迅猛。更有甚者,如赵成、荀吴、魏舒、范鞅、知盈五卿,以及祁午以下之八大夫,共占有县邑四十余县,再加上韩氏七县、羊舌氏四县,估计晋平公时期全国至少有50余县,各卿大夫领地皆有数量不同的县,县已普及到诸卿大夫的不同辖域。

　　由于诸卿大夫占据的县邑多寡不一,特别是新势力在本质上决定了彼此之间必然火并争斗。晋顷公十二年(公元前514年)执政卿魏舒联合韩、赵、智三卿,共同诛灭了祁氏,分祁氏之田为七县,即以司马弥牟为邬县大夫(介休东北有邬城),以贾辛为祁县大夫(祁县东北有贾令),以司马乌为平陵县大夫(文水东北有武村),以魏戊为梗阳县大夫(清徐县境),以智徐吾为涂水县大夫(榆次西南),以韩固为马首县大夫(寿阳县),以孟丙为盂县大夫(阳曲县北)。同时四卿又联合灭羊舌氏,分羊舌氏地为三县,即以乐霄为铜鞮县大夫(沁县南有古城),以赵朝为平阳县大夫(临汾市),以僚安为杨县大夫(洪洞东南有范村)。在这场瓜分中,赵、魏、韩、智(荀)四卿庶子以"不失职、能守业"的名义各得一县,司马弥牟、孟丙、乐霄、僚安四人,以魏舒

---

① 《左传·成公九年》。
② 《左传·成公三年》。
③ 《左传·昭公三年》。
④ 《左传·昭公五年》。

"举贤"的名义各得一县，贾辛、司马乌以有功于王室各受一县。如果说这次火并还打着有功于王室、"举贤""守业"等名义瓜分其地的话，那么之后就完全变成赤裸裸的了。比如晋定公三十二年（公元前479年），赵氏联合韩、魏、智三氏对范氏、中行氏、邯郸氏展开了火并。赵氏为了团结宗人，扩大山头，分化对方，举行了有一百五十余人参加的盟誓。赵简子公开宣布"范氏、中行氏，反易天明，斩艾百姓，欲擅晋国而灭其君"①，今与之战是"顺天明，从君命，经德义，除诟耻"。同时宣布赏赐命令曰："克敌者，上大夫受县，下大夫受郡，士田十万，庶人工商遂，人臣隶圉免。志父无罪，君实图之。"②不少史著以此作为春秋时期置郡的起点，实际上，置郡也是许久以前的事。早在夷吾返国时就有"君实有郡县"之说，晋平公初年有"解狐举邢伯柳为上党（郡）守"③之事，再有赵简子任命"董安于为赵上地（郡）守"④之举，这样"下大夫受郡"的赏赐，才能使人们真正熟悉郡的地域概念，领悟到郡的实惠，这种奖赏才会发生作用。

四卿诛灭范氏、中行氏之后，赵简子除了尽得邯郸、柏人邑地，同时四卿又联合瓜分了范、中行氏的全部邑地。这件事连晋出公都怒而不平，欲借齐、鲁之师逐灭四卿，结果反为四卿所败，死于逃亡途中。时智伯又立晋哀公，专晋政，公开向韩、赵、魏索要万家之邑。韩、魏屈从，唯有赵氏拒绝。于是智氏督率韩魏围赵氏于晋阳，结果赵、韩、魏三氏反而联合杀智伯于晋阳城下，三氏尽分智氏邑地，赵氏尽得山西北部，魏氏尽得山西中部，韩氏尽得山西南部，三家分晋之势完全形成，这就为战国时期韩、赵、魏三国的域地及其郡县制的发展，提供了良好的条件。

从秦、楚两国置县的时间比较看，《史记·秦本纪》曰：秦武公十年（公元前688年），"伐邽、冀戎，初县之"。这是见于文献材料的秦国最早置县的记载，邽县在甘肃天水市境，冀县在甘肃甘谷县境，属秦国的西陲边县。秦武公十一年又"初县杜、郑"。杜县在陕西杜陵县，郑县在陕西华县，属秦国的东线边县。楚国从文王十年至庄王三年，历经69年北进灭国九个，文献只书灭国，不书置县。楚庄王十六年（公元前598年），楚攻灭陈国，"因县陈""诸侯县公皆庆"⑤，唯独申叔不贺，并以其理由说服了楚庄王，使陈国得以复国。杜注曰：楚灭陈以陈为县。楚县大夫僭称公。这是楚国有县的记载，至于楚国何时置县，文献并未记述。楚庄王十七年楚破郑，郑襄公乞求降楚，身事楚君，愿把郑国"夷于九县"⑥。注曰：九县即楚灭息、邓、弦、黄、夔、

---

① 《左传·哀公二年》。
② 《左传·哀公二年》。
③ 《韩非子·外储左下》。
④ 《韩非子·内储上》。
⑤ 《左传·宣公十一年》。
⑥ 《左传·宣公十二年》。

江、六、蓼、庸九国之后所置之县。郑襄公只请求楚君把郑国和上述九县一样对待。楚王以郑襄公深明大义,与郑和好。这样楚国置县的时间可能在公元前七世纪中叶。如前所述,晋国从穆侯伐条戎、占条地开始,还在公元前九世纪初年就灭国拓土,并在危险的边地置县派员防守,之后的几百年间,不断拓土开疆,不断灭国置县郡,终于形成三家分晋之后的赵、韩、魏三国版图,这个发展过程,也可以说是一个不断设置郡县的过程。

(原载《山西师大学报》1991年第2期)

晋文公富国要略

卫文选

晋国本系西周诸封国中的一个小国。晋献公时期始强，后复衰。故晋秦韩原一战，晋惠公被秦军掳去。晋文公在"晋饥""国破"的情况下即位，可以说国中百废待举，要办的事情很多。就当时的列国形势而论，齐桓公的霸业已衰；楚国势力北抵中原，中原诸国面楚者不乏其人；秦国不断向关东伸手，试图拉拢关东诸侯，染指关东诸事。形势逼迫晋文公采取富国自强的决策，他内尊王室，外服众强，东服齐鲁，南抗强楚，西拒强秦，立足晋国，指挥中原，城濮胜楚，一定天下。这无论对晋国历史的发展，抑或对中原诸国历史的发展，都产生积极的影响。对于晋文公何以能变弱为强、影响春秋这样一个重大的历史事件，迄今为止的许多论著中却论述得很少，本文试就这个问题作一些探索，求教于识者。

一、取信于民、慎于择人

晋国地处帝尧旧都，属禹贡冀州之域，虽有先民勤俭之遗风，但"土瘠民贫"[1]，国力极其微弱。晋惠公四年（公元前647年），晋国发生饥荒，靠秦国的接济才渡过荒年。翌年，秦国也饥，晋国不与秦粟，双方战于韩原，结果，晋败，晋惠公成了秦国的阶下囚。晋文公即位后的第四年（公元前633年），晋国又发生饥荒，14年内的两次饥荒和韩原战败，致使晋国的国力疲惫，到了非更前策不可的地步。为此，晋文公曾咨询大夫箕郑曰："'救饥何以？'对曰：'信。'"即"信于君心，则美恶不逾；信于名，则上下不干；信于令，则时无废功；信于事，则民从事有业。"[2] 这就是说作为国君首先要有'信'，故晋"文公修政，施惠百姓"[3]"国无政不用善"[4]。行善政，必须因民择人、从时。所谓因民，即施惠百姓。所谓择人，即选官要任贤荐能。所谓从时，就

---

[1] 《诗经·唐风》。
[2] 《国语·晋语四》。
[3] 《史记·晋世家》。
[4] 《说苑·政理》。

是要顺应时代的潮流。晋文公正是"举善政而行之，国大治"①。诚然，"百姓"一词在《国语·周语》里解释为百官，但这是西周关于百姓之释，到了春秋时期的晋国，百姓的含义比西周更为广泛，至少包括了卿、大夫和食于田的士、力于农穑的庶人，以及和庶人享有同等自由的工、商等六个阶层。例如晋文公出猎逐兽，砀入大泽，迷不能出，求能指路出者将厚赏。遇一渔者引晋文公出泽，晋文公问其名以厚赏。渔者曰："君何以名！为君其尊天事地，敬社稷，固四国，慈爱万民，薄赋敛，轻租税者，臣亦与焉！君不敬社稷，不固四国，外失礼于诸侯，内逆民心，一国流亡，渔者虽得厚赐，不能保也。"②一个渔者敢在国君面前如此谈论治国之策，可见他是身份十分自由的百姓。又从渔者曰"臣亦与焉"数语看，正好说明了晋文公修政，施惠于百姓。晋文公兴兵伐原，更是收到示信于民的效果。据说晋文公率兵伐原只带了十天的粮食，与诸大夫约期十日必克原。然而，十天已过，仍攻原不下，晋文公便击金撤退。当时有个从原邑逃出来的士通报说："原已粮尽，再过三天原必下。"晋军中的诸大臣也劝谏文公说：原邑既已食竭力尽，我们何必撤军呢？晋文公解释说：我与诸大夫约期十日而下原，今逾十日而原不下，若不撤退是我失信，失信于大夫而得原，是绝对不能做的。在今天看来，这种做法似属可笑，但当时却收到良好的效果，原邑人们高兴地说：有这样讲信誉的国君，不去归顺为之奈何③！于是开门降晋。卫人也在此影响之下归顺晋国。所以孔子说："攻原得卫者，信也。"

为了取信于民，晋文公还力主法治，无论亲贵所爱一样以法严惩之。例如晋文公五年（公元前632年）伐曹，令无入僖负羁之宫，避免其难，以报答他亡至曹之厚施。当时领兵大臣魏犨与颠颉，凭借跟随晋文公逃亡于外和开国之功，怒曰："劳之不图，报于何有！"④意思是说我二人如此大的功劳都未得到赏施，那里还管曹国如何，于是违令焚烧了僖负羁氏之宫。此二人虽属从亡之贤士，晋文公亦很爱重之，但也必须绳之以法。颠颉被刑于师，当场处决，魏犨因烧于胸，缓杀之。又如晋楚城濮之战中，祁瞒奸命，晋文公令司马杀之，徇于诸侯。右戎舟之侨临阵先归，文公又杀舟之侨以徇于国，民于是大服。"君子谓'文公其能刑矣，三罪而民服。'"⑤

施惠于百姓、取信于民还必须选官任贤，选择一批推行善政的"循吏"，因此任官择人，就成为至关晋国兴衰的大事。关于这一点，似乎晋文公早年就已注意。"自少好士，年十七，有贤士五人……其余不知名者数十人"⑥，即是一例。即位以后，他更是

---

① 《说苑·政理》。
② 《新序·卷二》。
③ 《韩非子·外储》。
④ 《左传·僖公二十八年》。
⑤ 《左传·僖公二十八年》。
⑥ 《史记·晋世家》。

注意任用左右贤良。用晋文公自己的话说，行赏的标准分三等，即："高明至贤，德行全诚，耽我以道，说我以仁，暴浣我行，昭明我名，使我为成人者，吾以为上赏；防我以礼，谏我以谊蕃，援我使我不得为非，数引我而请于贤人之门，吾以为次赏；夫勇壮强御，难在前则居前，难在后则居后，免我于患难之中者，吾又以为次。"① 此三条行赏标准是抛弃恩怨亲疏量之以贤能的赏才标准。微臣介子推对晋文公虽有割股肉以食之恩，然非上赏、次赏之例，三赏之例不可先赏。贱臣壶叔虽然公开要求赏赐，但只好到三赏之后，方能顾及。

由于晋文公尚贤任能，故身边贤士云集，有名的五贤士"皆足以相国"②，其"大夫皆卿材"③。如尊周室、勤周王，是依照赵衰、狐偃的建议而行的，城濮胜楚的迷敌战术，又是狐偃谋划的。不仅如此，晋文公凡遇富有政见的人，包括农夫野老，皆赏而用之。例如晋文公田于虢，遇一老夫便问："虢亡其有说乎？"老夫答曰："虢君断则不能，谏则无与也。不能断又不能用人，此虢之所以亡。"晋文公听此老夫之言，立即辍田而归，路遇赵衰而告之。赵衰问："其人安在？"晋文公答："吾未与之来。"赵衰说："古之君子听其言而用其人，今之君子听其言而弃其身，哀哉！晋国之忧也。"晋文公听了赵衰之言，当即醒悟，返召老夫赏而用之④。又如晋文公逐麋而失之，问一农夫曰："吾麋何在？"农夫指着足道："如是往。"晋文公不解地问："寡人问，子以足指，何也？"农夫振衣而起曰："不意人君如此也……君放不归，人将居之。"晋文公又醒速归，路遇栾武子，栾武子问曰："猎得兽乎而有悦色！"晋文公曰："寡人逐麋而失之，得善言，故有悦色。"栾武子问："其人安在乎？"晋文公曰："吾未与来也。"武子说："居上位而不恤其下，骄也；缓令急诛，暴也；取人之言而弃其身，盗也。"晋文公认为武子讲得很好，及返，载农夫同归⑤。晋文公正是这样选贤任能，从而保证了行善政和取信于民。

二、通商宽农

这是一项关于农业和商业的经济政策，是行善政的重要表现，也是取信于民的关键措施。从晋国的历史看，它又是晋作爰田的继续和发展。关于晋作爰田的论述文章不少，但很少和晋文公时期的经济政策相联系，孤立地论述，往往难以得出令人信服的结论。众所周知，晋作爰田的目的在于作州兵，雪韩原兵败之耻。雪耻必兵强，扩大征兵

---

① 《说苑·复恩》。
② 《左传·僖公二十三年》。
③ 《左传·襄公二十六年》。
④ 《新序·卷四》。
⑤ 《新序·卷二》。

对象必须作爰田，这就是吕甥等人作爰田的逻辑推理。因为自西周以来，为兵者必须自备戎戈食粮，这就是说为兵者必须是占有一定土地的平民以上的人，才有能力自备军需。晋国要扩大征兵面，就要扩大占有土地的人数，作爰田正是为此而采取的措施。

作"爰田"①或"作辕田"②的"爰""辕"二字，早就释之为"易"。《左传》杜预注曰："爰田易也。分公田之税旧入公者，爰之于所赏之众。"《国语》贾侍中注曰："辕，易也。为易田之法，赏众以田。"由此可见，爰（辕）田即易田，就是把田从公田主人名下拿过来，赏之于无田或少田的人，自然也就分公田之税赏之以众了。无田者成为小土地占有者，当然就变成能够自备戎戈的征兵对象。再作州兵，使晋兵激增，才敢以"宁事戎狄"③不与秦和的强硬态度，逼使秦穆公释放晋惠公。晋文公即位后，易田割地（即爰田之赏田以众），已是大势所趋，一些卓有见识的大臣早就觉察到这一点，他们先后劝谏晋文公，"从事"而行之。例如栾枝谏说："地广而不平，人将平之；聚财而不散，人将争之。"④好一个"人将平之""人将争之"，一语道出不愿为之也得为之的客观趋势。晋文公的舅父狐偃说得更为明确，他说："分熟不如分腥，分腥不如分地，割以分民而益其爵禄，是以上得地而民知富，上失地而民知贫。"⑤这就是说"割地分民"是施政之上策，比封官尊爵更有利于封君，因为通过割地分民这个纽带，把封君与民的利益紧紧连在一起，国强则民富，国弱则民贫，民自然就会为国而战，效力于疆场。晋文公采纳了大臣们的建议，在晋国裂地以分民，散财以账贫，这是晋作爰田的继续和发展。汉刘向说："晋文公返国，酌士大夫酒，召舅犯而将之，召艾破而相之，授田百万。"⑥司马迁也说晋文公"赏从亡者及功臣，大者封邑，小者尊爵"⑦。如封赵衰于原邑，封箕郑于箕邑，封舅氏狐姓于贾邑，封赵犨于苦城，等等。这种对卿相功臣的割地分封，不仅是他割地分民的重要组成部分，而且使这些卿相以新的生产关系出现于世，成为晋国新兴的一代地主阶级。"倬彼甫田，岁取十千。我取其陈，食我农人"⑧，以及"实亩实籍"⑨等诗句正反映了这种客观现实。又从使"我诸戎除剪其荆棘，驱其狐狸豺狼，以为先君不侵不叛之臣，至于今不贰"⑩从这条材料来看，当时既向戎狄赐田，为了同样的目的，对一般平民应该也有赐田。

① 《左传·僖公十五年》。
② 《国语·晋语三》。
③ 《左传·僖公十五年》。
④ 《说苑·政理》。
⑤ 《说苑·政理》。
⑥ 《新序》卷七。
⑦ 《史记·晋世家》。
⑧ 《诗经·小雅》。
⑨ 《诗经·大雅》。
⑩ 《新序·卷二》。

随着割地分民的推行及私田的不断出现，在晋国产生了新田、旧田两种不同的概念。旧田是王占有的公田，新田是指新受封的或开垦的私田。晋文公对此两种类型的土地，在税收政策上采用"旧田半税，新田不税"①的优惠办法，既使大家都得到好处，又扶植了卿相功臣新兴力量的成长，当然开垦私田的一般平民也可以同样受到"恩惠"，这就是渔者所谓"薄赋敛、轻租税者，臣亦与焉"的实际内容，也是《国语》里说的"弃责薄敛，施舍分寡，救乏振滞"②之所指。不仅如此，晋文公还采取鼓励通商的政策，实行"轻关易道，通商宽农"③和"关市无征，泽梁无赋"④，无论对晋国经济的恢复和发展，抑或对以后晋都绛地商业的繁盛都起了促进作用。

晋文公重视农业，率先于田。《说苑》中有晋文公种米、鲁子驾羊的故事，《晋史乘》也说："晋文公得玄山之粟，而美之，欲种宫中，问于冀缺。冀缺说：'凡五谷必以种，今君所植者末也，种之必不能生。'晋文公说：'寡人不慧，不稼穑，至有种米之事。'"晋文公这种重谷务农，以及"田于虢"，躬身率先于田事，确实对"政平民阜，财用不匮"⑤产生非常积极的影响。

三、整顿吏治强化军队

晋国是姬姓封国，置官沿用周制无疑。为了适应新的形势，晋文公整顿吏治主要采取强化朝官的措施。晋文公首先"作执秩，以正其官"⑥。所谓执秩即主爵之官，就是说必须按照封爵大小整顿官吏制度。在此基础上，又把官吏分成近官、中官、远官三种类型。所谓近官，即执掌朝政的官；中官，即国君宫廷的内官；远官，即地方官。

晋国的近官是以六卿为核心的军政合一体，这一点就与周制不一样。所谓六卿，是指在中军、上军、下军三军中任职的将佐，这是晋国近官的中坚，因此晋文公特别注意挑选贤能者担任。例如晋文公四年建三军，原打算让具有"相材"的赵衰担任中军将，但赵衰荐让于更贤者先毂担任。因为中军将权似西周的司徒，是仅次于晋侯的二号人物。晋国本置司徒，到晋釐侯时期因讳釐侯之名，故将司徒一职改称中军，中军将是三军之首，六卿之头，号为元帅。三军中还有司马一职（非卿位），是掌握诸侯之贡和军赋、军刑的官。另外还有大司空（属卿位）、司空（非卿位），这是管理土地和城池营建的官。司寇（非卿位）是专门主管刑法的官。

晋国的中官主要指宫廷的内官。比如为国君私人服役的膳夫，掌宫内事务的寺人，

---

① 《国语·晋语四》。
② 《国语·晋语四》。
③ 《国语·晋语四》。
④ 《国语·晋语四》。
⑤ 《左传·僖公二十七年》。
⑥ 《左传·僖公二十七年》。

掌管祭祀的宗人，掌管典籍的史官，掌管占卜的卜人，掌管音乐的乐师，掌管财物的府人，掌管粮仓的廪人，看守宫门的司铎，巡宫的仆人，接待宾客的行人，主管监狱的理，主护王车的御戎和右，主厩马的乘马御、主作车服的复，等等。至于太师、太傅多属美称荣衔，实际权力并不大。

晋国虽是春秋时期出现郡县较早的诸侯国之一，但在晋文公时期，迄未发现郡县的隶属关系。当时晋国地方上仍推行西周以来的国野制，国即国都及其附近地区，野即农村。但晋侯赏赐给诸大夫的封邑大都有了县的萌芽，一个封邑的主管称县大夫，他可以仿照中央的模式设置官吏，像宰、马正、工师及主造县邑城池的县师，掌管民田督征赋税的甸郊，管理公田农耕的甸人，掌管田兽的兽人，管理车马的小臣和制造衣服的复陶，等等，皆属地方远官。晋文公整顿官制的目的就是使宫官与朝官分离，进而加强朝官，削弱宫官，形成晋侯—元帅—诸卿—县大夫的一条垂直线的统治，成为最早的中央集权制的雏形。这个统治体制的建立，不仅保证了晋国的富国自强，而且对中原各诸侯国，甚至对秦汉中央集权制的建立都产生积极的影响。

强化军队主要表现在扩大军队和加强领导两个方面。晋国本小国一军，《左传·庄公十六年》就有曲沃武公尚一军的记载。晋献公又改作上、下二军，升为二等诸侯国。晋文公四年，又扩大成中军、上军、下军三军。如果再加上晋文公五年的作三行（三行实际上也是三军，称三行者以辟天子六军之名），实际上相当于天子的六军，增兵达三倍以上，这种军事实力完全可以尊王攘夷，抗衡天下，故"师武臣力"①成为晋文公富国的保证。这种大规模的扩大军队，当然又是晋作州兵的继续和发展。

强化军队还表现在军政合一，实行一元化领导，充分发挥诸臣的作用。如三军中的将、佐，合为六卿，以中军将为首，组成军事的兼政治的核心，平时推行政令，战时则率兵出战。正因为如此，故晋国对中军将的人选持慎重态度。赵衰向晋文公荐让先毂的同时，狐偃也荐齿长知贤的狐毛任上军将，他们共同提出候选人供晋文公选择，这种举荐贤能、不唯亲是用的做法，自然收到良好的效果。因此，晋国终于纠合诸侯，称霸天下，成为春秋五霸中时间最长、影响最大的一个霸主。

四、躬耕节俭、民不饥寒

晋文公虽行诸侯食封邑的周制，但他非常重视农业。如前所述，晋文公田于虢。虢本周的姬姓封国，地在河南陕县，晋献公灭虢之后，才归晋国版图，既非受封之邑，更非晋侯躬耕之地，晋文公之所以渡河田于虢，本身就十分有意义。晋文公曾得玄山之粟，欲种于宫中，玄山在何处，无考。吾意当在晋国辖区，即今山西的东南部为宜。战国时期高平、阳城曾称为泫氏，"玄""泫"同音，可能以山名为姓氏，再名之以县，

---

① 《吕氏春秋·本味》。

且两地离晋都很近。晋文公甚爱玄山之粟的原因在于"饭之美者，玄山之禾"①。在兼并纷起、战事连绵的春秋时期，像晋文公这样田于虢，得玄山之粟，种米而不生，并且勇于承认自己不慧、不懂稼穑的事确实不多见。

晋文公作为一个大诸侯、中原盟主，不仅躬耕尚农，而且生活尚俭。就宫室而论，《左传》说："闻文公之为盟主也，宫室卑庳，无观台榭，以崇大诸侯之馆，馆如公寝，库厩缮修。司空以时平易道路，圬人以时，塓馆宫室，诸侯宾至，甸设庭燎。仆人巡宫，车马有所。宾从有代，巾车脂辖，隶人牧圉，各瞻其事，百官之属，各展其物，公不留宾，而亦无废事，忧乐同之，事则巡之，教其不知，而恤其不足。宾至如归，无宁菑患，不畏寇盗，而亦不患燥湿。今（晋平公）铜鞮之宫数里，而诸侯舍于隶人，门不容车，而不可逾越，盗贼公行，而夭厉不戒，宾见无时，命不可知，若又勿坏，是无所藏币，以重罪也。"②就衣食而论，晋文公是"衣不重帛，食不兼肉"③。关于春秋时期诸侯、卿大夫的服饰，《诗经》里有多处记载，大致是这样：以羔羊之皮为裘，是大夫赴宴之服，见君则饰以豹皮，退朝食于家，诸侯平日则衣羔裘，缁衣（黑色）羔裘为诸侯的朝服，朝天子则需穿锦衣（黄色）狐裘。这种服饰的规格风行一时，郑国、楚国、秦国诸君，就连以庶代宗的晋武公都是一样，唯有晋文公力行节俭，不仅不穿羔裘、狐裘之服，甚至衣不重帛，虽居中原霸主之位，却保持着尧之尚俭的遗风，"大布（粗布）之衣，牂羊（母羊）之裘"④。晋文公这种衣食尚俭之风，在晋国数十位君中是罕见的，在春秋诸国的封君中也是少有的，使属下诸臣也不敢奢侈，若有奢，晋文公就以俭矫之，使节俭之风布满全城，成为晋国很快摆脱饥饿，几年之间达到"国人皆大布之衣，脱粟之饭"⑤"政平民阜，财用不匮"，一跃而为中原强国的重要原因之一。

不仅如此，晋文公还赦免罪人，以保持社会的安定，同时又提供了相应的劳动力。赦免里凫须是当时的著名事件。

《韩诗外传》对这一事件记载如下：

> 晋文公重耳亡过曹，里凫须从（一云里凫须为公子重耳之守府者），因盗重耳资而亡。重耳无粮，馁不能行，子推割股肉以食重耳，然后能行。及重耳反国，国中多不附重耳者，于是里凫须造见曰："臣能安晋国。"晋文公使人应之曰："子尚何面目来见寡人!?"对曰："欲安晋也。"……晋文公见之，里凫须仰首曰："离国久，臣民多过君，君返国而民皆自危。……臣之为贼亦大矣，罪之十族，未足塞责。然君诚赦之罪，舆骖乘游于国中，百姓见

---

① 《吕氏春秋·本味》。
② 《尹文子》转引自《春秋战国异辞》。
③ 《淮南子》转引自《春秋战国异辞》。
④ 《尹文子》转引自《春秋战国异辞》。
⑤ 《尹文子·大道上》。

之，必知不念旧恶，人自安矣。"于是晋文公大悦，从其计，使骖乘于国中。百姓见之，皆曰："里凫须且不诛而骖乘，吾何惧也！"是以晋国大宁。

晋文公不记旧怨，赦免罪人，确实收到"晋国大宁"的社会效果。

简单小结

第一，晋文公在晋国革新振兴了经济，促进了社会生产的发展，使晋国由弱变强，在由奴隶制向封建制转变的过程中发生质的飞跃。

第二，晋文公修政施惠于百姓，是其推行革新的指导思想。这种民贵思想显然是新兴阶级具有的一种新思想，在这种先进思想指导下的革新，无论其深度或广度都是当时各诸侯国无法比拟的，这是晋文公使晋国在几年之间由穷变富、一跃而为天下霸主的真正原因所在。

第三，既然晋国在晋文公时期就实现了由奴隶制向封建制的转变，那么习惯上所谓"春秋中后期转变论"，至少在晋国是完全符合实际的。因为晋文公本人及其诸大臣应该说都是转变着的新兴阶级即地主阶级的代表。那种简单地把私家与公室的对立，说成是新兴阶级与奴隶主阶级对立的公式显然不能在晋国套用。

第四，既然晋国是春秋时期中原的先进大国，向封建制的转变开始得又早，何以晋国的新兴力量没有完成统一天下的大业呢？简单地说，作为这个时期的新兴阶级即地主阶级，虽然比奴隶主阶级更具有先进性，但他们仍属于剥削阶级，这种本性决定了新兴阶级也经常相互厮杀、互相火并，如诛三郤、灭栾氏、灭中行氏、分祁氏之田、分羊舌氏之田。最后形成旗鼓相当的赵魏韩三家。三家分晋，力量转弱，根本没有形成一个像秦始皇那样的强有力的指挥部，所以他们逐一为秦国所灭。

（原载《山西师大学报》1987年第3期）

晋国公族与公室关系的变异

杨秋梅

晋国自献公"诅无蓄群公子"之后，晋国的政权结构形式就发生了与列国迥异的变化，与国君没有任何血缘关系的异姓贵族作为一支显要的政治力量活跃在晋国的历史舞台上，与异姓贵族并存的还有一支强有力的力量就是与晋君血缘关系早已疏远的公族旧支，或者称之为旧公族，他们作为一个庞大的群体不仅依然存在，而且对晋的政治生活发生着巨大的作用。这些公族都是出自晋献公以上历代国君子弟的后裔，他们虽与后来的国君属于同一宗法系统，但因其与国君血缘关系早已疏远淡化，因而与公室的关系也发生了根本性的变化。支配、决定他们与公室关系的主要依据是政治利益，而不是宗法关系。这种特点，随着宗族力量的强大而表现得越来越明显和强烈。

一

晋"无公族"原则的确立，为公族旧支的重新崛起与发展提供了大好时机。

"天子建国，诸侯立家，卿置侧室，大夫有贰宗，士有隶子弟，庶人、工、商，各有分亲，皆有等衰。"[①]这是晋人师服对周代宗法分封制度的高度概括，这种政治体制建立在血缘关系的基础之上，上下等级之间既是大宗与小宗的关系，同时又是君长与臣属的关系。他们之间关系的和谐与稳定，是靠血缘情感和道德加以固定和维系的。

周人创立宗法制的本意是利用宗法关系为现实的政治统治服务。但这种体制一开始就建立在权力与义务的矛盾统一之中，也就是说潜在的危机存在于这种制度本身。分封"不是荣誉性的精神概念，而是有实际物质内容的政治实体，即'授民授疆土'"[②]。周王室以"殷民七族"封康叔于殷墟为卫国，以"殷民六族"封伯禽于少皞之墟为鲁国，以"怀姓九宗，职官五正"封叔虞于夏墟为晋国。诸侯封卿大夫亦如此，"有采以处其子孙"[③]。他们有臣民，有领地，有军队，具备发展的条件和潜力，随着其势力的膨胀，必然不甘心于宗法制中被限制的权限。加之，随着历史的发展，上下等级之间的

---

① 杨伯峻：《春秋左传注·桓公二年》，中华书局，1981年，第94页。
② 夏子贤：《春秋时期新旧势力斗争辨析》，《安徽史学》1991年第3期。
③ 《礼记·礼运》，《十三经注疏》，中华书局，1980年，第1418页。

血缘关系也越来越疏远,血缘情感和道德观念也随之越来越淡薄,下一等级对上一等级之间的离心力亦随之逐代加强,接踵而至的便是下对上的僭越,于是出现天子衰微,诸侯称霸;公室衰微,卿大夫专权的局面。

这一变化在各个诸侯国都有明显的表现,如鲁之三桓,郑之七穆,但最为引人注目的是晋国。

晋国所处的地理环境比较特殊,它建立在夏墟之上,又有"戎狄之民实环之",治国既要受到夏民族传统文化的影响,又要受到戎狄民族习惯法规的制约,因此周公为晋制定了"启以夏政,疆以戎索"①的治国方针。这个治国方针同周室为鲁、卫两国制定的治国方针比较起来具有较大的灵活性,它在一定程度上允许晋人可以因地制宜,不必过分拘泥于周室礼制法规的制约。特殊的地理环境和相对宽松的政策,促使晋人形成礼制观念比较淡薄、反宗法传统比较强烈的显著特点。

早在西周末年晋国就发生了殇叔以弟及兄的事件,这是国君系统的嫡长继承制所遭受的首次冲击,四年后,晋文侯复得国,使大宗重操政权,这次动荡并没有给晋国带来多大的灾难,但却开启了长期内乱的先例。晋文侯的儿子晋昭侯即位后,封其叔父成师于曲沃,导致曲沃代翼,即小宗战胜大宗、取代了晋国大宗的统治地位。晋献公即位,面对动荡的局势和"桓庄之族逼",断然"尽杀群公子"和桓庄之族。为了彻底消除公族逼君、小宗篡权的隐患,在"尽逐群公子"之后,"诅无蓄群公子",由此确立了一项以后历代晋君恪守不渝的政治原则:"晋无公族。"②

自晋献公"诅无蓄群公子"之后,历代晋君都严格排斥其子弟于国家政权之外。诸公子除了嗣子留待继承君位以外,其余都得出居他国。史籍中不再有晋公子被分封以官爵采邑的任何记载。因此史书载:"自是晋无公族。"③晋献公以后无公族,是说晋献公以后晋公子寄寓列国,在国内再也形不成新的公族集团,但这并不排除晋献公以上历代国君子弟后裔的存在。晋献公以上历代国君子弟的后裔,虽然其血缘关系同晋君早已疏远,但按宗法关系他们的身份仍属于公族。这部分公族,在政治上早已沦落,有的沦为庶人,有的出居他国,对晋的政治已不起多大作用。"无公族"打击的直接承受者是晋献公以后的国君子弟,那么受益者必定是晋献公以上国君子弟的后裔和异姓贵族。这样,就为他们的重新崛起与发展提供了大好时机。

这些旧公族的被起用是在晋文公回国以后。晋文公即位后,为了缓和国内矛盾,调整了晋献公以来打击公室强宗的政策,起用了一批旧族。《国语·晋语四》载:"公属百官,赋职任功。……昭旧族,爱亲戚,明贤良,尊贵宠,赏功劳,事耆老,礼宾旅,

---

① 杨伯峻:《春秋左传注·定公四年》,中华书局,1981年,第1539页。
② 杨伯峻:《春秋左传注·宣公二年》,中华书局,1981年,第664页。
③ 杨伯峻:《春秋左传注·宣公二年》,中华书局,1981年,第664页。

友故旧。胥、籍、狐、箕、栾、郤、柏、先、羊舌、董、韩，实掌近官。诸姬之良，其中官。异姓之能，掌其远官。"在晋文公昭显重用的十一个旧族中，明确为晋之公族的有狐氏、栾氏、郤氏、羊舌氏、韩氏。这些公族旧支是晋献公以后晋国公族的显要支系，在晋国的政治生活中发挥了巨大的作用，但由于他们和晋公室的血缘关系早已疏远，因而他们与晋公室的关系也发生了根本性的变化。

二

这些旧公族的被起用，所依据的准则主要是选贤任能，而不是宗法关系。

宗法制的根本特征就在于它与政治发生了密不可分的关系。"分封制从政治结构方面建立了各级贵族间的秩序，宗法制则为这个等级秩序注入了特定的原则和内容而使其得到巩固。"[①]宗法制在晋国遭到强烈的冲击之后，致使晋国的政权结构发生根本性的变化。晋公子寄寓列国，使得国君系统的血缘纽带被斩断。国君在国内的血缘靠山不存在了，那就必然要到这个范围以外去选择，公族旧支和异姓就成为其选择的对象。异姓和公室没有任何血缘关系，因而他们没有政治上的优势。公族旧支虽然与晋君的宗法关系依然存在，但这时他们的血缘关系早已淡薄，其国君与公族旧支通过宗法关系而形成的核心联结作用已基本丧失。因为宗法关系是以"亲亲"为基础的，从来都是由近及远，嫡庶有别。依照周制大宗"百世不迁"，小宗"五世则迁"的原则[②]，上述公族旧支与晋献公以后历代晋君的血缘关系早已疏远，根本不可能依据宗法关系再对他们进行分封。再从当时这些旧公族所处的社会地位来看，他们先祖在晋的活动，史书并没有多少记载，这说明其先祖在政治上已经沦落，他们也随之不存在宗法袭爵的可能性。因而，这些公族旧支在宗法关系上也没有绝对的优势。也正因为他们在宗法关系上没有绝对的优势，不至于形成"桓庄之族逼"的局面，国君才会起用他们。他们和异姓一样，被起用和分封所凭借的主要依据只能是他们自己的才能和功绩，而事实也证明了这一点。

"狐氏出自唐叔"[③]，其后人早已流落于戎狄之间。因大戎狐姬嫁于晋献公之故，其父狐突才入仕晋国为大夫，从此狐氏显名于晋。狐突之子狐毛、狐偃因从重耳流亡有功，且足智多谋，尤其是狐偃，有纳襄王示义、伐原示信、蒐于被庐示礼之美德，才使两兄弟被晋文公命为上军将、佐，共掌上军。《吕氏春秋·当染篇》曰："晋文公染于舅犯，故霸诸侯，功名传于后世。"

[①] 晁福林：《试论宗法制的几个问题》，《学习与探索》1999年第4期。
[②] 《礼记·丧服》，《十三经注疏》，中华书局，1980年，第1508页。
[③] 《国语·晋语四》，上海古籍出版社，1978年，第350页。

栾氏，为靖侯庶孙栾宾之后①。栾枝因其"贞慎"，在晋国动荡的政局中，抓住时机，在晋文公返晋时为内应，有建国之功，被庐之蒐被命为下军将，城濮之战又建新功，为栾氏的发展奠定了基础。到他的孙子栾书时，栾氏的势力发展到极盛，成为三朝执政卿。

郤氏，"晋之公族也。晋大夫郤文子食邑于郤，世为晋卿，以邑为氏"②。郤縠因"说礼、乐而敦诗、书""守学弥惇"被命为晋国的第一任执政卿。郤缺因夫妻"敬，相待如宾"，被晋文公命为下军大夫，又因其政绩卓著，到晋成公时升为中军帅。此后郤氏的势力发展到"五大夫三卿"的强盛地步。

祁氏，"姬姓，晋献侯四世孙奚为晋大夫，食邑于祁，遂以为晋"③。祁午因父的举荐得以继父职为中军尉，但这不是袭父职，而是在先举荐他的仇人解狐、而解狐未上任就去世的情况下才继任的。

羊舌氏，为晋武公庶子伯侨之后④。羊舌职被命为中军尉之佐，《说苑·善说篇》云："其三十也，为晋中军尉，勇以喜仁。"《国语·晋语七》说是因其"聪敏肃给也"。叔向公正无私，甚至还受到孔子的好评："叔向，古之遗直也。治国制刑，不隐于亲。"⑤

韩氏，为曲沃桓叔的后裔⑥，当是桓庄之族的幸存者。韩厥出任中军司马，虽然是由于赵盾的提携，但他本人并非等闲之辈，由于在鞌之战建立功绩，方入卿列为新中军将。晋悼公时，升为中军将，在晋悼公的复霸业绩中建立了不朽的功勋。

这些公族旧支的由于个人才干，先后被命为执政卿的有郤縠、郤缺、郤克、栾书、韩厥、韩起，他们之所以被国君重用，是因为他们有德、有才或有功。

众所周知，宗法制度是由两条线拧成的绳索，一条线是血缘关系，一条线是政治需要。在宗法制度发展的历史进程中，后一条线逐渐增强，渐次处于主导地位；前一条线虽在逐渐削弱，但也未曾断绝。晋君在分封公族旧支时所依据的主要原则是功绩和才能，但并未完全排除宗法的因素，如晋文公在昭显重用贵族时是姬姓、异姓有别的。他用人的宗旨虽然是"明贤良""赏功劳""举善援能"，但还是使旧族"实掌近官""诸姬之良，掌其中官；异姓之能，掌其远官"。在宗法色彩比较浓的春秋时代，他们不可能完全抛弃尊尊亲亲的宗法观念，在尚贤、尚能、尚功的基础之上，其砝码还是稍稍倾斜于公族旧支的。

---

① 《春秋左传正义》，《十三经注疏》，中华书局，1980年，第1744页。
② 《通志·氏族略》，中华书局，1987年，第455页。
③ 《通志·氏族略》，中华书局，1987年，第455页。
④ 《新唐书·宰相世系表》，中华书局，1975年，第2346页。
⑤ 杨伯峻：《春秋左传注·昭公十五年》，中华书局，1981年，第1367页。
⑥ 《国语·晋语八》，上海古籍出版社，1978年，第481页。

三

晋公族已作为独立的政治实体，以其政治利益来决定与公室的离合。

西周春秋时期的政权结构存在着两种关系的统属，即反映政治关系的君统和反映宗法关系的宗统，这两种关系是互补的。君统建立在宗统的基础之上，宗统为君统服务。宗统是维护和保障君统权威的必要条件，两者之间关系的平衡，靠共同的血缘情感和道德的制约。到春秋时期，由于社会的动荡与变革，权力下移，天子和诸侯渐次退到权力的边缘，在社会政治舞台的中心，亮相与活动的主角是卿大夫。卿大夫贵族不满于君权的统治，僭越犯上，但又狃于传统，多少还是保存了一些天子和诸侯的传统权威，以此表示自己对于传统的恪守。所以春秋时期列国公族与公室的关系处于若即若离的状态。像鲁、卫、郑、宋等国，"不管事实上的斗争如何激烈残酷，但却有一个占统治地位的价值观念在积极协调、平衡公室与公族之间的关系。西周宗法伦理传统在这些地区有深刻的影响"①。但晋国则不同，由于宗法制受到严重的冲击，使晋献公以后保存下来的公族都是旧公族，他们与公室的血缘关系早已疏远，因而他们与公室之间，政治上的隶属关系、君臣关系就体现得更为突出。政治上的臣属关系是由政治利益所决定的，晋君以其特有的价值观念决定了他们的再度沉浮，相应地，他们在政治上的取向也不再受旧的宗法观念束缚。加之这些旧公族的支系繁杂分散，其向心力和凝聚力亦大大降低。因而这些公族已作为一个独立的政治实体，根据自己的需要，来决定其政治取向。公族与公室及公族之间，已成为政治上的合作伙伴，为了自己的利益，可以随时寻找或更换伙伴，各种关系都在重新进行组合之中。

从公室的角度来讲，晋君可视为政权的中坚力量和可依赖的对象，已不以其有公族身份与否为依据。晋国之所以发生诛杀桓庄之族和尽逐群公子事件，说明晋君的价值观念已发生变化，这可以从骊姬的话中看出："为仁与为国不同。为仁者，爱亲之谓仁；为国者，利国之谓仁。故长民者无亲，众以为亲……自桓叔以来，孰能爱亲？唯无亲，故能兼翼。"②这说明晋君已经突破血缘亲亲这个低层次的宗法伦理规范的约束，从而达到一个更高层次的政治伦理规范的境界。晋君为了巩固政权，可以斩断自己的血缘纽带，更何况血缘关系早已疏远的这些旧公族呢？因此当这些旧公族的势力发展到威胁公室的安危之时，公室会毫不犹豫地铲除他们。郤氏是比较强盛的公族旧支，其势力已发展到"五大夫三卿"的地步，郤氏族大势重，专横跋扈，上欺公室，下凌大夫。晋厉公欲灭之而后快，依赖他的宠臣胥童、夷阳五、长鱼矫，成功地袭杀了三郤。在灭三郤的过程中，晋厉公依赖异姓而灭其同宗。栾氏也是旧公族中比较强盛的一支，到栾书时

---

① 钱杭：《春秋时期晋国的宗、政关系》，《华东师范大学学报》1989年第6期。
② 《国语·晋语一》，上海古籍出版社，1978年，第275页。

发展到极盛。"栾氏之诬晋国久也，栾书实覆宗，弑晋厉公以厚其家"，晋平公"恐及吾身"，问计于阳毕。阳毕对曰："本根犹树，枝叶益长，本根益茂，是以难已也。今若大其柯，去其枝叶，绝其本根，可以少间。"①这里的本根指的是栾氏，枝叶指其同党。这可以看出晋平公急于根除栾氏及其同党的决心。

公族对于公室亦一样。这些旧族被起用之初，对国君的擢拔感恩不尽，再加上他们的发展程度都很低下，因而还不具备与国君相抗衡的实力。为了获得生存和发展的有利条件，这些旧族必须与公室同心同德，密切配合，如在城濮之战中，晋公族作为中军的主力，立下了汗马功劳。然而当他们的势力膨胀，执掌了国家的军政大权以后，就凭借着手中的权利，贪婪地掠夺人口、土地和财富。权势和财富的急剧增长，使得他们具备独立发展的自由意识和能力。他们不再依赖于公室，也不再受公室的制约，而是从自家的利益出发，根据自家的需要，时而与公室联合，时而与公室分离，侵夺公室的利益，甚至还会废立国君。如郤氏和公室的关系。郤芮是公子夷吾倚以为重的人物，他追随夷吾出奔，在他的谋划下，夷吾才得到秦穆公的支持回国即位。当晋文公即位后，郤芮为了效忠旧主，伙同吕甥焚烧公宫，想置晋文公于死地，阴谋败露后，被秦穆公诱杀，郤氏一度衰落。为了东山再起，他们"说礼、乐而敦诗、书""守学弥淳"，等待公室的再度启用。晋文公晚年，郤芮之子郤缺因胥臣举荐得以复出，为下军大夫，经晋襄公、晋灵公地位一再升迁，到晋成公时，因政绩卓著被提拔为执政卿。郤氏的发展使其不仅敢于和晋公室相抗衡，甚至还敢于和周天子争田。还有栾氏，栾书是景、厉、悼三朝的正卿，权大势重。他因晋厉公的三个宠臣劫持自己而集仇于晋厉公，成功地发动政变，杀死了晋厉公，拥立晋悼公。栾书凭借着他的权势和专横，任意废立国君。

公族与公族之间，并没有因为是同宗共祖而结成稳固的统一战线，公族和异姓之间，也并没有因宗族不同而分成两大阵营，他们根据自己的利益，随时都在寻找或更换伙伴。被庐之蒐，赵衰把中军将让于郤縠，郤氏家族对赵氏感激不尽，一直是赵氏的同党。郤缺为酬谢赵盾拔擢之恩，以胥克有蛊疾为借口，废掉了胥克而以赵盾之子赵朔代其为下军佐。下宫之役，赵氏危难，郤氏兄弟望风使舵，不仅不帮助赵氏，反而雪上加霜，与赵氏的政敌栾氏一起诬陷赵氏，赵氏因此而衰落。在灭赵的斗争中，由于利益的趋同，栾氏、郤氏与公室紧密配合，他们的诬证为晋景公灭赵氏提供了证据和口实，使晋国的大政转入栾氏手中。此后郤氏的势力发展很快，致使两家合作的局面很快破裂，到晋厉公时，栾氏则在有计划地策划着倒郤。他设计制造郤至里通外国的迹象，使晋厉公对郤至通敌叛逆深信不疑，促使晋厉公杀了三郤。"栾氏之诬晋国久矣"，结怨甚深，晋平公患之，范氏、赵氏、中行氏欲灭之。因而在晋平公的默许下，范、赵、中行、韩、智等大族联合起来，"尽杀栾氏之族党"。韩氏作为公族旧支，在激烈的兼并

---

① 《国语·晋语八》，上海古籍出版社，1978年，第447页。

中,非但没有灭亡,反而与赵、魏两家共同瓜分晋国,成为战国七雄之一,且没有随着晋公室的灭亡而衰落。因而,叔向的"公室将卑,其宗族枝叶先落,则公室从之"①的逻辑,对于晋国来说,是不适用的。在激烈的兼并动荡中,有些宗族由于处于不利的地位就先衰亡了,如属于公族的狐氏、郤氏、栾氏、祁氏、羊舌氏,还有异姓的范氏、中行氏、智氏,赵氏亦曾一度几乎被灭族。三家分晋,姬姓占两家,异姓仅存赵氏。这说明晋国大宗族的兴灭存亡,依赖的是自己的实力,而不是公族身份。

晋公族和公室关系发展所呈现出的变异,使得公族可以抛弃自己的公室"枝叶"身份,如同异姓宗族一样,不顾"本根"的利益和感受,完全依据自己利益的得失,甚至按照某些领袖人物的个人好恶,确定自己独立自由发展的意识和动向,从而频繁地改变着行为方式和集团组合。这种思考问题的独立性及对社会秩序选择的多维性,使得晋国在春秋社会大变革的浪潮中,呈现出整体的革命性。

（原载《晋阳学刊》2002年第5期）

---

① 杨伯峻:《春秋左传注·昭公三年》,中华书局,1981年,第1237页。

"晋无公族"的形成及其历史影响

杨秋梅

一、晋无公族的形成

"晋无公族"[①]是春秋时期晋国与其他诸侯列国以公室宗族近支为主体的社会政治生活相异的一个十分显著的特点。这一特点，对晋国社会历史发展产生极其深远的影响，对形成晋文化特色发挥了重要作用。

"晋无公族"形成于晋献公时期，导源于"曲沃代翼"。

晋国自叔虞封于唐，历经八世至晋穆侯。晋穆侯死后，其弟殇叔自立为君，太子被迫出亡。四年后，太子率众袭杀殇叔，夺回君位，为晋文侯。这次危机是晋国统治集团内部长期混战的先声。晋文侯死，其子继位为昭侯。为防止作乱，晋昭侯封其叔父成师于曲沃，为曲沃桓叔。然而，此举不仅未能弭乱，反而给分封于曲沃的旁支小宗向晋侯争夺君位提供了有利条件。桓叔"好德，晋国之众皆附焉"[②]，曲沃势力陡增，成为晋国的第二个政治经济中心。桓叔的地位不亚于晋君，所以，与都于翼的晋君大宗争夺权力的斗争愈演愈烈。历桓叔、庄伯、武公三世，连弑五君而逐一君，经过67年的大动荡、大内乱之后，小宗曲沃终于攻灭了大宗翼。为得到周王室承认，他"尽以其宝器赂献于周釐王，釐王命曲沃武公为晋君，列为诸侯"[③]。史称"曲沃代翼"。

"曲沃代翼"，小宗代大宗的事实得到认可，使建立在血缘关系基础之上、以嫡长子继承制为核心的宗法制度遭到前所未有的打击。这场斗争如此旷日持久、残酷激烈，不仅在晋国历史上，即使在频频发生弑君篡位的春秋时代也是空前的。这一历史事件是晋国历史发展的一次大转折，对晋国社会发展具有重大影响。

曲沃武公在代翼后的第二年死去，儿子献公继位。晋献公雄才大略，立志振兴晋国。他励精图治，首先从强化君权开始。晋献公从"曲沃代翼"中认识到，直接威胁君权的力量来自公室宗族内部，所以，必须从根本上扭转公族逼君的局面。在"曲沃代

---

① 《左传·宣公二年》。
② 《史记·晋世家》。
③ 《史记·晋世家》。

翼"的长期内乱中，随着晋君的频繁更换，大宗之中的老宗亲多数随故君死去，剩下的仅有极少数，其地位也日益下降，几乎沦为庶人，已无力影响晋国政治，只有桓叔、庄伯支庶繁多，是一股新的强大的政治势力，直接威胁着君权。"晋桓、庄之族逼，献公患之"①。于是，在大夫士蒍策划下，晋献公于公元前669年"尽杀群公子"②，把桓、庄以来的公族势力剪除殆尽，这是晋国历史上第一次大规模诛灭公族，使公族逼君的局面得以改善。同时，晋献公忌疏公族，就为异姓势力的发展提供了大好时机，但从当时的形势来看，异姓贵族的势力还未对君权形成任何威胁，能够篡位为君的威胁还是来自国君的叔侄昆弟。为彻底消除公族逼君的隐患，在晋献公宠妾骊姬的主谋下，晋献公再次大规模诛灭公族。骊姬为了改立自己的儿子奚齐为太子，并使奚齐日后顺利登上君位，消除来自晋献公支庶的压力，就唆使晋献公逼迫太子申生自杀，公子重耳和夷吾出逃他国。就这样，在"尽逐群公子"之后，"诅无蓄群公子"，由此确立了以后历代晋君恪守不渝的一项政治原则："晋无公族。"

"晋无公族"原则的确立还有着极其深刻的思想根源。远在叔虞封唐之时，周公就为叔虞制定了"启以夏政，疆以戎索"的治国方针③，"这一治国方针的确立，从根本上规定了晋国文化的发展格局，对于晋国社会产生了巨大的历史制约作用"④。晋国既建立在夏墟之上，又有"戎狄之民实环之"⑤。处在这种复杂环境中，治国既要受到夏民族传统文化的影响，又要受到戎狄民族习惯法规的制约，必须做到"夏政"与"戎索"兼施并举。周公为晋国制定的这一治国方针，与为鲁、卫两国制定的"以法则周公，用即命于周""启以商政，疆以戎索"⑥的治国方针相比较，体现了较大的灵活性，换句话说，该政策本身允许晋国在一定程度上因地制宜，不要过分拘泥于周室礼制法规的约束，加之晋人一向礼制观念淡薄，就逐渐形成晋国历史上强烈的反宗法而行的传统。从殇叔自立、曲沃代翼到骊姬之乱，都突破了血缘亲亲这个低层次的宗法伦理规范，体现了"为仁与为国不同。为仁者，爱亲之谓仁；为国者，利国之谓仁。故长民者无亲，众以为亲"⑦这个更高层次的政治伦理规范。同时，在与戎狄民族的交往中，或是通过激烈战争，或是友好往来，或是联姻，使戎狄文化对晋文化也产生了重大影响。特别是晋献公，先后娶四位戎女为妾，并把宠爱的骊姬立为夫人。骊姬对于戎狄"贪而

---

① 《左传·庄公二十三年》。
② 《左传·庄公二十五年》。
③ 《左传·定公四年》。
④ 李元庆：《三晋古文化源流》，山西古籍出版社，1997年，第171页。
⑤ 《国语·晋语二》。
⑥ 《左传·定公四年》。
⑦ 《国语·晋语一》。

无亲"①之观念深信不疑，宗法血缘观念淡薄，也影响了晋献公的思想和行为。总之，以上思想，都为"晋无公族"原则的形成做了思想准备。

二、无公族原则对晋国政治的影响

"公族"是指君主的宗法血统组织，即历代国君的直系后裔。"在宗法分封制下，公族是诸侯国内社会地位最高、实力最强的宗法集团，是国君和公室赖以雄踞全社会之上的最重要的血缘靠山和社会基础，在政治上世袭最显要的官爵，经济上世袭占有最为众多的封地和人口，军事上则构成诸侯军队的主力和中坚。"②公族的社会地位如此重要，可见国无公族制度对晋国的政治、经济、军事等各方面的影响是多么巨大。本文的重点，就是讨论这一制度对晋国政治产生的深远影响。

首先，沉重打击和削弱了宗法分封制。

宗法制度是根源于氏族社会的氏族组织，是一种以血缘关系为基础的族制系统，其核心是嫡长子继承制。国君的地位必须由嫡长子继承，称为大宗，嫡长子以外的其他诸子叫做别子，称为小宗，他们不能祭先奉祖、继承君位，只能被封爵赐位。宗法制是奴隶制经济的上层建筑，维护的是奴隶主阶级的统治。西周末年，随着社会经济的发展，奴隶制度开始动摇，在晋国表现得尤为突出。殇叔以弟及兄，尽管对当时的社会影响不深，但却打破了嫡长继承制。晋文侯复又得国，说明尽管建立在血缘关系基础之上的宗法制度出现了危机，但其在整个社会中还是占据主导地位。曲沃代翼、晋献公废嫡立庶，使国君嫡长继承制遭到沉重打击，晋献公以后历代晋君不仅有庶子，甚至有叔继侄位者，如晋惠公、晋文公、晋襄公都不是嫡子，晋成公继晋灵公位，是叔父继侄子位。国君诸公子中，除嗣子之外，都得出居他国，不得在国内居留，史籍中不再有晋公子被分封以官爵采邑的记载。清人顾栋高说："盖世卿为春秋列国之通弊，而晋以骊之乱，诅无蓄群公子，故文公诸子孙，雍仕秦，乐仕陈，黑臀仕周，无在本国者。惟悼公之弟扬干，与其子公子慭二人见传，终不闻其当国秉政为卿。故通经无书晋公子来聘之事。"③惠、文、襄、灵四代都没有建立新公族。晋成公时复置公族，但这时的公族还包括异姓卿大夫的子孙，已经不是原来意义上的公族了。

"天子建国，诸侯立家，卿置侧室，大夫有贰宗，士有隶子弟，庶人、工、商，各有分亲，皆有等衰，是以民服其上，而下无觊觎。"④晋人师服表述的这种标准的封建

---

① 《左传·隐公九年》。
② 彭邦本：《从曲沃代翼后的宗法组织看晋国社会的宗法分封性质》，《中国史研究》1989年第4期。
③ 《春秋大事表》卷230。
④ 《左传·桓公二年》。

领主政治体制，是对周代宗法分封理论和实践过程的概括。他所总结的分封体制是根据血缘关系的亲疏层层展开的。而无畜群公子，就是在"诸侯立家"这一高分封层次上斩断了血缘纽带，使宗法分封从根本上遭到破坏。但是，宗法分封制，作为一种政体，有其自身的发展规律。在宗法分封制居主导地位的春秋时代，晋献公的举措只能在一定程度上打击和削弱宗法制，却不可能彻底废除宗法分封，因为，在卿大夫阶层，封爵赐邑还是普遍存在的。

晋献公以后不再置公族，但晋献公以上历代国君子弟支系，即旧公族或公族旧支，却还有一些存在。晋文公改革吏制时就任命旧贵族掌近官，公族掌中官，异姓掌远官。被任用为中官的公族中，无一是晋献公以后的晋君子弟。清代学者陈厚耀认为："晋之公族皆出自晋献公以上。自晋献公以下诅无畜群公子，自是晋之公族鲜矣。"①

这些旧公族的显支在以后得到急剧发展，如"羊舌氏四族，皆强家也"②，到晋昭公二十八年族灭之时，其封邑已达三个县；而祁氏之邑则达到七个县。郤氏势力更达到"五大夫三卿""其富半公室，其家半三军"③。这些旧公族卿大夫的势力如此强大，对晋君权位无疑是一种威胁。不过，与此同时，异姓、异氏卿族势力也在迅速发展，与公室的矛盾日益加深，他们欲弱公室，必先剪除其枝叶，因而，到晋平公时这些旧公族已被剪除殆尽。总之，由于旧公族同晋君的血缘关系已远，又有异姓势力的钳制，尽管其已相当强大，但终究不会篡夺君位，这可能就是晋君允许这部分旧公族存在的根本原因。

其次，为以异姓、异氏为主体的卿大夫势力的崛起与发展提供了广阔前景。

晋献公鉴于公室内部"亲以宠逼"④而导致数世之乱的历史教训，不再分封公室宗族子弟，而是开始起用异姓贵族，在两次大规模清灭公族时，任用的都是异姓大夫。诛杀桓庄之族的主要策划者和执行者是异姓大夫士蒍。骊姬之乱时，也是利用晋献公宠臣梁五和东关五等异姓势力的支持，将群公子调出绛都。接着，骊姬又派人游说大夫里克，使其保持中立，才使她逼死太子申生、逼走公子重耳和夷吾的阴谋得逞。晋献公病笃，托孤于大夫荀息，让他立骊姬的儿子奚齐为君。晋献公死，荀息扶立奚齐为君，里克联合大夫丕郑杀死奚齐，荀息又立骊姬娣子卓子为君，里克又杀死卓子，派人迎接避难于他国的夷吾回国即位。异姓贵族可废君，也可立君，说明他们已在一定程度上把持了朝政，开始了大夫专政的政治局面。晋献公忌疏公族，所倚重的人物如里克、荀息、郭偃、毕万等全是异姓贵族。郑国子大叔指出："晋国不恤周宗之阙，而夏肆是屏，其

---

① 常茂徕：《增订春秋世族源流图考》，道光三十年夷门怡古堂刻本。
② 《左传·昭公五年》。
③ 《国语·晋语八》。
④ 《左传·僖公五年》。

弃诸姬，亦可知也已。诸姬是弃，其谁归之？吉也闻之，弃同即异，是谓离德。"①国无公族的原则使公室失去屏卫，国君不得不"弃同即异"，依靠异姓，这从政治制度上为异姓势力的发展提供了保障。

晋公子寄寓列国，使卿大夫之职只能从异姓中选拔，但异姓不能像国君宗室子弟那样只需凭借血缘关系就可封官赐爵，他们只有依靠自己的努力，以真才实干获取高官厚禄。这就促使晋国形成国君贤明、知人善任，臣下忠贞、荐贤让能的良好社会风气。比如说，晋文公选官的原则是"举善援能""明贤良""赏功劳"，任用的主要是"诸姬之良""异姓之能"②。晋悼公即位后，知人善任，放逐佞臣，提升有功者。同时，臣下荐贤让能的例子也比比皆是，以至祁奚荐贤，"外举不弃仇，内举不失亲"③，连楚令尹子囊也赞叹道："晋君类能而使之，举不失选，官不易方，其卿让于善，其大夫不失守，其士竞于教。""君明、臣忠、上让、下竞"④，使晋国君臣团结，民众和睦，侯国畏服，声威大振。

再次，晋国成为中国古代法制文化的摇篮和成文法的故乡。

因晋无公族，卿大夫多由异姓担任。这些握有军政大权的异姓卿族，为了扩展实力，不仅同公室争权，而且相互吞并，使晋国陷入旷日持久的内乱之中，以至晋灵公和晋厉公两位国君被弑，一批批卿族在竞争中相继灭亡，剩下的强宗大族与公室的对立日益加剧。此时，旧有的"礼"已经不能维系社会秩序，必须寻求另一种更为有效的行为规范约束社会成员，协调各种社会矛盾，所以，晋国的法制思想便应运而生。

法最初产生于军队。晋文公时实行军政合一，为提高军队素质，确保战争胜利，必须有规范军队的军法、军律，而这些军法的颁布通常是通过军事演习来进行，叫做"大蒐之礼"，后来就演化为规范全体社会成员的行为准则，成为国法。晋文公四年，晋作三军，"蒐于被庐"，晋文公作"执秩之法"，或称"被庐之法"，旨在确定国家新秩序。其中包括整顿国家机构，确定尊卑上下的等级名分等。晋襄公死后，大权旁落，执政卿赵盾开始专权国政，修改"被庐之法"而作"赵宣子之法"，或称"夷蒐之法"。此法规定的有关追捕逃奴、清理积案、正名定分、广开贤路、假贷有券等各项条款，削弱了公室利益，维护了卿族利益，为卿大夫专权提供了法律依据。因此，从赵盾开始，晋国异姓卿大大得以专政。晋景公时，使士会（范武子）聘周，按"王室之礼"修"执秩之法"，是为"范武子之法"。晋景公废"宣子之法"而为"武子之法"，旨在抑制卿族势力，以法典的形式维护公室利益。晋悼公元年，"命士渥浊为太傅，使修范武子

---

① 《左传·襄公二十九年》。
② 《国语·晋语四》。
③ 《左传·襄公二十一年》。
④ 《左传·襄公九年》。

之法"①，从当时的国内形势及晋悼公的政治态度来看，提出"修范武子之法""可能是晋公室对私家作了一些让步，缓和了统治集团内的紧张局势"②。晋平公时，晋正卿范宣子以赵盾所作的"赵宣子之法"为蓝本制定"范宣子刑书"。40年后，赵鞅铸"范宣子刑书"于刑鼎，首次向民众公布了国家成文法，这是继二十三年前郑国子产铸刑书之后，晋国最早公布的成文法。铸刑鼎之举，不仅意味着六卿对公室的夺权斗争即将进入决战阶段，还意味着六卿联合专政的局面就要被打破。

从晋国成文法产生和发展的历程来看，晋国的立法活动是比较频繁的，这在一定程度上反映出公室与卿大夫之间的斗争情况。由卿大夫主持制定的"范宣子刑书"、刑鼎及其主要蓝本赵盾"常法"实施之时，往往是在君弱臣强、公室衰微之际；相反，由国君授意并主持制定的"执秩之法"及其数度立修施行之时，则是在晋君贤明、颇有建树的时期。由此看来，由于晋国社会内部矛盾较之其他国家更为错综复杂，晋国的成文法才产生得比较早。

晋国在春秋时期西遏强秦、南御荆楚、东雄齐鲁、北制戎狄，控制着周王室和中原诸国达百年之久，是名副其实的中原霸主。晋国之所以能够长期称雄中原地区，与上述政治特点及它们所发挥的重大作用分不开。

（原载李元庆主编：《三晋文化学术研讨会论文专集》，山西古籍出版社，1999年）

---

① 《左传·成公十八年》。
② 李孟存、常金仓：《晋国史纲要》，山西人民出版社，1988年，第237页。

论春秋晋国宗族组织间的政治关系

张有智

一

春秋时期的晋国,宗族林立。据粗略统计,出现于晋国政坛频率较高、人数较多的强宗大族至少在60家以上。它们大致可分为三大类:一类是与晋同姓异氏,一类是与晋异姓异氏,第三类是不知族源的异氏宗族。从宗族来源看,各类宗族又有不同。

在第一类,各宗族虽然姬姓,但来源并非一途。例如,郤氏、游氏等属于桓庄之族,为晋之公族;狐氏、栾氏等属于晋之旧宗的老公族,或称"亚公族"[1];魏氏、荀氏等虽为姬姓,但与晋公室无血缘关系,属于非公族的姬姓集团。另外,也有从外国迁来的,如舟之侨为虢国大夫,后"以其族适晋"[2],僖公二十八年,舟之侨被立为戎右,也属非公族的姬姓集团。

第二类的异姓异氏大都由先晋遗留或国外迁入。其中在西周已有、后来归晋的,如怀姓九宗,即唐叔虞受封时,周成王所赐的"怀姓九宗"是周代以前就有的宗族[3],随着晋的建立而属晋;嬴姓赵氏,是因周穆王赐造父于赵城而得氏,其后裔事晋,成为晋国的赵氏;祁姓范氏,"在夏为御龙氏,在商为豕韦氏,在周为唐杜氏,晋主夏盟为范氏"[4]。司马氏,世为周室史官,周惠王、穆王时期去周适晋[5],遂为晋之宗族。伯氏,则来自宋国公族。

晋国建立后,还分封了许多新的宗族。不仅同姓可以受封得氏为新的宗族,而且异姓受封得氏形成新宗族的现象也很普遍。在同姓中,如杨氏,是叔向食采于杨而得氏。韩氏是韩万受封于韩原而得氏。在异姓中,赵氏、耿氏及许多不知族姓的诸氏也都是晋国建立后新分出的宗族。在晋国还有一些是以官职和技艺为氏而形成的宗族。如籍氏、

---

① 钱杭:《周代宗法制度史研究》,学林出版社,1991年,第235页。
② 《国语·晋语二》。亦见《左传·闵公二年》。
③ 章太炎认为是"殷遗民在晋者"。见朱维铮教授等编著的《章太炎选集·序种姓》,上海人民出版社,1981年,第250页。杜预认为是陶唐氏之余民。见《左传·定公四年》杜注。
④ 《左传·襄公二十四年》。
⑤ 《史记·太史公自序》云:"司马氏世典周史,惠、襄之间,司马氏去周适晋。"

中行氏等。

综上所述，晋国宗族也如《左传·隐公八年》所说，"天子建德，因生以赐姓，胙之土而命之氏。诸侯以字为谥，因以为族。官有世功，则有官族。邑亦如之。"但在晋国，不仅存在着晋以前的宗族，也有晋分封的宗族，更有周王室及其他诸侯国迁入的宗族；不仅有华夏部宗族，也有戎狄部宗族；不仅有同姓异氏宗族，也有异姓异氏宗族。在同姓异氏宗族中，不仅有公族与非公族之别，也有"远公族"与"近公族"之异①。

晋国本来就是一个"戎狄之民实环之"的夷夏杂居国家，民风民俗、价值观念多不一致，故而周成王赐唐叔虞"启以夏政、疆以戎索"的因地制宜的治国方针，让其灵活地管理晋国民众。事实上，从宗族角度观察，晋国社会成员的构成更为繁杂。随着晋国地域的逐渐扩大和人口的增多，其繁杂的程度愈来愈大。这就很难用单一的、只认同祖先血缘关系的宗法制度对那些异姓异氏的宗族进行控制。相反，片面强调单一的宗法制度，只会导致非公族宗族的离心倾向。因而，晋国的统治者必须建立起一套适合晋国实际的、有别于传统宗法统治的管理模式。

二

晋国的宗族有与国君血缘关系极近的公族类，他们属于桓庄一系的公族；也有一些与晋献公一系的血缘关系较远，属于晋国旧宗的老公族，或称"亚公族"；还有一些与晋公室同姓异氏、异姓异氏及不知先祖来源的宗族。这种复杂性，导致在晋国无法形成一个统一的祖先认同观念，因而，晋国国君的宗法观念十分淡薄，但政治权力观念却十分强烈。其明显的表征即是自下而上的弑君篡位风潮和自上而下的杀亲灭宗行为。

弑君篡位风潮始于晋昭侯时期。晋昭侯七年（公元前739年），曲沃桓叔指使晋大夫潘父杀晋昭侯于绛，弑君成功，但篡位失败，晋昭侯子平被立为晋孝侯。晋孝侯十五年（公元前725年），曲沃桓叔之子庄伯率师攻入绛都杀死晋孝侯，由于都人抵抗和荀国军队的增援，篡位也未成功，晋孝侯之子郄被立为新君，即晋鄂侯。七年后（公元前718年），曲沃庄伯联合郑、邢二国、并得到周桓王的支持，讨伐晋侯。晋侯郄弃绛都逃奔于随（今山西省介休县东南），周桓王立郄的儿子光为晋哀侯。事隔二年（公元前716年），庄伯死于曲沃，其子称为曲沃伯，即曲沃武公。晋哀侯为剪灭曲沃连续向曲沃武公进攻，但在公元前710年的陉庭（今山西曲沃县东北十五里听城村）一战中，武公大败前来讨伐的哀侯军队并捕杀哀侯和晋大夫栾共叔（栾成）于汾水之滨。晋又立哀

---

① 此处"公族"指与晋公室具有宗法血缘关系的姬姓宗族，"非公族姬姓集团"则与晋公室没有宗法血缘关系，或者说血缘关系极远。"远公族"，是指与晋公室有宗法血缘关系，但与执政的晋公室宗法血缘关系较远，亦即前述的"亚公族"，"近公族"指与晋公室宗法血缘关系较近的近支宗族。

侯子小子为君，史称小子侯。仅隔四年（公元前706年），曲沃武公又设计诱杀了小子侯。周桓王命虢仲立晋哀侯之弟缗为晋侯。晋侯缗二十八年（公元前678年），曲沃武公终于灭晋侯缗，由周釐王封为晋侯。

曲沃武公自乃祖桓叔弑君开始到他本人的夺位成功，也是小宗代大宗的胜利。在曲沃武公以前，晋国国君属于唐叔虞一支，是晋国的大宗，都城在今山西省翼城、曲沃两县之间的天马-曲村一带，也就是屡见史传的翼、唐、夏墟之地望①。而武公的祖父桓叔成师是晋文侯仇的弟弟，晋昭侯元年（公元前745年）被封于曲沃即今山西省闻喜县上郭村一带②。曲沃武公一支就是由"别子为祖"发展起来的晋公族小宗。曲沃小宗首领连杀五君而逐一君，最后取而代之为大宗，在春秋史上实不多见。它至少表明晋国公族内部严重缺乏"尊尊""亲亲"的宗法等级观念。这种宗法观念的缺乏，在曲沃小宗代大宗而立为晋侯之后，又演变为自上而下的大宗杀小宗的灭亲风潮。

这一风潮始于晋献公时期。曲沃武公伐翼死于其被列为诸侯的次年（公元前677年），其子诡诸即位为晋献公。正是由于曲沃伐翼的成功，唐叔嫡系的老宗亲一蹶不振，而桓、庄一支的其他室家仍属"别子"，但成显族。晋献公为防小宗攫取君位的历史重演，不断诛杀公族。公元前671年，晋献公受到本宗要求分享权力的威胁，采纳士蒍的离间计，先与桓、庄一支群公子合谋将此支领袖富子逐去③，次年，"士蒍又与群公子谋，使杀游氏之二子"④，又次年，晋献公先使士蒍教唆桓庄借群公子"尽杀游氏之族"，又诱使他们城聚而处之，然后围歼，"尽杀群公子"⑤。

公元前656年，晋国又发生自毁公室的事件。晋献公诸子，除嫡长子申生外，均为戎族诸姬所生。戎俗更重"子以母贵"，因而最得宠的骊姬，务必立己子为储君。那时申生已立为太子，号称贤明，"君行则守，有守则从，从曰抚军，守曰监国"⑥。但晋献公仍屈从骊姬意向，欲立庶子为太子，迫使太子申生"缢于新城"⑦，其弟重耳、夷吾虽同为戎夏混血儿，也被迫流亡国外。直到晋文公即位，晋献公之子唯重耳独存。以

---

① 见江林昌：《晋侯墓地与夏墟、唐风、晋都》，《光明日报》1998年9月4日；邹衡：《论早期晋都》，《文物》1994年第1期；北京大学考古系、山西省考古研究所、天马-曲村遗址考古队：《天马-曲村遗址晋侯墓地及相关问题》，《三晋考古》第一辑，山西人民出版社，1994年。

② 从1973年起，通过对今闻喜县城东南上郭村古城址的发掘研究，确定应为春秋早期的古曲沃城。见山西省考古研究所编：《山西考古四十年》，山西人民出版社，1994年，第168~169页。

③ 《左传·庄公二十三年》。

④ 《左传·庄公二十四年》。

⑤ 《左传·庄公二十五年》。聚，在今山西省襄汾县赵康一带，考古发现的赵康古城即晋之聚。见山西省文物管理委员会侯马工作站：《山西襄汾赵康附近古城址调查》，《考古》1963年第10期。

⑥ 《史记·晋世家》。

⑦ 《左传·僖公四年》。

上两次事件的结果，史称"自是晋无公族"①。

所谓周礼特重尊亲，期待的效应是"强干弱枝"，以别亲疏作为尊公室的保证。但晋国受戎狄习俗影响，往往反其道而行之，近亲子弟作为打击对象，于是那些公族远亲反而能保持地位和势力。例如，狐氏、栾氏、羊舌氏等。

狐氏，《左传·晋语四》说其"出自唐叔"虽无佐证，但以晋文公母族身份进入晋公室的权力中心，则是史实。狐毛曾在晋文公时期将上军，狐偃佐上军，狐偃之子狐射姑在晋襄公时期为中军将。由狐氏别出的姬姓卿大夫族系又有贾氏、续氏。

栾氏，《国语·桓公二年》："故封桓叔于曲沃，靖侯之孙栾宾傅之。"故栾氏出于靖侯，为桓庄一支的疏亲，也因此幸免于晋献公的围歼，其后得为世卿。栾枝，栾宾之孙，城濮之战将下军。栾枝子栾盾在晋灵公时期亦曾将下军。栾盾之子栾书在晋灵公、成公、景公、厉公时期历任下军佐、下军将，乃至中军将。

羊舌氏，《新唐书·宰相世系表》云其出自晋武公②。《左传·昭公三年》叔向云："晋之公族尽矣。肸闻之，公室将卑，其宗族枝叶先落，则公室从之。肸之宗十一族，唯羊舌氏在而已。"

晋献公以后的晋国公族，在晋国政治生活中占有重要地位，并且发挥着重要作用。狐氏、栾氏等族位列六卿；城濮之战，"原轸、郤溱以中军公族横击之"③，大败楚军，夺取了继齐桓公之后的霸主地位。这些都是公族仍存而且强大的史证。

通过上述考察，对晋国国君系统的宗法关系大致归纳以下几个特点。

第一，晋国的宗法血亲观念比政治权力观念淡漠。无论是自下而上的弑君风潮，还是自上而下的灭公族事件，其核心问题都是围绕着君权而展开。晋国的权力观念高于宗法观念在骊姬对献公的一段话中表达得更为透彻："为仁与为国不同。为仁者，爱亲之谓仁；为国者，利国之谓仁。故长民者无亲，众以为亲。苟利众而百姓和，岂能惮君？以众，故不敢爱亲。"④这一思想把"仁"的标准确定在是否"利国"的方面，而不是"爱亲"的方面。曲沃代翼之所以能够成功，实际上也是不爱亲的结果。"自桓叔以来，孰能爱亲？唯无亲，故能兼翼。"⑤这里"爱亲""无亲"的"亲"即是指宗法血亲集团。

第二，"晋无公族"也是对宗法制度的一个破坏。顾栋高说："晋以骊姬之乱，诅无蓄群公子。故文公诸子孙，雍仕陈，黑臀仕周，无在本国者。惟悼公之弟扬干与其子公子憖二人见《传》，终不闻其当国秉政为卿，故通《经》无书晋公子来聘之事。"⑥

---

① 《左传·宣公二年》。
② 《新唐书·宰相世系表》。
③ 《左传·僖公二十八年》。
④ 《国语·晋语一》。
⑤ 《国语·晋语一》。
⑥ 顾栋高：《春秋大事表》卷二十三《春秋楚令尹论》，中华书局，1993年，第1840页。

以后虽有"晋侯（悼公）之弟扬干乱行于曲梁"，证明晋公子可留居国内①，然其赐族封爵之事仍未见史载，近亲公族确实已遭到削弱。但那些远亲公族非但没有遭到剿灭，反而在曲沃代翼、晋献之后异乎寻常地发展起来，并同异姓卿大夫一起削弱公室、三分晋国，此足证远亲公族在晋国仍然长期保持有强大的组织力量。所以，把"晋无公族"理解为晋国自晋献时便"开始成为一个无公族的国家"②，似不尽属实，只能说晋国没有近亲公族。

第三，晋国的统治是宗君合一，国君为晋国之大宗。此不仅为同姓公族所认同，即使异姓异氏宗族也奉之为宗。《侯马盟书》中多有"丕显晋公大冢"之句，即是奉晋君为大宗的例证。但是，在这种宗君合一的统治下，宗统表现出来的宗法关系显得十分乏力，而君统表现出来的权力关系却异常强烈。这是因为，一方面，晋献公时期破坏了以嫡长子继承制为核心的宗法制度；另一方面，选官制不以血亲关系为标准，致使异姓贵族迅速崛起。晋国的军政要员绝大多数是由异姓贵族和"亚公族"组成，公室子弟无一人在位。由于宗法制度的松弛，原来维护社会各等级的礼，日显其轻，但维护社会秩序的法制思想却渐趋成熟。因此，晋国前期的政治特点是以维护君权地位为第一要务，杀亲灭宗，重用异姓等，都由政权问题而引发；君统是核心，是实质，宗统只是宗法制度遗存下来的借以维护君统的形式与外壳。君统重于宗统，宗统服务于君统。

三

卿大夫宗族组织的统治关系也与国君层面的统治关系大致相同，属于"宗卿合一"。卿在其宗族内部是大宗，族人称之为"主"。《国语·晋语一》曰："宗邑无主，则民不威；疆场无主，则启戎心。"《国语·晋语八》曰："事君以死，事主以勤。"《国语·晋语九》记阎没谓叔宽曰："与子谏乎！吾主以不贿闻于诸侯。"主，即魏献子。同一件事，阎明、叔褒回答魏献子"吾子一食之间而三叹"的原因时说："吾小人也，贪。馈之始至，惧其不足，故叹。中食而自咎也，曰：岂主之食而有不足？是以再叹。主之既已食，愿以小人之腹，为君子之心，属厌而已，是以三叹。"③阎明、叔褒直面魏献子称"主"。赵氏家臣董安于辞赵简子之赏说："方臣之少也，进秉笔，赞为名命，称于前世，立义于诸侯，而主弗志。"④也是直称赵简子为"主"。

---

① 《左传·襄公三年》。
② 见李孟存等：《晋国史纲要》，山西人民出版社，1988年，第22页。持此观点的还有应永深：《试论晋国政治的"尚公"特征》，《晋阳学刊》1983年第2期；郭人民：《秦汉制度渊源初论》，《河南师范大学学报》1981年第4期；童书业：《春秋左传研究》，上海人民出版社，1980年，第54、65页等。
③ 《国语·晋语九》。
④ 《国语·晋语九》。

《侯马盟书·宗盟类》"腹心以事其主"中的"主"①是指赵氏宗族的宗主赵鞅；《温县盟书》"歆歆焉中心事主"中的"主"，是指韩氏宗族的宗主韩简子。卿大夫在自己的封土内既可以称主，也可以称"君"。《墨子·所染》篇："六君者，所染不当，故国家残亡，身为刑戮，宗庙破灭，绝无后类，君臣离散，民人流亡。举天下之贪暴苛扰者，必称此六君也。"把仅居卿位的范吉射、中行寅、智伯瑶同诸侯身份的吴王夫差、宋王偃和中山王尚并称为"六君"。《左传·昭公二十八年》，祁盈之臣称祁盈为君，此时的祁盈不过是个大夫。《侯马盟书》除了称晋君为君以外，也称卿族宗主为君。《仪礼·丧服》曰："君至尊也。"郑注："天子、诸侯及卿大夫有地者皆曰君。"孔疏："晋国三家亦皆有韩赵魏之邑，是诸侯之卿大夫有地者皆曰君，以其有地，则有臣故也。"这表明，晋国的卿大夫既是宗法上的大宗，又是封地的君主，在这个意义上，这种统治关系同国君层面的统治关系并无二致。宗主是宗族组织的最高首领，其地位往往是世袭的。下面以三家不同类型的宗族为例。

1. 以近亲公族韩氏宗族为例

韩本周时姬姓之国，春秋前被晋灭之后，封庄伯之弟万于韩原，曰韩万②。据此，韩万为晋国韩氏之祖。韩万五世孙韩厥是韩氏一位有作为的宗主，晋景公时连连升迁，晋厉公末年至晋悼公前期为中军将，居六卿之首，号为韩献子。晋悼公七年（公元前566年），韩献子告老，欲立长子韩无忌为主，但韩无忌以自己有废疾坚辞于其弟韩起（韩宣子）③。晋悼公九年（公元前564年），韩起佐上军，晋平公十八年（公元前540年）为政。韩宣子卒于晋顷公十二年（公元前514年）。此后，没有军位之名却有强大军力之实，韩氏终与赵魏三分晋国。从宗法关系上看，宗主地位仍是韩起子孙代代相传。从韩万受封开始到公元前230年秦灭韩，晋国韩氏在三晋地区延续了480年。

2. 以同姓异氏宗族魏氏为例

魏之先是毕公高之后，与周同姓，其苗裔曰毕万，事晋献公封于魏，遂以魏为氏④。据此，毕万乃晋国魏氏之祖，与晋是同姓异氏。毕万两传至魏武子犨，城濮之战时为戎右。魏犨有子三人魏锜、魏颗和魏绛（魏庄子），魏绛为魏武子之嫡幼子，晋厉公八年（公元前573年），为晋中军司马，晋悼公十三年（公元前560年），佐下军，晋平公三年（公元前555年），将下军。魏绛善治军，执法严明，善外交，"八年之中，

---

① 关于"主"字的释义有两说：一是释为"宗"，见郭沫若：《侯马盟书试探》，《文物》1966年第2期。
② 《史记·韩世家》："韩之先与周同姓，姓姬氏。其后苗裔事晋，得封于韩原，曰韩武子。"按此，晋国韩氏则是周王室之后而非曲沃桓叔之后，或许司马迁另有所据。这里依据《国语》及《左传》注。
③ 《左传·襄公七年》。
④ 《史记·魏世家》。

九合诸侯"①，使晋国更加强大。绛死后，其子魏舒（魏献子）于晋平公十三年（公元前545年）佐上军，晋顷公十二年（公元前514年）接任韩宣子之位将中军。此时，六卿强，公室卑。魏献子、赵简子、中行文子、范献子并为晋卿②。魏献子死，传位于其子魏取（魏简子），魏简子传于魏襄子曼多，曼多生魏桓子驹，魏桓子与韩康子、赵襄子共灭智伯，三家分晋之局已成。魏桓子生魏文侯斯，历史进入战国，魏氏由晋之强宗发展为独立国家。

3.以异姓异氏的赵氏宗族为例

赵氏，嬴姓，与秦共祖。周穆王时"赐造父以赵城，由此为赵氏"③。造父七世孙叔带因周幽王无道而去周事晋文侯，晋国于是有赵氏。叔带为晋国的赵氏之祖。叔带之后有公明，公明生赵夙、赵衰④。赵夙被封于耿为耿大夫，夙之后为耿氏。赵夙庶孙赵穿为邯郸氏，所以邯郸赵氏为赵国的一支。至赵稷时，晋定公二十一年（公元前491年）邯郸赵氏降于晋阳赵氏。赵衰一支一直延续到秦统一六国。

上述三家宗族基本上代表了晋国强宗大族的三种类型，其族源虽不一，但在宗主世袭问题上却表现出极大的相似性，也就是说晋国各宗族内部的宗法关系仍十分强烈，各宗族宗主死后，由其子继承父位为本宗宗主。与这种宗主世袭制度不同的是，卿大夫的职位却不能世袭。晋国军队中的将佐，特别是中军将位，一般都要通过考核选拔，方能确定。因此，晋国卿族内部的统治关系出现三种现象。一是身居卿位者必然是大宗族的宗主，但宗主未必都能身居卿位。二是卿族内部虽是宗主世袭制，但往往也不实行嫡长子继承制，赵宗尤其如此。因为赵氏始祖本出戎狄，赵衰以后又屡与狄人通婚，北方少数民族的继统习俗，如舍长立少、兄终弟及等，也影响到赵氏的宗主继承。例如，赵盾之母是狄女叔隗，赵盾是以幼子继为宗主；赵毋恤之母本为"翟婢"，赵鞅却废太子伯鲁而立赵毋恤为后；实为蔑视"立子以嫡不以贤"的宗法制传统。但赵襄子传位伯鲁之孙，同样不合周礼的传子制度，而是变相恢复兄弟相及的夷礼，等等。三是晋国中军将佐中，除先且居袭其父职以外更没有父死子继的世袭现象。

综观晋国宗族组织的统治关系，在国君与卿大夫层面，属于宗君合一，但君统是宗君合一的主要内容，宗统为君统服务。在卿大夫宗族内部实行的也是宗卿合一，但宗法关系却比国君层面的宗法关系略强，这是由宗族的单一性决定的。即使如此，晋国的夷夏传统互相作用，嫡长子继承制屡被打破。

（原载《史林》2000年第1期）

---

① 《左传·襄公十一年》。
② 《史记·魏世家》。
③ 《史记·赵世家》。
④ 《史记·赵世家》载夙生共孟，共孟生衰。恐误。

有道变无道：春秋晋国史中最生动的一页

张有智

春秋战国，是中国历史上政权形式发生剧变的时代。晋国史官蔡墨以冷静的态度对这样的"乱世"予以体认："社稷无常奉，君臣无常位，自古以然。故《诗》曰：'高岸为谷，深谷为陵。'三后之姓，于今为庶。"①《论语·季氏》篇记孔子的话："天下有道，则礼乐征伐自天子出；天下无道，礼乐征伐自诸侯出。自诸侯出，盖十世希不失矣；自大夫出，五世希不失矣；陪臣执国命，三世希不失矣。"②当主持祭祀和战争的权力转移到诸侯手里，便是天下有道变无道的开端，而这两大权力相继下移，被诸侯国的大夫乃至大夫的家臣僭越，世道就将彻底改观。春秋时代晋国史最生动的一页，由此掀开。

一

晋国宗族主要包括公族和非公族两大类：以同晋公室血缘关系的亲疏而论，公族又分为近支公族和远支公族；非公族又分为同姓异氏和异姓异氏。在晋献公以前，非公族类的宗族势力并没有发展起来，晋国社会的主要力量仍是公族，他们构成威胁君权的强大势力，发生在公元前678年的曲沃代翼事件即是说明。公元前754年，晋昭侯封其父亲的同母弟成师守曲沃，即曲沃桓叔。在桓叔的精心治理下，曲沃的这一支公族势力发展极快。司马迁说，桓叔"好德，晋国之众皆附焉"③。这说明，曲沃公族已经赢得人心，曲沃完全可以成为同晋都翼相抗衡的第二个政治经济中心，桓叔也如同国君一般。果然，经过67年的苦心经营，到桓叔的孙子曲沃武公时，连杀五君而逐一君，最终于公元前678年灭掉晋公室，周天子"使虢公命曲沃伯以一军为晋侯"④，实现以"小宗代大宗"的历史转变。

这当然也是公族逼君夺位的严重事件。曲沃桓叔为晋昭侯父亲的同母弟、昭侯的叔

---

① 《左传·昭公三十二年》，《春秋经传集解》，上海古籍出版社，1989年，第1600页。
② 《十三经注疏》，中华书局，1990年，第2521页中。
③ 《史记·晋世家》，中华书局特精本，1995年，第1638页。
④ 《左传·庄公十六年》，《春秋经传集解》，上海古籍出版社，1989年，第167页。

父，属于公族之列。他初受封的曲沃是晋国的一个邑，却大于都城翼。所以，当晋昭侯以曲沃分封桓叔时，晋大夫师服以"本大末小"的理论极力劝谏①，晋昭侯不听，"大概是势不得不然"②。这种"不得不然之势"不唯晋侯，连周天子也实属无奈。按照周代制度，"小宗代大宗"为大逆不道之举，周桓王非但不予讨伐，反而与其联手共伐晋君，最后竟然命曲沃伯为晋侯，支持和承认了曲沃的灭宗行为。由此可见，晋国公族势力在晋献公以前是十分强大的。

但在晋献公以后，形势发生变化，公族被非公族取而代之登上政治舞台。究其原因，主要有以下几个方面。

首先，晋献公以后形成的"国无公族"制度为异姓异氏提供了政治发展机遇。曲沃武公于代翼被列为诸侯的第二年（公元前677年）即死去，其子诡诸继立为晋献公。晋献公为了防止公族仿效自己祖上如法炮制小宗代大宗事件，便要改变这种公族逼君的局面，决心消灭公族。为此，他依靠异氏大夫士芮于公元前669年"尽杀群公子"③；公元前656年，又一次翦灭近支公族，形成了所谓"国无公族"制度。《国语·晋语二》载："始为令，国无公族焉。"

"国无公族"制度对公族的打击，导致军政职位出现空缺，晋国统治者不得不依靠异氏来填补，这就为异姓异氏和同姓异氏的非公族人物跻身于军界政坛提供了时机。

其次，频繁的战争导致的军制变革为异姓异氏的崛起创造了社会条件。晋国的战争主要来自两个方面：一方面是戎狄，一方面是诸侯国。随着晋文公回国后争霸步伐的加快，晋与戎狄和诸侯国的矛盾斗争日益激化，战争的频率和规模逐级扩大，因而晋国的军制也频频变更以适应战争需要。其一，由二军扩大为三军建置；其二，第一次打破了由国君及其子弟统率军队的旧制，首开晋国以大蒐形式选拔将帅之先河；其三，六卿的最初形态开始出现，而且非公族人物如狐毛、狐偃、先轸等同姓异氏登上政治舞台，开始掌握军政大权。晋文公五年（公元前632年），又作三行，晋国军制成为事实上的六军。晋襄公七年（公元前621年），虽然舍二军，以复三军之制，但到晋景公十二年（公元前588年）又恢复了六军建置，由六卿发展为十二卿。晋悼公十四年（公元前559年）以后，又恢复了三军建置，直到春秋末年。

伴随着军制的频繁变更，统率军队的卿大夫也随之增减，但因晋无公族，便不得不倚重异姓异氏的势力。我们通过考察晋国军制变化过程发现，晋军将佐之位基本上被几大宗族所占据：郤氏：7人；狐氏：3人；栾氏：6人；先氏：4人；荀（中行）氏：8人；胥氏：4人；赵氏：8人；士（范）氏：5人；韩氏：3人；魏氏：4人；智氏：2人，

---

① 《左传·桓公二年》，《春秋经传集解》，上海古籍出版社，1989年，第74页。
② 李孟存、常金仓：《晋国史纲要》，山西人民出版社，1988年，第17页。
③ 《左传·庄公二十五年》，《春秋经传集解》，上海古籍出版社，1989年，第192页。

其中无一是近支公族，异姓异氏和同姓异氏的非公族占到一半以上。

第三，从晋文公时期的"明贤良""赏功劳""举善授能"到赵简子时期"克敌者，上大夫受县，下大夫受郡"等一系列论功行赏选贤任能政策的实施，为异姓异氏的崛起与发展铺平了道路。

第四，郡县制的推行为异姓异氏的崛起奠定了经济基础。晋国统治者把原有的采邑和新辟的边地收归公室直接统治，委派卿大夫代替国君去具体管理，推行郡县制度。但是，由于国君对县的控制松散，卿大夫又趁机私蓄力量，致使有的县逐渐脱离晋公室的控制而变成世袭的采邑。郡县制的推行，非但没有对卿大夫的势力加以控制，反而使他们得以合法独立地发展。他们一方面争田夺地，扩大土地面积，一方面改变百步为亩的旧制。范氏、中行氏以一百六十步为亩；智氏以一百八十步为亩；韩氏、魏氏以二百步为亩；赵氏则以二百四十步为亩。除赵氏"公无税焉"以外，其余皆收取十分之二的实物税[①]。卿大夫的采邑经济得以繁荣，从而为他们的政治军事发展创造了物质条件。他们有土地、有城池、有民人、有军队，可以在自己的领地自由支配经济、委派官吏，事实上已成为一个独立王国。

二

晋国的军政合一，使卿大夫集政权、军权于一身，出则统兵，入则秉政。随着私家势力的发展壮大，强宗大族企图控制国君和其他宗族的欲望与日俱增。他们矫君命，废国君，十足地表明权力下移，"政自大夫出"。

晋国政权的下移始于赵盾，然而赵氏的兴起则是在赵盾之父赵衰时期。赵衰曾跟随晋文公流亡在外十九年，既是晋文公复国的勋臣，又是公室姻亲。然而，晋文公四年（公元前633年）"被庐之蒐"作三军，谋元帅，六卿之中没有赵衰[②]。次年（公元前632年），晋伐曹、卫，取五鹿，晋文公超拔下军佐先轸（原轸）为中军将，命胥臣代先轸为下军佐，也没有提及赵衰。同年，城濮之战后，军制由三军扩大为六军，六卿变为九卿，仍然没有赵衰。赵衰获得卿位是在晋文公临死那一年。由于新增三行有将无佐，将佐不全，所以晋文公八年（公元前629）又罢三行，更之为上下新军，赵衰将新上军[③]。晋国由六卿增至十卿，赵衰才位列第七。同年，赵衰升为上军佐，位居第四。

其实，晋文公曾多次命赵衰为卿，皆因赵衰再三辞让。赵衰让贤在当时赢得了人

---

① 山东临沂银雀山汉墓出竹简；《孙子兵法·吴问》，文物出版社，1976年，第94页。
② 此时的赵衰是一名大夫，鲁僖公二十五年任命。赵衰为何没有居卿位，《左传·僖公二十七年》说："命赵衰为卿，让于栾枝、先轸。"或许赵氏出身寒微，自知贵不及人，故以德让贤，亦未可知。
③ 《左传·僖公三十一年》，《春秋经传集解》，上海古籍出版社，1989年，第400页；《国语·晋语四》，上海古籍出版社，1988年，第383页。

们的赞誉，晋文公说他"三让不失义""德广贤至"①。狐射姑说："赵衰，冬日之日也；赵盾，夏日之日也。"②冬日之日，温暖可爱；夏日之日，酷烈可畏。赵衰本人不仅名利双收，而且为赵盾的上台做了舆论上的准备。

赵盾是在晋襄公六年（公元前622年）"夷之蒐"中上台的，虽名为执政，实同国君。他一上台，就制定法律，史称"赵宣子之法""使行诸晋国，以为常法"③。同年，晋襄公卒，赵盾欲立公子雍，使士蔑、士会如秦迎之。贾季欲立公子乐，也使人召之于陈，而赵盾派人杀死了公子乐。但由于"穆嬴日抱太子以啼于朝"，赵盾改变了纳公子雍的计划，立太子夷皋为君，即晋灵公。同年秋，赵盾代表晋君与齐侯、宋公、卫侯、郑伯、许男、曹伯盟于扈（郑地，今河南省原阳县西、古黄河南岸），首开大夫主盟之例。晋灵公二年（公元前619年），会诸侯大夫盟于衡雍（郑地，今河南原阳县原武西北）。晋灵公八年（公元前613年），赵盾以诸侯八百乘纳捷菑于邾，又平王室之狱。赵盾权极一时。晋灵公三年（公元前618年），赵盾镇压了箕郑、先都、士縠、梁益耳、蒯得组成的反赵势力。晋灵公六年（公元前615年）秦晋河曲之役时，赵盾提拔上军将荀林父为中军佐，代替被反赵势力杀死的先克；提拔亲赵派郤缺为上军将，以赵氏属大夫、狐射姑的仇敌臾骈为上军佐；以栾枝的儿子栾盾袭父职为下军将，让胥臣的儿子胥甲袭父职为下军佐。

随着晋灵公逐渐成年，必然同赵盾的专权发生冲突。晋灵公十四年（公元前607年），晋灵公召赵盾饮酒，伏甲士于宫廷四周，欲杀赵盾。后因赵盾戎右提弥明以死相救，盾逃出晋都，化险为夷。随后，赵穿发动叛乱，攻杀晋灵公于桃园。赵盾未出境而归，使赵穿到成周迎立文公庶子黑臀为君，是为晋成公。晋灵公的见立见杀，足以体现赵氏宗族的强大，所以晋成公即位后极力讨好卿大夫以固君位。晋成公元年（公元前607年），公室收卿大夫嫡子为公族，余子为公室余子，庶子为公行，赐给土地，以为食封，从此晋国出现了一种由异姓子弟组成的假公族④。赵氏首先得此恩荫。赵盾的异母弟赵括被封为公族大夫，赵盾的儿子赵朔被封为"旄车之族"⑤掌公行。晋成公六年（公元前601年），赵盾虽死，但赵氏专国政却延续了10多年。

赵氏专权使公室与卿大夫尤其是异姓卿大夫的矛盾日益激化。因此，从晋景公时起，公室决意利用同姓贵族打击专政晋国的异姓卿大夫赵氏，以维护君权和公室利益。在当时的六卿中，绝大多数为郤、赵集团的成员，唯有栾书与公室有着血缘关系。栾氏是晋国的老公族。靖侯庶孙栾宾曾为曲沃桓叔傅，栾宾之子栾成（栾共叔）事晋哀侯，

---

① 《国语·晋语四》，上海古籍出版社，1988年，第383页。
② 《左传·文公七年》，《春秋经传集解》，上海古籍出版社，1989年，第459页。
③ 《左传·文公七年》，《春秋经传集解》，上海古籍出版社，1989年，第459页。
④ 李孟存、常金仓：《晋国史纲要》，山西人民出版社，1988年，第69页。
⑤ 《左传·宣公二年》，《春秋经传集解》，上海古籍出版社，1989年，第543页。

栾宾之孙栾枝在晋文公作三军时为下军将，栾枝的儿子栾盾在河曲之战时袭父爵职将下军，栾盾之子栾书在邲之战时为下军佐，此时迁为下军将。晋景公要利用同姓打击异姓，六卿中非栾书莫属。而且，栾书在诸侯中享有极好的名声。《国语·晋语八》载韩宣子忧贫，叔向以栾书（栾武子）为例贺之："昔栾武子无一卒之田，其宫不备其宗器，宣其德行，顺其宪则，使越于诸侯，诸侯亲之，戎狄怀之，以正晋国，徒刑不疚，以免于难……今吾子有栾武子之贫，吾以为能其德矣，是以贺。"所以，晋景公十三年（公元前587年）把他从下军将越三级提拔为中军帅，既可实现以同姓打击异姓的目的，又能服众，得到人们的支持。事也凑巧，就在晋景公使赵氏的政敌栾书为正卿的那一年，赵氏宗族内部发生了赵婴齐（赵盾弟）奸其侄媳（赵朔妻）赵庄姬的丑闻。赵同、赵括为维护赵宗名声，把赵婴齐逐出晋国，赵婴齐奔齐。尔后，赵庄姬却为赵婴齐之亡故，诬告赵同、赵括谋逆叛乱，栾、郤不满赵氏，亦为庄姬作证。这正好给了晋景公灭赵一个口实。晋景公十七年（公元前583年），发兵围赵氏下宫，杀同、括，灭赵氏之族，史称"下宫之役"[①]。

"下宫之役"结束了以赵氏为核心的近40年专政局面，但是，晋国的大政并未归于国君，而是由赵氏集团转入栾氏集团手中。

在赵氏遭遇灭顶之灾的血泊中建立起来的栾氏政权为维护自己的声誉和长期把持晋国政权，极力主张并促成晋与楚、郑鄢陵之战的爆发。晋厉公六年（公元前575年），郑国叛晋联楚，晋厉公欲讨伐郑国，大臣中出现两种意见：一种以范文子（士燮）为代表，主张暂不与楚争霸；一种以栾书、郤至（郤昭子）为代表，主张与楚交战。栾书说："不可以当吾世而失诸侯，必伐郑。"[②]"乃兴师"，挑起战争。但在具体的战术问题上栾书又与郤至发生分歧。栾书认为"楚师轻窕，固垒而待之，三日必退。退而击之，必获胜焉"，主张固守后再出击。而郤至认为，"楚有六间，不可失也"，主张速战速决。晋厉公用郤至之谋，结果大获全胜。栾书欲以此战扩大自己影响，但最后却成就了郤至之名，故与郤至有隙。

本来，郤氏的势力远比栾氏强大，郤缺、郤克均为前朝正卿。鄢陵之战，郤克长子郤锜将上军，次子郤至佐新下军，少子郤毅（步毅）为厉公御戎，弟郤犨（苦成叔）将下军，郤氏家族在官者有"三卿五大夫"。郤氏的强大，助长了其骄横肆虐的气焰，外侮诸侯而内凌大夫。晋厉公元年（公元前580年），郤犨使鲁，并求妇人于鲁大夫声伯，声伯不得不夺施氏之妻嫁给郤犨；同年，郤至又与周王室争鄇田，后经晋侯调停方才罢休。晋厉公五年（公元前576年），因晋大夫伯宗好直言，郤锜、郤犨、郤至"谮

---

① 《左传·成公八年》，《春秋经传集解》，上海古籍出版社，1989年，第695页。
② 《左传·成公十六年》，《春秋经传集解》，上海古籍出版社，1989年，第747页。

而杀之"，迫使伯宗的儿子伯州犁亡命于楚①。鄢陵战后，郤至利用到成周告捷之机，大肆吹嘘自己，诽谤栾范，"佻天之功以为己力"，他说："微我，晋不战矣！……栾、范不欲，我则强之。战而胜，是吾力也。"郤至大有取栾氏而主晋国政之势②。

面对郤氏的骄横给栾氏专政构成威胁的严峻形势，栾氏也在积极而有计划地进行着倒郤活动。首先，栾书迫使在鄢陵之战抓来的楚俘公子茷向晋厉公供认，鄢陵之战是郤至里通外国，召楚北来，企图打败晋军，迎立孙周为君的一个阴谋。晋厉公征于栾书，栾书趁机使出阴谋手段，一面让晋厉公派郤至出使成周以观察郤至与孙周的关系，一面派人到成周通知孙周去迎接郤至。郤至与孙周不知其中情伪，果然会面，给晋厉公留下了郤至通敌谋逆的证据，晋厉公"遂怨郤至"③，便支持宠臣即郤氏的三个仇家胥童、夷羊和长鱼矫杀三郤，暴其尸于朝，郤氏族灭。栾书利用晋厉公消灭了威胁自己独揽国政的强宗大族郤氏，但令他没有想到的是他的专权并不只是导致郤氏一家的忌恨。胥童、夷羊五、长鱼矫灭郤氏之后又率甲士劫栾书、中行偃于朝欲以灭之，后因晋厉公担心打击面太大会引起暴乱而获释。获释后的栾书、中行偃一方面恐晋厉公日后仍加害于他，一方面要震慑其他卿大夫，于是两族密谋趁晋厉公游于匠丽氏，围而执之，派晋大夫程滑弑之"以求威"④，以车一乘薄葬厉公于旧都翼东门之外。派荀䓨、士鲂到成周迎立14岁的孙周回国即位，是为晋悼公。

三

晋国自灵公到厉公，40年来的权力斗争，致使两位国君被杀，一些宗族式微，一些宗族专横，整个晋国政局处于动荡混乱状态。晋悼公在广交诸侯、和抚戎狄、争取有利的国际环境的同时，在国内积极进行整顿。"逐不臣者七人"⑤，即"导君为乱"的胥童、夷羊五、长鱼矫，帮助长鱼矫的清弗魋等，但是捕杀晋厉公的栾书和中行偃却因是晋悼公的拥立者而未被制裁。晋悼公如此明确的态度，保证了栾氏和中行氏在晋国政权组织中的稳固地位。在整治内乱的同时，晋悼公还起用了一批贵族，使魏相、士鲂、魏颉、赵武为卿，荀家、荀会、栾黡、韩无忌为公族大夫，士渥浊为太傅，右行辛为司空，弁纠御戎，荀宾为右，祁奚为中军尉，羊舌职佐之，魏绛为司马，张老为候奄，铎遏寇为上军尉，籍偃为司马，程郑为乘马御。后又以知䓨为中军将⑥。魏绛为新军佐。从

---

① 《左传·成公十五年》，《春秋经传集解》，上海古籍出版社，1989年，第743页。
② 《国语·周语中》，上海古籍出版社，1988年，第81页。
③ 《左传·成公十七年》，《春秋经传集解》，上海古籍出版社，1989年，第777页。
④ 《国语·晋语六》，上海古籍出版社，1988年，第426页。
⑤ 《左传·成公十八年》，《春秋经传集解》，上海古籍出版社，1989年，第784页。
⑥ 《左传·襄公九年》："楚子囊曰：'韩厥老矣。'知䓨禀焉以为政。"顾栋高说"足知代韩厥将中军出"。

晋悼公的整顿和政府的构成来看，晋悼公实行的政策不同于晋厉公，他不仅不抑制强家、打击豪族，反而重新起用了一批老贵族，给他们创造了发展的空间。后来削弱并瓜分晋国的"六卿"就是晋悼公时期培养起来的。

晋悼公统治的14年，基本上是四军八卿制。由于晋悼公志在恢复文襄霸业，他所推行的一系列内政外交政策，极有力地维系着晋国社会的稳定和发展，大夫专政造成与公室的矛盾比较缓和，故而出现"晋君方明，四军无阙，八卿和睦"①的大好局面。晋悼公十三年（公元前560年），智䓨、士鲂卒，"晋新军无帅，晋侯难其人"，便把新军并入下军，次年取消新军，晋军制又恢复了三军旧制，八卿变为六卿，至晋国灭亡不复变更。

晋悼公于改行三军六卿制的第二年（公元前558年）死去，年仅10岁的晋平公即位，政权又落入六卿之手。此时，诸侯苦于战争，在宋大夫向戌的号召下，晋、楚、齐、秦、郑、鲁、陈、卫、邾、滕、蔡、曹、许等十四国大夫盟于宋蒙门之外，掀起一场"弭兵"运动。

晋平公长大后，荒淫无度，不思朝政，师旷发出"公室其将卑乎"的哀叹②。六卿对大国争霸也失去兴趣，转而寄目于国内政权。约至晋平公中期以后，晋国政权被赵、韩、魏、范、智、中行六大强族交替把持，形成"政在家门"③六卿专政的局面。司马迁说："灵公既弑，其后成、景致严，至厉，大刻，大夫惧诛，祸作。悼公以后日衰，六卿专权。"④即是这段历史的简要概括。

（原载《史林》2001年第4期）

---

① 《左传·襄公十三年、十四年》，《春秋经传集解》，上海古籍出版社，1989年，第895、915页。
② 《国语·晋语八》，上海古籍出版社，1998年，第460页。
③ 《左传·昭公三年》，《春秋经传集解》，上海古籍出版社，1989年，第1219页。
④ 《史记·晋世家》，中华书局特精本，1995年，第1688页。

赵世系中赵夙与赵衰的辈分考辨

林宏跃

关于春秋时期晋献公的御戎赵夙与晋文公的重臣赵衰之间的辈分关系问题，自西汉以来颇有异说，成为研究赵国先祖世系中的不解之谜。综其说法，大体有三种：第一，认为赵衰是赵夙之弟，简称兄弟说；第二，认为赵衰是赵夙之孙，简称为祖孙说；第三，认为赵衰是赵夙之子，简称为父子说。

验此三说，当以父子说为是。前人也有持此论者，但论证不力，不足以服人。本文试作深入论证，或可有益于这一问题的研究。

首论兄弟说。该说以《国语》《春秋左传》杜预注、孔颖达疏为代表。其最为有力之证据是《国语·晋语》云，赵衰为"赵夙之弟也"。但是，此句之中，亦有可能"弟"为"子"之讹误。讹误之因当与三国时韦昭的《国语》注解有关。其注在前引《国语》之句后注云"赵衰，晋卿公明之少子成子衰也"，似亦以赵衰为赵夙弟。然而，我们知道，司马贞《史记索引》所引《世本》明确说"公明生共孟及赵夙，赵夙生成季衰，衰生宣孟盾"①，公明之少子乃当赵夙而非赵衰，因为，韦昭注《国语》，以他自己的话说是"以《世本》考其流"②的，其上注既已点出公明之少子，当与《世本》所载相同，可知公明之少子为赵夙，故其注"赵衰，晋卿公明之少子成子衰也"，或有可能为"公明少子之子成衰也"之讹。况且，其注在解"赵穿攻公于桃园"之句时又说"赵穿，赵夙之孙、赵盾从父昆弟武子穿也"，足以说明作者把赵衰看作赵夙的子辈。因为，既然赵夙之孙赵穿与赵盾为昆兄弟关系，而赵盾的父亲赵衰必然要低赵夙一辈。然而，由于韦昭注讹的影响，人们以为赵衰既为公明之少子，那么，自然当为赵夙之弟，故辗转传抄《国语》过程中会有可能将原文或为"赵夙之子"的文字改而成为"赵夙之弟"，形成一字之错。又东汉末年以来，兵变横生，典籍遭焚毁，难以校勘。西晋杜预承乱之后，注解《春秋左传》时，虽精心搜遗，但错误甚多，就连孔颖达也指出杜注"聪惠辨博固亦罕俦，而探赜钩深未能致远，其经注易者必具饰以文辞，其理致

---

① 见《史记·赵世家》司马贞。
② 见韦昭《国语解叙》。

难者乃不入其根节，又意在矜伐，性好非毁。规杜氏之失，凡一百五十余条"①，其注赵夙时，可能引证已是误传讹抄《国语》而不加详辨，径注为"赵夙，赵衰兄"②，其注赵穿云"穿，赵盾之从父昆弟子"③。尔后，其著《世族谱》又说"赵衰，赵夙之弟也"④，始确立兄弟说。

孔颖达在唐初为杜注《春秋左传》作疏解深受杜注影响，但并不完全信从杜注，其疏杜注"夙，赵衰兄"时，就备列了《史记·赵世家》的祖孙说，并指出"杜以夙为衰兄，从晋语也"⑤，可见，孔疏并没有肯定杜注，只是姑从其说。至此，我们有理由对兄弟说表示怀疑。

次论祖孙说。该说以《史记·赵世家》为代表，其实该说谬误明显可见。《史记·赵世家》说："夙生共孟，当鲁闵公之元年也。共孟生赵衰，字子余。"我们知道，鲁闵公元年乃晋献公之十六年（公元前661年），晋公子重耳于献公二十二年（公元前655年）因骊姬之乱出奔于狄时，其年龄以《国语·晋语四》载"晋公子生十七年而亡"计算，应为17岁。而重耳出奔时，赵衰随亡，为重耳之师，年龄当比重耳要大。即以17岁这个最低年限计，由晋献公二十二年上推17年，赵衰也应在献公六年（公元前671年）已经出生，那么，赵衰的父亲共孟又怎能在儿子已出生10年后才出世呢？可见其谬。

再论父子说。该说以《史记》司马贞索引所据《世本》为代表，清人惠栋《春秋左传补注》、洪亮吉《左传说》等亦持此说。索引《世本》说："公明生共孟及赵夙，夙生成季衰，衰生宣孟盾。"⑥此父子说之一证。除此之外，尚有五证。第一，《史记·太史公自序》曰"赵夙事献，衰续厥绪"，西汉焦赣《易林》亦曰"伯夙奏献，衰续厥绪"⑦，明确告诉我们赵衰是续赵夙的香火传人，而非兄弟关系。第二，从赵穿、赵盾的关系看，赵衰当为赵夙晚一辈人。《史记·晋世家》云"盾昆弟将军赵穿袭杀灵公于桃园"，《国语》韦昭注云："赵穿，晋大夫赵夙之孙、赵盾从父昆弟武子穿也。"可证赵盾与赵穿为昆兄弟关系，同为赵夙之孙辈，那么，赵盾的父亲赵衰当为赵夙的下一辈。从辈分差异上看，赵衰为赵夙之子可无大疑。第三，《左传》除杜注孔疏之外，并无只字可证赵夙为赵衰兄，相反，《左传》提供的史实倒可推证其为父子关系。《左传·鲁宣公十二年》载，晋、楚两国在黄河南岸的邲发生大战，其时，赵盾的

---

① 见孔颖达《春秋正义序》。
② 见《春秋左传》鲁闵公元年杜注、孔疏。
③ 见《春秋左传》鲁宣公二年杜注、孔疏。
④ 见《春秋左传》鲁定公十三年孔疏。
⑤ 见《春秋左传》鲁闵公元年杜注、孔疏。
⑥ 见《史记·赵世家》司马贞索引。
⑦ 见张澍粹集补本《世本》引文。

儿子"赵朔将下军",赵盾的同父异母三兄弟"赵括、赵婴齐为中军大夫""赵同为下军大夫",赵穿之子赵旃为晋国使者,先入于楚营。此战,晋军由于将领不和,大败于楚军。但晋军之败,其上中下三军各自受楚军打击的程度有所不同,士会所将上军尚可稳住阵脚,"故上军不败",中军由于赵婴齐早就"使其徒先具舟于河",逃跑较快,"故败而先济",损失不大。唯有赵朔所将下军被楚军苦苦追杀,溃逃中,被楚军从营中追逐出来的"赵旃以其良马二,济其兄与叔父"。问题就在于,这里赵旃给良马的,"兄与叔父"指谁也?传、注皆不言其名。然而,不难推敲,此次战争中,赵氏家族参战者见于记载的仅有赵朔、赵括、赵婴齐、赵同、赵旃,根据战争的形势看,赵括、赵婴齐为中军大夫,由于早就做了逃跑准备,故接战后已率先登舟济还北岸,中军不败,唯下军被楚军击溃追杀。那么,赵旃"以其良马二"所济的"兄与叔父"就只有可能是下军将赵朔与下军大夫赵同了。况且,赵朔为赵同的侄子,赵朔辈分低于赵同,而《左传》书曰"兄与叔父",乃体现了《左传》先贵而后贱的笔法。因赵朔虽为赵同晚辈,但赵朔为下军将,赵同为大夫,故依先贵而后贱,书作"兄与叔父"。赵旃是赵穿的儿子,赵旃称赵朔为兄,称赵同为叔父,正说明赵穿与赵朔的父亲赵盾是同辈,赵穿又是赵夙的孙子,那么,赵盾的父亲赵衰与赵夙只能为两辈传人,而非手足之情了。第四,从宗法关系和赵氏宗族的传代辈数看赵夙与赵衰的辈分。《左传·文公十二年》载:"赵有侧室曰穿。"说赵穿是赵氏家族的侧室(庶出),杜注、孔疏亦据之说赵穿为赵夙庶孙。但以东周初期尚较为严格的嫡长子继承制来说,如果按"兄弟说"推理,赵夙作为公明的嫡长子,其后裔赵穿应为正宗,又岂能为侧室呢?赵衰作为赵夙的弟弟、公明的少子,其后人又岂能成为赵氏正宗呢?但在《左传》中,赵衰后人恰为正宗,赵穿支族为庶出。这正说明,只有赵衰作为赵夙的嫡长继承人,其支族才可能成为赵氏正宗,赵穿才会是侧室。又赵氏宗族自赵夙以下分为两大支族,依人口发展规律来说,两大支族的传辈情况一般应是平衡发展的。如果按"父子说"计,赵氏两大支族传辈情况正是如此。从赵夙开始,赵衰支族与赵穿支族各传代七辈,如按"祖孙说"和"父子说"计,则赵穿支族较赵衰一支多出一辈。这两方面都可印证"父子说"是较为合理的。第五,从赵旃与赵武的年龄情况,可推验出赵夙与赵衰为兄弟关系的可能性极小。"兄弟说"以赵夙为赵衰兄作基础,极力主张赵夙的孙子(或说庶孙)赵穿是赵衰的儿子赵盾的叔伯昆兄弟之子,那么,也就是说赵穿的儿子赵旃为赵盾的儿子赵朔的侄子,为赵朔的儿子赵武的昆兄弟。赵武的年龄,据《左传·襄公三十一年》载:赵武当时"年未盈五十",以49岁计,前推至鲁宣公十八年(公元前591年)为其生年。赵武生年当于其父赵朔死之前后,鲁成公元年(公元前590年)栾书已代赵朔为晋下军之将的职务,亦可知赵朔在此之前已死。其死年正当公元前591年左右,此为赵武生于公元前591年左右之证。而赵旃的年龄,据《左传·宣公十二年》载,其时已在邲之战中冲锋陷阵,且"求卿未得",年龄当已不下20岁。宣公十二年为公元前597年,宣公十二年至赵武生年宣公十八年，相去6年。那么就是说，当赵武生年，赵旃至少已经26岁多了。这说明，二人年龄相悬何其大也，不能不令人怀疑他们是否是昆兄弟关系。相反，以这样的年龄结构而论，从前面所论赵盾、赵穿为同辈而言，公断长辈于赵武却是极为合理的。于此，我们也不难推验出赵夙与赵衰是两辈传人的关系了，即父子关系。

（原载《山西师大学报》1988年第4期）

绛商与空首布

李孟存

晋国从公元前十一世纪叔虞封唐到公元前453年三家分晋的600年中,由一个"河汾之东,方百里"的小国发展到地跨数省的千乘大国,独霸中原百余年。能够如此迅速地发展,原因当然是多方面的,这里不拟细析。需要指出的是它封于夏墟,是我国文明的发祥地,具有进一步发展经济的良好条件和坚实基础。随着晋国社会内部士农工商格局的稳固确立,商品交换迅速发展。因为晋国的周围大都是游牧部落,经常要用农产品和手工业产品换取外部的皮毛和牲畜,商品交换的发展促使晋国迅速发展起来。

晋国商品交换发展的过程大体可以分为三个阶段:西周时期,它是个方百里的小国,国内外交换受到限制,商业活动范围小,货币流通量小,物物交换还占很大比重,官私商贾并存。这是第一阶段商业发展的情况。到了公元前636年,实行了国家垄断性的"工商食官"政策,此后官商发展起来。为了吸引外国人入晋经商,鼓励本国商人把国内剩余产品推销到国外,实行了"轻关易道"、优惠商人的政策。随着商品流通量的扩大,金属货币铸造也相应增加,这是晋国商业发展史上第二阶段的情况。公元前572年晋悼公即位后,由于私家势力的壮大,官商独享商业利润的局面不能维持,于是实行改革,宣布"公无禁利",私商和私营手工业主或一身兼二任的工商业主取代官商地位。晋国的商业空前繁荣。

晋国是当时全国农业最为发达的地区之一,商周时出现了当时最为先进的新式农具,这就是钱和镈。《诗经·周颂·臣工》:"命我众人,庤乃钱镈,奄观铚艾。"钱和镈都是铲状农具,可以掘地起土,代替了粗笨的木制耒耜,生产力大为提高,为人们所喜爱,在农业先进的地区的商品交换中,成了热线商品,谁有了它,谁就容易交换到自己所需要的商品。久而久之,钱镈从一般商品中分离出来,成为各种商品交换中的一般等价物。这时的钱镈既有使用价值,同时,又作为其他商品的价值尺度,在商品交换中起着流通手段的作用。这就是黄河中游晋、周、郑、卫地区铸造铜币时取象于钱镈的原因。镈就是布,同声相假。镈作为货币,基本上保持着钱镈生产工具的原型,还有木把所插的穿孔,所以人们称之为空首布或铲币。

从叔虞封唐到晋献公时期,商品交换中用的货币大量的还是自然贝和铜贝,铲币刚刚制造，社会流通量很少，使用的还是原始空首布。这类布钱形状不规则，与农具钱镈极为相似。它的特征是短銎，中空，銎下到钱身中部，平肩或圆肩，刃部内凹或凸出，大型者长约16厘米，足宽10厘米，小型者长约12厘米，足宽6厘米，厚度不一，有的铸有简单的符号。

从晋文公到晋厉公时期，实行"工商食官"政策，货币统一由政府铸造，无需标出铸造地名，多为无字空首布或只标注数字、干支、方位、阴阳五行、吉语和事物等字。这种布的特征仍然是空首、平肩、弧足、长銎，銎有孔，孔中存范塞，背面多有三直文。币质重量有所减轻。因绝大多数无文字，所以又称无文大布，个别有简单的字。晋国执政赵盾一次赐给桑下饿人十钱，说明其数量增多。从现存古币的实物来看，布的类型也多了起来，如果只依类型划代，恐怕要把复杂的历史现象简单化，出现误差。山西曾大批地出土过这类空首布。1958年寿阳在修铁路工程中曾发现两瓮耸肩、尖足、无文大布。近年运城又在盐池南中条山下发现300多枚耸肩、尖足、无文空首布，有大小两种类型。这种空首布在晋国范围内多次大批地出土，反映了这一时期商品经济有了较大幅度的增长，也说明了晋国铸造和使用的主要是耸肩、尖足空首布。

到了晋悼公以后，公室势力衰微，私家势力膨胀起来。晋悼公改变过去"工商食官"的传统政策，宣布"公无禁利"，允许私家铸造货币，标注地名的空首布大量出现，但币材显然又有所减轻。

平肩、弧足空首布钱的文字标注城邑名称属于晋国范围的有：▨（智）山西临猗。▨（同）铜鞮，山西沁县。▨（屯）山西屯留。▨（虞）山西平陆。▨（祁）山西祁县。▨（董）董阴山西万荣。▨（雩）大樗，山西境内（今地不详）。▨（垣）山西垣曲。▨（羿）衣，河南沁阳。▨（唐）山西翼城。▨（向）河南济源。▨（州）河南温县。▨（田）成阳，今河南武陟。▨（瓦）河南温县。▨（于）河南沁阳。▨（盟）皿，河南孟县。这些地名，包括晋献公时所灭的霍、耿、魏、虞等国的疆域，即今山西晋南地区，又包括周襄王赐给晋文公的八邑之地，即河南省黄河以北地区，也包括悼公前后向北（晋中）、向东（晋东南）发展的地区。通过货币上这些地名来分析，大致可以判断这些是晋悼公以后的铸币。

耸肩、尖足空首布标注城邑名称的虽然不多，但全是晋国的。▨（吕）山西霍县。▨（共）河南辉县。▨（邯）河北邯郸。▨▨▨▨▨（新晋共黄斤）山西侯马。新晋即新田，《左传》记载晋景公十五年（公元前585年）"迁新田"。《水经注·浍水》说新田"又谓之绛，即绛阳也，盖在绛浍之阳"。这些地名又一次说明凡注地名者都是晋国晚期的铸币。

春秋中后期的晋国迅速地强大繁荣起来，从晋文公起到"黄池之会"独霸中原100多年，晋国都城绛（包括故绛和新绛）成了当时的政治、经济和文化中心。晋文公时（公元前636～公元前628年）采取了"轻关、易道、通商、宽农"的政策，商品生产增多，商人势力壮大。晋国商人匠丽氏参与国家大事的事例，说明晋国商业之发达。晋景公于公元前585年迁都新田以后，晋国河东盐池已初具规模，把盐视为"国之宝"。近年来考古工作者对新田进行发掘，在侯马牛村古城中发现一座大规模的耸肩、尖足空首布的铸造遗址。数以万计的铸造空首布钱的范芯（即銎的范塞）厚达30余厘米、堆积层方圆数米，还有不少钱范出土。这一切都说明了晋国的铸币数量大、范围广，绛商就是在这样的条件下驰名全国的。

晋悼公九年（公元前564年），秦景公联楚伐晋，子囊以为不可，其理由之一就是，"其庶人力于农穑，商工皂隶不知迁业"①。在晋国商业地位很重要，并成为衡量国力强弱的标准。晋平公时（公元前557年～公元前532年），晋都的绛商竟"金玉其车，文错其服，能行诸侯之贿"②，用钱干预各国诸侯政事。这些富商巨贾不避风雨，远涉江河，携带各种土特产品、珍奇宝货，往来于大都细邑之间，进行着以空首布为媒介的商品交换。交换的商品据司马迁记载道："夫山西饶材、竹、谷、纑、旄、玉石；山东多鱼、盐、漆、丝、声色；江南出枏（楠）、梓、姜、桂、金、锡、连（铅）、丹沙、犀、玳瑁、珠玑、齿革；龙门、碣石北多马、牛、羊、旃裘、筋角；铜、铁则千里往往山出棊置：此其大较也。"③这里西周以来的传统交易品，各国商人直接或转手交易，往往运送于千里之外，穿梭于诸侯之间。特别是绛商，承担着中原华夏族与北方戎狄的贸易，晋国的农产品和北方戎狄的毛革产品经常大量地进行交换。在城濮之战中，晋国下军"蒙马以虎皮"，这么大数量的虎皮无疑是通过交换而取得的。魏绛和戎时无终献上的也是虎豹之皮。又如公元前520年，晋卿荀吴偷袭白狄鼓国，让战士伪装成籴粮的商队，麻痹敌人，出奇制胜。只有在商贾大量来往的情况下，荀吴的计谋才能实现。绛商能把黄金装饰到车上，但黄金并不产于晋，多产于楚，其中必然有作为商品购买进来的。晋楚是敌国，不通贡献，整个春秋时代，晋楚战争都发生在中原地区，晋军并未深入到楚国腹地，因此晋人所用的黄金，如"栾书缶"上的错金铭文，长治分水岭鎏金铜匜，侯马上马村出土的包金铜贝，这些黄金也可能是绛商用空首布购买来的。

晋国后期，商品经济的发展使社会上出现了一批"韦藩木鞭以过于朝"的大商人，出货取息，大发横财。在这股商品经济洪流的冲击下，以晋平公为代表的公室贵族更加腐败堕落，贪图享受，过着醉生梦死的生活。1956年山西文管会侯马工作站在今侯马市西南的虒祁村发现了大规模古建筑遗址，这可能就是古籍上所记的虒祁宫。这在当时是全国一流建筑，竣工以后，各国诸侯都来向晋平公祝贺，叹为观止，在此以前还建了一座连绵数里的铜鞮宫。贵族们也能建造木构的楼房。1955年在长治市分水岭出土的鎏金

---

① 《左传·襄公九年》。
② 《国语·晋语八》。
③ 《史记·货殖列传》。

残铜匜上镌刻着贵族居住的图案,就是上下二层的小楼。乘公室衰败之际,私家通过货币财富的积累,扩张自己的势力,这种金属铸币在瓦解奴隶制、促进封建经济的发展中起了不容忽视的催化作用。

商业经济对奴隶制的冲击,首先表现为土地成为商品。公元前569年,魏绛讲和戎有五利,其中一条是"戎狄荐居,贵货易土,土可贾焉"①,晋国北部的土地有一部分是从戎狄那里购买来的。在三家分晋前后,晋卿赵襄子为了在强家兼并中取胜,大批网罗文学之士,中牟人为了追求高官厚禄,"弃田圃而随文学者邑之半"②。其次绛商"能行诸侯之贿",反映了当时那些无尺寸之功的商人,凭借经济上的优势夺取政治经济特权的事实。这些商人通过行贿,甚至能使法官鬻狱,司寇循情。还有一点需要提及的就是当时的人们常常把政治上的某些关系比作商业上的买卖行为。公元前529年,旅居晋国多年的楚公子子干将要归国,韩宣子问叔向,子干回国后能否取得楚国政权,叔向说"难",宣子曰:"同恶相求,如市贾焉。"③韩宣子向郑商买环时,子产也作了类似的比方:"出一玉以起二罪,吾又失位,韩子成贪,将焉用之?且吾以玉贾罪,不亦锐乎?"④可以看出商品货币关系对人们的意识影响之深。

晋国当时之所以能成为最先进的国家、封建因素成长最快,与绛商对奴隶制的瓦解有很大关系。但我们对这种作用不能估计过高,因为在自然经济占主导地位、商品经济还不占很大比重的时代,商业发展有着很大的局限。其原因如下。第一,农牧手工业发展虽然带来一些剩余产品,但数量很小,不是专门作为商品出售的,官商做生意也是为了满足统治阶级需要。第二,官商是奴隶制经济的附庸,对奴隶制经济不会起瓦解作用。第三,当时连年战争给商品经济带来各种障碍,加之度量衡的不统一,也不便于商业发展。此外,当时商业发展的有限性,也反映在空首布形态的原始性方面。随着商业的进一步发展,时代进入战国,空首布被比较先进的平首布所代替。

(原载《山西师大学报》1992年第1期)

---

① 《左传·襄公四年》。
② 《韩非子·外储上》。
③ 《左传·昭公十三年》。
④ 《左传·昭公十六年》。

晋国后期内战及其历史影响

杨秋梅

公元前497年，晋国爆发了一场大规模的内战。这场战争是晋国后期规模最大、持续时间最久、矛盾最为复杂的一场战争，对晋国社会的发展产生重大影响。

这场战争是由晋国赵氏宗族内部的矛盾冲突而引起的。公元前500年，赵鞅（赵简子）率师围卫，卫人惧，以贡五百家而言和，赵鞅将其置于邯郸，由赵氏宗族邯郸大夫赵午管理。公元前497年，赵鞅向赵午索取这五百家卫贡以充实晋阳，赵午应允，却遭到其邯郸父兄的反对，他们认为："卫是以为邯郸，而置诸晋阳，绝卫之道也。不如侵齐而谋之。"①因卫贡五百家在邯郸，卫国才与邯郸保持睦邻关系，若徙之晋阳，必将使卫与邯郸关系恶化。然而，赵鞅以其宗主的身份，视整个赵氏及其势力范围为其宗法家天下，认为他既可将卫贡五百家置于邯郸，也可将其再移至晋阳。但邯郸小宗经过六世的发展，自身已膨胀为一支强大的血缘集团，有其自身相对的利益，政治上也需要相对的独立性，因而对赵鞅的旨令，既不敢违抗，又不积极执行。赵鞅把赵午的怠慢视为对宗主权力的挑战，因而以宗主的身份依照宗法家规捕杀赵午于晋阳，并遣使告邯郸赵氏另立大夫。赵午之子赵稷与家臣涉宾不服，遂举兵反叛。是年六月，赵鞅遣上军司马籍秦率兵包围邯郸，意欲很快平息邯郸叛乱，不料却引起晋国的范氏、中行氏、赵氏、智氏、魏氏、韩氏六卿之间，以及有东方邻国齐、卫、鲁、郑、宋、鲜虞等国参与的一系列错综复杂的矛盾冲突，演变成一场旷日持久的战争。

卫贡之争本是赵氏宗族内部的矛盾冲突，但由于卿大夫之间错综复杂的关系，使这场斗争的范围很快就波及晋国执政的六卿中间。邯郸赵午是中行氏荀寅的外甥，中行寅与范吉射又是姻亲，因而，中行氏、范氏协助邯郸赵氏与赵鞅抗衡，不仅拒绝出兵包围邯郸，反而"伐赵氏之宫，赵鞅奔晋阳"②。由于范氏、中行氏的参与，赵鞅败走晋阳，形势对他极为不利。在赵氏存亡的关键时刻，其他势力的背向起了重要的作用。韩氏与中行氏相恶，魏氏与范氏相恶，智跞的嬖臣梁婴父急欲为卿，乘机逐中行寅，想取而代之，范氏侧室范皋夷想逐范吉射而代之，这些人为了各自不同的目的而联合起来对

---

① 《左传·定公十三年》。
② 《左传·定公十三年》。

付范氏、中行氏。智跞对晋定公说："君命大臣,始祸者死,载书在河。今三臣始祸,而独逐鞅,刑已不钧矣。请皆逐之。"智、韩、魏遂奉公命伐范氏和中行氏,不克。范、中行因此怨定公,乘机伐公改立新君,公开打出反叛晋侯的旗号。当时晋君虽无实权,但仍有一定影响。范氏、中行氏的行动,"民弗与也",这不仅使"国人助公",也使三家出兵名正言顺,全国上下齐心协力,范氏、中行氏一败涂地,逃到卫地朝歌。十二月,韩、魏以赵氏为请,"赵鞅入于绛,盟于公宫"①,重新执政,这是战争的第一阶段。

战争的第二阶段是以赵鞅为主的晋军同有东方诸国参与的范、中行的盟军之间的战争。当范、中行在晋地战败逃往卫地朝歌之后,受到鲁、卫、齐、宋、郑等国的庇护。这几国的公侯多次会晤,谋救范、中行,并出兵出物协同范、中行作战。有了这些邻国的支持,范、中行才有可能在战败的形势下,同晋军抗衡八年。公元前496年赵鞅率军围朝歌,开始对范、中行的追击。范氏借机命析成鲋、小王桃甲率狄师乘虚击绛,晋人守备森严,不克而还。同年冬,范、中行组织第二次进攻,被赵鞅大败于潞,郑人出兵助范氏,赵鞅击溃范氏,又大败郑军于百泉。公元前494年,朝歌久围不下,赵鞅移兵围困守备较为薄弱的邯郸,齐、卫为解救邯郸、牵制晋军,包围了晋东方大邑五鹿,晋军解去。之后,齐、卫、鲁、鲜虞四国再次攻晋,占据晋邑棘蒲。冬十一月,赵鞅再伐朝歌。公元前493年,齐人为范、中行输送粮食于朝歌,由郑子姚、子般护送,范、中行自朝歌接应。赵鞅的军队与郑军的押粮车相遇,展开了一场激战。赵鞅为了在敌众我寡的情况下取得战争的胜利,在战前动员说:"范氏、中行氏,反易天明,斩艾百姓,欲擅晋国而灭其君。……二三子顺天明,从君命,经德义,除诟耻,在此行也。克敌者,上大夫受县,下大夫受郡,士田十万,庶人工商遂,人臣隶圉免。"②赵鞅这种按战功赐爵赏田提高平民的社会地位,以及依军功免除奴隶身份的政策,虽说是战时的应急措施,却大大鼓舞了将士的斗志,提高了战斗力。他自己也身先士卒,冲锋陷阵,虽被郑军击倒在车中,但"伏弢呕血,鼓音不衰"③。晋军士气高昂,大败郑军于铁,获齐粟千车。

铁之战使战局发生了急剧的变化,范、中行困守朝歌得不到给养,转入保守状态。公元前492年十月,赵鞅三围朝歌,范、中行不能守,弃城逃奔邯郸。次年九月,赵鞅移兵围邯郸,十一月,邯郸人叛赵稷,举城投降,中行寅奔鲜虞,赵稷奔临。范、中行失去朝歌、邯郸后,齐为挽救败局,命国夏伐晋,连夺晋地邢、任、栾、鄗、逆畤、阴人、盂、壶口,又会鲜虞、纳中行寅于柏人。公元前490年,赵鞅攻占柏人,中行

---

① 《左传·定公十三年》。
② 《左传·哀公二年》。
③ 《左传·哀公二年》。

寅、范吉射逃往齐国。至此，双方历时八年的战争以赵氏的胜利宣告结束。

赵简子仅依靠晋国的力量就打败了有邻国支持的范氏和中行氏，这是他进行一系列卓有成效的改革的结果。

政治上，赵简子礼贤下士，选贤任能，重用董安于、尹铎等一大批贤臣良才。此外，他还善于利用他国人才，如鲁阳虎，有人提醒说不宜重用，但赵简子"迎而相之"，使阳虎深受感动，"主贤明则悉心以事之"①。后来阳虎辅佐赵氏，为赵氏的强盛发挥了很大作用。对敌方降人，赵简子亦善于瓦解利用。公孙尨为范氏收田税，赵氏家臣捕公孙尨献于赵简子，请杀之。赵简子曰："为其主也，何罪？"非但不杀，还与之以田。及铁之战，公孙尨率徒兵五百夜袭郑师，从郑军夺回晋的蜂旗，献给赵简子，以"报主德"②。

经济上，赵简子注重改革，适当降低剥削程度，提高生产者的积极性，以便发展生产。《孙子兵法·吴问篇》记载，赵鞅把一亩百步扩大到二百四十步。扩大亩制，实行田亩征税，减轻了对劳动者的剥削程度，而范、中行只把亩制扩大到一百六十步，改革的步子最小，收的税最多，对劳动者的剥削也就愈重。难怪孙武在回答晋"六将军分守晋国之地，孰先亡，孰固成"时果断地说"范、中行是（氏）先亡""智是（氏）为次""韩、魏为次。赵毋失其故法，晋国归焉"。

军事上，赵简子依战功行赏，如铁之战前的动员令。依功赐爵赐田及免除奴隶身份的政策，大大鼓舞了将士的斗志，提高了战斗力。

赵简子在外交上采取比较灵活的策略，为了协调诸卿之间的关系，甚至不惜牺牲自己的重臣，以达成与智氏之间暂时的联盟。《侯马盟书》就详细记载了赵鞅为团结各方人士共同对敌，曾多次举行盟誓的情况。可以想见，即使在战争间隙中赵简子还在政治、组织方面做了大量的工作。

晋国后期8年内战是新兴地主阶级之间的第一次兼并战争，对晋国社会的发展产生了重大的影响。首先，它结束了晋国六卿专政、六卿并列的局面，形成智、赵、韩、魏四卿霸晋的格局。六卿是新的封建生产关系的代表，他们在削弱公室、瓜分公族土地上有着共同的利益。公族在六卿的联合打击下，在顷公时已被消灭殆尽。之后，六卿又积极发展自己的势力，为日后的兼并做准备，但他们彼此又处于势均力敌的状态，任何一家都不能单独消灭另一家。为了巩固既得利益，他们制定刑书，举行盟誓，相互约束，保持了半个世纪的表面上的平静，形成六卿联合执政的局面。经过这次战争，赵、韩、魏、智四家联合驱逐范、中行出晋国，为日后的三家分晋迈出了第一步。

其次，这次战争，使卿大夫的权力加强，晋君"失政"的局面逐步形成。自栾氏、

---

① 《韩非子·外储说左下》。
② 《左传·哀公二年》。

祁氏、羊舌氏灭亡之后，晋公室更加卑弱，六卿基本上控制了晋国政权。尽管如此，作为一国之君的晋侯，对卿大夫仍有一定的制约力和影响力。如八年内战之初，智、韩、魏欲助赵伐范、中行，得先请示晋定公，奉公命而后战。当范、中行反叛晋侯时，"民弗与也""国人助公"。在赵鞅重新执政时，得先请以晋侯、盟于公宫。从这些事中多少还能显示出国君的一些权势和影响。自这次战争后，晋政由六卿掌管变为由四卿掌管，使四卿的权力更加集中。加之四卿在自己的领地上不断进行封建改革，使其经济势力亦大为增强。随着政治权力和经济实力的加强，四卿便公开向晋侯发起了进攻，并将范、中行战败后划归公室的土地全部重新瓜分。晋出公发怒，欲借齐、鲁之师逐四卿，却被四卿赶出晋国，出公奔齐，死于途中。智氏另立新君，是为哀公。四卿能随意废君，亦能随意立君，表明四卿已是晋国的实际执政者，晋侯只是名义上的国君，无任何实权，而晋国亦名存实亡矣。

再次，晋国由六卿变为四卿之后，四卿之间尤其是智氏与赵氏之间的矛盾逐渐加剧，最终导致三家分晋。在与范、中行的斗争中，智氏还能勉强配合赵氏作战，但矛盾始终存在。杨伯峻先生一针见血地指出："智氏主逐范、中行，而不与韩、魏之为赵请，则其心可以知矣"。① 董安于是赵鞅的贤臣，足智多谋，智跞怕"不杀安于，使终为政于赵氏，赵氏必得晋国"②，因此借口董安于是引起叛乱的祸首，对赵氏施加压力，迫使安于自杀。当战胜范、中行之后，智氏与赵氏之间的矛盾亦日趋明朗、激烈。"晋出公十一年，智伯伐郑，赵简子疾，使太子毋恤将而围郑。智伯醉，以酒灌击毋恤，毋恤群臣请死之，毋恤曰：'君所以置毋恤，为能忍诟。'然亦愠智伯，智伯归，因谓简子，使废毋恤，简子不听，毋恤由此怨智伯。"③ 公元前458年，赵简子病死，太子毋恤代立，是为赵襄子。智瑶代赵简子为政，把持了朝政，使智氏的势力得以迅猛发展，成为四卿中最强的一家。智瑶刚愎自用，想独吞晋国，时刻都在寻找机会削弱其他三家，因此借故向韩、魏、赵三家索要土地，韩、魏不敢不从，唯独赵襄子拒绝纳地。于是智瑶胁迫韩、魏向赵氏发动进攻，新兴地主阶级之间经过长期的酝酿准备，终于爆发了第二次兼并战争。赵襄子奔保晋阳，三家攻晋阳岁余犹不下，赵襄子派张孟谈游说韩、魏，反攻智氏，诛灭其族，瓜分其地，终于形成三家分晋的局面。

第四，在这次战争中，赵取邯郸，实现了赵简子东进战略的首要目标，奠定了战国时代赵国在今华北平原的基本格局，也奠定了赵都邯郸的历史基础。春秋后期，邯郸的农业、手工业有了长足的发展，经济实力大增，政治、军事地位也越来越重要，是晋国东部地区首屈一指的大城。夺取邯郸，利用其经济优势和地理优势来控制东部地区，实

---

① 杨伯峻：《春秋左传注·定公十四年》，中华书局，1981年。
② 《左传·定公十四年》。
③ 《史记·赵世家》。

现对今冀南一带直接而稳定的统治,继而进一步向华北平原挺进。后来的历史也证明了邯郸的确起到东部政治、经济、军事中心的作用。四卿"尽分其范、中行故地"及三家分晋后,赵国在今冀南和豫北的疆域大致形成。

(原载《山西师大学报》1996年第3期)

历代晋卿与晋国兴衰的关系

卫文选

综观一部晋国史，历代晋卿的政治、军事等作用始终直接关系到晋国的兴衰存亡。本文拟就晋卿在这方面的有关问题作一些探讨。

一、晋卿之特点

晋国是周初的封国，依周制，晋国的卿和周成王封叔虞于唐同时产生。"天子有公，诸侯有卿。"[1]"国卿，君之贰也，民之主也。"[2]至于叔虞时期及以后几代晋侯的卿为谁所任，无考。从一些资料看，晋国初期卿位多以文职担任。如孙伯黡本晋国掌典籍之官，但为正卿。之后，随着兵事的增多，卿位又逐渐由武职兼领。如太子申生将下军，"而位以卿"[3]。特别是到晋文公时期，武职将佐兼领，军事政治合而为一，成为固定的格局，至晋亡不变。

历代晋卿的构成及政治、经济活动等情况，与他国相比，具有以下特点。

第一，晋卿无公族。晋国的公族经过几次残杀，所剩无几。例如武公灭翼，小宗代大宗是对晋国公族的一次残杀。晋献公即位后，深感"桓庄之族逼"[4]，为了防止曲沃灭翼重演，他采取了先杀富子，再杀游氏二子和诱杀群公子于晋邑的三部曲，用了三年时间，使"桓庄之族减微"[5]，造成其无力与争的局面。这就使晋卿与鲁、卫、宋、楚等国的卿相比，形成鲜明的特点，即晋卿无公族。晋卿无公族自然就少保守，周的"礼崩乐坏"自然容易在晋国发生。

第二，晋卿新臣居多，旧臣为少。晋献公末年发生了骊姬之乱，太子申生被杀，公子重耳、夷吾出走。里克等又杀掉献公欲立的奚齐、卓子及主国政的大臣荀息，使晋献公之宗族大减。后来夷吾返晋即位，又大肆诛杀异己，旧臣被杀者更多。由于夷吾乱行

---

[1] 《左传·襄公十四年》。
[2] 《左传·襄公二十二年》。
[3] 《史记·晋世家》。
[4] 《左传·庄公二十三年》。
[5] 《左传·庄公二十四年》林注。

诛杀及裂土与秦，大失众望，"国人不附"①。从骊姬之乱到晋惠公的诛杀异己，使晋卿中出现了新臣居多、旧臣为少的局面，从而削弱了周礼卫道士的阻力。

第三，晋卿多以新经济为基础。在晋惠公被俘期间，晋国曾作爰田。从当时的主观愿望来讲，是让群臣领受晋惠公的恩惠，以换取对这位囚君的拥戴。然而作爰田的实施，确实有利于部分新臣经济势力的增长，各受田者对农业生产更为关心。例如祖有食邑的郤缺，亲自耘苗于田间，"其妻馌之"②。这种尽力与民同事于耕耘的事，显然有利于农业生产。诗曰："倬彼甫田，岁取十千。我取其陈，食我农人。"③就反映了作爰田之后新臣们注重农事的情形。《左传·定公十三年》韩批曰其"私家之富，皆先世采地所积也"，此话是有道理的。

第四，晋卿是军政合一。晋献公的开疆拓土，一方面是小国被灭，晋国的地域扩大，另一方面是晋国直接与几个大国接触，又带来许多新问题。例如，秦国东来、晋秦矛盾公开化。韩原之战，惠公被俘，揭开了秦晋数十年相战的序幕；东南方面的齐桓公霸主地位衰落，中原诸侯一时无主；南方的楚国崛起，其势力不断北进，伐徐、围许，胁迫郑国脱离齐国南服于楚，对中原诸侯构成严重威胁。晋文公初年，晋楚势力相遇，晋楚长期相争的格局已定。晋国北部与戎狄相邻，国内又与戎狄在山间杂居，他们不时出动，又给晋国造成极大的不安。复杂的周围环境，决定了晋国要存在，要独立地发展，必须西拒秦，南抗楚，东服齐鲁，北御戎狄。这种形势下的晋卿必须具有理政、治军的能力。政治家，首先必须是军事家，从而构成晋卿军政合一的特点。诚然，在兵事繁多的春秋时期，宋、楚、齐、鲁诸国将帅兼卿位的不乏其例，但在晋国则表现得更为整齐划一，更为突出。

第五，晋卿贤士居多。晋文公自少好士，身边多是些富有才干的文臣武将，并且使他们在治国安邦中很好地发挥作用。例如晋文公依大臣狐偃等人的建议，修政施惠于百姓，使民安其居，享其利；又晋文公作执秩以正其官，对国政进行整顿。又如晋文公依大臣赵衰等人的建议，抢先于秦国平定了周室的王子带之乱，拿到尊周王、讨不协的王牌，这些都对晋文公建立霸业起了非常重要的作用。另外，晋卿让贤，使贤者居首。如晋文公初年，赵衰把正卿之位让于"说礼乐而敦诗书"的郤谷，狐偃把第三卿位让于狐毛，自己退居第四位。又如晋悼公时期范宣子带头把正卿之位让于荀偃，自己退居次卿，接着韩起把第三卿位让于赵武，魏绛从第八位超一级升为第六卿位。晋卿让贤的遗风，使"晋国以平，数世赖之"④。诚然，晋卿中也出现过赵盾逼走狐射姑，箕郑、蒯得之乱，三郤专权，栾盈乱曲沃等争斗，但它们均发生在晋国霸业的衰落时期，不能与

---

① 《史记·晋世家》。
② 《左传·僖公三十三年》。
③ 《诗经·小雅》。
④ 《左传·襄公十三年》。

晋国提倡让贤的三个强盛时期相提并论。

二、晋卿演变之概说

叔虞封唐，安于百里之邦，卿位多以文职兼领，从晋献公灭国拓土开始，卿位逐渐易为由武职兼领。或言太子申生将下军而位以卿，或言毕万为卿，或言罕夷为卿，或言里克为卿，俱为武职大臣。比如晋献公的近臣里克，有党有军，势力很大，一手诛杀了晋献公欲立的奚齐和卓子及主持国政的大臣荀息，还助公子夷吾返国并立之为晋惠公。尽管晋惠公即位不久为排除异己将里克及其党羽杀掉，但从晋卿的角度讲，里克的权力确实是空前的。

晋文公即位后，鉴于里克左右废立的事实，便于四年（公元前633年）作三军，广置卿。三军将佐皆为卿，从此晋卿完全与将帅合一，并且形成固定的形式，至晋国灭亡不变。三军中以中军为尊，中军将称元帅，也就是正卿，中军佐为副帅，也称次卿；上军次之，上军将佐列卿的第三、第四位；下军再次之，下军将佐列卿的第五、第六位，这就是晋国的六卿制度。名为六卿，实则是郤、狐、栾、先四姓控制。因为郤、栾二姓是迎立文公内应有功之姓，狐、先则是随文公在外19年的功臣。六卿四姓协调一致，在城濮战胜楚国，并指令周天子会践土，完成了晋与诸侯结盟，实现了晋文公的称霸。为了扩大霸业，晋文公又"作三行以御狄"①。三行实际也是三军，只是为了避开周天子六军之制，故三军之外又置中行、右行、左行三行。这样晋国就可以率三军南面以抗楚，督三行北上以御狄，对霸业的巩固和扩大确实有重要作用。但六卿之外，又加三行之将（三行皆不设佐），故晋卿成为六姓九人。又因三行有将无佐，将帅不齐，晋文公八年（公元前629年）又罢三行，更之为上下新军，"晋蒐于清原作五军"②指的就是这件事。上下新军各置将佐，晋卿又由六姓九人增加为七姓十人。

晋国的五军十卿制一直维持到晋襄公七年，其间正卿虽两易其人，赵衰又身兼二职（中军佐和新上军将），但均属正常的死而后代。晋襄公五年，赵衰、栾枝、先且居、胥臣四卿皆卒，一时又无适当人选，晋襄公七年（公元前621年）只得舍上下新军，恢复了三军六卿之制。晋襄公本来命狐射姑为正卿，赵盾为次卿，但赵衰之属大夫阳处父活动于晋侯，讨好于赵盾，促使晋襄公改变原议，使狐、赵二人易位，赵盾任正卿，狐射姑降为次卿。狐射姑对阳处父巧言于上的做法甚为不满，一怒之下杀掉阳处父，弃次卿而"奔狄"，揭开了晋卿中相互厮杀的序幕。又因狐射姑是狐偃之子，故狐姓从此丧失卿位，沦为庶人。赵盾当政后的六卿由赵、先、箕、荀、栾、胥六姓组成，佐幼主、

---

① 《左传·僖公二十八年》。
② 《左传·僖公三十一年》。

理国政，还算不错。晋灵公三年（公元前618年），又发生箕郑等五人的蒯得之乱，平乱中亚卿先克战死，晋又诛灭先都、箕郑二姓，晋卿经此厮杀，两姓被灭，六卿只剩四人四姓了。于是晋灵公又任郤缺、臾骈为卿，补满六卿的六个席位。至"灵公壮，侈，厚敛以雕墙，从台上弹人，观其避丸也"①，他乱杀忠臣，逼走正卿赵盾，无奈之下赵盾之族弟赵穿袭杀了晋灵公，拯救了晋国。赵盾虽有杀君之罪，但他执政20年，经晋襄公、灵公、成公三代，其政治作用是应该肯定的。晋成公六年（公元前601年）赵盾卒，郤缺代赵盾，六卿仍为六姓六人。

晋襄公恢复的三军六卿制度，在晋国又延续了30余年，期间正卿曾五易其人，即郤缺代赵盾，荀林父代郤缺，士会代荀林父，郤克代士会，他卿更替亦不少，然不论其职任长短或升降变迁，六卿总是在郤、荀、士、臾、栾、赵、先七个姓氏轮充，这种情形到晋景公十二年（公元前588年）才发生了变化。晋景公为赏鞌之战有功之臣，在三军之外，又增加新三军，恢复了晋文公初期的六军之制。新增加的三军各置享有卿位的将佐，这样晋卿又由六人扩大为十二人，从姓氏的角度看，去臾、先，增韩、赵，仍为七姓。十二卿中郤、韩、赵三氏各占二位，荀氏占三位，郤姓居正卿，所以实际上由郤、韩、赵、荀四氏控制。后栾书超四级一跃而为正卿，取代了郤克，栾姓代替了郤姓，晋卿仍是四氏控制。晋厉公三年（公元前578年），罢上下新军，更为四军八卿，栾书仍为正卿，荀、郤二氏各占二位，出现了新的组合，晋厉公六年，郤氏于八卿中占去三席，控制了四军的两个军，出现"三郤专权"的局面。

晋国的四军八卿又实行了18年，至晋悼公十三年（公元前560年），再复三军六卿之制。在四军八卿实行的18年中，晋国的正卿先后是栾书、韩厥、智氏、荀偃，虽四易其人，但总体来讲是和谐的，特别是晋悼公时期，更有"八卿和睦"的赞语。自晋悼公复三军六卿，经晋平公、昭公、顷公、定公至韩、赵、魏三家分晋不复变更。六卿先为六姓，晋平公八年又为韩氏、赵氏、中行氏、智氏四氏联合。栾盈乱曲沃，又结束了栾氏任卿80年的历史。约至晋平公中期以后，晋卿就仅在赵、韩、魏、范、智、荀六氏之间更替了。以正卿为例，先后是赵武、韩起、魏舒、范鞅、智瑶充任。晋卿之间的谦让传统消失了，代之而起的是日趋激烈的斗争。例如晋定公十五年（公元前497年），赵鞅奔晋阳以叛，范吉射、荀寅又奔朝歌叛晋，六卿中出现了三卿叛晋的严重局面。荀跞、魏曼多、韩不信与范氏中失宠的范皋夷为一伙，与以荀寅、范吉射为代表的另一伙，形成尖锐的对立。荀跞先言于晋侯，以独逐赵鞅不钧刑为由，奉命讨伐范氏、中行氏。荀寅（即中行寅）、范吉射先败于朝歌，再败于潞，三败于邯郸而奔齐，这样晋卿中的中行氏、范氏又被消灭了。之后，又请"赵鞅入于绛，盟于公宫"②，出现了智、

---

① 《史记·晋世家》。
② 《左传·定公十三年》。

韩、魏、赵四卿并强的局面。其中智氏居正卿,外伐齐、郑,内服三家,大有智氏代晋的可能。然"智伯贪而愎"①,时而骂赵孟恶而无勇,时而请地于韩、魏,索要万家之邑,又率韩魏之师围赵毋恤于晋阳,结果促成韩魏赵三氏联合,谋杀智伯于晋阳的悲惨下场。智氏被赶出晋卿行列,韩魏赵三氏完全控制了晋国,掌握了晋侯,最终取晋国而代之。

富而必骄,富而不能人臣,以致演成以强克弱、优胜劣败,这是剥削阶级的本性决定的。在春秋中后期还表现为"人臣窃君之权"。晋文公尊周王、讨不协是人臣窃君之权,鲁国的三分公室、四分公室,齐国的陈氏代齐,晋国的三家分晋更是人臣窃君权,这是一个新旧两种势力斗争的过程。

三、晋卿之历史作用

晋国有700年的历史,其中最强盛的时期莫过于晋文公、晋景公、晋悼公三代。晋文公之所以能一跃而建霸业,诚然与晋献公的开疆拓土分不开,但继晋献公之位的惠公非但不能使晋国昌盛,反而做了秦国的阶下囚,而后继者晋文公却使晋国由弱而强一霸天下,除了其他原因之外,晋卿确实起了重大作用。

如上所述,晋文公好士、更尊贤士。他效法齐桓公依靠管仲之辈称霸的做法,依靠贤士治国安邦。他依狐偃等大臣的建议,修政施惠于百姓,又使"公属百官,赋职任功。弃责薄敛,施舍分寡,救乏振滞,匡困资无。轻关易道,通商宽农,懋穑劝分。省用足财,利器明德,以厚民性。举善援能,官方定物,正名育类……政平民阜,财用不匮"②。又依赵衰等大臣建议,抢先拿到尊周王、讨不协的王牌,这些内外决策都对建立霸业非常重要。再以城濮一役中晋胜楚败为例,此皆是晋卿先轸、郤溱、狐毛、狐偃、栾枝、胥臣等独当一面,善于战楚赢得的,如果没有六卿的致力奋战,晋国的威震中原及标志晋文公建霸的践土之盟,都是不可能的。

晋文公之后的晋襄公,继续执行晋文公的国策,使晋国的霸业不衰,在这里正卿赵盾的作用很大。他虽有杀晋灵公之罪名,然其执晋政20年,经晋襄公、晋灵公、晋成公三代,出现过晋襄公继霸,并且为晋景公争霸提供了条件。赵盾的"制事典,正法罪。辟刑狱、董逋逃""本秩礼,续常职,出滞淹"③等措施都产生了积极的效果。

晋景公争霸的实现,首先是正师郤缺和好于众狄,孤立了强悍的赤狄潞氏,使晋国北部较前安宁,晋景公才有可能与齐国争霸。晋景公三年(公元前597年),晋国本来应郑国之请出兵救郑,但军出之后,郑国与楚国已和,救郑问题不复存在。然六卿意见

---

① 《左传·哀公二十七年》。
② 《左传纪事本末》卷二十五,第303页。
③ 《左传·文公六年》。

分歧，正卿荀林父和士会主张回师晋营，不与楚战，亚卿先縠伙同下军大夫荀首叫嚷失郑国将失霸主，闻强楚而退师不如羞死，决意与楚相战。邲之战晋军败北。邲战之后，齐顷公看到晋卿的弱点，即正卿荀林父"未能行令，其佐先縠，刚愎不仁，未肯用命，其三帅者，专行不获，听而无上，众谁适从"①，便兴齐师伐鲁，伐卫，又南与楚国相结，企图代替晋国的霸主地位，给晋国造成极大的威胁。邲战之后，晋景公首先诛杀先縠，尽灭其族，缓和了晋卿之间的矛盾；又用兵晋东南，消灭了赤狄潞氏、甲氏、留吁诸部，进一步解除了后顾之忧；再对晋卿几作调整，使正卿三易其人，新提了荀首、荀庚，形成以郤克为正卿的新的组合。其间晋国曾几次兵威于郑，争取郑国叛楚服晋，适逢楚庄王死去，南来的威胁暂时缓和，但齐晋争夺盟主的斗争顿时特别尖锐，终于晋景公十一年（公元前589年），爆发了鞌之战。鞌之战中晋正卿"郤克伤于矢，流血及屦，未绝鼓音"②，大败齐师，同时团结了鲁国和卫国。又为了拉住齐国，不使其威信大降，不使其南而结楚，又让鲁国退出汶阳之田与齐，这样既打消了齐国与晋国争霸的野心，又拉住齐国安于晋国与国的地位。

晋景公之后的晋厉公无道，三郤骄横，又是正卿栾书与荀偃合谋诛杀了三郤，执杀了晋厉公，迎立了晋悼公，使晋国进入第三个强盛时期。

晋悼公即位后，晋国正卿先后是韩厥、智氏、荀偃，出现了"晋君方明，四军无阙，八卿和睦"③的局面。特别是晋侯息民，"魏绛请施舍，输积聚以贷。自公以下，苟有积者，尽出之。国无滞积，亦无困人；公无禁利，亦无贪民"④，使晋民居安而大和。尤其是魏绛和戎，修民事于田，收到"戎狄事晋""远至迩安"等五方面的效益。当时秦景公曾乞师于楚国，企图进攻晋国，楚国子囊告诫秦使说："当今吾不能与晋争。晋君类能而使之，举不失选，官不易方，其卿让于善，其大夫不失守，其士竞于教，其庶人力于农穑。商工皂隶不知迁业。"⑤一派振兴景象，何可敌乎！晋悼公八年，九合诸侯而攘楚，使郑不敢南面，楚不与争者20余年。后人评之曰：文公之后，其霸莫胜于悼。悼公固贤君，且其臣又多才，其大者莫如魏绛，绛之所为，有仲父之风；况又得智武子明于战阵，老谋深算。真是国有贤君大夫，使敌知畏，胜似兵强马壮也。

晋悼公的后继者是晋平公，他"厚赋为台池而不恤政，政在私门"。"六卿强，公室卑"⑥，各卿之间的斗争复又激烈，继灭栾氏之后，又灭了祁氏、羊舌氏及荀、范二

---

① 《左传·宣公十二年》。
② 《左传·成公二年》。
③ 《左传·襄公八年》。
④ 《左传·襄公九年》。
⑤ 《左传·襄公九年》。
⑥ 《史记·晋世家》。

氏，最后赵韩魏卿合谋诛杀智氏，遂成三家分晋。

由此可见，晋君贤、施民利，公室强，晋卿和协，是晋国三次达于强盛时期的共同原因。反之，晋君昏，厚赋民，公室弱，晋卿火并，必然导致晋国衰弱。在这里，晋卿对晋国的由弱变强和由强至弱起着关键性的作用。

（原载《晋阳学刊》1984年第1期）

略论春秋与战国的年代界限

李孟存

春秋战国之际是我国古代社会的一大变局，西周封建论者认为它是由封建领主制到地主制的社会变革，春秋战国封建论者认为它是由奴隶制向封建制转变的时期，而秦统一封建论者则认为它不过是由奴隶制的衰落走向彻底崩溃的时期，因此关于春秋与战国这两个历史时期的具体年代界限也有以下六种看法。第一，战国起于公元前481年。宋代吕祖谦的《大事记》就从这年开始，杨宽先生的新版《战国史》也以此年为叙事之始，周谷城先生则后推一年以公元前480年算起。第二，战国起于公元前475年。司马迁《史记·六国年表》即从此年算起，郭老采用这种说法，今天通行的大中学教材亦本此说，翦伯赞先生《中国史纲要》则提前一年以公元前476年算起。第三，战国起于公元前468年。清代林春溥《战国纪年》和黄式三《周纪编略》都从此年叙起。第四，战国起于公元前403年。司马光《资治通鉴》从此年开始正式记事，范文澜先生宗此说。第五，战国起于公元前453年。《战国策》赵、魏、韩三策记事年代最早，赵、韩皆起于公元前453年晋阳之围，魏策"智伯索地"章据林氏《战国纪年》及黄氏《周纪编略》以为在公元前455年，其实不过是对魏氏联合韩、赵消灭智氏的追述，《左传》下限虽记在鲁悼公四年智伯伐郑，但已预言了三家灭智，故金景芳先生《中国古代史分期商榷》及《中国奴隶社会史》采用此年为春秋战国的界标。第六，田昌五先生《古代社会断代新论》一文倾向于以公元前359年商鞅变法为分界。我认为无论将古代史的分期断在何年，亦不应该将古史分期与春秋战国的断限混为一谈，这正如1840年是中国近代史的开端而清王朝却结束于1912年清帝"逊位"一样。由古史分期给春秋战国的界限带来的混乱，对于先秦史的教学和研究皆感不便。

到秦汉时"春秋"与"战国"才成为历史时代的名称，先秦时人提到"春秋"便指孔子所撰的《春秋》，"战国"则指彼此作战的大国。如《孟子·尽心下》说"春秋无义战"，赵注云："《春秋》所载战伐之事，无应王义者也。"《战国策·赵策》说："今取古之为万国者，分以为战国七。"先秦人说起这两个时期，一般称之为"五霸""七雄"以与"三王"相对，如：

  《孟子·告子下》："五霸者，三王之罪人也；今之诸侯，五霸之罪人也。"

又《尽心上》："尧舜，性之也；汤武，身之也；五霸，假之也。"

《商君书·更法》："三代不同礼而王，五霸不同法而霸。"

又《错法》篇："三王、五霸，其所道不过爵禄，而功相万者，其所道明也。"

  他们觉察到这两个时期的政局和人们的社会观念都发生了某些变化，但是这些变化并不一定反映社会形态的改变，因此我们用今天社会史分期的眼光去划分春秋、战国两个历史时期的期限，不能说是十分科学的，我们应当把春秋与战国的划分归入像夏、商、周王朝更替那样的范畴中加以考察。如上所述，区分春秋与战国的第一个标志就是"五霸"与"七雄"。"七雄"为齐、楚、燕、韩、赵、魏、秦，自古迄今无争议。"五霸"孰谓？《荀子·王霸》篇云："德虽未至也，义虽未济也，然而天下之理略奏矣，刑赏已诺，信乎天下矣，臣下晓然皆知其可要也。政令已陈，虽睹利败，不欺其民；约结已定，虽睹利败，不欺其与。如是则兵劲城固，敌国畏之；国一綦明，与国信之。虽在僻陋之国，威动天下，五伯是也。……故齐桓、晋文、楚庄、吴阖闾、越勾践，是皆僻陋之国也，威动天下，强殆中国，无他故焉，略信也。是所谓信立而霸也。"《墨子·所染》篇云："齐桓染于管仲、鲍叔，晋文染于舅犯、高偃，楚庄染于孙叔、沈尹，吴阖闾染于伍员、文义，越勾践染于范蠡、大夫种。此五君者所染当，故霸诸侯。"这是最早出现的关于"五霸"的说法，是战国、秦、西汉时人们的常识。东汉时赵岐注《孟子》却说："五霸者，大国秉直道以率诸侯，齐桓、晋文、秦穆、宋襄、楚庄是也。"去吴、越而增宋、秦。众所周知，宋襄继齐桓之后，平齐乱，立孝公，欲以小国称霸诸侯，当时鲁人臧文仲就说："以欲从人则可，以人从欲鲜济。"公子目夷也说："小国争盟，祸也，宋其亡乎！"①果然公元前639年，宋盟诸侯于盂，楚人执宋襄公。次年楚师败宋于泓。宋襄公谋霸前后四年兵败身亡，从未做过一天中原霸主。秦穆公两立晋君，确有东出函关争夺霸权的意图。然而公元前632年晋国于城濮一战称霸诸侯以后，秦已失去争霸的条件，崤战后连丧三帅，彻底丧失称霸中原的可能，于是用由余称霸西戎，最多可算一位区域霸主。因此"五霸"还应以《荀子》《墨子》为准。应该说明的是吴国的霸业始于阖闾，到夫差才真正取得全国霸主地位，但是在战国人的心目中，吴王夫差是一个受奸邪蛊惑终致失败的君主，不足取法，故不得与齐桓、晋文同列。

  吴越相继称霸是伴随着中原霸主政治的衰落和东南地区经济的发展出现的。吴国的霸业应以公元前482年黄池之会晋吴争盟为标志。是年越王勾践乘虚入吴，经过约10年的和战，最后于公元前473年攻破吴都，夫差自杀，勾践复北会诸侯于徐州（今山东滕县东北），被周天子认可为侯伯之长，曾一度迁都于琅琊（今山东胶南县境）。吴越称

---

① 《左传·僖公二十一年》。

霸时间短促，其影响和作用也远不能与齐桓、晋文相较，呈现一种霸主政治已发展到尾声的特征。

列宁在划分资本主义发展的历史时期时指出，"这里的界限跟自然界和社会上所有的界限一样，是有条件的、活动的、相对的，而不是绝对的，我们只是大致地挑出那些特别突出、引人注目的历史事件，作为大的历史运动的路标"①。倘若我们也选取最大的历史事件来划分春秋与战国的界限，在上面提出的六个年代中，只有公元前453年三家分晋最为恰当，这个年代第一满足了五霸作为春秋史主要内容这个条件；第二在战国七雄中，秦、楚、齐、燕是春秋旧国，韩、赵、魏则是由晋国一分为三形成的，没有三家分晋，便没有战国七雄。

我认为把春秋战国的界线划在公元前481年和公元前475年、公元前468年都失之过早。这三个年代的提出大约有如下两个原因。其一，公元前481年是《春秋》记事的下限，公元前475年是《史记·六国年表》记事之始，而公元前468年则是《左传》记事的下限。"春秋"之所以成为时代的名称，是因为孔子《春秋》记事年代与这个时期大体一致，《春秋》记事起于公元前722年。我们今天既然公认公元前770年平王东迁为春秋时代的开端，为什么它的下限却非要拘执于获麟绝笔？《史记年表》意在取周元王的元年，《左传·哀公十四年》之后为儒家后学所补记，皆无划分时代标志的意义。按照公元前481年、公元前475年划线，则五霸缺二，按照公元前468年划线则七雄少三。其二，出于社会分期方面的原因。有一本史书谈到春秋战国的划分时说："我们过去曾认为'三家分晋'是晋国政权易手的标志，但是从新出土的《孙子·吴问》来看，在'三家分晋'之前，六卿早已'分晋'，并且初步进行了封建的经济改革。从孙武对答吴王阖闾的话中，可以看到六卿不同程度地对田亩制和税制进行改革，破坏了奴隶制的井田制，确立了封建土地所有制度，因此六卿的政权已属于封建性质，六卿已经代表新兴地主阶级取得了政权。后来'三家分晋'只是新兴地主阶级内部兼并斗争的结果。我们过去认为'田氏代齐'是齐国政权易手的标志，这是正确的。公元前481年田氏杀死齐国国君齐简公，就推翻了齐国的奴隶主统治，代之以地主阶级专政。在这以前，公元前562年鲁国季孙氏、叔孙氏、孟孙氏的'三分公室'和后来的'四分公室'就是这样的性质。因此我们认为公元前481年，继鲁、晋两国之后，新兴地主阶级在齐国取得政权，这标志着中原地区普遍地进入封建社会，用这个年代来作为战国时期的开始，是比较合适的。"我们权且不论是新兴地主阶级，权且不论是否能用社会史分期观点划分春秋战国，我认为目前史学界对春秋末期所谓"三分公室""四分公室"之类事件的社会意义估计偏高，甚至存在着错误的认识。例如1972年出土的《吴问》简，因为它是地下出土物，而且内容涉及土地问题，所以受到历史教学研究工作者的特殊重视。其实它可

---

① 《列宁全集》第21卷，人民出版社，1963年，第125页。

能是战国时的一种传说,如同"赵氏孤儿"故事一般,刘向《新序·杂事》篇有类似的记载,其文云:"赵文子问于叔向曰:'晋六将军,孰先亡乎?'对曰:'其中行氏乎?'文子曰:'何故先亡?'对曰:'中行氏之为政也,以苛为察,以欺为明,以刻为忠,以计多为善,以聚敛为良,譬之其犹鞟革者也,大则大矣,裂之道也,当先亡。'"近些年来,中国的历史工作有一种倾向,凡是出土物就必然比文献可靠,凡涉及田亩字样,总要把它拉到土地制度上去。即使说《吴问》简的可靠性没有问题,但它所反映的是否就是井田制的破坏封建土地制的确立呢?井田制的本质特征是把土地划分成大体相等的小块分给耕作者租种,并定期实行重新分配,因为它是从公社土地所有制发展过来的。《吴问》简所反映的不过是晋六卿打破原来步百为亩的传统亩制,分别实行从百六十步到二百四十步的亩制,这种亩制的变更当然要打乱原来的疆界,但是重新建立起来的土地仍然是按均等的小块分给耕作者,实质上一点儿也没有破坏井田制的分配原则。我们知道,井田制的破坏,只有在可垦荒地已分配完毕,人口的繁衍与这种分配土地的制度发生无法解脱的矛盾时才有可能。春秋时,晋国人口还没有达到旧的土地制度无法容纳的程度,那时的社会上仍然是土地多而劳力少,所以六卿要致富致强,与国君争夺政权,在彼此竞争中求得生存,主要目标就是争夺劳动者本身,因为当时在生产力诸要素中,劳动力比土地、工具更为重要。《吴问》简反映亩制改革的主要目的是通过亩大税轻的竞赛相互争夺劳动力。当时齐国的田氏以家量贷而以公量收、压低市场上鱼盐材木的价格,鲁国三桓的"三分公室"和"四分公室"都是围绕争夺人口的斗争进行的,只是各国采取的具体措施不同而已。因此我们不能说在灭智氏之前,六卿早已分晋,因为六卿虽强,毕竟是"家"而不是"国";我们也不能说田氏杀一齐简公专齐政,就是新旧阶级间的政权易手。倘如此说,早在公元前6世纪前期,赤狄潞氏即由丰舒专政,我们是否能说那时的潞氏已发生了奴隶主阶级与地主阶级的政权易手?

我认为以公元前403年作为春秋、战国的界线又失之太晚。三晋中的魏国是战国七雄中最强大的一个国家。早在公元前445年,魏文侯任用李悝实行变法,魏国迅速强盛起来。从公元前413年起,魏不断向秦进攻,一直打到郑(今陕西华县),从公元前412年又占领秦国的繁庞(今陕西韩城东南)。魏将吴起用两年时间攻占秦国的临晋(今陕西大荔东南)、元里(澄城南)、邰阳(郃县南),魏遂有河西,秦被逼退居洛水西。此后魏命乐羊攻中山,经三年终于灭掉中山,倘按照司马光的划分则春秋需另加一霸。

《资治通鉴》开宗明义就标出周威烈王二十三年,初命晋大夫魏斯、赵籍、韩虔为诸侯。胡三省在注里指出,司马光之所以这样写是为了"谨名分"。司马光接着就写了一篇"礼为纲纪"的话:"臣闻天子之职莫大于礼,礼莫大于分,分莫大于名。何谓礼?纲纪是也。何谓分?君臣是也。何谓名?公、侯、卿、大夫是也。"他强调以礼为纲纪,君臣关系一确立,作为君,不管多么衰微,一定要放在诸侯之上,作为臣只能"守节伏死"。他还认为周之所以广有四海、绵绵数百年不绝,是因为采取了"以礼为本"的缘故。他认为晋大夫蔑视其君主，瓜分智伯土地，周天子本应进行征讨，惩罚晋国的乱臣贼子。可是周天子没有将"名分"坚持到底，却终于在半个世纪后承认了这个事实，在司马光心目中成了非记不可的大事。这样做，既可以周天子的主观认可为"引人注目的历史事件"，又可贬斥周威烈王自坏"名分"的行为。司马光不顾历史事实地维护名教，一下子砍去半个世纪的战国史，"其可得乎"！《左传分国集注》云："智亡而晋分，七国之形成，而春秋之局终矣。"这是多么中肯的结论。公元前453年，韩、赵、魏三家灭了智氏，瓜分了智氏的土地。原来晋国的领土绝大部分控制在三家手中，晋君只有绛和曲沃二邑，晋已成为名存实亡的附庸，用这个"特别突出、引人注目的历史事件，作为大的历史运动的路标"，最符合历史实际。

春秋与战国的年代界限，说法虽多，但最有影响的只有两家，就是司马迁的公元前475年说和司马光的公元前403年说。前者为郭老所继承，成为大中学教材和史学界所采用的观点，后者为范老所继承，在学术界有较大的影响。二司马、二老是我国历史上少有的杰出的史学家，对我国史学的发展做出过卓有成效的贡献。但是"智者千虑必有一失"，司马迁以周元王元年为战国起点，司马光以周威烈所认可的史实为战国起点，二者都不符合历史唯物主义的基本原则。我认为金景芳先生提出公元前453年作为春秋和战国的时限，既符合历史事实，又符合马列主义的基本原则，能使这一段复杂的历史过程升华为历史和逻辑相统一的科学。所以，不揣冒昧地提出自己的粗浅看法，切望批评指正。

（原载《山西师大学报》1987年第1期）

三晋文化研究

论三家分晋形成的社会机制

林宏跃

春秋无义战。周初分封的诸侯列国，经过300多年的互相攻伐，至春秋末，大多数已被兼并灭亡；只有晋国因被韩、赵、魏三家瓜分而分裂，形成三个新的诸侯国家，并且都跻身于"战国七雄"之列。这在当时是颇为特殊的历史事件。史学界对这一特殊局面形成的原因有过论述，但多从春秋末期社会巨变的大背景上进行考察，这里试从晋国社会发展机制上作进一步的探讨。

（1）晋国"国无公族"制度的形成，对于促进以异姓、异氏为主体的卿大夫势力的崛起与发展有着极为深远而重要的作用。

自进入春秋以来，在晋国社会机体上的以异姓、异氏为主体的卿大夫势力显得异常活跃，他们不仅在晋国社会政治运动中发挥着十分重要的作用，而且在整个春秋时期的社会大舞台上也常常充当着引人注目的角色。这同其他诸侯列国以公室近支公族为主体活跃于社会政治生活相比，是一个十分显著的特点。这一特点的形成显然同晋国异姓、异氏为主体的卿大夫势力强大密切相关。

我们知道，早在晋国建国之初异姓势力就成为晋国社会机体的重要组成部分。当唐叔虞被封于"河汾之东，方百里"①的"大夏之墟"时，他曾带来"怀姓九宗，职官五正"②。九宗、五正即是异姓贵族。加之，这里存在着被征服了的陶唐氏、夏后氏、殷商等方国遗民旧族，异姓势力有一定的社会基础。然而同姓异氏势力的产生，除了晋国公室在长期发展过程中自身分化出血缘关系愈来愈远的同姓异氏公族外，还有棋布于晋国周围、后来被晋国兼并的诸侯公国的同姓异氏势力。在春秋早期，异姓、异氏势力的发展，虽然还无法和公族相提并论，但已在晋国社会政治中形成一股相当有力量的势力，他们在促进晋国剪除公族进而形成"国无公族"制度的过程中有着不可忽视的重要作用。从这一点上说，它是异姓、异氏势力在晋国崛起与强大的社会基础。

"国无公族"制度的形成，导源于晋国从西周末年开始的为争夺君权而发生的内乱。公元前785年晋穆侯死，其弟殇叔破坏嫡长子继承的宗法制度，夺取君位。4年后，

---

① 《史记·晋世家》。
② 《左传·定公四年》。

晋穆侯太子袭杀殇叔夺回君权,是为晋文侯。公元前796年晋文侯死,其子即位为晋昭侯。被晋昭侯分封于曲沃的桓叔于公元前739年指使晋大臣潘父杀晋昭侯于晋都翼绛,妄图以小宗取大宗而代之。但晋昭侯之宗以武力反对,从此两宗长期征战,使晋国陷于大动荡、大内乱,长达67年之久。最后,桓叔之孙曲沃武公于公元前679年消灭晋愍侯,终于以小宗代大宗的形式夺取晋国的君权,是为晋武公。

在曲沃小宗代晋绛大宗这一长期的大内乱、大动荡过程中,有六位晋君先后被弑,大宗公族大多已随晋故君做了牺牲品,剩下为数不多的大宗旧公族,地位也日益下降,几乎沦为庶人,已无力作用于晋国政治。到曲沃武公之子即位为晋献公后,只有其祖上自桓叔、庄伯以来的新公族支庶繁多,形成一股新的政治势力,威胁着君权的安危,"晋桓、庄之族逼,献公患之"①。对此,晋献公在异氏大夫士蒍的筹措之下,最后于公元前669年"尽杀群公子"②。桓庄以来的公族被剪除殆尽,使晋国的公族势力大为削弱,这就为异姓、异氏势力的兴起提供了时机。从当时的社会形势而论,异姓、异氏宗族在诸侯列国中虽有弑君之能,但却不能自为国君。相反,能够篡位自为国君的无一例外全是公族近支的叔侄昆弟。故此,为了消除公族迫君的忧患,曲沃新立之宗感觉到任用异姓、异氏更有利于维护自家君统。所以,晋献公倚重异姓、异氏而剪灭公族。如士蒍、里克、荀息、吕甥、冀芮、郭偃、赵夙、毕万、东关五、梁五、史苏等在晋献公之时有着重要的社会地位和政治作用。而这一时期除了晋献公自己的支庶公族外,很少有公族在晋国政治中的活动事迹。

从西周末年晋殇叔夺君位破坏宗法制度开始,经过近70年的争战,曲沃以小宗代大宗得以确立,这就极大地淡化了晋国的以血缘关系为基础的宗法观念,正如骊姬所说:"自桓叔以来,孰能亲爱?唯无亲,故能兼翼。"她还认为:"长民者无亲,众以为亲。"③作为局外之人对晋国的看法也是如此。当晋国假虞国之道以伐虢国时,宫之奇以唇亡齿寒的道理谏阻虞君,虞君认为:"晋,吾宗也,岂害我哉!"宫之奇则指出:"虞能亲于桓、庄乎?其爱之也,桓、庄之族何罪,而以为戮,不为逼乎?亲以宠逼,犹尚害之,况以国乎?"④可见,在宫之奇眼里,晋国已根本不讲什么亲缘关系了。血缘观念的淡薄有利于异姓、异氏的兴起,且异姓、异氏的兴起和发展又进一步冲淡着晋国的血缘观念。加之,晋国在"戎狄之民实环之"⑤的环境中,与之有着长期的交往,晋献公时,大夫狐突之族即来自于戎狄。献公也与戎狄有多次的婚姻关系,戎狄"贪而

---

① 《左传·庄公二十三年》。
② 《左传·庄公二十五年》。
③ 《国语·晋语一》。
④ 《左传·僖公五年》。
⑤ 《国语·晋语二》。

无亲"①的文化影响,也削弱着晋国的宗法血缘观念。宗法血缘观念的崩溃,为"国无公族"制度的形成做了思想上的准备。

骊姬为乱时,在晋献公宠臣东关五、梁五、优施等异姓势力支持下,害太子申生,立其子奚齐为太子,后又害怕群公子威胁奚齐的地位,唆使晋献公杀戮驱逐公子重耳、夷吾,血缘观念淡薄的晋献公不仅依其计,而且"尽逐群公子",将其父武公和自己的支庶公族尽行驱逐,并紧接着于公元前656年"始为令,国无公族焉"②,制定了"国无公族"制度。"国公无族"就是近支公族不得为卿执政和受封食邑。这一制度在晋国以后的历史发展过程中产生了深远的历史影响。最主要的是它所发生的社会机制成为异姓、异氏在晋国发展强大而不可抑制的最深刻的社会根源,并由此导致异姓、异氏对晋国的分裂。这表现在以下几点。第一,在"国无公族"制度形成之初,公族尽逐,晋国政治完全依靠异姓、异氏的支撑,使其势力获得迅猛的发展,形成难以抑制的政治势力。这一时期,满朝卿大夫都是异姓、异氏,他们把持朝政,已形成大夫专政的萌芽。第二,在"国无公族"制度支配下,必然会排斥公族在晋国社会政治中发挥重要作用,不得不依靠异姓、异氏主持国政,这样就造成异姓、异氏卿大夫专政局面形成的潜在机制。正如郑国子大叔所指出的那样:"晋国不恤周宗之阙,而夏肆是屏,其弃诸姬亦可知也已。诸姬是弃,其谁归之?吉也闻之,弃同即异,是谓离德。"③可见,"国无公族"制度不仅使国君公室失去屏卫,造成公族与国君的离心离德,而且也迫使国君"弃同即异",依靠异姓、异氏的势力,形成不可逆转之势。第三,在"国无公族"制度发挥作用的情况之下,晋国社会活动必须依赖异姓、异氏。而异姓、异氏本无政治特权,需要依靠自己的努力才能在异姓、异氏的相互竞争中立足于晋国社会,处于不败之地,进而激励着各异姓、异氏加强自身的建设。他们一方面要讲求德行才能,赢得社会的赞誉,获取政治资本,这就是在楚人看来晋国"其大夫则贤,皆卿材也"④的原因;另一方面,他们也引同党、推同宗,发展自己的私家势力,积极争取军政大权,扩张自己的政治军事经济势力,形成卿大夫强族,以对抗公室及其他异姓、异氏势力。因此,形成"政在侈家"⑤"大夫皆富"⑥"政在家门"⑦的局面。

(2)晋自文公以来的称霸强盛和以军事势力,领土面积的极度膨胀和扩大为特点的社会发展,是晋国社会中异姓、异氏势力能够空前发展和自身强化的社会条件。

---

① 《左传·隐公九年》。
② 《国语·晋语二》。
③ 《左传·襄公二十九年》。
④ 《左传·襄公二十六年》。
⑤ 《左传·襄公三十一年》。
⑥ 《左传·襄公二十九年》。
⑦ 《左传·昭公三年》。

晋文公回国后，进行了一系列政治、经济改革。国内政治稳定，生产力提高，农业、工商业开始勃兴，经济实力增强，在此基础上开始了对外扩张、谋求霸业的活动。公元前632年城濮之战，晋国成为中原霸主，直至晋悼公时期，晋国长盛不衰。在这期间，以异姓、异氏为主的卿大夫，在经济上采邑领土大大增加，并受列国贡贿，经济实力大为增长；在军事上，不仅掌握了晋国军队的领导权，而且拥有属于个人所有的武装力量"私属"；在政治上，形成卿大夫强族专政的局面。

形成这一局面的主要原因有如下几点。其一，晋文公回国治政大加重用跟从自己的勋臣。这些勋臣大多为异姓、异氏。他们身居要职，维护着非公族的利益。如文公"作三军"，打破国君自为军队统帅的旧制，命郤縠为中军将，郤溱为中军佐，狐毛为上军将，狐偃为上军佐。只有下军将由旧公族栾枝担任，下军佐先轸仍是异姓。晋国军政合一，中军将为三军之帅，入国执政为"正卿"。可见，异姓、异氏在晋文公时已开始控制军政大权。其二，晋文公称霸之际战事频仍，在公族衰弱不振的情况下，不得不倚重异姓、异氏的势力。随着军事扩张的需要，晋国军队由二军扩展为六军，卿大夫由最初二卿二大夫增至十二卿大夫。军队建置的扩大，使晋国卿大夫集团的人数大大增加，卿大夫引同族、推同党，形成卿大夫强族，有的一门数卿、数大夫。如赵氏在晋景公时的三军六卿、六大夫中有一卿三大夫。郤氏有"三卿五大夫"①。卿大夫集团和强族中异姓、异氏居多，形成与公室、公族相抗衡的政治势力。其三，由于晋文公称霸后、以至于晋悼公时晋国都处在强盛时期，诸侯列国都不断朝贡晋国，卿大夫们乘执政之便，向列国索取重贿，也增加了自身的经济实力。其四，晋国称霸强国以来，不断兼灭方国、戎狄，势力扩张至河北中南部和河内地区，国境扩大，疆土辽阔。晋文公改革吏制时，让旧贵族掌"近官"，公族掌"中官"，异姓掌"远官"。"近官"是中朝官，即晋国中心地区的地方官，"中官"是宫官，即管理公室事务之官，而"远官"则是偏远地区和新拓疆土的官员。由于新拓疆土地处偏远，且多由异姓卿大夫因战功分封占领，大大扩张他们的采邑领地。而旧贵族、公族身为中朝官、宫官很少有建功获封之机，即便是受君封赏，但地处国都可供封赏的地域有限，因此采邑领地相对狭小。采邑领地是经济生活依靠的主要生产资料，采邑领地的多寡意味着经济实力的强弱，而经济实力的强弱是采邑主政治势力的基础。故而，以异姓、异氏为主的卿大夫采邑领地在偏远的新开疆土上扩张较快。他们大力发展采邑经济，供养斗士和私属军队，建立据点，增加私家势力，且离国都较远，国君鞭长莫及，形成尾大不掉、难以控制的局面。其五，晋文公虽然昭复公族，但国君自己的"公子不为卿，故卿皆异姓"，不像其他列国之卿"强半公族"②，所以公室势力依然很弱，不仅不能抑制异姓、异氏势力的增长，反而有利于异姓、异氏势力的壮大。

---

① 《国语·晋语八》。
② 《左传纪事本末》卷三十一。

以异姓、异氏为主的卿大夫势力的强大引起其与公室的矛盾，所以，这个时期一些国君试图改变卿大夫势力的逼迫，利用卿大夫之间的矛盾打击一些卿大夫强族，如晋景公诛灭赵氏之族，晋厉公诛灭郤氏之族，统收其采邑。统治集团内部的矛盾斗争主要是国君与卿大夫强族之间的矛盾及卿大夫之间势力发展不平衡的矛盾。但总体来说，由于卿大夫刚刚扩张的采邑经济还没有发育成熟，根基还没有稳固。加之彼此发展不平衡，相互斗争激烈。另外，公族也还有一点儿势力，所以国君还能够显示出一点儿对卿大夫势力的制约力，剥夺其政，收其采邑。尽管如此，以异姓、异氏为主体的政治势力在这一时期已形成能够和国君公室相抗衡的强大力量，而且其自身也得到很大程度的强化。

（3）晋悼公之后晋国霸权的衰落、政治的衰败，促使以异姓、异氏为主的卿大夫势力转向对国君公室的削弱。以封建关系为主体的采邑独立王国的形成，具备了分裂晋国而自立为主的社会基础。

公元前552年，范氏、中行氏、智氏、赵氏联合驱逐了公族栾氏，并大肆捕杀了包括许多公族在内的栾氏党羽。两年后又联合魏氏诛灭栾氏全族，没收其采邑入公室，尔后，又辗转瓜分了其中的大部分。栾氏是旧公族中能够与异姓、异氏卿大夫抗衡的唯一强族，栾氏被诛灭，晋国就只有范、中行、知、赵、魏、韩六大强族了，他们基本上控制了晋国政权。公元前519年，六卿"欲弱公室"，联合诛灭了祁氏、羊舌氏，"分其邑为十县，各令其子为大夫"[①]。公族在六卿的联合打击下，在平公时已被消灭殆尽，故如公族叔向自己所说"公族尽矣"[②]。这就使得公室更加卑弱。卿大夫在瓜分公族土地的基础上经济实力更加增长，政治上也控制了晋国的政权，所以时人评价晋国社会的情况时，发出了"晋公室卑，政在侈家""大夫皆富""政在家门"的慨叹。有人已经意识到"晋君将失政矣"[③]，并根据晋"君幼弱，六卿强而奢傲，将因是以习，习实为常"[④]的状况，认为晋公室的衰弱是必然趋势。就连晋平公自己也意识到"晋其庶乎"，而叔向则更透彻地指出晋国"公室惧卑，臣心不竞而力争，不务德而争善，私欲已侈，能无卑乎"[⑤]？范、中行、赵、韩、知、魏六卿在削弱公室、瓜分公族土地上有着共同的利益，但他们彼此又处于势均力敌的状态，任何一家都不能单独消灭另一家。因此，他们为了巩固既得利益，制定和公布刑书，相互约束，还不断举行盟誓，从诛灭栾氏强族后，保持了半个世纪表面上的安宁，形成六卿联合执政的局面。这一时期，六卿极力改善采邑经济的生产方式，发展采邑经济，使采邑经济极度膨胀，并成为封建关系在晋国迅速发展的经济基础，而且形成六卿自身的强化和彼此分化的社会条件。

---

① 《史记·晋世家》。
② 《左传·昭公三年》。
③ 《左传·襄公三十一年》。
④ 《左传·昭公十六年》。
⑤ 《左传·襄公二十六年》。

由于农业在晋国基础深、潜力大，从晋文公改革、提高生产力之后，农业生产更为发达，加之开疆拓土获得大量的土地、财物和劳动力，使农业经济成为晋国的主导经济，农业生产的主要生产资料土地的多寡已成为财富多少的象征。卿大夫为了增加自己的经济实力，更多地供养私士、私属军队，壮大政治势力，主要依靠扩大自己的采邑土地来实现。所以，卿大夫争夺采邑，扩张土地的斗争在晋国异常激烈。从晋灵公起，有先克夺蒯得堇阴之田，晋厉公时郤氏夺夷阳五和长鱼矫之田并与周人争鄇田；晋平公时范氏与和大夫争田，范氏、赵氏、韩氏争州之田并瓜分祁氏、羊舌氏之邑等争田事件不断发生。另一方面，由于生产力的提高，原有的奴隶制生产关系已不能适应生产力发展的要求，加之以公室为首的奴隶主腐化奢侈，残酷剥削和压迫奴隶阶级，引起阶级矛盾的尖锐化。当时，"庶民罢敝，而公室滋侈，道殣相望，而女富溢尤"①，造成大量奴隶逃亡和反抗，连国都也是"盗贼公行"②"民闻公命，如逃寇仇"，形成"公乘无人"③的局面，公室连当兵打仗的甲士几乎都没有了。而卿大夫强族为了争取民心，不仅用小恩小惠收买民众，而且在自己的领地上改革生产方式，调动劳动者的积极性。为了吸引更多的劳动力，他们都先后改变了百步为亩的旧制，范氏、中行氏以一百六十步为亩。智氏以一百八十步为亩；魏氏、韩氏以二百步为亩；赵氏则以二百四十步为亩。除赵氏"公无税焉"外，其余五家都以五分之一为地亩税率④。这样，大亩代小亩，必然要改变原有的"井田阡陌"，古老的井田制就被破坏了，收取伍一之税，就废止了公田劳役助法的奴隶制生产方式，改按亩征收实物税。这样在六卿采邑领地上的劳动者"隶农"就转变成农民阶级，六卿也就在实际上由奴隶主贵族转变成为新兴的封建地主阶级了⑤。因为这种新的生产方式可以使劳动者种好多收，他们的劳动积极性自然高涨，这必然促进采邑经济的繁荣发展。由于采邑经济的繁荣发展和极度膨胀，六卿经济势力进一步增长，形成政治势力与经济势力相互助长的趋势。

自卿大夫采邑领地极度膨胀以来，采邑领地上的县、郡设置越来越多，由最初的边地，后来发展至内地，直至都下，晋平公时已达50余县。六卿往往用自己的家臣、养士去做其县郡采邑的长官。由于他们和采邑主无宗法上的联系，不世袭其职，形成食禄官僚制度，这实际上是封建官僚体制的前身。六卿在采邑领地上经营自己的大本营，使一些采邑城市成为各家领地内的政治经济中心，如赵氏以晋阳为堡垒，又以邯郸、长子为根据地。晋阳在赵氏抵御智氏、韩氏、魏氏进攻时，坚持了一年多，且"民无叛意"，说明其经济的支撑力和政治的稳固性很强大。正因为如此，晋阳在后来成为赵之

---

① 《左传·昭公三年》。
② 《左传·襄公三十一年》。
③ 《左传·昭公三年》。
④ 参见银雀山汉简《孙子兵法·吴问》。
⑤ 参见杨宽《战国史》第二章、第七章。

初都。晋阳作为赵氏的政治、经济中心城市自不必说，长子"城厚完"，邯郸则"仓库实"[①]，魏氏之安邑、韩氏之平阳亦都是具有相当规模的城市。采邑经济的繁荣，为六卿供养私属提供了条件，六卿的私有军队日益壮大。这样，六卿的采邑领地上既有自己独立的经济体制，又有政治经济中心城市，还有自己的官僚体制和军队，且领土广大，实际上形成以各采邑主为首的、以封建关系为基础的新型独立王国，具备了独立发展的经济基础。

但是，六卿进行封建改革的程度不同，争取民心的效果也不同，影响着彼此势力的消长。而且六卿各自占有的采邑土地的数量并不完全均衡，这样彼此之间的政治势力、经济势力再度失去相对平衡状态。在公室公族已无可供兼并的领土的情况下，以大兼小、以强食弱的本性决定着六卿必然走向相互兼并，由联合走向分化。公元前497年，六卿之间终于爆发了新兴地主阶级之间的第一次兼并战争。赵氏联合智氏、韩氏、魏氏经过长达七年之久的剧战，战胜范氏、中行氏，范氏、中行氏的采邑领地除部分划归赵氏外，其余暂寄公室。30余年后，也就是公元前454年，智氏、韩氏、赵氏、魏氏又将其从公室夺回全部瓜分。当时，晋出公欲借齐、鲁之师逐四卿，却被四卿赶出晋国，执政者智瑶另立哀公。智瑶借立君之势，把持晋政，并向其余三家索地，唯赵氏不给，于是智瑶联合魏、韩两家共讨赵氏。赵襄子奔保晋阳。三家攻晋阳岁余犹不下，赵襄子派张孟谈游说魏、韩，反攻智氏，诛灭其族，瓜分其地，最终形成三家分晋的局面。

（原载《山西师大学报》1992年第1期）

---

① 《国语·晋语九》。

《山西省文化史略》述评

张有智

  位于黄河中游的山西，作为中华文明的发祥地之一，在古代中国的政治舞台上曾扮演极重要的角色，在文化上也是独具个性传统的区域。然而，时过境迁，与昔日的辉煌时期相比，它在近世却渐渐地落伍了。对此，从文化史的角度进行检讨，不仅对了解过去、增强历史认识提供一种思考，而且也可以加深我们"对于中华文化具有百川归海的普遍性格的认识"①。

  正是基于上述考虑，近几年笔者开始注意有关三晋文化的研究工作，在翻阅材料的过程中，于1997年8月在山西省图书馆发现一本日文版《山西省文化史略》（以下简称《略》）的小册子。从科学的角度看，该书虽称不上是严格意义上的学术研究，但却是一部系统介绍山西省历史文化的著作，对我们的研究也不无启示。因此，笔者对其作简要述评，以飨读者。

  该书约有6500字。1943年4月，由山西省立新民教育馆编，太原陆军联络部刊印。至于其作者，《略》书未署名。我们只能对上述的编印机构进行一番考索。

  太原陆军联络部是1943年3月由侵华日军山西省陆军特务机关改组而成的。1937年11月上旬，日军侵占太原后，成立太原陆军特务机关。1939年春，随着日军山西派遣军司令部的成立，太原陆军特务机关也升格为山西省陆军特务机关，属派遣军司令部领导。1943年3月改为太原陆军联络部。这一特务机关的历届机关长，都由日军将领担任。先后有：谷荻那华雄中佐、井上靖大佐、植山英武大佐、石野芳男少将等人。就准日军山冈军团侵占太原后，于1938年成立了所谓的"山西文化保护会"，进而产生太原博物馆；1939年6月30日，将太原博物馆移交于舞兵团；11月2日，又由舞兵团复移交于山西省陆军特务机关；次年12月，改称为山西省立新民教育馆。该馆亦有日军人员参加。馆内通译为玉川景瑞。

  太原陆军联络部是一个由日军派遣军司令部领导的特务组织，新民教育馆则是在这一特务组织控制下的一个推行殖民文化的机构。它们的主要任务是：扶植、建立便于操纵和控制的各级、各类傀儡组织；贯彻执行日军侵略政策，实行殖民统治，加强经济

---

  ① 朱维铮先生：《文化的类型》，《音调未定的传统》，辽宁教育出版社，1995年。

掠夺，进行文化侵略；搜集情报，开展策反诱降活动①。由此，即便无从详考《略》书作者究竟是新民教育馆的日军人员还是馆内的中国人，但它经由太原陆军联络部刊印出版，无疑是经过该特务机构严格审查的，其编印目的亦与该特务机构的侵略任务相一致。不过，本文的视角在于从学术研究的角度对《略》书进行简要介绍和剖析，以期能给我们今天的山西文化史研究以某种启迪。

《略》书把历史悠远的山西文化史分为四个时期。在各个时期中，分别详述了山西的政治、军事地位，又根据文化史发展的多样性和不平衡性有选择地论述了不同时期的民风和人物、学术等问题。第一期，从国家的出现到周王室东迁。《略》书认为，晋南地区的文化萌芽，是以人们为了暂时的集团生活而建立的一种秩序开始的。可以预测，这是一个已经出现某种程度的政治活动、组织机构，开始产生国家意识的时期。尧都平阳、舜都蒲坂、禹都安邑，都是传说中的管理国家的都城。尧、舜、禹等伟大人物在今天仍然活在中国人的心中，像祖神一样受到尊崇，这是因为他们治水成功，确立了疆域，并使人明白了人伦、道德这一点。同时这也是中国四千年文化之所以能在这一地区萌芽、经过悠悠岁月发展至今的原因。《书经》的《尧典》《禹贡》即使被怀疑曾有后人加笔，但仍然被奉为后世制度渊源的"圣典"。其内容梗概，也被认为于远古时期在这一地区实行过。山西在中国文化史上所占位置的长期性和重要性，令人惊奇。

殷代，把国都迁到了地处平原的河南的亳之后，由于水灾，迁都多达五次，这也许对于理解地处丘陵地带的晋南很适合作为中古国都有所帮助。纵然有人怀疑尧、舜的真实存在，也不会影响山西在文化史上的地位。就是说，把在晋南各地散存的从新石器时代前后的遗迹中发掘出来的石器、陶器、铜器等器物同文化时代稍后的陕西、河南等地的器物相比较，即便说规模大小有些差异，但绝不能说前者在水平上不及后者。可以看出，在殷周时代，晋南地区已具有消化吸收外来文化以丰富自身文化的特点。事实上，把在万荣的荆时、夏县的禹王城、芮城的西王村发掘的器物同汉以后的器物结合起来看，足可说明晋南古代文化至今都值得称道。

第二期，春秋战国时代。这一时期，从叔虞封唐开始，叔虞子燮父时改唐称晋②。晋国在晋文公时，与齐、宋在河南城濮联合破楚，终于称霸。以后200年里，晋国实际上作为天下的君主号令诸侯。其中原因，除自叔虞以来的晋室传统和国君的贤明之外，与山西的地形当有很大关系。《禹贡》虽把雍州（陕西省境内）作为最佳之地，但关中地区在战国时期乃开始称雄，而在此前的春秋时代它却经常受到山西的压制。齐桓公也

---

① 山西省地方志编纂委员会：《民国时期山西省各种组织机构简编》，山西人民出版社，1983年。

② 《山西省文化史略》主张封晋在太原西南，因晋水而得名。实际上晋国始封之地当在翼城一带，此观点经考古与文献相印证日趋定论。

慨叹他的霸业未能扩展到晋地。当时的晋臣说："战也。战而捷，必得诸侯。若其不捷，表里山河，必无害也。"①据此，应该说山西的地形是易守难攻。地形影响人情，险峻、高燥之地的山西，在非常之时涌现出许多仁人志士。跟随重耳流亡19年在功成后不领赏而隐居绵山、最后被焚烧而死的介子推，为报智伯知遇之恩又不忍刺杀赵襄子仅击其衣而伏剑自尽的豫让，战国时的辩论雄才张仪，赵国名将蔺相如、廉颇，等等，都在中国人中享有极高的声誉。事实上，高峻的山西培育了许许多多的人物，但是，险峻的地形、艰难的环境，使这里的人们既具有以身殉节的高尚风气，同时又具有狷介、倨傲、不易与人相处的性格。这也说明了上述列举的那些名士的下场为何大都如此寂寞冷清的原因。

山西民风在《诗经·唐风》中反映出重俭民富、重勤国强的特征，《孟子》也说："晋国亦仕国也。"②这些都是对晋人勤劳努力的一种写照。晋国采用适宜的政治，从而使国富民强，王化从南部达到中部和北部，惠临全省。在前代还没有开化的晋北地区，赵国奋力驱逐北狄，建造了后世长城的根基。但是关于看到的遗迹，说它仅仅是汉民族的势力圈，并不过分。

第三期，从秦汉到唐末五代。这大约一千年间，是山西自尧、舜以来蓄积的实力在天下耀武扬威的时代。

秦汉前的学术，由"六艺"到《六经》，由"五行"到"五德"等有关学术极为广泛地流行。道家、儒家、法家、数术家、方技家等诸子百家纷纷出现。由于竭力于各种钻研，文化获得长足发展。汉以后，偏重于政治经术，以文章判定人才，使前代以来的诸学衰微，把读书作文变成了只是求官的工具，期望学术圆满发达成为困难，而且各种学说失去了往昔的活泼风格。以后，中国学术出现了专做观念游戏的倾向，其危害至今令人痛惜。战国七雄竞相寻求名将贤臣，终于发展为秦朝的统一。韩、魏、赵相继灭亡，山西地区完全归秦统治。河东、上党、太原、代郡等，均属秦统辖。虽然汉朝的区划名称有所变动，但亦是以分郡县来进行管理。山西虽然暂时离开政界中心地域，往昔的活泼局面难以看到，但由于传统的力量，山西依然出现了许多担负天下重任的大人物。三国时，这里成为魏国的版图。从后汉开始就盘踞在北方的南匈奴，越过雁门在北部杂居，进入三国后越来越多，至魏末到达汾阳、祁县一带。西晋时，匈奴人刘渊终于起兵离石，称汉独立。其后，历经匈奴以外的鲜卑、羌、氐等建立的后魏、北齐等五胡十六国的兴亡，山西一时完全处于北方民族的统领之下。因而，当时山西文化中存在着特别的东西是很自然的事情。但北方民族一旦进入塞内，不多久便模仿汉族文化，反被进一步同化。从普通人类学或语言学的角度看，这是一个极复杂而富有意义的问题。

---

① 《左传·僖公二十八年》。
② 《孟子·滕文公下》。

在这些胡族统治山西的时代，风靡中国的佛教文化特别发达，尤其是北魏孝文帝时代，是最兴旺时期。这一时期，在山西及其附近留下了许多石窟、石像。其中大同云冈石窟，洛阳的龙门石窟、石佛等，是北方民族宣耀后魏文化的世界性遗迹。

尽管隋朝的统治仅仅50年，但晋阳城被作为隋炀帝的行宫来对待，足见山西地区极受重视。唐朝，有隋末太原留守李渊在晋阳起兵，数月之内攻取长安。翌年，李渊在长安称帝。山西因其历史渊源，太原城被称作北都，天下分为十道，山西作为河东道，李渊使其同族、旧功臣担任节度使。唐高宗显庆年间，在晋阳城东、汾河东岸增筑东城。以后，在则天武后时代，跨越汾河建造了一座城池，把东城和晋阳城连接起来，称为连城。这座雄大的城池被视为都城之外最为重要的地域。

唐室出自山西的结果，使当时的山西涌现许多贤臣名将。从唐高祖创业到太宗朝，河津的薛仁贵、闻喜的裴行俭等，都是创业初期的名将；还有温大雅（祁县人）、狄仁杰（太原人）等，是唐朝文臣中的佼佼者；享有文坛盛名的白乐天、柳宗元、王维等也都是这一地区的人物。此前还有南北朝时净土宗的祖师昙鸾，以及以后在玄中寺的道绰等佛教人物。尤其不同凡响的是绝代佳人杨贵妃出于永济，中国史上的三大女杰之一则天武后出于文水。

唐末李克用以河东节度使封为晋王，兵力充实，其子李存勖一时称霸于天下。此后不久，进入五代乱世，刘知远称帝，其弟刘崇为河东节度使。郭威篡位，河东不服，推刘崇为帝建立大汉（北汉）。但是，国家疆域仅不过十州，宰相的月俸为铜钱百串，寥寥无几，即便如此，此时他们还对太原城外的风峪石经进行了重修。这些可以使我们了解五代乱世山西的重要地位。

第四期，宋到清末。后周世宗虽用兵如神，然而由于晋阳城的缘故终究未能削平北汉。宋太祖也做过进攻的尝试，但未能成功，十州依然属北汉统领。晋阳城之难攻于此可窥见一斑。

宋太宗太平兴国四年（979年），以40万大军三度亲征，把水灌入晋阳城中，城破，城中百姓用瓦片抗击入城军队。宋太宗进行极为残酷的屠杀、掠杀。这充分表明了山西民心的归趋。战后，宋太宗下令城民在五日之内退出，放火烧城。这一座历史名城毁灭后，山西陷入政治衰退之途。后来在汾河东岸的三交、唐明二村一带筑造了新城，也就是今天的太原城。新城街道的设计，全部修成丁字形，"丁"即"钉"，取其具有钉破龙脉长治久安之意。随着太宗撤兵，富户大族举家东迁，旧城留下一片瓦砾。遭受掳掠的人民四处流散，没有生活之路。作为穷极之策，山西人学习和掌握商业知识，往来东西，山西的商业风尚随之兴起。常常夸耀自尧舜以来有三千年传统的山西，此后不得不完全改变它的风貌。从晋阳城的灭亡到开拓商业新局面，我们对于山西人的奋斗精神感到新的惊奇。

金、元两代都是北方民族建立的国家。从佛教的遗物等来看，山西地区在这两朝的文化与其他地区相比较，依然持续发展。起于北京的东西交通之路，贯通山西南北。著名的马可·波罗也经过山西北部、中部、南部到西安、成都。此时商业走向更为发展的道路。

进入明代，山西的商业更为发达。汾州人经营汇兑事业，称作"票庄"，操纵着天下经济，山西之富居于全国首位。但是，山西人的性格却别具一格，赚取万贯家产仍旧希望回乡，房屋建筑豪华漂亮，家财贮藏充盈，这些都是他省人不能相及的。然而俭约、吝啬和善于学习的精神，却受到"朴陋"之讥。

经营商业之人遵循祖先遗规，专力于追求利润，讲求诚挚的信用。在清代，山西的商业区域越来越扩大，支配着国内的金融界。乾隆、嘉庆、道光时的多次捐输，常常由山西负担总额的一半。然而，在咸丰、同治、光绪前后，广东兴起，山西人的性格和商业道德渐渐地不适宜于时代风潮，显示出渐次退步的倾向。特别是辛亥革命以后，近代西欧文化传入，使山西变得更加穷困。

这一时期，山西省的文章著作较为衰落。金、元以前尚可，明代最差，清代稍有回复的征兆。这一时期的前半期，山西艰难地保存了文武盛名，后半期则完全走向衰落。代之而起的商业，也在本期末进一步萎缩。这样，山西在晚清近代以来失去往昔的辉煌。这一时期的文武人物与往昔相比是寥寥无几。著名的有历任四朝、在官50年的文彦博和因《资治通鉴》为人们非常熟悉的司马光是宋代名臣。清代的傅山喜欢书画、诗文、篆刻，尤其以博学和书法而著名；阎若璩的学识、考证一变清朝学风。此外，小名家也不少。还有乡宁人杨笃编撰的《山西通志》，其功绩被山西人深深地记在心里。

以上是《略》书的大概内容。虽说文字不多，但留给人的印象却也深刻。下面试对其作简要剖析。

第一，《略》书把政治军事史与文化史混为一谈。政治军事史与文化史在治史目的和内容上大相径庭。前者以资政、垂鉴、为现实政治服务为目的，以帝王将相、军事胜负、政权兴替为内容；后者以展示人类创造的丰功伟绩、增强历史认识为目的，以精神文化与物质文化为内容[①]。而《略》书中以极大的篇幅论述山西地区的政治军事史，展现的是山西在政治军事史上的历史地位，似乎与"文化史略"的题目有异，这当是作者的侵略目的使然。

第二，文中述及的文化史部分，不仅粗略平淡，而且挂一漏万，错误百出。具有独特个性特征的山西文化，本是丰富多彩的，但在作者笔下，却显得那样苍白无力。仅就其人物部分而言，像李显、贾逵、裴頠、慧远、法显、王通、王勃、王之涣、杨业、罗贯中、薛瑄等主要的著名人物未被列入；却列入了许多非山西人，如范蠡、黄石公、

---

① 见郭长刚、张有智：《略论西方史学中的文化史传统》，《河北学刊》1997年第4期。

张良、韩信、樊哙、陈平、周亚夫、李商隐、柳公权、欧阳修等。当然还有许多其他错误。这些极其普通的历史知识，《略》书却丘山是弃，阴差阳错。这是作者考证不周，或许他根本不是一个历史学者的缘故。为避免以讹传讹，对其指疵纠谬尤为必要。

尽管《略》书的治史动机不足道，《略》书的研究平庸粗浅，但它所提出的问题，却给我们今天的三晋文化研究以某种启示。

首先，《略》书创造了山西文化史研究的开端。关于山西文化史的研究可以上溯到秦汉时代，整个中国古代都有论及，但仅仅是散见于方志论著之中有关民风民俗的零星记录而已。民国时期，曾一度出现文化研究热潮，出版了几部区域文化史著作，而真正冠以山西文化史之名的研究性著作却付之阙如。从这个意义上讲，《略》书可谓填补了一项空白，而且，它以时间序列为线索，把山西文化史的漫长发展过程分为四个时期作动态勾勒，便于人们了解和把握山西文化史的发展脉络。虽然它的分期还有待研究，但其建构的山西文化通史体的研究框架则为我们提供了一个参考范式，可谓引玉之砖。

其次，《略》书注意到山西文化史上农耕文化与游牧文化相互碰撞的问题。它指出，这是一个"民族杂居区"，而且历经北方少数民族的统领，"山西文化中存在着特别的东西"。这无疑是一个中肯的结论。山西自叔虞封唐之时就已是"戎狄之民实环之"[①]的民族杂居之地，是"北方、中原两大古文化区间的枢纽部分"[②]。历经秦汉魏晋隋唐五代的漫长而曲折的发展，游牧文化与农耕文化在这里不断地碰撞交锋、相互影响，使得人们的生活方式、民风民俗、宗教信仰诸方面都发生了较大变异，呈现出独特的文化风貌。《略》书虽然看到山西人具有侠义狷介、勤劳俭朴、安土重迁的性格特质，但只是一些简单的表象罗列，没有从两种文化的视角去探究其对山西人性格特质的深层影响，而是简单地归因于险峻、高燥的山西地形，失之偏颇。

第三，《略》书也涉及山西思想文化研究的层面。主要表现在它列举了一些著名的思想家，例如，北魏著名佛学家昙鸾，唐代著名佛学家道绰，"唐宋八大家"之一的柳宗元，"道学六先生"之一的司马光，明清之际的启蒙思想家傅山等。另外，它看到山西地区的佛教文化的发达，认为"北魏孝文帝时代是最兴旺的时代"，云冈等地的佛教石窟是"后魏文化的世界性遗迹"。事实上，古代山西的思想文化不止如此，法家、纵横家在先秦时代就已十分活跃、突出。尤其是法家思想，在秦汉以后与儒家的"礼治"思想互为里表，并行不悖[③]，成为维护长达两千年之久的古代王朝统治秩序的两大"法宝"。然而《略》书对此却无论及。

---

① 《国语·晋语二》。
② 苏秉琦：《晋文化研究问题》，《晋文化研究座谈会纪要》，山西省考古研究所，1985年。
③ 参见李元庆：《先秦三晋文化思想探析》，《晋阳学刊》1987年第6期；《三晋文化思想的历史地位和影响》，《晋阳学刊》1989年第1期；以及李氏有关三晋文化研究的系列论文。

综上所述，《略》书是日本侵占山西的产物，它出笼的动机是为其军事侵略与文化侵略提供历史参考。不过，单从学术研究来看，虽该书的一些观点值得商榷，却也难辞"粗制滥造"之咎，但它所提供的山西文化通史的分期研究及有关山西在历史上的地位、人物、民风、佛教、民族关系、人地关系、商业道德等诸多研究层面，对我们今天的研究不能说没有参考价值。

（原载《晋阳学刊》1998年第2期）

三晋地缘政治特色之解析

杨秋梅

三晋文化源远流长，内涵丰富，个性突出，是我国最富有特色的地域文化之一。学者们对晋文化的特色从各方面、各角度进行过极为深入的探讨和研究，取得不小的成就，在许多方面达成共识。如果我们把视角转向社会政治背景，就会发现，山西在中国古代社会政治生活中曾几度占有极其重要的地位，其根本原因就是建立于山西的割据政权势力强大、举足轻重、能够主导全局。而山西的这种重要地位只限于北宋以前，且往往也只显现于分裂、动荡时期。随着国家的统一和稳定，山西的这种政治中心地位也在逐渐地降低。本文试图对这一地缘政治特征的状况、形成及作用作一粗浅的探讨。

一

山西是中华文明的发祥地之一，在远古时代就积淀了深厚的原始文化层，并形成了前后衔接的文化发展序列。传说中的圣王尧、舜、禹及其活动的中心都在晋南——尧都平阳、舜都蒲坂、禹都安邑。这些灿烂的史前文化为以后山西历史的发展提供了得天独厚的优越条件。

山西在中国古代政治生活中的地位有三个时期特别突出。

第一，春秋战国时期。西周初年，周王朝为巩固其统治，实行宗法分封。晋国就是在分封的大潮中建立起来的一个国家。很显然，它是依赖当时较先进的周文化，利用政治与军事手段通过对战败者的征服而建立的。虽然它只是一个小小的封国，但它是西周王朝推行强势政治的产物之一，我们不能忽视晋国这一历史源头的重要性。当然，这一优势并非晋国所独有，同时分封的其他国家如鲁、卫等国都同样具备。强大的历史背景只是晋国发展的一种外在因素或先天条件，而真正起作用的还是其自身的活力与特质。

初封时的晋国，只有"方百里"的弹丸之地，地域狭小，国库"不实"，周边环境复杂。在这样低劣的基础上，要脱颖而出，成就霸业，其难度可想而知。西周时期，经过数代人的努力，其状况并未有多大改变。至春秋早期，晋国在"国际"事务中仍是一个无足轻重的小国。自晋献公、晋文公父子两代开始，不断地开拓进取、奋发图强，使晋国一跃而成为"挟天子以令诸侯"的强国。晋侯实际上代替了周天子的地位，成为春秋时期政治生活的主宰。晋国的霸业，从公元前632年践土之盟开始，到公元前482年黄池之会结束，维持了整整一个半世纪。晋国在春秋政治生活中的主导作用得到充分的展现，发展到了顶峰。这是任何一个诸侯国、任何一个霸主都无法与之相比的。终春秋之世，虽然也有过多次的衰退，但这种政治格局并未有多大的改变。

战国时代，晋国一分为三，三家都跻身于战国七雄之列。战国初年的魏国，经魏文侯的变法图强，首先在战国七雄中脱颖而出，成为独霸中原的第一强国。战国中期的赵国，经过赵武灵王的胡服骑射，从根本上扭转了赵国长期四面受敌的被动局面，使之一跃而成为威震华夏的军事强国。山东六国，晋人占一半，"三晋合而秦弱，三晋离而秦强"①，三晋的变革带动了战国盛世的出现，而三晋的衰弱却成为秦统一全国的铺垫。

第二，十六国北朝时期。战国以后，原来的"晋"名称由国别称号演变为地域代称，主要指以今天山西行政区划为主的地区。秦汉以降，继起的晋地政权曾有不少是强大的，致使山西在许多时期仍保持着政治中心的地位。十六国北朝时期，中国政局尤其是北方局势的治与乱都与晋地所建的政权息息相关。匈奴酋长刘渊离石起兵建立的汉国，不仅战胜了西晋政权，迫使其苟安于江南，而且破坏了全国统一的局面，开启北方百余年的十六国割据混战局面。十六国政权大多不建在山西，但祸乱的种子却是从山西播撒出去的。

富有意味的是，结束北方战乱局面的还是由建立在山西的政权完成的。鲜卑拓跋部建立的北魏，乘中原大乱之际，迅速向南扩张，占领了雁北地区，把都城由盛乐（今内蒙古自治区的和林格尔）迁到平城（今山西大同），积极进行改革，壮大了政治军事实力，统一了北方，结束了五胡十六国的分裂割据局面。北魏从道武帝拓跋珪迁都平城到孝文帝迁都洛阳，平城作为北方政治中心长达百年之久。

迁都洛阳之后才30多年，北魏的实际统治中心又回到山西，尔朱荣驻晋阳，实掌朝政，北中国的实际中心由河南的洛阳又转移回晋阳。东魏北齐虽都邺，但实际政治中心仍一直在晋阳。由此可见，从公元304年刘渊起兵建汉到公元577年北周灭北齐，山西一直是北中国的政治中心，其间虽有间断，但时间不长。

第三，唐末五代时期。隋唐时期，山西的地位虽有短暂的失落，但太原作为唐王朝的发祥地，又成为李唐王朝的第三个政治中心。唐末五代又是山西发展的一个重要时期，五代政权中就有三个王朝是由割据山西的封建军阀建立的。李存勖的后唐、石敬瑭的后晋、刘知远的后汉，史称"沙陀三王朝"。"沙陀"三王朝的建立者在称帝之前，都是前朝的北京（指今天的太原）留守、河东节度使，虽然都城不建在山西，但都是以山西为根据地而完成改朝换代。

刘崇建立的北汉，是北宋统一全国所面临的最后一个、也是最顽固的一个堡垒，攻下晋阳城后，为了断绝龙脉、以绝后患，赵光义毫不犹豫地焚毁了晋阳城。从此以后，

---

① 《战国策》，上海古籍出版社，1978年，第628页。

山西再也没有割据政权的建立,自然也没出过真龙天子。这当然是无稽之谈,但却昭示了一个历史事实,山西自北宋以后再也没有成为全国的政治中心。

二

山西在中国古代政治生活中起重要作用的三个时期都是中国社会处于大动荡、大分裂的时期,这种特点的形成是由山西独特的地理优势、人文特点、开放意识、进取精神所决定的。

首先,与山西表里山河、易守难攻的地理形势有关。地理单元的独特性,造就了一方天地的文化品格。在古代,由于生产力水平的限制,人们对地理环境的依赖性很大。地理环境的特殊性在很大程度上决定了地域性文化特色的差异性。"(山西)其东则太行为之屏障;其西则大河为之襟带;于北则大漠、阴山为之外蔽,而句注、雁门为之内险;于南则首阳、底柱、析城、王屋诸山滨河而错峙,又南则孟津、潼关,皆吾门户也。"[1]山西以其特有的山川形势构成一道天然的屏障,"表里山河,称为完固",自古就是兵家必争之地。在军事战术和武器并不发达的古代,地理形势在政治和军事上具有很重要的战略意义,与国家的稳定、战争的胜负有着直接的关系。山西因其"完固"的地理形势在国家政治生活中处于极重要的地位。"治世之重镇,乱世之强藩"[2],就是对山西地理形势的战略意义最好的概括。当国家统一、稳定、强盛之时,可凭借山西外拒北方少数民族的入侵、内平割据势力的叛乱,而当国家处于混乱、衰弱状态,占有山西之地的集团就成为主导国家政局的强藩,如春秋战国时期、十六国北朝时期、唐末五代时期。因而顾祖禹说,"京师之安危,常视山西之治乱""天下之形势,必有取于山西"[3]。

其次,与"人性劲悍,习于戎马"[4]的人文特点有关。山西因其重要的军事战略地位,自古以来为兵家的必争之地。中国自夏至宋,居政治中心的京师一直在大河南岸,与山西相隔不远,因而山西也成为各种矛盾的聚焦点,一旦发生战争,山西首先被祸。北方游牧民族南下,山西又是他们定居和逐鹿的主要战场,这里又成为两种文化碰撞、交汇、融合的中心。游牧民族逐水草而居,广袤的草原生活使他们形成强悍粗犷与豪放浪漫的文化特色。游牧文化及由此形成的人文特点对山西民众的影响同样十分强烈,他们的南下促使南北民族之间交往的频繁,也促成农耕文化和游牧文化的交流与融合。苏秉琦先生说:"五胡不是野蛮人,是牧人,他们带来的有战乱,但不止是战乱,还有北

---

[1] 王轩等:《山西通志》,中华书局,1990年,第7038页。
[2] 李孟存等:《治世之重镇,乱世之强藩》,《文史知识》1989年第12期。
[3] 《山西通志》,中华书局,1990年,第7038页。
[4] 魏征等:《隋书》,中华书局,1973年,第860页。

方民族的充满活力的气质与气魄。"①他们带来的这种文化品格,给华夏民族注入活力与生机。正是受长期战争环境的磨炼和游牧民族气质的影响,山西形成"其俗刚强,多豪桀侵夺,薄恩礼,好生分"②"风土刚劲""人性劲悍"③的特点,为各种势力的争夺提供了强有力的人力资源。

再次,与兼容并蓄、博采众长的开放意识有关。从晋文化的区系类型来看,苏秉琦先生作过精辟的分析,"河东属于中原古文化区系,是华夏族先民的主要栖息地、中国农耕文化的摇篮;雁门属于北方古文化区系,是古代游牧民族主要的活动场所,我国游牧文化的基地"。因此,从整体来看,"以河东古文化为代表的中原农耕文化和以雁门古文化为代表的北方游牧文化水乳交融、二位一体,是三晋古文化区别于其他各地域文化的一个显著标志,所以它被称为'独一无二'的地域文化形态"④。晋文化这一历史源头的重要性,说明它一开始就是以农耕文化与游牧文化复合的面目登上历史舞台的。

山西自古就是多民族杂居交往的聚集地。叔虞封唐,所处的周边环境是"戎狄之民实环之"⑤,因而他通过"启以夏政,疆以戎索"⑥的入境从俗、因俗而治的治国方针,与当地文化融为一体。以后北方的游牧民族南下,山西又是主要的居住地和争战场所,成为民族融合的一个大基地。曹魏时的分匈奴为五部,十六国时的"五胡乱华",北魏时的汉化改革,都促进了农牧文化的交流融合。这种复合型文化,具有较强的兼容性,思想观念比较开放,较少受传统意识的束缚和制约,对外来文化和外来人才有较大的亲和力,易于形成兼容并蓄、吸取他人之长的开放意识。这种精神极其可贵,因为它非常和谐、非常有效地把中华民族的优良传统与民众的优秀品质结合在一起,把传统意识和开放意识、时代精神与进取精神结合在一起,从而构成三晋文化的基本特质和特殊魅力,并不断地产生出永久的效应与效益。

第四,与审时度势、顺时应变的革新精神有关。社会在发展,历史在前进,因而人们的思想观念也要与时共进,在自我继承的同时,又要不断地变革创新。山西历史上的晋献公、晋文公、魏文侯、赵武灵王,都是改革的光辉典范,正是由于他们的顺时应变、开拓进取,才使山西的历史发生一次次的巨变。就连后来入主山西的少数民族鲜卑拓跋氏的首领,都懂得改革对图存的重要性。魏孝文帝冲破重重阻力,坚定不移地进行改革,不能不说是得益于三晋传统文化的滋养。

山西完固的地理形势,为乱世中强藩的崛起提供了客观条件,而劲悍的人文特点,博采众长的开放意识,顺时应变的进取精神,是其政治中心形成的内在特质。

---

① 苏秉琦:《华人·龙的传人·中国人》,辽宁大学出版社,1994年,第71页。
② 班固:《汉书》,中华书局,1962年,第1647页。
③ 王轩等:《山西通志》,中华书局,1990年,第7052页。
④ 李元庆:《晋学初集》,山西人民出版社,2003年,第11页。
⑤ 《国语》,上海古籍出版社,1978年,第301页。
⑥ 杨伯峻:《春秋左传注》,中华书局,1981年,第1539页。

三

　　政治决定于经济，同时又作用于经济。政治对经济有积极的、正面的、直接的影响，同时也有被动的、消极的、隐性的作用。由于强盛的政治需要有坚实的经济作后盾，因而必须励精图治，积极进取，不断变革，才能发展生产，增强实力，经济的繁荣必然又促进文化的繁荣。因此，一般说来，处于政治中心的地区也必然是经济文化繁荣的中心，这是政治对经济文化的发展所产生的一种积极理想的效果。但是，我们也应看到这种强势政治对经济文化的负面影响。秦汉以后，北方战乱的一个很重要因素就是游牧民族的入住，胡人参与权力的争夺，引起"五胡乱华"，不仅造成南北政治分裂对峙局面的出现，而且还迫使北方人口大量南移，山西也是人口流徙狂潮中的重要一支。人口南徙造成的直接后果是中国的经济重心逐渐南移。北方长期处于战乱之中，政权更替频繁，民无宁日，严重地影响了经济的发展。

　　北宋以后，随着国家的统一与稳定，山西的战略地位也逐渐降低。战事的减少，为经济的发展与繁荣提供了一个相对稳定与和平的宽松环境。辽金元时期，经济的发展、文化的繁荣，致使明初大规模的移民活动主要是在山西进行。明清时期，山西的商业成就在全国首屈一指，山西票号曾一度执金融界之牛耳。由此可见，自北宋山西政治地位失落后的几个世纪里，经济文化依然繁荣昌盛，这说明以往政治优势所塑造的优秀文化传统依然在发挥作用。

　　山西政治上的中心地位，只能显现于动荡分裂的乱世。北宋以后，山西再也不能成为国家的政治中心。山西在政治上的优势地位已经成为过去，但以往的政治优势所塑造的晋文化的许多优秀特色和个性特征，并没有成为尘封的历史，反而在改革开放的大潮中折射出越来越斑斓的光彩，以至于深为人们所倾心、所钟爱，并从中接受到多种泽惠和启示。

　　晋文化历史悠久、底蕴丰厚，是中华民族文化发展史上的一颗璀璨夺目的明珠，也是我们进行现代化建设的宝贵资源。在社会改革、转型的浪潮中，在一切可持续利用的资源中，文化资源是最高层次的也是最具有开发价值的资源。丰富的自然资源、人文素养、开放意识、进取精神，是三晋大地给我们的特殊赐赋。近日的文化都是在往日文化的沃土上滋养出来的，在发掘、继承和光大这一优秀文化传统之时，我们应该以开阔的视野、广博的胸怀、开放的意识和进取的精神，勇于吸收一切先进文化的养分，敢于变通，敢于突破常规。在实践中探索传统文化与时代精神的结合点，使晋文化永葆生机和活力。改革开放，继往开来，重新塑造历史的辉煌，才是晋文化现代化价值之所在，我们企盼山西能有一个更加灿烂辉煌的明天。

（原载《山西师大学报》2005年第6期）

晋文化是东周时期的主体文化

张玉勤　张辉杰

东周是封建领主制向君主集权地主制的过渡时期。由于王室衰微，诸侯称霸、大国争雄，宗周文化随之解体，列国的地方文化兴起。然而，在以晋南侯马地区为中心发展起来的晋文化，却不只是一般意义上的地方文化，而是在继承华夏文化和宗周文化的基础上，进而融合北方文化和诸多文化成果形成的，在当时是最先进、最具有时代代表性的历史文化。已故的中国考古学会理事长苏秉琦先生说："东周几百年间重心（政治上最稳定力量）已转移到晋国。"[①]在这一历史背景下，晋文化上承三代、下启秦汉，事实上已成为当时中国的主体文化。东周文明，特别是东周时期的中原文明，在很大程度上是由其来体现的。

一、晋文化的分期和特征

作为一种历史的文化体系，晋文化并非单一的晋国文化，而是包括三晋文化在内的上自叔虞封唐、下迄秦灭三晋，即从公元前1027年左右至公元前225年，在以晋南侯马地区为中心发展起来的历史文化，它的兴衰差不多和东周时期相始终。从历史学的角度，参照文献资料、考古资料综合考察，可以分为孕育形成、繁盛、衰退三个时期。

（一）孕育形成时期

自叔虞封唐到春秋中期的晋平公即位（公元前557年）。

据《史记·晋世家》和《左传·昭公十五年》《左传·定公四年》记载：当叔虞带着宗周文化初封到"河汾之东，方百里"的夏墟时，"戎狄与之邻"，周公要他"启以夏政，疆以戎索"。根据这一施政、建国方针，融合宗周文化与当地夏文化、北方戎狄文化为一体的晋文化就进入了其孕育时期。这一点，从西周时期晋国天马-曲村遗址的墓葬材料中看得很清楚。拿这些材料和沣镐地区宗周的同期墓葬材料相比，虽然有许多相同之处，尤其是铜器基本一致，但陶器和其他方面已出现了融合文化的因素。如这里出土的鬲、甗、豆、三足瓮、大口尊等陶器组合和形制，带着陶寺龙山文化和二里头

---

① 山西省考古研究所：《晋文化研究座谈会纪要》，1985年，第40页。

东下冯类型夏文化的一些特征[①]；这里出土的个别筒状鬲有着受北方戎狄文化影响的痕迹[②]；晋侯8号墓的椁室基座石筑，明显是吸收了北方戎狄民族石棺葬的文化因素；该墓出土的三件兔尊，造型生动逼真，表现着北方戎狄民族的写实风格[③]，所有这些都说明晋文化已经从宗周文化的主体中解脱出来，朝着自己的方向发展。这种融合，进入春秋时期之后，随着晋国霸业的建立，地域的扩大，民间经济文化交流的频繁，又有了进一步的发展。有关这一文化融合的过程，我们从侯马上马墓葬的材料中也看得很清楚。以陶鬲的器形演变为例：上马墓地出土的840余件陶鬲，按形制特点可分为甲、乙、丙三种。甲种鬲，文化特征与沣镐地区宗周文化中的同类鬲极为相似；乙种鬲，文化特征与北方地区戎狄文化中的同类鬲风格雷同；丙种鬲，是甲乙两种鬲融为一体的中间类型，即以鼓肩、折肩为主要特征的晋文化类型。将这些陶鬲分类排列可以看出：西周时期，甲种鬲为主体，乙种鬲极少，说明宗周文化为主体；春秋早期，原来的陶鬲类型开始分化，晋文化类型的丙种鬲出现；到春秋中期，丙种鬲数量大增，并呈主流趋势，说明晋文化已成主体[④]。不仅陶器如此，从侯马新田铸铜遗址的材料看，到了春秋中期，青铜器也在中原文化与北方文化的交融中表现出以动物、人物写实造型和以蟠螭、蟠虺等动物搏斗为主的纹饰风格，这种风格在于同时期的其他文化遗存中很少见，是晋文化青铜器所特有的。陶器、青铜器主体特征的形成，标志着晋文化体系经过长期的孕育发展，到春秋中期已经形成。

（二）繁盛时期

晋平公即位到战国前期赵、韩、魏废晋静公为庶人，三分晋地（公元前376年）。

晋平公即位，六卿专政开始，他们代表着新兴势力，在互相兼并和向公室夺权的斗争中，大力推行法制，进行社会改革。到赵、韩、魏三家灭智以后，更以魏为首，把这种改革推进到确立君主集权地主经济和政治体制方面。改革开放、开拓创新成了这一时期的主旋律，致使政治开明，经济繁荣，国力强盛，在对外的扩张战争中屡屡获胜，领土扩大到今天的河北、河南、陕西、山东，真可谓"天下莫强"。在这种背景下，晋文化也大量吸收诸多文化的先进成果，融合升华，发展到它的繁盛时期。晋文化繁盛时期最具代表性的考古发现，是山西侯马市的晋都新田遗址。这里遗址类型多，出土丰富，从多方面展示了晋文化在当时的领先地位。以新田古城遗址和铸铜作坊遗址为例：新田

---

① 中国考古学会、山西考古学会、山西考古研究所合编：《汾河湾——丁村文化与晋文化考古学术研讨会文集》，山西高校联合出版社，1996年，第236页。

② 《晋文化研究座谈会纪要》，山西省考古研究所，1985年，第31页。

③ 中国考古学会、山西考古学会、山西考古研究所合编：《汾河湾——丁村文化与晋文化考古学术研讨会文集》，山西高校联合出版社，1996年，第239页。

④ 中国考古学会、山西考古学会、山西考古研究所合编：《汾河湾——丁村文化与晋文化考古学术研讨会文集》，山西高校联合出版社，1996年，第252页。

古城遗址，成品字形坐落在汾河与浍河交汇处的三角地带。从遗址的布局结构看，前有数座小城护立，后有汾、浍环卫，城内有高大的宫殿，城外有铸铜、制圭、制骨、制陶等官营手工业作坊，南郊还有宗庙建筑和散布在其周围的盟誓场所与祭祀坑。整个城区组合得体，规划统一，完全突破了以前古城方框结构的束缚。有人把这种古城的建筑结构称为"新田模式"①，而正是这种"新田模式"，为战国以后城市建筑的总体规划开了先河。铸铜作坊遗址，仅在5000余平方米的范围内，就发现房子近70座，窖穴近1500座，出土陶范近10万件，铸铜遗物千余件，足见其规模宏大，这在全国同类同期遗址中是罕见的②。特别是从数以万计的铸铜陶范上还可以看出，当时青铜器的铸造种类多、分工细、制作精美，无论是在写实性的造型上，还是在以蟠螭纹、蟠虺纹为主的图案风格上，都表现得千姿百态，达到尽善尽美的程度。无怪乎晋式青铜器在当时风靡一时，除晋外，秦、楚、燕、代、鲜虞等国屡有出土，在地域上涵盖了今天的山西、河南、河北、内蒙古自治区、陕西等广大地区③，其影响力之大是空前的。

另外，值得提出的是，在春秋晚期，晋文化中还兴起了以镶嵌工艺和錾刻工艺为代表的铸铜工艺。镶嵌工艺以镶嵌金、银、宝石构成图案，其精美程度令人惊叹！1950年在河南辉县固围村的魏国5号墓出土了一件包金镶玉带钩④，呈琵琶形，面为包金组成的浮雕蟠龙，嵌以白玉块和料珠，勾部用白玉雕琢成鸭头状。这样纹饰复杂、玲珑剔透的带钩，无疑代表了当时工艺技巧的最高水平。至于錾刻工艺，能錾刻出细如发丝的图案，这不仅是中国青铜文化高度发达的一个标志，而且对汉代的画像砖、画像石艺术产生了直接的影响。

（三）衰退时期

自三分晋地到秦灭三晋（公元前225年）。

赵、韩、魏灭晋以后，"晋为共我"的心理消失，三晋联盟破裂，他们为了谋求各自的利益，互相攻伐。齐国开始插足于三晋的战争，秦国乘机对三晋展开日益强大的攻势。于是，三晋相继衰落，他们在山西的故地大部分被秦占领，到公元前225年，终于被秦灭亡。这期间，随着三晋的衰落，晋文化逐步融入秦文化、作为一种主体文化便衰退了。侯马战国晚期的乔村墓地⑤，既有秦文化因素的洞室墓和跽跪式的曲肢葬，又有晋文化因素的土圹墓和双手遮腹式的仰身直肢葬，两种文化因素并存，且呈前者取代后

---

① 中国考古学会、山西考古学会、山西考古研究所合编《汾河湾——丁村文化与晋文化考古学术研讨会文集》，山西高校联合出版社，1996年，第249页。

② 山西省考古研究所：《侯马铸铜遗址》，文物出版社，1993年，第248页。

③ 山西考古研究所侯马工作站、侯马市文物局编：《新田——山西侯马文物精选》，山西省侯马市文物局出版，2001年，第15页。

④ 中国科学院考古研究所：《辉县发掘报告》，科学出版社，1956年。

⑤ 山西省文物管理委员会：《侯马东周殉人墓》，《文物》1960第8、9期。

者的趋势,就反映了这种情况。从以上晋文化的形成、繁盛过程,不难看出晋文化不同于局限在一地、一国、一族范围内,以继承发展土著文化为主的地方文化。它的特征和华夏传统文化形成一样,是融开放、创新、以多元为一体的。苏秉琦先生称晋文化"是独一无二的,是北方、中原两大文化汇合点上互相撞击发生裂变形成的一颗新星"①,其涵义也在于此。不过,这里苏先生只是强调了形成晋文化的北方畜牧、中原农耕两大主体文化。除此之外,晋文化还容纳了许多其他文化的成果。如从侯马铸铜遗址出土的陶范上,我们看到的那种喇叭首圆茎带箍剑的造型,就明显是容纳了南方吴国的先进铸剑技术②。另外,还有一些陶范有着体裁独特、造型新颖的人物、鸟兽、爬虫花纹。这既不见于传统的商周青铜文化,也不见于列国中秦楚等国的青铜文化,只能从中国境外的亚洲中部和西部觅见其踪迹③,说明这又是吸收了西方的传统文化因素产生的。晋文化这种开放、创新、融多元为一体的特征,造就了晋文化的独特风格和领先地位,可以说,这就是晋文化生命力之所在。到三家灭晋以后,晋文化失去了这一特征,且逐步衰退了。

二、晋文化的性质和表现

晋文化和它赖以存在的东周社会一样,是属于封建领主制向君主集权地主制过渡的性质。这集中表现在由它反映的经济体制和政治体制改革中。

(一)经济体制改革

适应社会生产力发展的需要,改革土地制度、赋税制度和土地经营方式,率先确立了君主集权地主制的生产关系。

铁器和牛耕的使用是当时社会生产力发展的标志,从《左传》《国语》记载的赵鞅向民间征铁铸刑鼎和范氏、中行氏"子孙将耕于齐,宗庙之牺,为畎亩之勤",以及侯马、浑源出土的铁犁铧与穿有鼻环的牛尊看,这在晋国的出现是较早的。铁器、牛耕的普遍使用,提高了社会生产力,也提高了土地的使用率,为一家一户的个体生产提供了可能,也刺激了新兴势力对土地占有的私有欲。适应这种要求,公元前645年,晋惠公在韩原战败,被俘期间,卿大夫假君命"作爰田",把公田赏给国人作了私田,并以征收部分田税的办法取代了井田制的助法。此与管仲早些时候在齐国实行的"相地而衰征"性质不同。"相地而衰征"只是根据土地的好坏征收贡税,没有涉及土地所有权的

---

① 山西省考古研究所,《晋文化研究座谈会纪要》,1985年,第38页。
② 中国考古学会、山西考古学会、山西考古研究所合编:《汾河湾——丁村文化与晋文化考古学术研讨会文集》,山西高校联合出版社,1996年,第278页。
③ 中国考古学会、山西考古学会、山西考古研究所合编:《汾河湾——丁村文化与晋文化考古学术研讨会文集》,山西高校联合出版社,1996年,第240页。

改变,而晋国的"作爰田"是承认了土地的私有。应该说,这才是真正意义上向土地私有制过渡的改革。继"作爰田"之后,晋文公又推行"裂地分民"的改革,进而推动了土地私有制的发展。土地私有确立之后,卿大夫为了调动生产者的积极性,增加自己的收入,又改革土地经营方式,一方面扩大亩积,把原来的百步为亩,扩大到一百六十步(范氏、中行氏)、二百步(韩氏、魏氏)、甚至二百四十步(赵氏)为亩;另一方面又采用"均地分力""与之分货"①的剥削方式,以份地的形式把土地分给农奴们耕种,向他们征收五分之一的实物税。于是,分成制的地租产生了,卿大夫和农奴分别演变成地主和佃农。到了战国时期,从李悝在魏国推行的"尽地力之教"来看,国家对于个体农民的生产劳动已经有了统一的规定和要求,说明君主集权地主制的生产关系作为一种制度在全国确立起来。与此同时,自悼公实行"公无私利"的改革后,"工商食官"亦被打破,出现了私人工商业。秦统一后的经济体制,就在这一改革成果的基础上发展起来。

(二)政治体制改革

废除分封制、世卿世禄制,率先创建了君主集权的郡县制、官僚制和地主阶级法制,为君主集权制政体奠定了基础。

(1)郡县制的创建。春秋早期,为了加强君主集权和强化边地的防守力量,晋国把新兼并来的地区改建为县,不作为卿大夫的封邑,置县大夫治理。这便利了国君的集权统治。到晋平公时,公室衰落,代表新兴势力的卿大夫专权,他们在自己的领地内也推行了县制。以后县制遂成为一种地方行政组织,推广到全国。春秋末年,晋国又在地广人稀的边地设置了郡。一开始郡较县大而地位低于县。后来由于边地繁荣、人口增多,在郡下分出若干县,于是,产生了县统于郡的郡县制。郡守、县令全由国君任免,大大加强了君权。秦统一后推行的郡县制,就是以此为模式的。

(2)官僚制的创建。春秋时,晋国沿袭西周的世卿世禄制,卿大夫兼理文、武,权力很大,这导致卿大夫夺权的胜利。进入战国后,三家任用法家人物进行改革,废除世卿世禄制。为了充分发挥职官的专长,将文、武分开,产生了文官的首脑"相",武官的首脑"将"。相将之下,中央还有尉和御史等,地方还有郡守、县令等。他们各司其职,互相制约,均由国君考核任免,都是食俸禄的官员,从而加强了君权。这样一套从中央到地方的官僚制产生后,也被推行到一些国家,并被秦开始的历代封建王朝沿袭下来。

(3)地主阶级法制的创建。春秋时期,晋国立法之多可谓列国之首。不过,这些法都没有公布,就其内容看,还都局限在封建领主制的范围之内。但它孕育了法家思想

---

① 房玄龄注:《管子》,上海古籍出版社,1989年,第22页。

的形成。到晋平公时，由于新兴势力的壮大，封建领主制的统治秩序被打破，范宣子审时度势制定了刑书。尽管这部刑书内容简略，38年后才由赵鞅铸刑鼎公布出来，但它废除了西周以来"礼不下庶人，刑不上大夫"的封建领主贵族特权，与早些时候郑子产仍强调礼是"天地之径，而民实则之"①的成文法本质不同，所以孔子惊呼："晋其亡乎！失其度矣……今弃是度也，而为刑鼎，民在鼎矣，何以尊贵？贵何业之守？贵贱无序，何以为国？"②铸刑鼎20年后，赵鞅在铁之战时，又颁布了按军功赐田宅、定爵位和免除农奴身份的法令，进而丰富了地主阶级的法制内容。进入战国后，魏国在进行法制改革时，更颁布了李悝的"法经"，明确规定惩罚盗贼的条款，其目的显然在于防止和镇压农民的反抗，维护新兴地主阶级的利益。《法经》被公认为是我国第一部比较系统的地主阶级法典，为后世提供了法律依据。商鞅从魏入秦帮助秦孝公实行变法，就是带着这部《法经》去的。后来，秦朝的"秦律"，汉朝的"汉律"，也都是在这部《法经》的基础上补充扩展而成。不仅如此，秦王嬴政时，集法家思想之大成的韩非入秦，其思想被接纳为秦的正统思想，以后，秦的君主中央集权制政治、经济、文化体制，就是在这一思想的主导下继承并发展了晋在这些方面的改革成果形成的。

三、晋文化兴盛的原因

东周时期，晋文化勃兴于晋南，并发展成当时承上启下的最先进、最具时代代表性的历史文化。原因是什么？我们认为主要有二。

第一，优越的地理位置，为它的兴盛创造了条件。晋国地处晋南，位于东齐、西秦、南楚、北燕和戎狄之间的"天下之中"，加上这里是华夏文明的肇基之地，自古又是交通要冲，这就使晋文化能在融合中原农耕文化与北方畜牧文化的基础上，大量吸收来自四面八方的各种文化成果融合升华、汇多元为一体，发展成当时最先进、最具时代代表性的历史文化。

第二，以法家为主体的改革开放和开拓创新精神，为它的兴盛发挥了作用。进入春秋时期，晋国发生了旁支侵宗的斗争，经过半个世纪的反复较量，才取得旁支代宗的胜利。这在晋国历史上，可以说是一次革命。从此，封建领主社会的宗法制、分封制、礼制遭到破坏，守旧的领主贵族势力被削弱，异姓的卿大夫进入权力中心，他们是新兴势力的代表，少有保守思想。晋国在他们的辅佐下，大力推行法制，改革开放，开拓创新，成就了晋献公的勃兴、晋文公的称霸、晋悼公的复霸。晋平公即位以后，"公室衰落，私家夺权"，私家在优胜劣汰的争夺中，顺应历史潮流，进一步改革开放，开拓创新，瓦解了封建领主制，产生了君主集权地主制。到三家灭智以后的战国时期，以魏国

---

① 杨伯峻：《春秋左传注》，中华书局，1981年，第145页。
② 杨伯峻：《春秋左传注》，中华书局，1981年，第1504页。

为首，更把改革开放、开拓创新推向了全国，导致君主集权地主经济体制和政治体制的确立。由以上论述不难看出，无论是晋国的称霸和私家夺权的胜利，还是三晋的称雄和君主集权地主制的确立，无不是在法家思想的指导下，经过改革开放、开拓创新取得的。这是一种精神，正是这种精神，造就了晋国和三晋的兴旺发达，造就了晋文化的勃兴和繁盛，使之成为东周时期的主体文化。秦之所以能够后来居上，完成了统一，正是继承和发展了晋的法家思想及其改革开放成果实现的。从历史发展的程序上看，晋文化是三代文化的继续，秦文化是晋文化的延伸。正如苏秉琦先生在讲到晋在中国历史发展中的地位时所说：从周平王东迁洛阳，一直到秦始皇的统一，"晋一直在东方国家中占首位。晋也罢，三家分晋也罢，并未改变这种基本格局，依然是夏、商、周、晋、秦"①。

（原载《山西师大学报》2011年第3期）

---

① 苏秉琦：《华人、龙的传人、中国人——考古寻根记》，辽宁大学出版社，1994年，第96页。

周族起源考

张玉勤

灭商建立西周王朝的周族，是在中国古代史上产生过巨大影响的古老民族。它起源于什么地方？传统的说法是陕西泾渭流域。自二十世纪三十年代，我国史学家钱穆先生一改旧说，提出周族来自山西汾水下游，古公亶父时才迁往陕西[①]后，史学界多有争论，至今莫衷一是。近年，随着对先周文献和考古研究的逐步深入，笔者经多方考订，认为周族乃姜炎部落与姬黄部落联婚产生，起源于晋南地区，发展于泾渭流域，公刘时，才由山西辗转迁往陕西的。

一、"周族起源"指什么

周族之名，由古公亶父迁居岐下周原而来，然而周族的起源，则应追溯到他的始祖弃。《史记·周本纪》载："周后稷，名弃。其母有邰氏女，曰姜原。姜原为帝喾元妃。"弃"及为成人，遂好耕农，相地之宜，宜谷者稼穑焉，民皆法则之。帝尧闻之，举弃为农师，天下得其利，有功。帝舜……封弃于邰，号曰后稷，别姓姬氏。后稷之兴，在陶唐、虞、夏之际，皆有令德。"这说明，弃与尧、舜、大禹同时。周族的初起，是从部落联盟军事民主制时期开始的。

弃之后，经夏、商两代到武王建立西周王朝为先周时期，其间一千余年，有三次大的迁徙，分别展示了周族的兴起和发展。

第一次迁徙，是"不窋末年，夏后氏政衰，去稷不务，不窋以失其官而奔戎狄之间"[②]。商初，其孙公刘辗转迁入陕西旬邑以西至漆水上游一带，他以邠为中心，"复修后稷之业，务耕种，行地宜，自漆、沮度渭，取材用，行者有资，居者有蓄积，民赖其庆"。以后，子孙相继300多年，为周族的发展奠定了基础。

第二次迁徙，是商武丁后期，公刘的九世孙古公亶父因遭熏育戎狄攻扰，"乃与私属遂去豳，渡漆、沮，逾梁山，止于岐下"，迁居周原。周原，在今陕西岐山县北岐山下。广义而言，北倚岐山，南临渭河，西到汧水，东达武功。《诗·大雅·绵》"周原

[①] 《周初地理考》，载《燕京学报》第10期。
[②] 《史记·周本纪》。

膴膴，堇荼如饴"，说明周原无疑是一片肥沃、宜于农作的原野。古公利用周原的有利条件，兴建城邑，加强农业生产，改革戎狄陋俗，创立奴隶制国家机构；又经王季对西北诸戎狄部落的征伐，使周很快成为西方的方伯之国。

第三次迁徙，是商纣王时，西伯昌（文王）"遵后稷、公刘之业，则古公、公季之法，笃仁、敬老、慈少、礼下贤者"，积极争取人心，进而向西北、河东扩张，"作丰邑，自岐下而徙都丰"。丰，今陕西长安西南沣河以西。文王都此，采取有效措施，继续发展生产，巩固奴隶制度，向河东、河南扩张，为周灭商创造了条件。

不难看出，周族自公刘迁居陕西以后的400余年，乃是它的发展时期。这和周族的起源毕竟不同。起者，始也；源者，头也；起源，是起始开头的意思。要探索周族的起源，必须把周始祖弃至公刘这一段的居住地搞清楚。《周本纪》载，"后稷卒，子不窋立"，这后稷是历代农官的通称。不是单指弃。弃与尧、舜、大禹同时，不窋到"夏后氏政衰"，才"失其官而奔戎狄之间"。弃与不窋相距遥远，怎么可能是父子关系！从弃到不窋，再延到公刘居邠，中间长达500余年，这便是周族的初起时期。这一时期，周族居于何地，才是我们探讨周族起源的关键所在。舍此而求它，自然是牛头不对马嘴。

二、周族不起源于陕西

由于《史记·周本纪》有"封弃于邰"的记载，加以历代经注家的引申发挥，人们便认定周族是从漆水流域的邰，即今陕西武功一带起源的。其实，这记载的本身就不能自圆其说。《周本纪》一边说，弃母姜原"有邰氏女"，注引《说文》云"邰，炎帝之后，姜姓，封邰，周弃外家"。一边又说，舜"封弃于邰，号曰后稷，别姓姬氏"。这就怪了，邰既是周弃外家姜姓的封国，姜姓当时没有灭国，也没有改封他地，弃怎么能再封于邰呢？再看《诗·大雅·绵》"绵绵瓜瓞，民之初生，自土沮漆"，诗序曰："《绵》，文王之兴，本由太王也。"意思是文王的事业，由太王起始，即到古公亶父时，周人才绵绵不断地生息在漆水流域的。这与"封弃于邰"又相矛盾。周族究竟是从哪位先公开始的？是弃还是古公亶父？足见，仅凭文献资料是很不可靠的。要获得圆满的答案，还必须借助考古资料的补充、验证。

我们知道，一个古老的部落，在它兴起和发展的过程中，必然形成自己传统的物质文化和精神文化。在物质文化中，和人们生活休戚相关的居住遗迹、生产工具、生活用具，尤其是陶器，最具代表性。它的时间性、地域性很强，文化类型和形制特点最突出。因此，我们运用考古标型学的方法，把出土的陶器按时间、地域分类排比，以便掌握不同文化陶器类型的群体特征。这特征，由于时间、地域上的差异，发掘范围上的局限和受相邻文化的影响，不是孤立地看个别陶器是否相同或者有无，而是看常用的陶器在陶质、陶色，尤其是形制及其演变规律上是否基本一致。然后，以此为线索，溯本求源，弄清楚生活在这一文化类型中的部族起源和发展于何时何地，是很有价值的。

新中国成立以来，我国考古工作者在陕西先周族生活过的泾渭流域发现了两类不同性质的考古文化。一类是"姜炎文化"，以扶风刘家姜戎偏洞室墓葬和沣西客省庄二期文化遗址为代表。刘家姜戎墓出土的典型陶器有高领双錾或双耳乳状袋足分裆鬲和单耳、双耳、腹耳、双大耳凹底罐，不见盆、尊、豆、瓮、甗等。陶质陶色：鬲多为掺有陶末的夹砂红褐和灰褐陶；罐多为夹砂灰陶。乳状袋足鬲的制法是先模制三个乳状袋足，然后将三足拼接捏合，再用泥条盘筑一个高领接上去，足跟也是后接上去的。特点是高领、袋足肥硕、分裆、内隔较高，足跟易于脱落。这种以高领乳状袋足鬲和附耳罐为主的陶器群体，其早期与甘青地区的齐家文化关系密切，两者都属高领、袋足、耳器类，陶胎中都掺有陶末，分裆鬲的制法相同，袋足肥硕，附錾耳的作风一样，双耳罐的形制也酷似。中期以后，也就是刘家文化二期，即公刘居邠后，由于先周文化的渗入，器群有变化，开始出现周式折肩罐，陶胎中不再掺有陶末，乳状袋足鬲形体变得瘦长，墓葬形制也变成了周人的竖穴土扩式。不过，在西周王朝建立之前，高领双耳乳状袋足鬲和单大耳罐等仍为陶器中的主要器物，陶器群体依然保持着姜炎文化的基本特征①。客省庄二期文化，又称陕西龙山文化。该类遗址出土的典型陶器有高直领单耳把袋足分裆鬲和联裆鬲；单耳、双耳、三耳罐和圜底罐，同样属于高领、袋足、耳器类。和齐家文化的关系也密切：双耳罐、圜底罐与齐家文化的双大耳罐、高领双耳罐、圜底罐很相似，袋足分裆鬲的足尖内部附加一块泥的作风也与齐家文化相同。只是由于地处渭河中下游，受到中原文化的影响，客省庄二期文化中有袋足联裆鬲出现，其制法与分裆鬲不同，是一次模制三个袋足，再拼接上一个高领和把耳，故袋足瘦高，不似乳状袋足那样肥硕，裆部也没有捏合痕迹。另外，陶色以灰为主，也与齐家文化的以红、黄为主不同②。尽管如此，从陶器群体上看，刘家文化与客省庄二期文化仍然是以共性为主，同属于姜炎文化体系，都与齐家文化关系密切。生活在姜炎文化体系中的陕西姜炎部族，显然是由陕甘青地区的古老氏族发展来的土著。

另一类是先周文化，以长武碾子坡遗址和武功郑家坡遗址为代表。出土的典型陶器有袋足联裆鬲、瘪裆鬲、折肩罐、圆肩罐、深腹盆、大口尊、甗、豆、瓮等，耳器少见。陶质陶色多为夹砂灰陶和泥质灰陶。其中瘪裆鬲是从先周一直沿用到西周晚期的最具特色的炊器，其制法是先用泥条盘筑一个圆筒，然后将一端切开成三个三角形体，用手向里挤压，捏制成三足，足尖里填充泥块，裆部凹瘪，另一端制成口沿或接上口沿。这种以袋足联裆鬲、瘪裆鬲、折肩罐、深腹盆、大口尊、瓮等共存为特征的陶器群体在

---

① 尹盛平、王均显：《扶风刘家姜戎墓葬发掘简报》，《文物》1984年第7期。
② 谢端琚：《试论齐家文化与陕西龙山文化的关系》，《文物》1979年第10期。

陕西突然出现，然后延续发展到晚期，竟与沣西张家坡等遗址出土的西周早期陶期群体无异。现就长武碾子坡和郑家坡遗址的出土陶器分类排比，辨析如下。

长武碾子坡遗址位于豳北，该遗址的先周文化早期遗存，经 ^{14}C 测定为公元前 1285 ± 145 年，略早于古公亶父时期。出土陶器，多为口沿外附有四个鸡冠横耳或半环形对斜耳的乳状袋足分裆鬲。仅此而言，显然具有姜炎文化早期类器的特征。但从陶器群体上看，已含有许多先周文化的因素。陶色以灰为主，红褐次之；器形，乳状袋足分裆鬲之外，还有瘪裆鬲、广折肩平底敛口罐，微折肩平底小口罐、圆肩平底敛口罐、平底深腹盆、大口尊、瓮等。墓葬均为周的竖穴土圹式，陶窑形制、房屋基址与西周结构相似，常见的锤斧也是先周和西周时期广泛使用的生产工具[①]。这说明公刘居邠之后，其文化已逐渐扩展到北边长武一带的姜炎地区。至于晚期遗存，只见附有錾耳的乳状袋足分裆鬲，不见瘪裆鬲等先周器物，那是因为古公亶父迁岐后，先周文化也随之南移了。

武功郑家坡遗址位于漆水下游，在岐下周原的东南部。根据地层关系和陶器的形制，可分早、中、晚三期。早期相当于二里头文化至二里岗下层，即夏末商初，是迄今陕西所见最早的先周文化遗存。出土陶器大多为先周类型，有袋足联裆鬲、瘪裆鬲、平底深腹盆、窄折肩平底侈口尊、斜折肩侈口平底瓮，但不见周氏折肩罐。有的器形也与早于它的客省庄二期文化联系紧密，如高领袋足联裆鬲的制法与客省庄二期文化晚期的单耳高领袋足联裆鬲一脉相承；圜底罐与客省庄二期文化的圜底罐相同。这表明郑家坡遗址早期文化是受到客省庄二期文化很大影响的先周文化，同样反映了公刘居邠后，其文化扩展到南边武功一带客省庄二期文化地域之内的早期情况。中期，为古公亶父迁岐后，由于郑家坡一带已成为周族活动的中心地区，表现在文化上，自然和早期有了较大差距。出土陶器已具有了先周文化陶器群体的典型特征：灰陶比例迅速增大，瘪裆鬲因制法简便易行得到推广，周式平底折肩罐、深腹盆多见。甚至连偶尔出土的双錾乳状袋足鬲，袋足也变得瘦长下垂，圆足尖微外撇，已不见姜炎同类器的肥硕作风。这说明古公亶父率族迁居岐下周原后，随着政治势力的扩大和"乃贬戎狄之俗"的推行，先周文化在早期的基础上有了飞跃的发展。陶器群体在发展演变中已趋于稳定、成熟。晚期，为文王作丰之时，出土陶器与中期衔接紧密，并有了新的发展；陶色以灰为主，器形有袋足联裆鬲、瘪裆鬲，已不见乳状袋足分裆鬲有平底深腹盆、折肩罐，进而出现了平底圆肩罐。非但如此，陶器群体的陶质、陶色、器形竟与沣西张家坡等遗址出土的西周早期陶器相似[②]。

总之，从郑家坡遗址和碾子坡遗址的早期到郑家坡遗址的中、晚期，是有联系、有发展的先周文化体系。它的陶器形制在发展中虽有演变，如，鬲由分裆向联裆、瘪裆，

---

① 胡谦盈：《陕西长武碾子坡先周文化遗址发掘纪略》，《考古学集刊》1989年第6期。
② 任周芳、刘军社：《陕西武功郑家坡先周遗址发掘简报》，《文物》1984年第7期。

鬲裆由高向低，袋足由肥向瘦；深腹盆，颈从无到有，体由高向矮；罐，由广折肩向窄折肩、圆肩演变等，但陶器群体基本不变。由于该群体与姜炎文化的陶器群体彼此相邻或者间处，虽然互有渗入，如先周文化陶器群体中，屡见乳状袋足分裆鬲出现；姜炎文化陶器群体内，周式联裆鬲、折肩罐日趋增多，但各自的主体特征不变。先周文化与土著的姜炎文化体系分明，迥然有别，他们之间根本不存在继承关系。尤其从时间上看，无论是先周文化陶器群体在陕西的最早出现，还是姜炎文化陶器群体渗入先周文化陶器因素，都发生在夏末商初公刘居邠之后。事实证明，弃至公刘前的周族，还没有生活在陕西，而是到公刘时，才从其他地区迁徙来的。

三、周族起源于晋南

周族起源于晋南，从历史文献资料和考古资料上，都可以得到证明。

从历史文献资料上看，《史记·周本纪》一开始就说：弃母"姜原为帝喾元妃"。帝喾，黄帝曾孙，姬姓；姜原，炎帝后人，姜姓。姬、姜两族通婚，反映了一个历史事实：在父系氏族公社时期，由于原始农业的发展，分别兴起于陕西、河南、山东的炎帝部落、黄帝部落和以蚩尤为首的九夷部落，都向土质肥沃、疏松、最适于原始农耕的黄河三角地带发展。他们在晋西南相遇，经过争战，蚩尤战败，就地结成以炎、黄部落为核心，包括蚩尤余部在内的部落联盟，号称"华夏"。于是一些姜姓的姬姓的小国交叉相错地在晋南地区建立起来。从此，姬、姜二族世代通婚，开始了广泛的文化交流①。周族就是从这时开始产生的。周始祖弃随父姓姬，故周人常以"有夏"自居，说自己是夏族的后代。这在许多史料价值很高的先秦典籍中，如《今文尚书》的《康诰》《召诰》《君奭》《立政》；诗的《閟宫》；《逸周书》的《商誓解》中都有记载。神农、炎帝最早发明农业，周弃又继承母家的专长，被尧举为农师，世代管理部落联盟的农事，号曰"后稷"。

部落联盟，通常是由若干近亲或近邻部落结成的。据史载，华夏部落联盟的成员，陶唐氏居平阳，有虞氏居蒲坂，夏后氏居安邑，分别在今山西晋南的临汾、永济、夏县一带。三者相距不过二百里。由此推知，同样作为华夏部落联盟的成员，又世代分管部落联盟农事的周弃部落，其居住地也绝不会离开晋南。具体在晋南的什么地方，我们从历史文献的字里行间，也能找到蛛丝马迹。周人以"有夏"自居，表明他们和夏的关系密切。《礼记·表记》载："夏道尊命，事鬼神敬而远之，近人而忠焉；殷人尊神，率民事神，先鬼后礼；周人尊礼尚施，事鬼神敬而远之，近人而忠焉。"进而表明他们和夏的鬼神观念是一致的。夏的发祥地，《史记·郑世家》集解引服虔的话说："大夏在汾、浍之间。"顾炎武也有同样的看法。据此，经考古发掘，证明他们的论断正确。

---

① 张玉勤：《神农、炎帝、黄帝关系辨》，《山西师大学报》1990年第3期。

夏的早期活动中心，的确在汾、浍之间，即今晋南塔儿山（古称崇山）周围的翼城、曲沃、襄汾一带。与夏关系密切，鬼神观念相同的周族自然在其附近。今襄汾县西有稷山县，稷山县境有稷王山，传说"后稷教民稼穑于稷山"。今稷王山顶还有稷王庙和后稷母亲姜嫄的坟墓。这一地区，当时东靠"大夏"，西北近戎狄，又在华夏部落联盟的地域之内。从地望上看，姬周部落早期曾活动于这一带是可能的。

从考古资料看，周弃既为姬、姜二族联姻所生，他的后人又继承了姜炎事业，世代作华夏部落联盟的农官，这就决定了先周的早期文化以姜炎文化和华夏文化融为一体并与华夏文化接近为特征。表现在陶器群体上，主要就是以上两种陶器因素的共存、融合，并与华夏文化陶器群体的联系。无独有偶，在晋南襄汾县发现的大柴遗址文化，正与此吻合。该遗址地处"夏墟"，南与二里头文化东下冯类型相接，北和陶寺类型龙山文化晚期毗邻。经 ^{14}C 测定，年代为公元前1650年至公元前1550年，即公元前十七世纪至公元前十六世纪，相当于夏代后期。出土陶器多为手制，以泥质灰陶和夹砂灰陶为主，盛行器耳、器鋬和凹底。典型器物有长颈双鋬袋足鬲、直筒鬲和圈底内凹的一侧附耳一侧附鋬罐、折肩罐、大口尊、深腹盆和瓮等。这一陶器群体和刚刚跨入夏纪年的陶寺类型龙山文化晚期相比，差异很大。除陶质陶色均以泥质灰陶和夹砂灰陶为主外，制法上，大柴以手制为主，陶寺晚期以轮制为主；器类上，大柴盛行一侧附耳一侧附鋬的作风，陶寺晚期不见。陶寺晚期常见的炊具斝、容器束颈折肩罐、圈足罐、圈足瓮和最具特色的汲水器——扁壶，大柴也不见。显然，大柴对陶寺晚期不存在延续发展关系。大柴遗址与陶寺遗址仅距15余千米，两地陶器群体何以相差悬殊？这是因为大柴遗址开始于夏代后期、在陶寺晚期，周人还没有迁居此地的缘故。有的同志以此否定大柴文化与夏文化的关系，是不对的。和二里头文化东下冯类型相比，两者的陶器同以手制为主，均以泥质灰陶和夹砂灰陶为最多。大柴出土的圜底内凹折肩罐、深腹盆、大口尊、一侧附耳一侧附鋬罐和东下冯类型的雷同；生产工具中，大柴出土的刀背带有缺口的梯形石刀，也与东下冯类型的一致。这种现象表明，东下冯遗址所在的晋南地区，也是大柴文化的发祥地。晋西南位于黄河三角地带，这里是中原龙山文化、陕甘龙山文化、山东龙山文化的交汇处，人们争论不解的二里头文化东下冯类型，其实就是这些文化的融合体，这是华夏部落联盟的产物。大柴文化与东下冯类型接近，正说明它是由姜炎文化和华夏文华等融合而成的。拿大柴的陶器群体来说，它和东下冯类型、陶寺类型晚期一样，都以泥质灰陶和夹砂灰陶为主，而且均有二里头文化一二期多见的深腹盆，说明它在陶质陶色及一些陶器的器形上，继承了夏文化的因素；大柴和东下冯类型共有一侧附耳一侧附鋬圈底内凹罐，与刘家文化早期的双耳凹底罐相似，又说明它们沿袭了姜炎文化带耳、带鋬、圜底、内凹的作风。当然，大柴和东下冯类型也有不同的地方。如，大柴的陶器群体中，就不见东下冯类型常见的炊具斝、鼎；东下冯类型的高领、细颈、柱状实足鬲，也与大柴的长颈双鋬袋足鬲、直筒鬲迥然有别。这进一步说明大柴文化是与东下冯类型有联系又有区别的独特的先周文化类型，是发祥于晋西南地区的周族逐步向北发展，到夏的后期移居到这一带的遗存。

大柴文化后期，时值夏末，"夏后氏政衰……不窋以失其官而奔戎狄之间"。于是，周族从山西辗转迁徙到陕西。公刘以后，大柴文化类型开始在旬邑以西的邠及其周围出现，郑家坡遗址和碾子坡遗址早期反映的就属这种情况。尽管它们和大柴之间尚有欠缺环节，但陶器群体和大柴一样，都是以瘪裆鬲、折肩罐、深腹盆、大口尊、瓮等共存为特征的，均不见斝和鼎。在陶质、形制上也相同或相近。如，郑家坡早期的直筒鬲，为侈口、矮裆、饰绳纹，和大柴的直筒鬲相似；碾子坡的袋足鬲，为高领、双鋬，与大柴的长颈双鋬袋足鬲相近。至于器形局部上的差异，如大柴的盆、尊、罐多为圜底内凹，碾子坡、郑家坡的同类器均为平底；大柴的鬲、罐多附鋬耳，碾子坡、郑家坡的同类器则鋬耳罕见或不见，这是由于地域上、时间上的差异和受到周边不同类型的文化影响造成的。而且，用发展的眼光去看，这些差异从圜底、凹底到平底，从有鋬有耳到无鋬无耳，也符合先周文化陶器形制的演变规律。

现在，我们可以把山西、陕西两省发现的先周文化遗址按发展顺序连接起来了，这就是大柴遗址→郑家坡遗址早期、碾子坡遗址早期→郑家坡遗址中、晚期→沣西张家坡等西周遗址。此顺序无论在时间上，还是在地域上，都与历史文献上的记载大致吻合。它证明，周族起源于山西晋南，到夏末商初时，才从"夏墟"出发渡河西迁到邠，然后，又从邠向南发展，相继迁徙到周原和沣西。

（原载《山西师大学报》1994年第4期）

论法文化在先秦时期的孕育

张有智

春秋战国时期,社会剧烈变动,学术争鸣空前活跃。诸子百家"各著书言治乱之事,以干世主"①,法家便是其中之荦荦大者。先秦时期兴盛的法文化,主要有齐法家和晋法家两支,而尤以晋法家最为活跃、最具规模,法文化在三晋地区形成一种日益高涨的社会思潮。前人的研究已经充分肯定了"法家主要源于三晋"②的事实,并把魏国的李悝看作先秦法家学派的鼻祖③。所以事实上,先秦法文化的繁荣主要是三晋地区法文化的繁荣,三晋地区是法家的孕育之地。因此,本文便将研究的视角锁定在这一区域。

关于法文化在三晋地区生发、成长的动因和过程,学术界也多有讨论。20世纪以前的研究,大多是在讨论法家是否出于理官和是否出于应时救世;而近世刘师培④、傅斯年⑤、常乃惪⑥等先生谈及三晋法家由以形成的内外特定生态,又是虽有触及却未予深究。因由此意,笔者不揣浅陋,私淑前贤,有所申论;不妥之处,敬请各位方家斧正。在笔者看来,先秦法文化主要孕育、形成于三晋,其原因应从三晋地区的历史渊源和社会内部去寻找,应在戎狄文化与华夏文化之间,历史与现实之间,由分裂到统一的社会转型之间去寻找。

一、从"皋陶作刑"到李悝"著书定律"

法文化在三晋地区法治思想的悠久积淀里潜滋暗长作为先秦法文化之核心部分的法家学说,同任何一种新思想的诞生都有一个漫长的孕育过程一样,它也是在法治思想文化的悠久积淀中逐渐形成的。法文化的积淀,可以追溯至传说时代的尧舜时期,此间有

---

① 《史记·孟子荀卿列传》,中华书局,1959年。
② 侯外庐:《中国思想史纲》(上),中国青年出版社,1980年,第59页。
③ 章太炎:《检论·原法》,见朱维铮校注《章太炎全集》(三),上海人民出版社,1994年,第437页。
④ 参见李妙根编:《刘师培论学论政》,复旦大学出版社,1990年,第41页。
⑤ 参见雷颐编校:《中国现代学术经典·傅斯年卷》,河北教育出版社,1996年,第289页。
⑥ 参见常乃惪著:《中国思想小史》,上海古籍出版社,2005年,第3页。

四种事相最值得注意。

1. "皋陶作刑"的传说

皋陶,又名咎繇,是尧舜禹时期的大法官。《尚书》中的《舜典》《大禹谟》记载了帝命皋陶为士作刑的情形:"帝曰:皋陶!蛮夷猾夏,寇贼奸宄。汝作士,五刑有服……惟明克允!""皋陶,……汝作士,明于五刑,以弼五教。"①《皋陶谟》记载了皋陶回答禹的问话:"天命有德,五服五章哉!天讨有罪,五刑五用哉!"《竹书纪年》载帝"命咎陶作刑"。《世本·作篇》说:"皋陶作五刑。"《左传·昭公十四年》载叔向语引《夏书》曰:"'昏、墨、贼、杀',皋陶之刑也。"《论语·泰伯》曰:"舜有臣五人而天下治。"《管子·法法》曰:"舜之有天下也,禹为司空,契为司徒,皋陶为李(理)。"《墨子·所染》曰:"禹染于皋陶。"《荀子·臣道》曰:"虞皋陶,可谓圣臣矣!"新出《郭店楚墓竹简》"唐虞之道"篇简十二至十三有言:"咎繇内用五刑,出弋兵革,罪泾□□□用威,夏用戈,正不服也。爱而正之,虞夏之治也。"《韩非子·说疑》曰:"若夫后稷、皋陶、伊尹、周公旦……,明刑辟,治官职,以事其君。"《说苑·君道》:"当尧之时,……皋陶为大理。"《春秋元命苞》:"尧得皋陶,聘为大理,舜时为士师。"②

除了上述文献记载以外,还有《国语》《文子》《吕氏春秋》《史记》《论衡》《潜夫论》《新语》《盐铁论》《急就篇》《后汉书》,等等,实在可以称为"史不绝书""代代敬仰"!虽然其中不乏好事之人和儒家学者作伪、窜改、润色的成分,但其有关皋陶的基本史料则是可信的。综观文献数据,非独儒家,就是古史、墨家、法家、道家及后世佛教典籍也记录了许多皋陶的史迹。由此,我们可以得出三点结论:第一,皋陶确有其人;第二,皋陶为尧舜禹时期的理官;第三,皋陶作刑,实为法文化的开山者。

今日晋南所在,曾是尧、舜、禹活动的中心区域。"尧都平阳,舜都蒲阪,禹都安邑",大都不离今之山西省临汾、运城一带。最具说服力的是陶寺遗址的发现。陶寺遗址位于今临汾市南15千米的襄汾县陶寺镇,占地面积约为280万平方米。这里发现了史前的城墙、宫殿区、祭祀区、生活区、铜铎、鼍鼓、特磬和龙盘等物,标志着其已进入

---

① 郑玄:《周官·月令法》注云:有虞曰士,夏曰大理,周曰大司寇是也。又说:士,察也,主察狱讼之事。

② 清代沈家本按:"《鲁语》以单均刑法归诸尧,证以《元命苞》之言,皋陶亦举于尧世,《书·舜典》象以典刑一节乃尧时事,其时舜宅百揆,未即帝位也。故自来《书》传或以之属尧,或以之属舜。其时尧尚在位,自应属尧也。《竹书纪年》载咎陶作刑于帝舜三年,则与《尚书》不符,或尔时又命咎陶修之,与尧时为两事。"(《历代刑法考·律令一》,中华书局,1985年,第815页)

早期国家社会和文明时代①，距今大约4300年；另外，被发掘出的个别文字符号和天文观象台更是一种权力的象征，进一步印证了"尧都平阳"和《尚书·尧典》所载"历象日月星辰""敬授民时"的真实性②。这里发现了一具女性骨骸，其下阴处却插入一只牛角，虽然通体完整而未经损毁，但颈部断裂当是致其死亡之直接原因；还发现有被钝刃劈啄而死的32件人头骨的乱葬坑。有学者结合其他证据论证她（他）们死于暴乱③，或者表明当时社会秩序比较混乱，正所谓"蛮夷猾夏，寇贼奸宄"④。陶寺遗址的种种表现，"真实反映出公元前二十三世纪中叶，中原文化发达地区，不仅社会分化激烈，原始氏族平等一致原则已被摒弃，私有制、阶级、等级乃至国家实体已经形成"。可以肯定，那个时代的确需要刑罚出现来维持社会秩序，或者说刑法已经出现并施用于惩治罪犯，"皋陶作刑"应该是事实⑤。正如东汉张敏所言，皋陶造法，盖"欲禁民为非也"⑥。因此说，地处晋南的"今曲沃、翼城、襄汾一带为古唐尧氏族活动地域""大概是没有多大问题的"⑦，陶寺遗址应该是尧的都城。既然尧都平阳在临汾，舜都蒲阪在永济，禹都安邑在运城，那么供职于尧舜禹统治集团的皋陶大法官当在此地而非他乡。

十分有趣的是，以今天临汾市为中心，南15千米处有尧都陶寺遗址，而北至15千米的洪洞县，方圆百里，分布着大量有关女娲、黄帝、尧、舜、禹、许由、皋陶等远古人物的名胜古迹，流传着许多古老动人的故事和民俗活动。由于笔者所供职的山西师范大学正位于临汾市尧都区，故经常开展田野调查走访民间老人的条件便是得天独厚，十分便利。洪洞县南约7.5千米有一个村庄，叫做士师村，又叫皋陶村，习惯上被

---

① 高炜、张岱海：《陶寺——尧舜时期的文明中心》，载《尧舜禹历史文化研究论文》（内部资料选编之一），山西省临汾市尧都区三晋文化研究会编，2005年，第14页。承蒙山西省临汾市尧都区三晋文化研究所惠赠此书，特此致谢！高炜：《龙山时代的礼制》，载《庆祝苏秉琦考古五十五年论文集》，文物出版社，1989年。

② 何驽整理：《陶寺城址大型特殊建筑观测遗址功能及科学意义论证会发言纪略》，载《尧舜禹历史文化研究论文》内部资料选编（之一），山西省临汾市尧都区三晋文化研究会编，2005年，第163~177页。

③ 见王晓毅、丁金龙：《从陶寺遗址的考古新发现看尧舜禅让》，《山西师范大学学报（社会科学版）》2004年第3期。

④ 《尚书·舜典》。

⑤ 关于法制史的研究表明，早在原始社会就存在着调整人们之间关系的习惯法；这些习惯法大致涉及如下事项：财产及财产继承、婚姻、选举、氏族或部落内的人身侵害及复仇、部落间的关系，等等；越接近原始社会的彻底崩溃（即奴隶制国家的建立），这些习惯法就越多、越来越深刻地带上阶级剥削与阶级压迫的内容。

⑥ 张敏说："孔子垂经典，皋陶造法律，原其本意，皆欲禁民为非也。"见《后汉书·张敏传》，中华书局，1965年。

⑦ 王克林：陶寺文化与唐尧、虞舜——论华夏文明的起源，《黄河文化论坛》，第3辑，山西古籍出版社，1999年，第7~11页。

认为是"皋陶故里"。村东有一座虞士师祠，始建于元代之前，有碑铭为证；又有皋陶陵冢一座①，邑人春秋戊祭，率以为常。此外还有诸如"皋陶音容""皋陶无后"等多种传说，祖祖辈辈，口耳相传，构成一种隽永的集体记忆，折射出历史的部分映象。皋陶开创的法治文化在这里积淀，影响后世至深且巨。诸如"惟明克允"②"知人安民"③"五刑五用"④"惟刑之恤"⑤"昏墨贼杀"⑥"眚灾肆赦，怙终贼刑"⑦，等等，无不体现着那时的法治意识已经相当自觉。而这些法治主张，又为后来的法家人物挖掘、思考和继承；唐君毅就曾指出：（法家）"重刑罚之理论，亦未尝不以古代政治家之措施为例"⑧。

《论衡·是应》篇载："獬豸者，一角之羊也，性知有罪，皋陶治狱，其罪疑者，令羊触之。"上古时期，有"神兽断狱"或曰"神明裁判"的习俗存在，而皋陶"獬豸断案"传说，是这种裁断方式的集中体现。"皋陶"形象集理性裁断（人断）和神明裁断（神断）于一身，表明皋陶所处的那个时代，虽然刑法和王权已渐次产生，但古老的习俗仍有所保留。山西考古就曾出土西汉时期的陶制独角兽。在今日晋南与之相关的风物也在可见。距前述皋陶村约1千米处还有一个村子，叫做羊獬村，传说是当年皋陶发现神羊獬豸的地方。村旁建有"唐尧故园"一座，相传尧王的女儿娥皇、女英就是在这里长大，嫁给耕于历山的舜。长久以来，这里每年三月初三"接姑姑"、四月廿八"迎娘娘"等盛大的民间活动一直延续下来。2006年农历三月初三，笔者有幸参加了这一盛大活动。羊獬人称娥皇、女英为"姑姑"，历山人则唤做"娘娘"。每年三月初三，羊獬人到历山去接"姑姑"，四月二十八历山人到羊獬村迎"娘娘"。往返途径为临汾市一区一县五个乡镇，二十二个自然村，行程150里。沿途各村焚香叩拜，饮食住宿免费招待，村民们互称对方为"亲戚"，热情非常。这种活动始于何时？无人知晓。据当地老人们讲，这种活动就是这样祖祖辈辈一代一代传下来的，即使在日寇侵略时期和"文化大革命"时期虽形式不同却也未曾中断，居然有人为此而被开除公职、被捕下狱，甚至献出生命。

为史易，为信史难，为上古信史更难！史书、方志有记而寥若晨星，或牵强附会真伪难辨。不能尽信书，也不能不信书，故王国维氏"二重证据法"尤显重要，田野调查

---

① 所谓皋陶冢的所在，除此之外，还有在安徽省六安市境一说。
② 《尚书·舜典》。
③ 《尚书·皋陶谟》。
④ 《尚书·皋陶谟》。
⑤ 《尚书·尧典》。
⑥ 《左传·昭公十四年》。
⑦ 《尚书·尧典》。
⑧ 唐君毅：《孔子之后学术文化之精神》，载冯天瑜等编，《中国学术流变》，华东师范大学出版社，2002年。

也足资参考。存留于羊獬村的"生獬滩遗址"和史书中"獬豸断案"的故事未必真实,"接姑姑迎娘娘"的民俗活动也未必像有些人传说的那样"坚持了四千七百年",但遍布于临汾市尧都区和洪洞、襄汾县一带的尧都、尧庙、尧陵、历山、许由洗耳泉、唐尧故园、皋陶故里、皋陶祠、皋陶墓,以及众多村镇名称的古老传说和民俗活动无不折射出这里曾是尧舜、皋陶活动的主要区域,而且同陶寺遗址相互印证。古老的法文化也是在这里萌生,并为后世法文化在这一区域的进一步发展培育了沃土!

2. 晋国立法独多

迤至春秋战国之世,晋地法治文化进一步活跃与繁荣,其重要表现就是"尚法"思潮的高涨。晋国"尚法"思潮的高涨,是在所谓"礼法之争"的论战中,法治思想战胜礼治思想的结果,主要体现在频繁地颁布法典。

据文献反映,唐叔虞就曾遵照成王之命在原夏朝制度的基础上,制定了一套既适应华夏之民又适应戎狄诸部的法律制度。孔子说:"夫晋国将守唐叔之所受法度,以经纬其民。卿大夫以序守之,民是以能尊其贵,贵是以能守其业,贵贱不愆,所谓度也。"①孔子之言虽不能完全反映叔虞制定的规矩制度,但它足以表明在晋国的历史上曾有叔虞之法流传。这无疑是晋国的第一部法典。晋献公时期,士蒍又曾制定天法令,这一法令,虽史无明载,但晋悼公时使右行辛重修士蒍之法却说明这部法典确实曾经存在②。晋文公之世又出现了一部法典,称为"被庐之法"或称"执秩之法"③。被庐之法是晋国的一部重要法典,确立了新的政治秩序,是晋国法制史上的一次大变革。它的推行,使晋国出现了"政平民阜,财用不匮"的大好局面,晋文公终继齐桓公而称霸,直到晋悼公复霸时期也还继承了被庐之法的部分内容④。公元前621年,晋国大权第一次落入卿大夫之手。赵盾以非法手段窃取正卿之位秉晋国政,修改了"被庐之法"而作"赵宣子之法",亦称"夷蒐之法"。其主要内容为:"制事典,正法罪,辟狱刑,董逋逃,由质要,治旧洿,本秩礼,续常职,出滞淹。"⑤这一法典修成之后,"行诸晋国,以为常法"。赵盾死后,晋景公于公元前593年使士会聘周。士会回国后,按照周礼"讲聚三代之典礼,于是乎修执秩以为晋法"⑥。这就是"范武子之法"。韦昭注:"晋文公蒐于被庐,作执秩之法。自灵公以来,阙而不用,故武子修之,以为晋国之法

---

① 《左传·昭公二十九年》。
② 《左传·成公十八年》。
③ 《左传·僖公二十七年》。
④ 《韩非子·外储说右上》记载,晋文公蒐于被庐,是由于他接受了狐偃的建议为彰明刑法而举行。《国语·晋语八》也记载訾祏说曾修执秩之法的范武子"及为成师,居太傅,端刑法,辑训典""于是晋国之盗逃奔于秦"。由此可知被庐之法中还包含有刑事法。
⑤ 《左传·文公六年》。
⑥ 《国语·周语中》,上海古籍出版社,1978年。

也。"如若本注不错,那么,"范武子之法"是依据晋文公时期的"被庐之法"修订而成,其内容大概相差不大。公元前573年,晋悼公即位之后,又大规模修订法律。"使士渥浊为大傅,使修范武子之法。右行辛为司空,使修士𫇭之法。"①"士渥浊之法"和"右行辛之法"分别以范武子之法和士𫇭之法为蓝本,其基本精神大体相近。晋悼公借此重振晋国雄风而复霸。

公元前550年,晋平公八年,晋国执政卿范宣子制定了一部刑法,叫"范宣子刑书"。其主要条文来源于"夷蒐之法"即"赵宣子之法"。公元前513年,即晋顷公十三年,"晋赵鞅、荀寅帅师城汝滨,遂赋晋国一鼓铁,以铸刑鼎,著范宣子所为刑书焉"。至此,晋国的法律第一次以成文法的形式公布于众,打破了之前相沿已久的秘密法的状态。这一堪称惊天动地的事件,在当时就引起了激烈的争论。孔子认为晋国由此失去了"唐叔之所受法度"而对之大加责难:"晋其亡乎,失其度矣。……今弃是度也,而为刑鼎,民在鼎矣,何以尊贵?贵何业之守?贵贱无序,何以为国?且夫宣子之刑,夷之蒐也,晋国之乱制也,若之何以为法?"②孔子的这种态度,本意是以主张礼制来反对法制的发展,但却提供了一个反证,恰恰说明晋国的法律经历了一个由粗到细、由隐秘到公开的递转过程,恰恰说明三晋地区文化中的变革精神和尚法传统。正因为如此,后世学者则给予其很高评价。孔颖达在《左传正义》中说:"子产铸刑书而叔向责之,赵鞅铸刑鼎而仲尼讥之,如此传文则刑之轻重不可使民知也。而李悝作法,萧何造律,颁于天下,悬示兆民,秦、汉以来,莫之能革,以今观之,不可一日无律也。……圣人制法,非不善也,古不可施于今,今人所作非能圣也,足以周于用。所谓观民设教,遭时制宜,谓此道也。"③

由上可见,随着晋国法治思潮的勃勃高涨和新式法典的连连颁布,其法治理论和实践也都已达到相当成熟的地步,这就为后来三晋国家推行变法提供了经典依据,对这些国家的法治理论和实践起到直接的先导作用。《韩非子·定法》篇在谈到韩国法制混乱时说:"晋之故法未息,而韩之新法又生。"说明晋国法典仍在韩国沿用,即使韩之新法又生,也要保存晋国旧法中的部分条款。魏国法典《魏宪》、赵国法典《赵律》及李悝所著《法经》也无疑不同程度地征引过晋国的旧法条文。

在尚法传统的影响下,三晋地区形成法家文化圈,成为法家人物荟萃之乡。李悝、吴起、商鞅、申不害、慎到、韩非等人都在这里接受了法治思想的熏陶,李悝启于前,韩非继于后,为法家学派的创立和发展做出了贡献。

3. "法吏""法官"活跃

晋国法律思想的发达,还表现为晋国内部法吏、法官或法学家的活跃。如士𫇭、狐

---

① 《左传·成公十八年》
② 《左传·昭公二十九年》。
③ 参见(清)沈家本:《历代刑法考·律令一》,中华书局,1985年,第840页。

偃、赵盾、士会、士渥浊、右行辛、士丐、赵鞅、荀寅等人，即是法的制定者，又是法的执行者，因此一般说来，他们中的许多人，或是法吏，或是法学家。晋文公时的李离，身为理官，"过听杀人"，制造了一起冤案，自认为难辞其咎，"自拘当死"。文公反复劝阻，他仍然伏剑而死①。司马迁对此评论说："李离过杀而伏剑，晋文以正国法。"晋悼公时的魏绛，不仅"和戎"有功，而且还是一位著名法吏。晋悼公三年（公元前570年），晋悼公、扬干违犯军纪，魏绛戮扬干之仆。晋悼公认为魏绛辱己，"必杀魏绛"。魏绛上书说："日君乏使，使臣斯司马。臣闻师众以顺为武，军事有死无犯为敬。君合诸侯，臣敢不敬。君师不武，执事不敬，罪莫大焉。臣惧其死，以及扬干，无所逃罪。不能致训，至于用钺。臣之罪重，敢有不从，以怒君心，请归死于司寇。"晋悼公阅后赤脚而出，向魏绛赔礼道歉。通过这件事，"晋侯以魏绛为能以刑佐民矣"②。

由于晋国有着发达的法律制度和成熟的法吏队伍，且占据着霸主地位，所以它还常常以"国际法官"的姿态出现于春秋历史舞台。晋文公五年（公元前632年），卫成公与其大夫争讼，竟到晋国求断曲直③。晋定公元年（公元前511年），鲁昭公和季孙氏之讼也到晋国求其决断，晋卿荀跞便以单独调解的形式了结此案④。最富有说明意义的是晋悼公十年（公元前563年），周王卿士王叔生与伯舆争政，晋派范宣子出国平断。范宣子要求双方"合要"对质，即以"要约言语，两相辩答"，结果"伯舆辞直，王叔无以应""不能举其契"⑤，范宣子便当场宣布审判结果。

战国初期，吴起强调治军要执法必严、违法必究。他说："凡战之法，昼以旌旗幡麾为节，夜以金鼓笳笛为节。麾左而左，麾右而右，鼓之则进，金之则止。一吹而行，再吹而聚，不从令者诛。三军服威，士卒用命，则战无强敌，攻无坚陈矣。"⑥战国中期，韩昭侯用申不害为相，制定"循功劳，视次第"⑦的政策，严格执行，绝不徇私，甚至对于申不害的请求也予以拒绝⑧。战国晚期，李牧守赵国北边，他为了麻痹匈奴，示敌以弱，发布军令说："匈奴即入盗，急入收保，有敢捕虏者斩。"结果使得"匈奴以李牧为怯，虽赵边兵亦以为吾将怯"。"赵王让李牧，李牧如故。"⑨李牧军法如

---

① 《史记·循吏列传》。
② 《左传·襄公三年》。
③ 《左传·僖公二十八年》。
④ 《左传·昭公三十一年》。
⑤ 《左传·襄公十年》。
⑥ 《吴子·应变》，《诸子集成》，中华书局，1954年。
⑦ 《战国策·韩策一》，上海古籍出版社，1978年。
⑧ 《资治通鉴·周纪二·显王》所引文本与原文出入，此据《资治通鉴》，中华书局点校本。
⑨ 《史记·廉颇蔺相如列传》。

山，终于达到大破匈奴的战略目的。

李离、魏绛等人在长期的执法活动中，形成不徇私情、依法办事、亲疏同理的执法原则和法吏精神，以及与法一体、以身护法的法官人格；吴起、韩昭侯、李牧等人在处理政治、军事等事务中形成有法必依、执法必严、违法必究的作风和理念。凡此种种，都丰富了晋地法文化的内容，扩展了晋地法文化的内涵。

4. 三晋变法运动

三晋法文化内涵广大，其中文化精神的本质，就是顺时应变、革新进取。这种精神在三晋变法运动的庞大画卷中体现得尤其明显。战国之世，"君臣之礼既坏矣，则天下以智力相雄长"①"上无天子，下无方伯，力功争强，胜者为右，兵革不休，诈伪并起"②。在这样的乱世当中，由晋国肢解而成的三晋国家就面临着对内巩固政权、对外富国图强的双重任务。各国统治者相信时移世易，因时备变，纷纷变法，以期富强。战国初年，魏文侯首先变法，任用李悝、吴起、西门豹等人进行改革，使魏国一跃而成称雄一时之一流强国。赵烈侯也采纳牛畜、荀欣、徐越等人的建议，进行改革，使得赵国新政权逐渐稳固。此后，韩昭侯任用深谙刑名之术的申不害推行变法，结果十五年间诸侯不来侵伐。赵武灵王一心图强，断然因胡俗之利，变"中国之俗"，推行著名的"胡服骑射"，使得危弱的赵国成为战国后期的军事大国。不但如此，一些在三晋地区长期浸染的改革家还把变法推广到三晋以外的地区，如吴起在楚国的变法和商鞅在秦国的变法。

正是在这样的社会运动中，一大批有思想、有能力的法家人物迅速成长起来。如李悝③，他继承晋国颁"刑书"、铸"刑鼎"的法治传统，把魏国的法治实践升华为法治理论，编撰出比较完整的法典《法经》④。三国时期陈群、刘邵等人撰写的由《晋书·刑法志》记录下来的《魏律·序》，其中有这样的话："旧律因秦《法经》，就增三篇，而《具律》不移，因在第六。"《晋书·刑法志》在追述曹魏之法时，说："是时（指魏明帝制定魏新律之前）承用秦汉旧律，其文起自魏文侯师李悝，悝撰次诸国法，著《法经》。以为王者之政，莫急于盗贼，故其律始于《盗》《贼》。盗贼须劾捕，故著《网》（当是《囚》之误）《捕》二篇。其轻狡、越城、博戏、借假不廉、淫

---

① 《资治通鉴·周纪一·威烈王》。

② 刘向：《校战国策书录》，《战国策·附录》。

③ 学术界对《法经》的作者李悝和同时代的李克是否为同一个人，也有诸多争议。崔适的《史记探源》、章炳麟的《原法》、郭沫若的《十批判书》、冯友兰的《中国哲学史新编》等，都认为克、悝古字通，李悝、李克乃一人。而齐思和的《李克、李悝非一人辨》，以及古棣、周英着《法和法学发生学》则认为李悝和李克并非同一人。

④ 20世纪30年代，以仁井田升为首的一批日本学者，对《法经》的存在持否定说（见小川茂树：《李悝法经考》，《东方学报》（京都版）第四册，1933年）。但湖北云梦县睡虎地秦墓所出竹简之魏《奔命律》《户律》（见《睡虎地秦墓竹简》，文物出版社，1990年），可证前说为谬。

侈、逾制以为《杂律》一篇,又以《具律》具其加减。是故所著六篇而已,然皆罪名之制也。商君受之以相秦。"《唐律疏议》记述:"周衰刑重,战国异制,魏文侯师于里(李)悝,集诸国刑典,造《法经》六篇:一盗法;二贼法;三囚法;四捕法;五杂法;六具法。商鞅传授,改法为律。汉相萧何,更加悝所造户、兴、厩三篇,谓九章之律。"《唐六典》注也有类似的论述。明末董说编著《七国考》,其中《魏刑法门》引有桓谭《新论》中关于《法经》的一段论述,对其作了更加详细的阐述①。李悝既治国有术,又彬彬有学,因此理所当然地被尊为法家学派的始祖。其他如吴起、商鞅、申不害等,也是在同样背景下成为法家代表人物的。

5. 民间法制意识的加强

由于统治集团的大力推行,法制意识在晋地兼及周边地区,得到较好的普及,广大民众自觉地用法律条文衡量自己的行为,以便规避犯罪,免受惩罚。一个著名的例子见于《史记·商君列传》:商鞅治秦,事无巨细,一断于法,民众守法意识十分自觉,结果当立法者商鞅本人亡命时,竟然也被拒绝!"后五月而秦孝公卒,太子立。公子虔之徒告商君欲反,发吏捕商君。商君亡至关下,欲舍客舍。客人不知其是商君也,曰:'商君之法,舍人无验者坐之。'商君喟然叹曰:'嗟乎,为法之敝一至此哉!'"可见一斑。相比之下,鲁地的民众,由于统治集团强调不够,其法制意识就要淡漠得多,但宗法观念也要浓厚得多。《韩非子·五蠹》篇载:"鲁人从君战,三战三北,仲尼问其故,对曰:'吾有老父,身死莫之养也。'仲尼以为孝,举而上之。"因强调了孝义,而置法纪于不顾,形象地说明了这一情况。

由于法律条文的可解释性,晋地兼及周边地区的广大民众也开始重视对法律条文的释读,以便在无意间触犯法律时,能据之以争取对自己有利的判决,结果形成"学讼者,不可胜数"的景象;也因此,一些有名的诉讼律师便应运而生,春秋末年郑国的邓析就是其代表。《吕氏春秋·离谓》篇载有一事曰:"洧水甚大,郑之富人有溺者。人得其死者。富人请赎之,其人求金甚多,以告邓析。邓析曰:'安之,人必莫之卖矣。'得死者患之,以告邓析。邓析又答之曰:'安之,此必无所更 买矣。'"说明他善于推敲法律条文的概念,巧妙地运用概念的灵活性进行推衍,又善于根据具体矛盾的特殊性进行分析,从而为不同的行为找出法律依据。虽然后来邓析本人被统治者诛

---

① 详见董说著《七国考》卷十二《魏刑法》(中华书局,1956年,第366~367页)。1959年捷克斯洛伐克鲍格洛发表《李悝法经的一个双重伪造问题》,认为董说《七国考》所引用的《法经》条文,是董说根据《晋书·刑法志》所载内容而加以伪造的(载《东方文献》,第27期)。中国学者杨宽在《战国史》中也对董说《七国考》引文的真实性提出了怀疑(上海人民出版社,2003年,第192页)何勤华《〈法经〉新考》(《法学》1998年2期)一文从古籍流传的规律、《法经》内容的确切性、《法经》形成的历史背景等方面分析了《法经》一书曾经存在的极大可能性;说明了李悝所著《法经》作为一部法学著作的历史地位,它影响后世二千余年,造成东西方法学传统的迥异。

杀，但应当说，诉讼律师的活跃却是建立法制社会的必然要求。

二、从"疆以戎索"到"晋无公族"

法文化在夷夏文化的激烈碰撞与整合过程中破土而出三晋地区地处我国南北要冲，境内山河南北纵贯，自古以来就是沟通中原与北方两地区的天然通道，是中原民族与北方民族交往活动的舞台，也是华夏文化与戎狄文化交汇的熔炉。这种独特的地理结构、族群分布及文化面貌，造就了考古学和文化学上"独一无二"的晋文化。苏秉琦先生说，"晋文化发展的背景是中原与北方的交汇""是北方、中原两大文化区文化汇合点上相互撞击发生裂变形成的一颗新星"[1]。任何一种新思想都是在一定的地域、一定的时代和一定的社会条件下，通过文化的交流和传播而产生的，孕育于晋地的法家思想也是在夷夏文化整合的背景下悄然生发的。蒙文通先生说："晋者，授以戎狄之民，治以戎狄之法，戎索、周索错，而法家之说生焉。"[2]

1. 夷夏共处的格局

周初大分封，"分唐叔以大路、密须之鼓、阙巩（之甲）、沽洗（之钟），怀姓九宗，职官五正。命以《唐诰》，而封于夏墟"[3]。叔虞封唐，其始封地，据《史记·晋世家》说，在"河汾之东"，仅"方百里"。近年在翼城、曲沃发现的天马-曲村晋侯大墓遗址，为翼城、曲沃一带是当年晋国中心地域提供了确切的证明。晋国初期的势力范围大致在今天的临汾、运城一带，这也曾是尧、舜、禹、夏的中心区域。但2005年夏在绛县发掘出的"倗伯"墓地，也表明晋国势力所及实在有限，至与史乘不载之小国毗邻而居，或者犬牙交错[4]。始封的晋国，不仅规模局促，而且形势可危。"居深山，戎狄之与邻，而远于王室，王灵不及，拜戎不暇"[5]"戎狄之民实环之"[6]"皋落狄朝夕苛我边鄙"[7]。

正是在这种形势下，西周王朝为唐叔虞规定了"启以夏政，疆以戎索"的治国方针，意谓在"夏墟"之地要用夏的传统政教引导其民，而对周边戎人，则应尊其习俗，顺其习惯，以达到因人而异、因地制宜的效果。然而，不管是"启以夏政"，还是"疆以戎索"，都不能否认在西周统治下所通行的宗法制度和礼乐制度在此受到削弱，从而

---

[1] 参苏秉琦：《华人·龙的传人·中国人——考古寻根记》，辽宁大学出版社，1994年，第17~19页。
[2] 见蒙文通：《周秦少数民族研究》，《古族甄微》，巴蜀书社，1993年，第22页。
[3] 《左传·定公四年》。
[4] 这一考古发现目前尚无正式报告发表。本文所述，是笔者带领学生前往考古现场参观考古作业，承蒙"倗伯墓地"考古工作队诸位先生不弃，略作介绍，故于此转引。特此致谢！
[5] 《左传·昭公十五年》。
[6] 《国语·晋语二》。
[7] 《国语·晋语一》。

使得晋国和宗法、礼乐传统浓重的鲁、卫、郑、宋等国比较起来，在发展路向上表现出较大的差异。不但如此，这样的治国方针还使得晋国统治者从此形成一种根据具体情况来决定政策选择、灵活处理现实问题的思想方式；后来的历史行程表明，"疆以戎索"，不仅是全晋时期的立国之本，而且是三晋各国的强国之路①，直接规定了先秦三晋地区政治与文化的发展格局。

2. 异质文化的整合

在进入春秋以后，随着西周王朝的式微和北方部族的南下，发生在晋地的夷夏互动也频繁起来，方式不论是暴力的还是和平的，范围也不论是官方的还是民间的，层面则不论是物质的还是文化的，这种互动都不可避免地促成了晋地夷夏文化的整合。

和亲通婚式的夷夏整合在晋与三晋时期屡见不鲜，双方通婚似成传统。晋成公三年，吕相绝秦时说："白狄及君同州，君之仇雠，而我之昏姻也。"②这种长期存在的夷夏通婚，不但会促成双方体质的趋同，也势必会引起双方气质与心理的融通。司马迁指出：（种、代地区）"人民矜懻好气，任侠为奸，不事农商。……其民羯羠不均，自全晋之时固已患其剽悍"③。化干戈为玉帛乃是互惠互利的事，理应存在于晋地夷夏之间。晋悼公五年，山戎首领"无终子嘉父使孟乐如晋，因魏庄子纳虎豹之皮，以请和诸戎"④。晋悼公认为"戎狄无亲而贪，不如伐之"，但魏绛则力主和戎，指出"和戎五利"，使得晋悼公最终改变态度，结果"八年之中，九合诸侯，如乐之和，无所不谐"⑤。晋国"于是乎始复霸"。在晋国腹心地带和戎狄活动的北方地区都能发现对方的器物，这些器物或是通过战争掠夺而来，或是由贸易交换而来，或是交流馈赠而来，或是侯马铸铜遗址仿制的，原因虽然多种多样，但显而易见的，一是晋与狄杂处，各种形式的文化碰撞和交流，导致旧有文化发生变异，形成独特的晋式风格；二是"礼崩乐坏"使新思想容易冲破礼制的藩篱自由驰骋，人们的审美意识也得以自由发挥。

可以肯定，这种交互也必然反映在各自的意识形态领域，使得他们打破单一的局面而变得多元化。在晋国，既有恪守周礼的同姓不蕃⑥，又有违背周礼的同姓相婚；既有衍自上古的车兵战阵，又有学自戎狄的晋军崇卒⑦；既信奉"非我族类，其心必异"，又毫无顾忌，大和诸戎。正是因为夷夏两大文化的不断碰撞、整合，促使晋国的宗法制度、政权机构、宗族组织不断发生变化，这样一来，晋国统治者不更新旧有的礼治观念

---

① 如赵武灵王"胡服骑射"。
② 《左传·成公十三年》。
③ 《史记·货殖列传》。
④ 《左传·襄公四年》。
⑤ 《左传·襄公十一年》。
⑥ 《左传·僖公二十三年》。
⑦ 《左传·昭公元年》。

便断难适应新的形势和巩固政权,在这种情况下,法治理念应运而生。

3. 宗法礼制的破坏

众所周知,在戎狄部族中,"壮者食肥美,老者食其余"①"贵少而贱老"②被视为正常,即所谓"贪而无亲"。随着夷夏文化整合的逐渐推进,这种观念在晋地民众中也渐渐滋生起来,且更多地表现在政治生活中。首先是"曲沃代翼"。这是晋国公室内部为争夺统治权而进行的大火并,其长达67年的殊死搏杀,撕去了宗法制下最后一层温情脉脉的面纱,所以戎狄出身的骊姬以其特有的敏感,对这场斗争作了理论上的总结:"自桓叔以来,孰能爱亲?唯无亲,故能兼翼。"③正是在"无亲"宣言的有力鼓动下,晋国又继之以"无蓄群公子"的政治行为,从而形成"晋无公族"④的基本制度。晋献公"尽杀群公子"⑤的惨烈,在1600多年后,仍让人心有余悸,宋代吕祖谦说:"献公屠其宗族昆弟,如刈草菅,略无惨怛不忍之意。"⑥

同样道理,在戎狄民族中,有着比较浓重的尚战观念,实质是以战劫掠的观念。在那里,"更相抄暴,以力为雄……以战死为吉利"⑦"俗贵兵死"⑧"好寇盗,邻国畏患"⑨"苟利所在,不知礼义",以病终为不祥,以劫掠为荣光。而这种观念在晋国也并不鲜见,明显的例子便是"馆"⑩,比如晋国军队在城濮之战后,"三日馆谷,及癸酉而还"⑪。又如"晋灭虢,虢公丑奔京师。师还,馆于虞,遂袭虞,灭之"⑫。由此可见其战争的掠夺性。晋军作战不仅劫掠物资,而且劫掠民众,因为战俘也是一种

---

① 《史记·匈奴列传》。
② 《后汉书·乌桓鲜卑列传》。
③ 《国语·晋语一》。
④ 所谓"晋无公族",是指自晋献公"诅无蓄群公子"之后,历代晋君都严格排斥其子弟于国家政权之外,诸公子除了嗣子留待继承君位之外,其余都得出居他国,因此史书载"晋自是无公族"。但是晋国仍有旧公族存在。所谓旧公族,是指那些与晋君血缘关系早已疏远的公族旧支,他们出自晋献公以上历代国君子弟的后裔,虽与国君属于同一宗法系统,但已不可能对君权形成任何威胁。这样的旧公族有:狐氏、栾氏、郤氏、羊舌氏、韩氏等。参见(清)常茂徕:《增订春秋世族源流图考》,道光三十年夷门怡古堂刻本。彭邦本:《从曲沃代翼后的宗法组织看晋国社会的宗法分封性质》,载《中国史研究》1989年第4期。
⑤ 《左传·庄公二十五年》。
⑥ (宋)吕祖谦:《晋杀其世子申生论》,《吕东莱文集》,商务印书馆,1931年。
⑦ 《后汉书·西羌列传》。
⑧ 《后汉书·乌桓鲜卑列传》。
⑨ 《后汉书·东夷列传》。
⑩ 馆,实在是战争劫掠的一种委婉的说法。如公元947年,辽军攻占后晋国都开封,辽贵族以牧马为名,纵兵四出劫掠,美其名曰"打草谷"。
⑪ 《左传·僖公二十八年》。
⑫ 《左传·僖公五年》。

财产。如：晋军灭虞后，"执虞公及其大夫井伯，以媵秦穆姬"①。又如："献公伐骊戎，克之，灭骊子，获骊姬以归，立以为夫人。"②所以在某种意义上可以说，晋国的军队之所以有战斗力，乃是因为它被军事行动中丰厚的物质利益所驱动！与楚争战，固然有"尊王"的成分；伐灭骊戎，也不失"攘夷"的意味。但是，虢、虞何辜，同属华夏，且为姬姓③，而晋灭之？

凡此种种，都反映出晋人血缘亲属观念的淡漠和政治利益观念的浓厚。也因此，作为传统的宗法制度便在根本处发生动摇，进而遭到前所未有的破坏。如果把宗法制传统比作一根链条，那么，先秦三晋地区则是这根链条上最薄弱的环节，法家学说便是在这个最薄弱的环节上迸发诞生。可以说，宗法制传统在晋国发生的裂变，为法家的形成创造了机遇，使晋国成为孕育法家的温床。

4.法治理念的生成

很明显，"无亲"等源自戎狄民族的观念将瓦解宗法封建制、世卿世禄制和贵族特权制，促进郡县制、官僚制和军功爵制的兴起，而后者恰恰都是法家学说的基本内容。法家"无亲"，大多数法家代表人物都明确地主张废除世卿世禄、奖励军功勋劳。李悝相魏，废除旧式爵禄世袭制，实行"食有劳而禄有功"④；吴起相楚，"捐不急之官，废公族疏远者"⑤；商鞅相秦，"宗室非有军功论，不得为属籍"⑥。韩昭侯用申不害为相，"循功劳，视次第"⑦"颦有为颦，而笑有为笑"⑧；韩非则反复地说"计功而行赏，程能而授事"⑨"赏不加于无功，而诛必行于有罪"⑩"无功而受事，无爵而显荣，为有政如此，则国必乱，主必危矣"⑪"明主之为官职爵禄也，所以进贤材劝有功也。故曰：贤材者处厚禄，任大官；功大者有尊爵，受重赏。官贤者量其能，赋禄者称其功。是以贤者不诬能以事其主，有功者乐进其业，故事成功立"⑫。同时，法家尚

---

① 《左传·僖公五年》。
② 《国语·晋语一》。
③ 《左传·襄公二十九年》。
④ 《说苑·政理》。
⑤ 《史记·吴起列传》。
⑥ 《史记·商君列传》。
⑦ 《战国策·韩策一》。
⑧ 《韩非子·内储说上》："韩昭侯使人藏弊裤，侍者曰：'君亦不仁矣，弊裤不以赐左右而藏之。'昭侯曰：'非子之所知也，吾闻明主之爱，一颦一笑，颦有为颦，而笑有为笑。今夫裤岂特颦笑哉！裤之与颦笑相去远矣，吾必待有功者，故藏之未有予也。'"（《诸子集成》，中华书局，1954年）
⑨ 《韩非子·八说》。
⑩ 《韩非子·奸劫弑臣》。
⑪ 《韩非子·五蠹》。
⑫ 《韩非子·八奸》。

战。无可讳言,法家,尤其是《商君书》,所苦心孤诣、孜孜以求的"王天下",就是要建立全民皆兵、军国主义的国家①;所奉为法宝,喋喋不休的"明教",就是要塑造嗜杀如命、掠夺成性的暴徒:"民之见战也,如饿狼之见肉……父遗其子,兄遗其弟,妻遗其夫,皆曰:'不得,无返。'"②"然富贵之门,要存战而已矣。彼能战者,践富贵之门;强梗焉,有常刑而不赦。是父兄、昆弟、知识、婚姻、合同者,皆曰:'务之所加,存战而已矣。'夫故当壮者务于战,老弱者务于守,死者不悔,生者务劝。此臣之所谓壹教也。民之欲富贵也,共阖(盖)棺而后止。而富贵之门必出于兵。是故民闻战而相贺也;起居饮食所歌谣者,战也。此臣之所谓'明教之犹,至于无教也。'"③由此可见,法治理念在晋地的生成,实在是事所必至,理所固然。

三、从"赫赫霸主"到"一统于秦"

法文化在特定的社会背景和历史机遇中开花结果春秋战国时期,是各诸侯国政权急剧动荡的时期。这种动荡,一方面来自外部的相互攻战,一方面来自内部的争权夺利。法家认为,祸起萧墙最为可怕,握有实力的大臣是危害君权的直接力量。三晋法家自己生活的祖国韩、赵、魏,便是由于这种力量的不断冲击而诞生。所以法家人物发现,"法""术""势"的主张是各国统治者最现实的政策选择。祈望四海一家、万邦协和,是中国人早在先秦即已形成的一种心理趋向,但"天下共苦战斗不休,以有侯王",所以法家人物主张实行地同域、行同伦等政策,建立中央集权的国家政体,施行强化国家统一的政治变革。三晋法家文化的形成,是三晋法家人物通过对三晋历史的反思和对战国天下大势的分析而做出的一种积极的政治抉择。

1. 雄风赫赫,百年霸主

春秋以来,"霸道"兴起。由于晋国在献公执政时期,实行"无亲"政治,削除同姓宗族,使士蒍"尽杀群公子"④,重用有军功的异姓卿大夫,逐渐成为北方的大国。公元前636年,流亡在外19年的重耳回国即位,这就是晋文公。他坚持献公"诅无蓄群公子"的政策,维持"晋无公族"的政治格局。"晋无公族"是晋国政治的特点之一,也是晋国政治的优点之一。清人高士奇说"按列国之卿,强半公族""惟晋,公子不为卿,故卿多异姓"。而晋用"异姓之能"⑤,最终形成"举不失选,官不易方。其卿让于善,其大夫不失守,其士竞于教","君明、臣忠、上让、下竞"⑥的兴旺局面。

---

① 麦孟华:《商君评传》,《商君书译注》附,黑龙江人民出版社,2003年。
② 《商君书·画策》。
③ 《商君书·赏刑》。
④ 《左传·庄公二十五年》。
⑤ 《国语·晋语四》。
⑥ 《左传·襄公九年》。

在这种情况下，晋国开始积极从事争夺霸权的活动。公元前632年，晋楚城濮之战，晋军"退避三舍"而获胜，文公遂大会诸侯于践土，被周襄王正式册封为霸主，从而成就"取威定霸"的业绩。这年冬天，晋文公又大会诸侯于温，周王也被召赴会，晋国霸主的地位愈加巩固了。之后，晋襄公败秦军于崤，维持了霸主地位；晋悼公败楚军于鄢陵，使霸业重新振兴：此间共历150余年。晋国虎踞北方，俯瞰东南，"尊王攘夷"，在诸侯中享有很高的威望，成为雄风飞扬的赫赫霸主。

尽管争霸战争不可避免地带来种种惨祸、灾难和痛苦，但其推动历史前进的作用也显而易见。为数众多的小国为几个大国所并，从而实现了区域性的局部统一，这种集权趋势的加强，为全国的统一和中央集权制的建立，起了奠基的作用。而晋国的霸业，对这一进程贡献尤多。苏秉琦先生曾指出：把一统中国的理想变为现实，是从三代到秦各国"逐鹿中原"的结果。从陶寺文化以来的晋地，恰恰在"逐鹿中原"这个政治大漩涡的边缘，社会生活比较稳定，经济、文化比较发达，对秦人的统一事业，晋人曾起过"铺垫"作用。到西周末年，晋国势力的强大已居"中国之首"，周代到平王东迁已经名存实亡，东周几百年的重心即政治上最稳定的力量，已经转移到晋国。一直到秦始皇统一中国，晋一直在东方国家中占首位，晋也罢，三家分晋也罢，并未改变这种基本格局，依然是夏商周晋秦。秦统一者，主要是统一了晋也，其他是第二位的①。众所周知，《竹书纪年》的王朝世系是夏、殷、周、晋、魏，这就表明晋与以承晋正统自居的魏，殚精竭虑地进行争霸活动，其实是在为构建一个正统的王朝而努力！

2. 六卿壮大，权归三家

但晋国异姓异氏卿大夫崛起之后，与公室之间的矛盾也就尖锐起来了。因为他们很快就在利用职权发展私家势力，"受君之禄，是以聚党"②，苦心经营，壮大实力，渐至"富半公室""家半三军"③。虽然晋国公室对于这种状况也有觉察，并试图加以限制，比如晋景公就曾依靠旧公族栾氏发动过"下宫之役"④，以打击异姓卿大夫赵氏。但是无奈晋国公室枝叶已稀，尾大不掉之势已经形成，这种打击反而招致异姓宗族的联合反抗。晋平公八年，栾、范两家发生龃龉，范氏遂联合中行氏、智氏、赵氏、韩氏等并争取魏氏倒戈，将栾氏族灭。晋顷公十二年，前述六卿又联合起来，将晋国仅存的旧公族祁氏、羊舌氏"以法灭之"⑤，六分其地。至此，"晋益弱，六卿皆大"⑥。

---

① 参苏秉琦：《华人·龙的传人·中国人——考古寻根记》，辽宁大学出版社，1994年，第28~30页。
② 《左传·成公十七年》。
③ 《国语·晋语八》。
④ 《史记·赵世家》。
⑤ 《史记·晋世家》。
⑥ 《史记·晋世家》。

六卿中,又以赵氏的改革力度最大,发展最令人瞩目,对晋君形成的威胁也最巨。赵氏实行二百四十步的最大田亩制①和"公无税焉"的最轻赋税制,使其在晋国政治生活中显示出极大的优势。赵氏宗长赵鞅(赵简子)注意奖励军功,宣称:"克敌者,上大夫受县,下大夫受郡,士田十万,庶人工商遂,人臣隶圉免。"②他注意团结宗人,利用宗子的权威,要求宗族成员为其效力,否则鬼神"麻夷非是"③;还注意预留后路,在远离晋国统治中心和诸卿争斗旋涡的晋阳,完城廓④,足府库⑤,实仓廪⑥。凡此种种举措,使得赵鞅实力倍增,"赵名晋卿,实专晋权"⑦。

晋国六卿的发展是不平衡的,所以其联合执政的局面很快就被打破。50年间,六卿之间爆发两场内战:第一次是公元前497年到公元前490年韩氏、赵氏、魏氏、智氏对范氏、中行氏的战争;第二次是公元前454年到公元前453年韩氏、赵氏、魏氏对智氏的战争。晋定公三十七年(公元前475年),智氏宗子智瑶接替晋国正卿职位。智伯"贤于人者五,其不逮者一"。他妄自尊大,刚愎自用,"戏康子而侮段规",至于公然向其他诸卿索要"万家之邑"各一。赵氏不给,智伯便裹胁韩、魏攻之,赵氏退守晋阳,智伯围而灌之,以为旦夕可下,大言说:"吾今乃知水可以亡人国也!"⑧引起韩、魏两家的恐惧。赵氏乘机说两家以"唇亡齿寒"之理,请求联合灭智,获得成功。结果,智伯军败被杀,头颅被漆为饮器;宗族尽灭⑨,土地三分。三家灭智,晋国公室领地却只剩下绛和曲沃二邑。韩、赵、魏自称诸侯,从此"三家分晋"的局面形成,晋君"反朝韩、赵、魏之君"⑩,成为三国的附庸,后来又被废为庶人。

3. 诸侯相兼,一统于秦

"划分历史阶段,必须有重大历史事件作标志。"公元前453年,三家分晋,震惊

---

① 据《吴问》,见山东银雀山汉墓竹简《孙子兵法》,文物出版社,1976年,第94页。
② 《左传·哀公二年》。
③ 即"靡夷彼是",意谓灭绝其族,见侯马盟书摹文及释文。参山西省文物工作委员会:《侯马盟书注释四种》,载《文物》1975年第5期。张颔:《张颔学术文集》,中华书局,1995年。
④ 近年晋阳古城在考古发掘中被发现,成为考古界的一件大事。经勘察,古城南城墙东西残长626.4米,宽30米;西城墙980米,高出地面约7米。见谢元璐、张颔:《晋阳古城勘察记》,载《文物》1962年第4、5期。
⑤ 考古数据为赵氏军事力量的强大提供了有力的证明。仅在太原金胜村251号春秋大墓及车马坑中就发掘出戈31件、矛20件、钺10件、戟9件、剑6件、镞510只,显示有马44匹、车16辆。由此可见一斑。参山西省考古研究所、太原市文管会、陶正刚、侯毅、渠川福:《太原晋国赵卿墓》,文物出版社,1996年。
⑥ 《战国策·赵策一》。
⑦ 《史记·赵世家》。
⑧ 《资治通鉴·周纪一·威烈王》。
⑨ 智氏宗族,唯辅果存。智氏是荀氏的一支,辅果后世有复姓荀氏者,如荀子。
⑩ 《史记·晋世家》。

古代世界，以争霸为特征的五霸因之结束，以兼并为特征的七雄随之开始。三晋地区以其"表里山河"、天下之中的战略价值历来即是兵家必争之地。魏，"天下之胸腹"；韩，"天下之咽喉"；赵，"于天下也不轻"。虽然各有其竞争优势，但也各有其致命缺陷，对此纵横家们已列说无遗。客观条件如此，三国治乱得失，关乎生死存亡，政策选择就成为国家最大的问题。生于斯或长于斯的三晋文化精英，积极地思考着富国强兵之策，以使国家立于不败之地。

"天下无道，攻击不休，相守数年不已，甲胄生虮虱，燕雀处帷幄，而兵不归。"①战国时代的诸侯混战，给社会生产带来巨大的破坏，当时就有人说：经过一场大战，人民的死伤和甲兵的损失，其所费"十年之田而不偿也"②。也因此，结束诸侯割据局面，完成国家统一事业，是春秋战国以来历史发展的必然趋势。延至战国末年，实现统一的条件业已成熟，而且由秦统一中国的客观形势已经形成。时人对此也有洞见。荀子说："佚而治，约而详，不烦而功，治之至也。秦类之矣。"③李斯则说："自秦孝公以来，周室卑微，诸侯相兼，关东为六国，秦之乘胜役诸侯，盖六世矣。今诸侯服秦，譬若郡县。夫以秦之强，大王之贤，由灶上骚除，足以灭诸侯，成帝业，为天下一统，此万世之一时也。"④

4. 法家人物的历史反思和政治设计

任何一种学说的出现都有它赖以生成的历史背景。法家思想，就是对三晋历史的总结和对现实状况的思索，所谓"观往者得失之变"⑤"言所以破天下之从，举赵、亡韩、臣荆、魏、亲齐、燕，以成霸王之名，朝四邻诸侯之道"⑥。

正是通过对晋君从赫赫霸主到一介庶人这一历史剧变的观察，三晋法家认识到三家分晋局面的出现，是臣下弑君的直接结果。韩非说："天子失道，诸侯伐之，故有汤、武。诸侯失道，大夫伐之，故有齐、晋。臣而伐君者必亡，则是汤、武不王，晋、齐不立也。"⑦在《韩非子》的其他篇章中，对这一现象叙述得更为明白，更为直截了当。《喻老》曰："晋公失之于六卿，而邦亡身死。"《说林》曰："晋用六卿而国分。"《说疑》曰："韩、魏、赵三子分晋，……臣之弑其君者也。"那么，晋国何以会出现这种臣弑君而国分的现象呢？在三晋法家看来，无非是因为臣下"太信""太富""太贵""太重"，从而导致君权旁落、国家灭亡的结局。"木实繁者披其枝，披其枝者伤

---

① 《韩非子·喻老》。
② 《战国策·齐策五》。
③ 《荀子·强国》，梁启雄：《荀子简释》，中华书局，1983年，第217页。
④ 《史记·李斯列传》。
⑤ 《史记·老子申韩列传》。
⑥ 《韩非子·初见秦》。
⑦ 《韩非子·难四》。

其心；大其都者危其国，尊其臣者卑其主。"①"所以谓晋亡者，亦非地与城亡也，姬氏不制而六卿专之也。"②正是因为清醒地看到了这一点，韩非才开出法、术、势三者结合的加强君主专制的药方，尤其是"术"，"成为韩非统治学说中的重要组成部分，其中的阴谋权术在中世纪中国，更成为'阳儒阴法'专制者的枕中鸿秘"③。

正是为着结束争战不已的混乱局面，实现统一全中国的事业，以韩非为代表的法家巨匠们，从政权组织、社会结构、行为规范等方面设计出大一统国家应有的模式。综观韩非的治国理论，其核心的内容有两条：第一，选拔"法术之士"，剪除私门势力，加强君主集权。他主张建立中央集权的统一的新型国家，要做到"事在四方，要在中央。圣人执要，四方来效"④。认为商、周两代的衰亡，正是由于"诸侯之博大"；晋、齐两国被"分""夺"，也是由于"群臣之大富"，因此要法、术、势并行。第二，以法为教，以吏为师，实现思想统一。他认为："明主之国，无书简之文，以法为教；无先王之语，以吏为师；无私剑之捍，以斩首为勇。……是故无事则国富，有事则兵强，此之谓王资。"⑤这种主张虽然成为秦始皇"焚书坑儒"的先导，但在当时历史条件下，却是一种时代的要求。正因为如此，凭借"商鞅变法"的巨大成就而统一全国的秦始皇，在考虑建立一个什么样的新国家时，毫不犹豫地采用了法家学说，采纳了李斯的主张，建立起君主专制中央集权的统一国家，先秦法文化适时地顺应了统一大业并得到有效实践。

小　结

总之，先秦三晋地区是法文化孕育的核心区域，其孕育过程漫长而复杂。有历史的也有现实的，有本土的也有外来的，更有政治的和文化的。早在公元前2300年前后，帝尧在此建都，形成中国的早期国家。帝尧为维护国家的安全和社会稳定，以皋陶为理官"作刑造律"直至舜、禹时代。从此这里便成为法文化的策源地，其法律条款虽时有损益，却代代相沿，渐成传统。西周以降，虽然先前帝尧的都域变为晋国的都域，但在这一区域形成的千年法文化传统却一脉相承，根深蒂固，深深地影响着后世政权。晋国是

---

① 《史记·范雎蔡泽列传》引《诗经》。
② 《韩非子·孤愤》。
③ 朱维铮：《商君书提要》，见朱维铮师编校《传世藏书·诸子·商君书》，海南国际新闻出版中心，1996年，第839页。
④ 《韩非子·扬权》。
⑤ 《韩非子·五蠹》。

一个夷夏杂处的国家，戎狄文化和华夏文化在这里激烈地碰撞整合，西周王朝倡导的宗法礼制观念遭到严重破坏；戎晋之间的频繁战争、宗族之间的火并争斗，迫使晋国统治者以积极的态度频频立法以解除内忧外患，实现强国称霸之目的，晋国遂在春秋时期成为立法独多、法官法吏活跃的中心舞台。时至战国，曾有着称霸一个半世纪之久的辉煌历史的晋国，被它精心培育起来的强宗大族一口一口地吞噬而将其一分为三的韩、赵、魏三个国家，面对兼并统一的严峻形势，在素有法文化历史传统的三晋大地纷纷掀起变法运动。处于战国乱世的三晋文化精英，出于救世的目的，反思三晋地区的政权演变过程，进而提出一整套加强中央集权、君主专制的治国方案。这套方案以"无亲""尚利"为性格，以"法、术、势相结合"为特色，兴盛于三晋，成功于秦国。至此，先秦时期的法文化实现了从理论到实践的重大转折。

（原载柳立言主编：《中国史新论·法律分册》，台北联经出版公司，2008年）

宗法制在晋国的衰落

张有智

春秋时期，是中国古代社会发生大变革的时代，是奴隶制向封建制过渡的重要时期。而这一时期晋国的变化则尤为突出。在其内部，各种带有浓厚封建性质的因素急剧增长，新型的生产关系也随之出现，这一切猛烈地撞击着奴隶主阶级的统治。本文仅从作为奴隶制社会特征之一的宗法制入手，对影响宗法制正常运行的一些封建因素作一粗浅的分析。

宗法制度，是由氏族社会氏族组织发展演变而来的、以血缘关系为基础的一种族制系统。天子世代相传，且由嫡长子继承职位，奉祀始祖，称为大宗。嫡长子以外的其他诸子被封为诸侯，称为小宗。宗法制度的核心是嫡长子继承制和庶子分封制。其实质是借血缘关系这条古老的纽带，极力维护奴隶主阶级的统治，是中国奴隶社会全盛时代的特点之一。但是，在春秋时期的晋国，这种宗法制度遭到前所未有的沉重打击。

1. 嫡长子继承制遭到重创

从夏启创立奴隶制国家、确立世袭制度，到西周时嫡长子继承制发展到鼎盛时期。而到西周晚期，这种制度开始被打破。例如：《史记·晋世家》载："二十七年（公元前785年），晋穆侯卒，弟殇叔自立，太子仇出奔。"殇叔并非以嫡长子的身份继位，而是兄终弟及。虽然执掌晋国政权仅有四年，晋穆侯太子仇就"率其徒袭殇叔而立"[①]，但是，这次事件却开破坏嫡长子继承制之先河。又如："晋小子之四年（公元前706年），曲沃武公诱召晋小子杀之……乃立晋哀侯弟缗为晋侯。"[②]这实际上是叔父继侄子之位。再如：晋侯缗二十八年（公元前679年），"曲沃武公伐晋侯缗，灭之，尽以其宝器赂献于周釐王。釐王命曲沃武公为晋君，列为诸侯"[③]。这是杀君篡位，也不是嫡长子继位。

晋国经骊姬之乱后，这种以嫡长子继承制为核心的宗法制度便一步步衰败下去。晋献公二十一年（公元前656年），骊姬之乱发生，逼迫太子申生蒙冤自杀于曲沃。晋献

---

① 《史记·晋世家》。
② 《史记·晋世家》。
③ 《史记·晋世家》。

公死后，荀息欲立骊姬之子奚齐为君，但被中大夫里克等人杀死。荀息又立骊姬娣子卓子为君，里克又杀之。太子被杀，欲立庶子为储君，这绝不是晋献公和骊姬在主观上要废除自夏以来的嫡长子继承制，而是宠爱骊姬的结果。虽然立庶未成，但在客观上是对嫡长子继承制的一种打击。

虽然重耳的异母弟夷吾采取对外"以河外列城五，东尽虢略，南及华山，内及解梁城"①贿赂秦穆公，对内以"汾阳之田百万""负蔡之田七十万"②拉拢里克和丕郑的两面手法，取得国内外反对派的支持，回国继位为晋惠公。但晋惠公是晋献公之庶子，按照宗法制的原则，是没有资格继位的，但他还是做了国君。

不仅如此，就连赫赫有名的五霸之一的晋文公重耳也不是嫡长子继位为君的。惠公死后，太子圉继位为晋怀公。公元前636年，重耳在秦国的帮助下结束长达19年的流亡生涯，回到晋国，杀死怀公于高梁（临汾市高河店）而继君位。重耳与夷吾是兄弟关系，怀公为夷吾子，所以，晋文公是以叔父继侄子之位的。

文公死后，其子驩继位，是为晋襄公。襄公虽为文公之子，但不是嫡长子，因为他的母亲偪姞班在第二。

晋襄公七年（公元前621年）八月，襄公卒。"太子夷皋少。晋人以难故，欲立长君。"③因而，在立谁为新君的问题上发生了一场争论。最后，太子夷皋终于公元前620年继位为晋灵公。但灵公长大以后，荒淫无度。所以不数年，赵盾弟赵穿"袭杀灵公于桃园""赵盾使赵穿迎襄公弟黑臀于周而立之，是为成公"④。晋成公黑臀为晋襄公之弟，而晋灵公为晋襄公之子，晋成公继晋灵公而立，又是叔父继侄子之位。

晋成公传至三世到晋厉公，晋厉公八年（公元前573年），"栾书中行偃以其党袭捕晋厉公，囚之，杀胥童，而使人迎公子周于周而立之，是为晋悼公。晋悼公元年（公元前572年）正月庚申，栾书、中行偃杀厉公"⑤。但晋悼公是晋襄公的庶子之次子，他既非嫡子，亦非长子。他的继位，也完全违背了祖宗留下来的嫡长子继承制。

由上述几例可见，春秋时期的晋国屡屡出现非嫡长子继承君位的现象。或是兄终弟及，或以别子继位，或以庶子而立，而有的则是以叔父继子侄之位。这充分反映出由古代氏族社会发展而来的以血缘关系为基础的嫡长子继承制已经丧失历史的必然性，可有可无了。

2. 公族势力遭到诛杀

由于晋国嫡长子继承制被打破，使国君深深感到，太子一般不会杀君谋反篡夺君

---

① 《左传·僖公十五年》。
② 《国语·晋语二》。
③ 《史记·晋世家》。
④ 《史记·晋世家》。
⑤ 《史记·晋世家》。

位，而那些以诸公子为首的公族势力，则十分值得警惕。尤其是那些违背嫡长子继承制、非法窃居君位的国君，更怕公族势力如法炮制，使自己同样垮台，为了巩固自己的君位，便把矛头指向了日益强大的公族势力。公元前676年，晋献公继位，对自己的家世和经历进行了深刻的反思，认真地总结了"曲沃代翼"的经验教训，清楚地认识到：公族势力强大，君权就会倾覆。所以，"他总想改变一下这种公族逼君的局面"①。"在过去的67年中，晋国国君像走马灯似地更换着，他们的老宗亲也一批又一批陪着故君做了牺牲，极少数幸存的旧公族，地位日益下降，几沦为庶人，已失去了东山再起的能力。唯有桓叔、庄伯支庶尤多，代翼后他们成为显族，形成一股新的势力，威胁着君权。"②《左传·庄公二十三年》载："晋桓、庄之族逼，献公患之。"就是很好的说明。因此，一场诛杀桓庄之族的阴谋便开始策划了。

晋献公诛杀桓庄之族是经过周密策划、有步骤地进行的，其得力助手是晋大夫士蒍。士蒍对献公说："去富子，则群公子可谋也已。"③这是诛杀桓庄之族的第一步。因为富子是桓庄之族中精明强干、足智多谋的人物，除掉他就等于拔掉一颗钉子。士蒍得到献公许可后，先"与群公子谋"，群公子不知是计，就和士蒍一起"谮富子而去之"④。

"去富子"的第二年（公元前670年，晋献公七年），士蒍又继续"在公族中制造谗言"挑拨离间。"晋士蒍又与群公子谋，使杀游氏之二子。"⑤至此，桓庄之族的三位主要人物都被除去，实现了灭桓庄之族的第二步计划。难怪士蒍蛮有把握地告诉献公说："可矣，不过二年，君必无患。"⑥

灭桓庄之族的第三步是诛杀群公子。晋献公八年（公元前669年），"士蒍说公曰：'故晋之群公子多，不诛，乱且起'"⑦。但游氏之族还未尽灭，因而就在诛杀群公子之前，士蒍又耍了一个手腕，借群公子之手"尽杀游氏之族"⑧。尔后，他把群公子安置在聚邑居住。就在这年的冬天，"晋侯围聚，尽杀群公子"⑨。

桓庄之族的诛灭，是晋国历史上第一次大规模地消灭公族事件。它消灭了当时晋国最强大的公族势力，使晋献公的君位大大巩固。但是，这种现象只是暂时的。旧公族消灭了，新公族又出现了。国君与公族的斗争始终存在于晋国的发展过程中。于是，晋献公又开始了第二次大规模地灭公族行动。这次灭公族和前次灭公族事件，在晋献公的主

---

① 李孟存、常金仓：《晋国史纲要》，山西人民出版社，1989年，第21页。
② 李孟存、常金仓：《晋国史纲要》，山西人民出版社，1989年，第21页。
③ 《左传·庄公二十三年》。
④ 《左传·庄公二十三年》。
⑤ 《左传·庄公二十四年》。
⑥ 《左传·庄公二十四年》。
⑦ 《史记·晋世家》。
⑧ 《左传·庄公二十五年》。
⑨ 《左传·庄公二十五年》。

观动机上是有区别的。灭桓庄之族是为了巩固君权，而这次灭公族则是因废嫡立庶而引起的。但它们的客观效果却是一致的：都严重地打击了公族势力，同时也破坏了宗法制的正常实施。

第二次灭公族事件发生在骊姬之乱时。当时，晋国的太子为申生。后来，晋献公娶了狐家的两个女儿分别生重耳和夷吾。公元前672年，"献公伐骊戎，克之。灭骊子，获骊姬以归，立以为夫人，生奚齐，其娣生卓子"①。骊姬以天姿国色专宠，献公"俱爱幸之"②，欲立奚齐为太子。可是，原太子申生不除，奚齐难立。因此，"献公有意废太子"③，设计将包括太子申生在内的诸公子调出绛都。献公说："曲沃吾先祖宗庙所在，而蒲边秦，屈边翟，不使诸子居之，我惧焉。"④"于是使太子申生居曲沃，公子重耳居蒲，公子夷吾居屈。献公与骊姬子奚齐居绛。"⑤这样，晋献公就以守卫边防重镇为借口，轻而易举地把群公子调出了绛都。

但是，这并非万全之策。在骊姬眼中，群公子不除，终是心腹大患。于是骊姬开始陷害太子申生，诡称"君梦齐姜，必速祭之"⑥！"太子于是祭其母齐姜于曲沃"⑦。祭后，便将祭物归送献公。可是，晋献公出猎未归，骊姬就将祭物在宫中放了六日。晋献公回来后，骊姬"毒而献之。公祭之地，地坟；与犬，犬毙；与小臣，小臣亦毙"⑧。骊姬趁机谓公："贼由大子。"献公怒，逼迫太子申生于献公二十一年（公元前656年）"十二月戊申，缢于新城（曲沃）"⑨。"此时重耳、夷吾来朝"⑩，有人告诉骊姬说："二公子怨骊姬谮杀太子。"骊姬恐怕阴谋败露，趁机制造谗言，诬陷二位公子："申生之药胙，二公子知之。"⑪二公子闻知此事，恐祸及其身，于是"重耳走蒲，夷吾走屈"⑫。晋献公对二公子不辞而别，更为恼怨，认为"果有谋矣"⑬"使寺人披伐蒲"，重耳逾垣而走，"重耳遂奔翟"⑭。从此，重耳开始了19年的流亡生

---

① 《国语·晋语一》。
② 《史记·晋世家》。
③ 《史记·晋世家》。
④ 《史记·晋世家》。
⑤ 《史记·晋世家》。
⑥ 《左传·僖公四年》。
⑦ 《史记·晋世家》。
⑧ 《左传·僖公四年》。
⑨ 《左传·僖公四年》。
⑩ 《史记·晋世家》。
⑪ 《史记·晋世家》。
⑫ 《史记·晋世家》。
⑬ 《史记·晋世家》。
⑭ 《史记·晋世家》。

涯。晋献公又"使人伐屈，屈城守，不可下"①。次年（公元前654年，晋献公二十三年），晋献公二次派兵伐屈，夷吾逃奔于梁，亦流亡他国。从此，晋国就剩下了奚齐和卓子。公元前651年九月，晋献公卒。荀息遵先君遗嘱立奚齐，里克杀死奚齐，荀息又立卓子，结果里克又杀之。一时，晋国没有了国君。夷吾在秦国帮助下回国继位为君，是为晋惠公。当时秦穆夫人嘱咐他"尽纳群公子"②，而惠公非但"不纳群公子"③，反而认为"重耳在外，诸侯多利内之"④，对他的君位是一种威胁，遂"欲使人杀重耳于狄"⑤，重耳奔齐。晋惠公在位14年而卒，其子圉继位为晋怀公。晋怀公是个短命鬼，刚刚继位就被回国的重耳杀死，重耳登位，是为文公。从此，晋国走上了稳定、发展、强盛、称霸的道路。

从骊姬之乱开始到晋文公继位，晋献公有子数人，但唯重耳独存，这在客观上无疑是对公族势力的又一次毁灭性打击。《左传·宣公二年》载："初，骊姬之乱，诅无蓄群公子，自是晋无公族。"但是，新旧势力的斗争是长期的。而"晋无公族"，乃是晋灵公时语，它在晋国的历史长河中仍是短时期的。"及成公即位，乃宦卿之嫡为之田，以为公族……晋于是有公族……"⑥这就是说，自晋成公开始，晋国又出现了公族。在这些公族行列中，绝大部分是新公族，如军功卓著的卿大夫，但也还有一些是旧公族，如栾氏、祁氏、羊舌氏等。随着卿大夫势力的强大，国君的权力日益削弱，公室的土地也越来越少，国君与卿大夫之间的矛盾日益加深，卿大夫与卿大夫之间的斗争亦更加尖锐。于是在晋平公时期，又发生了剪除公室枝叶的事件。

由于栾氏和范氏之间矛盾加剧，晋平公六年（公元前552年），范宣子将栾盈诱出曲沃，驱逐出境，"盈出奔楚"⑦。接着又捕杀栾盈之党，《左传·襄公二十一年》载："宣子杀箕遗、黄渊、嘉父、司空靖、邴豫、董叔、邴师、申书、羊舌虎、叔罴，囚伯华、叔向、籍偃。"晋平公八年（公元前550年），齐国欲报晋前怨，趁晋国嫁女于吴、齐国作媵之机，"以藩载栾盈及其士"⑧潜入曲沃。四月，"栾盈帅曲沃之甲，因魏献子，以昼入绛"⑨。范氏闻变，采取分化瓦解孤立栾氏的策略后，猛攻栾氏，

---

① 《史记·晋世家》。
② 《左传·僖公十五年》。
③ 《左传·僖公十五年》。
④ 《史记·晋世家》。
⑤ 《史记·晋世家》。
⑥ 《左传·宣公二年》。
⑦ 《左传·襄公二十一年》。
⑧ 《左传·襄公二十三年》。
⑨ 《左传·襄公二十三年》。

"栾盈奔曲沃"①，大败而逃。范氏乘胜追击，攻破曲沃，"尽杀栾氏之族党"②。栾氏灭亡后，晋顷公十二年（公元前514年），祁氏、羊舌氏二公族也被六卿诛灭。"分祁氏之田以为七县，分羊舌氏之田以为三县。"③由此可见，栾氏、祁氏、羊舌氏的灭亡，表明六卿势力的强大，公田大为减少，公室更加卑弱，但卿大夫的土地越来越多，势力也越来越强，使奴隶主阶级的君权也为之动摇，最终导致了"三家分晋"。

（原载《晋阳学刊》1993年第1期）

---

① 《左传·襄公二十三年》。
② 《左传·襄公二十三年》。
③ 《左传·昭公二十八年》。

范宣子刑书探微

李孟存　常金仓

《左传·昭公二十九年》（公元前513年）："冬，晋赵鞅、荀寅帅师城汝滨，遂赋晋国一鼓铁，以铸刑鼎，著范宣子所为刑书焉。"这条史料与前此二十三年（公元前536年）郑国子产所铸的刑书，几乎被所有的史学家认为是我国法治史上成文法公布的初记载，并且把晋国铸刑鼎看作我国古代使用铁器的确凿证据。这原是不错的。但是迄今为止，还很少见到关于刑鼎所著范宣子刑书的较为详尽的论述。《山西通志·金石记》著录了这个刑鼎的铭文仅有六字"晋顷公十三年"，却不见范宣子刑书的丝毫讯息。据此可知春秋晋国刑鼎是件传世品，但由于后世失传，使我们无法对范宣子刑书的内容，通过直接的识读进行具体的分析。不过我们认为通过对刑鼎铸作时期的历史进行综合分析，对这部刑书的部分内容、性质、它在当时所发挥的社会作用以及晋国后期的法律制度，还可窥见一斑。

一、法　与　刑

自从人类社会划分阶级以后，在社会上居于支配地位的阶级为了维护本阶级的既得利益，镇压处于从属地位的阶级的反抗，建立了军队、监狱、法庭等一整套国家机器，从而制定了各种制度、法律、道德，作为人们的行为规范和准则。因此，作为上层建筑组成部分之一的法律是同国家与生俱来的。现代意义上的法律，在我国古代先后被称为"法""刑""律"等，许多同志认为"法"与"刑"只是今天所谓的法律一名在历史上的演变，从而忽略了即使在上古社会，"法"与"刑"在内容和性质方面，也还是有区别的。

在范宣子的刑书之前，我们未见到晋国有单纯的刑律。晋国历史上制定的"法"，目前所知的只有四部。在晋国铸刑鼎的当年，孔子批评道："晋其亡乎，失其度矣。夫晋国将守唐叔之所受法度……"云云。据此可知：第一，晋国始祖唐叔虞就曾有法留予子孙，这无疑是晋建国以来的第一部法典，其内容或许就是所谓"启以夏政，疆以戎索"（《左传·定公四年》）之类；第二，范宣子的刑书确是晋国法治史上的一大变制，它不仅是成文法的公布，而且在内容上也大大冲破了旧法的藩篱。公元前633年晋文公所作的"被庐之法"是于今可知的第二部法典。《商君书·更法》载："郭偃之法曰：'论至德者不和于俗，成大功者不谋于众。'"《韩非子·南面》也讲到郭偃帮助晋文公制典立法的事情。郭偃于《左传》称卜偃，这样说来晋文公做国君后，在除旧布新的过程中也进行了一番大刀阔斧的法治改革。《左传·僖公二十七年》说晋文公入国二年，急欲图霸，狐偃教晋文公出定周襄王，使民知义；伐原，以示之信，"公曰：'可矣乎？'子犯曰：'民未知礼，未生其共（恭）。'于是乎大蒐以示之礼，作执秩以正其官"。《商君书》和《韩非子》中的郭偃，疑是狐偃之误，而"被庐之法"之作，在于使民知"礼"，杜预在"蒐于被庐"下注云："晋常以春蒐礼改政令，敬其始也。"可见"被庐之法"即是晋国的整个政令，其中包括整顿国家机构，确定尊卑上下的等级名分等，它还不是一个单纯的刑法。公元前621年，赵盾登上晋国执政卿的宝座，制定了一整套治国大纲。"既成，以授太傅阳子与太师贾陀，使行诸晋国，以为常法。"（《左传·文公六年》）这是晋国的第三部法典。这部法典的内容也颇庞杂，《左传》作者挈其纲领云"制事典、正法罪、辟狱刑、董逋逃、由质要、治旧洿、本秩礼、续常职、出滞淹"，用今天的话说就是使国之百姓有常法可依，量刑定罪要轻重适当，积年的旧狱应给以断决，逃亡的奴隶要追捕归案，家奴委质于主人或买卖借贷要有券契，污秽政治要革除，尊卑贵贱不能逾越，修废官开贤路使人尽其才。所以赵盾之法也是个包罗万象的国家总法。公元前593年，晋景公使随会聘周，周定王以命卿之礼招待随会，随会受了周礼的启发，"归，乃讲聚三代之典礼，于是乎修执秩以为晋法"（《国语·周语中》）。这是第四部法典。随会之法（或曰范武子之法）到晋悼公时，悼公命"士渥浊为太傅，使修范武子之法"。可以肯定地说，上述四部法典绝对不是一单纯的刑法，而是颇类今天的宪法。

晋国的刑法从国家母法中分离出来的时间既非始于公元前513年范宣子刑书的公布，恐怕也非始于公元前550年左右本刑书的制定。我国刑法在其发展过程中曾经过一个藏之秘府的阶段，在这个阶段中，刑书往往书于竹简、帛书、陶、木等器物之上。公元前564年，宋国发生火灾，司城子罕"使乐遄庀刑器，亦如之"（《左传·襄公九年》），杜注："刑器、刑书。"孔疏："此人掌其刑器，知其为司寇也。恐其为火所焚，当是国之所重，必非刑人之器，故以为刑书也。哀三年鲁人救火云：'出礼书、御书'，书不名器。此言刑器，必载于器物。郑铸刑书，而叔向责之，晋铸刑鼎而仲尼讥之。彼铸之于鼎以示下民，故讥其使下民知之。此言刑器，必不在鼎，当书于器物，官府自掌之，不知其在何器也。或书之于版，号此版为刑器耳。"即是例证。又如：《左传·昭公六年》，士文伯曰："……火未出而作火以铸刑器，藏争辟焉。"可见春秋诸国皆为刑器。因此，范宣子刑书是一个已经从国家大法中分离出来，经过了一个著之竹帛、藏于秘府的阶段，进而公布出来的单纯的刑法。

二、范宣子刑书及其蓝本

晋平公即位以后，晋国的政权越来越多地落到六卿的手中，公室再次卑弱。晋平公三年（公元前555年）由于晋悼公的去世，齐国首先从诸侯同盟体中跳了出来，并兼小国，晋国会鲁、卫、郑等国伐齐。次年二月，晋国正卿中行偃死于回军途中，范宣子（士匄）以中军佐的资格升为正卿。栾氏是晋国的宗室，他们不能容忍异姓把持晋国的政权，因此栾盈广蓄勇力之士阴谋倒范。晋平公六年（公元前552年），范宣子以城著的名义将栾盈调出曲沃（栾氏邑），在中途将其逐出晋国。当时态度与晋国对立的大国，唯楚、齐而已，于是栾盈先奔楚国。但是楚国自鄢陵之战后，一蹶不振，且远隔千山万水，无力支持栾盈复国，因此栾盈由楚走齐。齐军新败于晋，因此欣然派军队扎在太行作栾氏的后援，并于公元前550年密使人送栾盈回曲沃。栾盈复入晋国，联合魏氏，率旧部向新田发动进攻，范宣子闻变急走公宫，把晋平公控制在自己手中，并且以曲沃贿赂魏氏，分化了栾氏的力量，然后以重兵击败栾氏，围曲沃而克之，栾氏灭族亡宗。范、栾斗争是晋国新旧势力之间的一场斗争，斗争的焦点是晋国政权最终归于六卿还是归于公族。

范氏在晋国世为法官。范氏的先祖隰叔子自周入仕晋国就任法官，其子士蒍先做法官，后任司空，士蒍子士会在公元前593年主持制定了晋国的第四部法典。这就是所谓"官不易方"，因为晋国的法官叫做"士""大士"，从士蒍开始，他们以官名氏曰"士"，待到士会受封随、范二邑，才或而曰随会，或而曰范会。士会是一个旧派人物，他的法典以维护奴隶制的等级名分为主要倾向。范宣子平定栾氏之乱，企图用立法制止奴隶主的反抗，维护六卿的利益，因此废掉其祖父的陈宪，另著刑书，这就是范宣子刑书产生的历史背景。范宣子执政六年，死于公元前548年，以此看来，范宣子邢书草成的年代恐怕就在公元前550年栾氏失败到公元前548年他本人死去的两年当中。

范宣子的刑书大约是个颇为激进的法典，孔子抨击道："且夫宣子之刑，夷之蒐也，晋国之乱制也，若之何以为法？"孔子的批评暂且勿论，值得注意的是他在这里给我们披露了一个消息：范宣子刑书是以夷之蒐为蓝本的。夷之蒐在公元前621年，其时晋襄公病笃，而晋文公曾经倚为股肱的老臣赵衰、栾枝、先且居、胥臣于前一年中先后弃世，军乏统帅，晋国不能继续维持五军的建制，只好裁汰二军，并且在贵族子弟中选拔新秀以充三军之卿。于是于公元前621年春，晋军在夷举行阅兵式，整编军队，选拔统帅，这就是夷之蒐。按照晋襄公的初衷，他要登用司空士縠为中军，梁益耳佐之。中军以下，循阶提拔，以箕郑、先都分别将上、下军。晋大夫先克（先且居子）党于赵氏，因此提议中军的人选应选狐、赵之后。于是晋襄公放弃原来的计划，确定以狐偃之子狐射姑将中军，以赵衰子赵盾佐之。

阳氏处父是晋国的新贵。晋文公末年曾与胥臣商议使阳处父做太子驩（晋襄公）的太傅，胥臣态度很暧昧，大意是处父傅驩未必会给日后的新君以多少教益。阳处父终作太傅恐怕是出于赵衰的举荐。正当晋军大蒐于夷的时候，阳处父使卫归来，途出于夷，竟矫君命改蒐于董，同时将狐射姑降为中军佐而以赵盾为正卿。阳处父易中军引起一系列的混乱。晋襄公死后，卿大夫议立新君，狐、赵相争，狐氏终不胜赵氏，狐射姑奔往赤狄潞氏；士縠、梁益耳不得为中军，箕郑、先都眼看到手的上下军将成泡影，因此箕、先、士、梁及先克的仇人蒯得五大夫作乱。赵盾镇压了这次叛乱，进一步削弱了狐氏反对派，这就是孔子所说："夷之蒐，晋国之乱制也。"夷之蒐不仅播下了后来晋国祸乱的种子，而且从赵盾执政，开启了晋国异姓卿大夫专政之端，在孔子看来就是乱政了。

夷之蒐后，晋襄公旋即死去，赵盾拥立了尚在怀抱中的婴儿夷皋为新君（晋灵公），独专晋政，晋文公所作的"被庐之法"在赵盾上台之后或被修改、或被废除，赵盾另立新法，其简要内容已见上文。不过范宣子刑书的内容恐怕不似此广泛，顶多是抽出其中刑事法及奴隶逋逃法修正完善起来的。赵盾之法是政治上大夫专政的法律体现，范宣子废掉士会之法而采用夷之蒐为刑书的蓝本，毫无疑问是为了适应六卿联合专政的形势而制定的。

赵盾专政20年，其间晋灵公想收回政权，不克身死，赵盾又改立成公；成公出让更多的利益给卿大夫，才勉强做了七年傀儡国君。公元前601年和公元前600年，赵盾、成公先后死去，晋景公继位，再一次谋收政权，公元前593年使士会重修法典，无疑是废掉了赵盾之法，先在法律上确立了国君至尊无上的地位，然后于公元前583年杀死赵同、赵括，赵婴奔齐，赵氏中衰，直到公元前573年晋悼公命赵武为卿，赵氏无一人登上卿位，所以从公元前621年到公元前593年是赵盾之法行诸晋国的二十八年。

赵盾之法随着赵氏的中衰而被废置，经过晋厉公一朝，到晋悼公即位，虽然放弃了晋景公、晋厉公削弱臣下的政策，代之以广开贤路、起用旧族的政策，但是晋景公的立法（范武子之法）不仅没有被废弃，而且使士渥浊重修了这部法典。待晋悼公死去，晋平公以冲令践国君位，晋国政权再度落入强卿手里，于是范宣子缘时作法，赵氏之法才得以改头换面重新行世。"夷之蒐"几经废兴，反映了晋国新旧势力的消长。因此当我们研究范宣子刑书的时候，必须明了：从公元前550年到公元前453年三家分晋是范宣子刑书发挥作用的近100年，以及作为刑书蓝本的赵盾之法行世的28年，其间所有涉及法律的史料都与范宣子刑书具有密切的关系。

三、范宣子刑书的社会作用

从晋平公元年（公元前557年）起到晋哀公四年（公元前453年）止，是晋国奴隶制从衰落走向灭亡的时期，同时也是封建生产关系的因素不断增长最后打破旧制度、初步确立的时期。公元前552年至公元前550年栾氏的失败，使晋国公室枝叶渐次剪灭，因此范宣子著刑书之后，晋国公室更加卑弱，正如公元前539年晏婴使晋时叔向对他所说的："虽吾公室，今亦季世也。戎马不驾，卿无军行，公乘无人，卒列无长。庶民罢敝而宫室滋侈，道殣相望，而女富溢尤。民闻公命，如逃寇仇。栾、郤、胥、原、狐、续、庆、伯降在皁隶。政在家门，民无所依。君日不悛，以乐慆忧，公室之卑，其何日之有？"尽管这是从叔向这位保守派眼睛中所观察到的社会现实，然而它正是范宣子立法以后的社会现实。范宣子刑书在当时晋国社会上所发生的作用虽不可尽知，但通过几个重大案例，还可得其大略。

公元前541年，公族大夫祁盈的家臣祁胜和邬臧（杜注：易妻）通室，通室在当时的贵族之家被认为是亵渎礼义的行为，于是祁盈以诛家乱为辞，欲捕祁胜和邬臧。祁胜惧诛，以货贿通知文子（智跞），让智文子代为求免。智文子得货左袒祁胜，反而以专杀罪祁盈。上卿纳贿袒护邪恶的行为引起祁氏家臣的愤怒，祁氏家臣代主人杀死了胜、臧，紧接着晋六卿就以法捕杀了祁盈及其党羽杨食我（叔向之子）全家，祁、羊舌二族遂告灭亡。这年秋天，代韩起（宣子）执政的魏舒（献子）就把祁氏邑分为七县（邬、祁、平陵、梗阳、涂水、马首、盂），把羊舌氏邑分为三县（铜鞮、平阳、杨氏）而封六卿庶子庶孙及其属大夫。

以此看来，范宣子著刑之初，晋国公室虽卑，但仍然保持着相当大的力量，整个今晋中地区，晋南、晋东南之一部还控制在公族手中。那时候六卿虽然把持了政权，尚不能吞灭公族。于是六卿企图以法来限制公室的加害。栾氏之难刚起，晋平公忧心忡忡地对阳毕说："自穆侯以至于今，乱兵不辍，民志不厌，祸败无已。离民且速寇，恐及吾身，若之何？"阳毕对曰："本根犹树，枝叶益长，本根益茂，是以难已也。今若大其柯，去其枝叶，绝其本根，可以少间。"《国语·晋语八》可见晋公室当时确有人主张用峻法稳定局面并渐次削弱卿大夫。范宣子刑书就是在这种形势下问世并得到新旧势力的共同认可。但是范宣子刑书是在六卿于国家政权中取得主导地位的条件下制定的，因此结果是六卿一天天强大起来，国君力量却一天天削弱了下去。这是范宣子刑书的社会作用之一。

晋国统治阶级内部，除了卿大夫与公室之间的矛盾，还存在着卿大夫之间的矛盾。因此在公元前514年六卿以法灭祁氏、羊舌氏后的次年，这部刑书就由赵鞅和荀寅铸在鼎上，公布于众，绝非偶然的事情。一方面，它的公布替六卿灭公族找到法律根据；另一方面，由于六卿力量相匹，如果不能把这类矛盾纳入法的轨道加以调节，就不能实现驾空国君之后的六卿联合专政。春秋末年，晋国土地私有程度迅速加深了，争田成了司空见惯的事情。公元前528年冬，晋国的法官士景伯出使楚国，由叔向的弟弟叔鱼暂代法官。先是晋国大夫邢侯与雍子争鄐田，韩宣子命叔鱼清理积压案件，雍子理屈，把自己的女儿送给叔鱼为妾,使叔鱼卖法。邢侯闻讯大怒,把叔鱼和雍子一同杀死在公堂之上。韩宣子请教叔向应该怎样处理这个案件,叔向认为:雍子自知其罪而赂以买直,鲋(叔鱼)也鬻狱,邢侯专杀,其罪一也。于是韩宣子将三人暴尸于市。叔向对法的解释若是离开了范宣子刑书的基本精神,将是不可思议的。六卿之间除了以刑书为戒约外,大约还举行过一次盟誓。公元前497年范氏、中行氏为乱,赵鞅、智跞等人反复说:"晋国有命,始祸者死,为后可也。""载书在河",这句话很可能是当时的一句誓辞。这次盟誓的精神与上述案例体现的刑书的精神相当一致,因此也取得了法律的效力。晋国依靠范宣子刑书及盟誓,从公元前550年到公元前497年范氏、中行氏之乱,维持了半个世纪的相对和平而未酿成大的祸乱,这应该是范宣子刑书的社会作用之二。

范宣子作刑之初,晋国的阶级矛盾颇为激烈。公元前542年,子产使晋尽坏馆垣,晋大夫士文伯就说:"敝邑以政刑之不修,寇盗充斥。"子产也说绛都之中是"盗贼公行"(同见《左传·襄公三十一年》),所以范宣子作刑的主要动机之一乃是为了镇压奴隶和国人的反抗斗争。30多年后,赵鞅、荀寅公布刑书,依然是这种斗争的结果。晋国公布刑书必定受到子产铸刑书的影响,刑书的公布使人们有法可依,统治阶级内部及两大对立阶级间的矛盾都暂时缓和了,这是刑书发生的又一个社会作用。

四、《刑书》判罪条例例举及其法体思想

(一)判罪条例例举

范宣子刑书不知凡几条,今从时人的一些对话及案例中,检得一些,开列如下。

(1)杀君杀父

《国语·晋语》载宋人杀昭公,赵盾兴师问罪说:"今宋人弑其君,罪莫大焉。"这大约是春秋各国立法中共有的条文。《礼记·檀弓》说邾定公闻有杀父者曰:"寡人尝学断斯狱矣。臣弑君,凡在官者杀无赦;子弑父,凡在宫者杀无赦。杀其人,坏其室,洿其宫而猪焉。"但春秋间弑君父者不知其几何,未必都必然以罪杀。

(2)为官贪墨,假贷居贿

《国语·晋语》曰:"及(栾)桓子(黡)骄泰奢侈,贪欲无艺,略则(犯法)行志,假贷居贿,宜及于难。"照此说来,假贷居贿就算"略则",这当是指通过假贷作过重的剥削乃至恃强勾夺。

(3)里通外国

宣公十二年,晋军大败于邲,先縠惧罪逃至赤狄,次年导赤狄伐晋及清,《左传》载:"冬,晋人讨邲之败与清之师,归罪于先縠而杀之,尽灭其族。"

(4)将不用命,失属亡师

宣公元年晋国伐郑于棐林,胥甲父不遵将令,"晋人讨不用命者,放胥甲父于卫。

而立胥克"。上述邲之役，先縠就是不用命的将领，他不听主帅荀林父的节制，率本部先济河，致有邲之败，当时韩献子说："彘子（先縠）以偏师陷，子（林父）罪大矣。子为元帅，师不用命，谁之罪也？失属亡师，为罪已重，不如进也。事之不捷，恶有所分。与其专罪，六人同之，不犹愈乎？"当年秋，晋师归国，"桓子请死，晋侯欲许之……"

（5）结党叛乱，贼杀大臣

夷之蒐后，先都、梁益耳怨先克夺去正卿以与狐、赵，公元前618年"春王正月己酉，使贼杀先克。乙丑，晋人杀先都、梁益耳"。这是赵盾以法杀叛党（贼杀大臣，又叫侵官，见《左传·文公六年传》）。

（6）荐举失人，行军违律

秦晋战于河曲，赵盾故意使人以其车干行，"献子（韩厥，任司马）执而戮之"。这是违律被诛。由于韩厥做司马是出于赵盾的荐举，所以事后赵盾说："二三子可以贺我矣！吾举厥也而中，吾乃今知免于罪矣。"可见荐举失其人，也要论罪。

（7）不祀，嗜酒

《左传》载宣公十五年潞氏相酆舒伤其君目，伯宗开列其罪状曰："狄罪有五，不祀，一也；嗜酒，二也……"可见在国中不祀与嗜酒也要治罪。《尚书·酒诰》就是周公禁止殷遗民群饮的诰词，嗜酒治罪是周人的传统法令。

（8）争田纳室

晋国后期，卿大夫之间夺人土地、兼人家室的事情经常发生，如晋大夫阎嘉与周甘人争阎田、范宣子与和大夫争田、邢侯与雍子争田、先克夺蒯得田等，这些争端要经过法庭来解决，本身就说明晋国的法律有禁止夺田纳室的条文。《侯马盟书》载当时的盟辞中有："自今以往敢不率从此明质之言，而尚敢或内室者，而或婚宗人兄弟或内室者，而弗执弗献，丕显晋公大冢，明亟视之，麻夷非是。"则进一步证明了这一点。

遗憾的是很少能找到对奴隶和国人的惩罚。奴隶本为奴隶主的财产，已置诸法外，"盗""寇"中可能也有一部分是国人，只知道士会做太傅修法后"晋国之盗逃奔于秦"，但武子之法不是这里讨论的对象。

从这些大大小小的案件中得知，晋国当时罚罪的名目有：不祀、灭族、连坐、陈尸、杀、监禁、流放、宫刑、械梏等。

（二）范宣子刑书的法律思想

范宣子刑书虽然以赵盾之法为蓝本，但是由于两人相去已70年之久，在这70年中，社会的变化决定了刑书不可能不在内容以至立法的指导思想方面与赵盾之法有所变，较之赵盾之法，范宣子刑书的法律思想有如下特点。

《礼记·曲礼》云："礼不下庶人，刑不上大夫。"这是西周的法律思想，但在赵盾时代，他的立法在这点上也体现得十分鲜明，如公元前615年战于河曲，赵盾使御人乱行，韩厥只杀了赵盾的御人，算是代死；公元前570年几乎同样的事情又发生了一次，晋悼公会诸侯于鸡泽，师行至曲梁，晋悼公弟扬干乱行，只杀了扬干的仆人。范宣子以后，这种代死的现象很少了，如果说赵盾时代也杀了先都、梁益耳，逐了狐射姑等显贵是因为犯了叛乱卖国罪，那么在范宣子以后仅仅因争田卖法受贿专杀连邢侯、雍子、叔鱼、祁盈、祁胜、邬臧等一般大夫也动辄以族诛、暴尸的重刑惩罚了。种种迹象说明，范宣子刑书进一步冲破了"刑不上大夫"的樊篱。在奴隶制度下，某种意义上卿大夫就是国君的奴隶，家臣就是卿大夫的奴隶。国君和卿大夫可以不通过司法机关擅杀臣下和家人。六卿为保障自身的安全，就要用法限制奴隶主贵族的这种特权，提倡去专杀之威。上述案件中，祁盈以专杀见诛，邢侯以专杀暴尸，后来范氏、中行氏叛乱也以赵鞅犯专杀之罪而起，无不体现了这部刑书具有去专杀思想。这在当时具有一定进步意义，使更多的人获得了法律保障，是社会解放的标志，范宣子刑书公布后，必然像子产刑书公布后一样，获得晋国中小奴隶主及家臣、国人的拥护。

（原载《山西师院学报》1983年第1期）

晋国的道德风尚及其形成的社会基础

林宏跃

在春秋时期几近370年的历史发展中，晋国自文公称霸以来，维持了100余年的霸主地位，是春秋五霸中称霸时间最长、影响最大的诸侯国家。晋国的这一久盛不衰局面的形成，固然与晋国不断改革变法分不开。但是，审视晋国的历史发展，我们不难发现，注重德治、德法并举，是晋国能够走向强大和持续发展的内在活力。以往我们对晋国史的研究更多地强调了晋国变法改革的精神意义，但对晋国德治精神的研究相对薄弱。为了全面深入地认识春秋时期晋国历史发展的社会机制，本文拟就晋国的德治精神及其对晋国发展的影响作一初步论述，以求共识。

一、晋国是"尚德"风尚

在晋国，崇尚道德是其社会传统风尚的一个重要特点，晋国注重德治与此有着密切的联系。主要表现在以下几个方面。

第一，以德择君，亲德行之实而远宗法观念之圈。

春秋初期，曲沃武公能够首开先例，实现以小宗代大宗，晋国民心之背向起了十分重要的作用。史载武公的祖父桓叔被封于曲沃后，在与晋国公室对峙较量时，因为"好德，晋国之众皆附焉"（《史记·晋世家》）。《诗经·唐风·扬之水》中"从子于沃。既见君子，云何不乐？""从子于鹄。既见君子，云何其忧？"的描写，反映了晋民对曲沃桓叔的归附之情，晋民不以桓叔有小宗代大宗之举而弃之，反以其有德而归附他，以至于支持武公使之能够最后取公室而自代。可见，晋君择民在一定程度上已开始摆脱宗法正统的传统观念束缚，而以道德的高下来衡量。这种观念在春秋前期是绝无仅有的。环顾中原地区其他诸侯国家，其时弑君而立君的政治现象并不少见，但却未见有实现小宗代大宗者，究其原因，主要在于思想观念上的阻力。这正说明晋国崇尚道德之风深入人心，而相对淡化了晋民的宗法观念。尔后，晋国在非常时期择立君主的事实也充分证明了这一点。骊姬之乱后，晋惠公以重贿内外得立为君，又"忘善而背德""无施于其众"，因而"大失其众"（《国语·晋语三》），引起百姓反对，"民弗与也"（《左传·鲁僖公十年》）。其子晋怀公继立后，"民不见德而唯戮是闻"（《左传·僖公二十三年》），在"晋君之无道莫不闻，公子重耳之仁莫不知"（《国语·晋语三》）的情况下，晋文公重耳以其"广而俭，文而有礼"（《左传·僖公二十三年》）的德行被晋人接纳为君，取晋怀公而代之，杀晋怀公于高粱。晋襄公死后，晋人为了国家政治稳定和发展的长远利益需要，又意欲弃年幼不能主事的太子，立年长而贤德的公子雍；在晋都新田以后的历史中也是如此，晋厉公因暴虐无德被弑，晋人又弃宗法之序，迎立晋襄公的庶孙，而具有敬、忠、信、仁、义、智、勇、教、孝、惠、让等十一种德行的晋悼公孙周为君，使晋国得以复霸。这正是晋民"天道无亲，唯德是授"（《国语·晋语六》）的社会思潮的反映。

晋国社会的这一道德风尚，对晋国统治者的思想产生了重大影响，促进了晋国在政治上由"重民"思想向"爱民"的民本思想发展。晋国的重民思想在晋献公时期已达到相当的高度，他们已深刻认识到"兴百姓以为百姓也，是以民能欣之，故莫不尽忠极劳以致死也"。如果"君起百姓以自封也，民外不得其利，而内恶其贪，则上下既有判矣"，形成了"为仁与为国不同。为仁者，爱亲之谓仁；为国者，利国之谓仁。故长民者无亲，众以为亲。苟利众而百姓和，岂能惮君？以众故不敢爱亲，众况厚之……凡民利是生，杀君而厚利众，众孰沮之"（《国语·晋语一》）的重民思想意识，看到民利、民生、民心对于政治统治的作用和意义。为此，晋文公曾强调说"夫固国者，在亲众而善邻，在因民而顺之"（《国语·晋语二》）。晋悼公时，卫国发生了国人将暴虐无道的卫献公驱逐出国之事，晋国思想家师旷在肯定此事的同时，深切地指出"良君将赏善而刑淫，养民如子，盖之如天，容之如地；民奉其君，爱之如父母，仰之如日月，敬之如神明，畏之如雷霆，其可出乎？夫君，神之主而民之望也。若困民之性，匮神之祀，百姓绝望，社稷无主，将安用之？弗去何为？天生民而立之君，使司牧之，无使失性。……天之爱民甚矣。岂其使一人肆于民上，以纵其淫而弃天地之性？"（《左传·襄公十四年》）把统治者以德养民爱民看做是其社会政治的天职和根本任务，如若不然，天怒人怨，人民有权力推翻他的统治。这表明，在晋国，西周初年"敬天保民"的重民思想已经发展为爱民的民本思想，它是春秋以来重民思潮发展的最高水平，是战国时期孟子仁政学说和民贵君轻的民本思想的基础，也可以说是中国民主思想的早期萌芽。

第二，尚贤让德，内举不避亲，外举不避仇。

晋人认为"德义不行，礼义不则，弃人失谋，天亦不赞"（《国语·晋语一》），把"德义"看做是"生民之本"（《国语·晋语四》）和"利之本也"（《左传·僖公二十七年》），亦即一个人立身处世的根本准则和获得利益的正当途径。因而，在晋国社会，崇尚德义、尚贤让德蔚然成风。我们所熟知的有：晋文公入主晋国前，在秦国出席与秦君谈判宴会，选择谁作为随从谋臣时，子犯认为"吾不如赵衰之文也"（《左传·僖公二十三年》），而让贤于赵衰；蒐于被庐，谋元帅和命三军之将时，有赵衰让德而荐郤縠为元帅、狐偃让于狐毛为上军之将、赵衰让于栾枝、先轸为下军之将的尚贤让德的三让美举；城濮之战后，赵衰又有三让而进八贤之为，晋文公赞叹说"夫赵衰三让不失义。让，推贤也。义，广德也。德广而贤至，又何患矣"（《国语·晋语四》）。新田时期，晋悼公欲使张老为卿，张老说"臣不如魏绛。夫绛之智，能治大官，其仁可以利公室不忘，其勇不疚于刑，其学不废先人之职。若在卿位，外内必平"（《国语·晋语七》），五辞而让贤于魏绛；绵上治兵命绛时，有士匄让贤荀偃，韩起让贤赵武，栾黡让贤韩起、赵武之事，"晋国之民，是以大和，诸侯遂睦"（《左传·襄公十三年》）。

晋国尚贤让德之事不胜枚举，而且以内举不避亲、外举不嫌仇为其特点。祁奚举其仇家谢狐、荐其子祁午、进羊舌赤为佐，被史家称作"是能举善矣，称其仇不为谄，立其子不为比，举其偏不为党。……建一官而三物成，能善也夫。唯善，故能举其类"（《左传·襄公三年》），成为千古流传的典范。不唯如此，晋武公不计前嫌，欲用政敌晋哀侯辅臣栾共子为上卿；晋文公礼见曾奉命追杀自己的忠于职守的寺人披；晋悼公重用其因一时之怒而欲杀之的德才兼备的魏绛。如此等等，不一而足，都说明了这一点。晋人认为"敌惠敌怨，不在后嗣，忠之道也""损怨益仇，非知也；以私害公，非忠也"（《左传·文公年》），对待罪臣和仇家后人也应该出于公心，唯德是举，不搞株连。所以，胥臣以德举荐因父亲冀芮叛君之罪而已沦为庶民的冀缺，受到晋襄公的奖赏，显示了晋人宽广的道德胸怀。

第三，忠贞尽职，不为私利而折腰。

晋人以忠贞不贰、殚精竭虑、尽职尽责、置私利生死于度外为德义之行而加以崇尚。一方面，晋人认为一个人能够立身处世，主要是"父生之，师教之，君食之"的结果，"非父不生，非食不长，非教不知生之族也"，所以，对这三者应该忠贞不贰、"壹事之"。因此，他们把"报生以死，报赐以力"看作"人之道也"，即做人的根本道理。再者说，一个人如果能够背叛这三者，难道不会背叛别人？这样还有谁会相信、重用他呢？故而，不能背君卖主"以私利废人道"（《国语·晋语一》）。其核心是忠君不贰，报以生死。另一方面，晋人认为"可以利公室，力有所能，无不为，忠也；葬死者，养生者，死人复生不悔，生人不媿（愧），贞也"（《国语·晋语二》），也就是说对有利于国家君主的事能够做到殚精竭虑、尽职尽责、生死如一，无愧于国家君主、无愧于人生，这就是忠贞。在晋国历史上具有这种道德风尚的人可谓层出不穷。栾共子不为武公许以上卿之位所动，英勇不屈，为晋哀侯尽忠战死；太子申生接受师傅杜原款"杀生以成志，仁也。死不忘君，敬也。……死必遗爱，死民之思，不亦可乎"（《国语·晋语二》）的教导，不肯逃身避祸，为留得清白在人间，杀身成仁，自缢而亡；荀息以忠贞自励，为完成晋献公所托立后太子奚祁为君的遗愿，高呼"吾言既往矣，岂能欲行吾言而又爱吾身乎？虽死，焉避之"（《国语·晋语二》）的豪言壮语，不屈而死；公元前594年，解扬不以楚国重贿而变节叛国，当他戏弄楚人以诈降手段巧妙地完成任务后，楚人欲杀之，他正气凛然地说："受命以出，有死无陨，又可赂乎？臣之许君，以成命也。死而成命，臣之禄也。"（《左传·宣公十五年》）可谓信义有加，志节高尚。韩献子因正卿赵盾举荐得为中军蔚，职司军法。河曲之役，赵盾战车干行犯纪，韩献子不徇私情，以军法戮赵盾之仆，可谓无私无畏。魏绛以司马之职司军纪，晋悼公之弟扬干乱行违令，魏绛不畏权贵，以法戮其仆。晋悼公以此为辱，必欲杀之而后快。魏绛上书遗书，坚持为国强军之正见，毫不退缩，欲自刎以强谏。这些皆体现了忠公尽职、生死不贰的忠贞精神。晋人这种"临患不忘国，忠也；思难不越官，信也；图国忘死，贞也；某主三者，义也"（《左传·昭公元年》）的精神风貌，可以说奠定了中国古代忠君爱国的思想基础和文化传统。

第四，重俭卑奢，以义求利。

晋民崇尚简朴节约，反对贪婪奢侈，主张以义求利。正如班固所说："其民有先王遗教，君子深思，小人俭陋。"（《汉书·地理志下》）从《诗经》的《唐风》和《魏风》中，我们就可以强烈地感受到晋民简朴自乐的生活气息和对奢靡放纵生活方式的嘲讽。同时，我们也能深切地感受到晋民对贪得无厌、不劳而获的怨憎之情。但晋民并非就安于贫俭不谋其利，只不过他们主张以义求利才是获得财利的正当途径。这是晋民的财富观和义利道德观。正因为如此，他们提出"义以生利，利以丰民"（《国语·晋语一》）的思想观念，认为"义者，利之足也；贪者，怨之本也。废义则利不立，贪厚则怨生""贪则民怨，反义则富不为赖。赖富而民怨，乱国而身殆"（《国语·晋语二》）。就是说按道义行事就可以获得利益，它是巩固利益的基础，违反道义贪图厚利，所获得的财富对自己是没有好处的，把获得财利当做最大的好处就会引起民怨、扰乱国家，其自身也会不保。原因在于"贪得无厌，忿类无期""夫有尤物，足以移人。苟非德义，则必有祸"（《左传·昭公二十八年》）。贪得无厌会使人变得怪异，所得不义厚财也会使人丧失道德人性，难免灾祸降临。

这种风尚的影响，促进了晋国的一些卿大夫往往能够戒贪除恶、洁身自好。晋平公时，叔向对其弟叔鱼贪赃枉法论以重罪，让执政者将其弃尸于市，示众追罪。孔子对叔向大义灭亲以戒贪者的公直精神赞美说："叔向，古之遗直也。治国制刑，不隐于亲，……杀亲益荣，犹义也夫。"（《左传·昭公二十八年》）魏献子执政，以不受贿而闻名于诸侯，在分祁氏和羊舌氏之田、任命县大夫时，不贪而公，仍担心其子魏戊在列而有党私贪占之嫌，孔子亦赞赏说"近不失亲，远不失举，可谓义矣"（《左传·昭公十四年》）。而魏戊亦能戒止其父贪赂之意。晋国卿族之中也有因贪念不改、骄泰奢侈、扰国乱民而消亡者。其他卿大夫之间往往能够互相警示，引以为戒。赵武执政，因建饰装饰华丽，有违于礼，张老批评他说"今子贵而忘义，富而忘礼，吾惧不免"（《国语·晋语》），赵武知过即改，深以为戒；韩宣子执政为自己不富而忧，叔向以栾黡"骄泰奢侈，贪欲无艺，略则行志，假贷居贿"而亡其族，以及郤至，"其富半公室，其家半三军，恃其富宠，以泰于国，……惟无德也"（《国语·晋语八》）最终造成其族一朝而灭的历史教训来告诫他，以为韩宣子应该把忧贫看做是自己有德不贪的反映，而不要为富以贪。韩宣子深受感动，幡然悔悟。

如上所述的晋国社会的道德风尚，是就其主流而言。当然，并非人人事事都能对号入座。文明社会以来，任何时代、任何社会的道德风尚也都是如此，这是共性与个性、一般与个别的关系问题。

晋人的道德风尚以重义而轻礼为特征，其道德思想的一些内容对孔儒学说的影响很大，被继承和融入儒学之中，可以说是儒学的重要思想来源，在缔造中华民族道德精神的历程中有着重要的历史地位。

二、晋国道德风尚的社会基础

任何道德，作为社会意识，都是社会存在的产物。晋国社会道德风尚的形成是以其社会存在为基础的，不能脱离晋国的历史和现实。笔者认为，晋国崇尚道德的社会风尚应该从以下几个方面去认识。

第一，从道德的继承性来看，尧舜禹传说时代的社会遗风对晋国影响很大。我们知道，晋国始封于唐，这个地区曾是尧舜禹三代的政治文化中心，禹以后政治文化中心南移至以河南为中心的中原地区。由于政治文化中心南移，中心地区社会发展对其影响力减弱，加之这一地区所处的地理形势是环山依水，具有相对封闭性，因而也就更多地保留和继承了其作为三代政治文化中心辉煌时期的社会遗风。而三代传说时期，中国社会虽然即将跨入文明社会的门槛，但毕竟还处于原始社会。在原始社会公有制下，主要靠社会风俗习惯来调节和规范人与人、人与社会的关系，制约人的社会关系，制约人的社会行为，我们也可以说它就是原始道德。原始道德与生俱来的平等性、公正性、高尚性，往往通过传说时代的英雄们尧、舜、禹集中体现出来，使他们戴上神圣的光环而被刚刚进入文明社会、受私有制折磨的人们所崇拜，被看做是道德的典范和圣人，从而给后人以极大的影响力。学习他们的道德风范，我们不难从《尚书》中看出这一点。晋国社会身处其地，这种影响力就更直接、更具体。

从晋国的实际情况看，从西周初年唐叔虞封唐直到春秋初期，晋国地区仍然没有得到更多的开发和开化，仍处于"景、霍以为城，而汾、河、涑、浍以为渠，戎狄之民实环之"（《国语·晋语二》）"方百里"（《史记·晋世家》）的大致范围内和相对原始状态。所以，三代社会的尚德遗风在这里表现得十分突出，汉代班固记载说"其民有先王遗教"（《汉书·地理志下》），早在春秋中期，吴札在听到歌唐之乐后说"其有陶唐氏之遗风乎"（《左传·襄公二十九年》）。因此，我们说晋国注重道德的社会风尚起源于此。

第二，从道德的现实性来看，西周的社会政治主张和晋国的政治方针的相互结合，推进了晋国崇尚道德之风的发展。西周以殷商灭亡的前车为鉴，提出"皇无天亲，唯德是辅"的政治口号，号召各诸侯国都应注重道德教化，使西周以来普遍兴起了重德思想。晋国除此之外，还一方面受其社会遗风影响，另一方面，受晋国"启以夏政，疆以戎索"的特殊政治方针的影响。"启以夏政"即用夏人传统之正启迪、诱导晋民，因为这里曾为"夏墟"，有夏民的遗风和影响所存。就先秦文化的记载来看，晋人言语之间，引经据典，以引用《夏书》为最多。但就其内容来看，又往往与道德之政相关。可见，"夏政"也是旨在推行德教，可能更适于晋民崇拜大禹这位曾经是本地的英雄需要。这样一来，晋国的重德风尚就比其他地区更为突出。显然，晋国社会的道德观念已被套上西周宗法社会的政治枷锁，但它必然由于历史继承性等原因而具有自身的特点。

第三，从春秋以来晋国的政治变化来看，春秋初期"晋无公族"制度的产生和确立，使大批异姓、异氏登上晋国的政治舞台。他们由于没有像过去旧公族那样的宗法保护伞，要立国于晋国社会而不败，需要在与旧公族和其他异姓、异氏势力的彼此争斗和竞争中，适应晋国社会的实际情况，以德立身，以材建业，以能发展。当他们在晋国政治基础还比较薄弱之时，当他们还处于兴亡不定之时，他们竞相加强自身道德建设的需要和宣扬自身道德水平的表现欲，都极大地推动了晋国社会道德风尚的高涨。当他们成为晋国也是中国最早的新兴地主阶级之后，他们作为新兴阶级和新社会关系的代言人，在他们还处于上升时期，也就必然以积极、进步、革命的精神为其即将建立的新社会和道德呐喊，使晋国的道德风尚得以推进和强化。

第四，晋国有文公称霸，在长期维护其诸侯领袖地位的过程中，需要在政治道德上树立起高大的"国际"形象，以作为裁判是非曲直、除强扶弱的权威，这就需要晋国以政治经济军事实力为后盾，需随时了解和把握各国的道德精神，需要不断完善自身的道德形象。这样，晋国实际上就处于在各国的监督和舆论压力之下，促使晋国时刻注重礼遇诸侯，以德服人，以此形成晋国道德建设的动力和机制。就像郤缺对赵宣子说"非威非怀。何以示德？无德，何以主盟？子为正卿，以主诸侯，而不务德，将若之何"（《左传·文公三年》），正反映了此一道理。

当然，实行德治也是晋国社会道德风尚形成的促进剂和主要保障。晋国开明君主在进行社会改革中往往能够从实际出发，把道德建设放在十分重要的地位。晋国是最早明确提出"德以治民"或"德以纪民"的诸侯国家，而这一治国思想的涌现就是产生于晋文公改革时期，也可以说是晋文公改革的基本纲领。

（原载《新田文化研讨会论文集》，山西教育出版社，2005年）

《周易》与晋国文化

李孟存

《周易》为"六经"之首,对中国传统文化影响极大。《周易》虽成书于周代,但却是胚胎于原始社会,萌芽于夏商时期。传说夏有《连山》,商有《归藏》。构成六十四卦基本符号的—爻和--爻,可溯源于原始社会。在农业生产中,农作物阳面的禾苗长得茂盛,阴面的禾苗长得不好,人们就产生了阳强阴弱的观念,并逐渐把这种观念运用于生产生活的各个方面,演变为含生生不已的复杂奥秘的易理。这是典型农业社会的特有现象。

我国历史上的尧舜禹时期,是耜耕农业初具规模的时代,是原始社会末期的父系氏族社会,是人类文明的曙光时期。尧舜禹活动的中心地带,就是今天山西晋南一带。这里是当时农业最发达的地区,《周易》最基本的阴阳对立统一观念,就首先产生在这里。尧舜禹之后,把易理演变成《连山》的是夏王朝,演变成《归藏》的是商王朝。在这样的基础上,周文王演八卦,周公作卦爻辞,构建了《周易》的基本框架。周成王封其弟叔虞于唐,叔虞之子改唐为晋。叔虞治国有方,农业获得丰收。这就说明,晋国先祖既受《周易》创立者的直接或间接熏陶,又有发达的农业作基础,因此,晋国受《周易》的影响最大,接受《周易》的思想最多,运用得最为娴熟;加之封建因素在这里出现得最早,传统的历史因素和现实的社会底蕴,终于突破了象数学的外壳,发展了《周易》学说积极因素的义理,形成春秋末年史墨的朴素辩证法的思想观念。

《左传》和《国语》记载的用《周易》占卜预测的共有25条,其中晋国的就有13条,占二分之一还多。从此可以看出《周易》对晋文化的影响之大。

《左传》中关于晋国用《周易》占卜的有4条:

　　1.闵公元年:"初,毕万筮仕于晋,遇《屯》之《比》,辛廖占之,曰:'吉。《屯》固《比》入,吉孰大焉?……"

　　2.僖公十五年:"初,晋献公筮嫁伯姬于秦,遇《归妹》之《睽》,史苏占之,曰:不吉。"

　　3.僖公二十五年:"秦伯师于河上,将纳王……(晋侯)使卜偃卜之,曰:吉,遇黄帝战于阪泉之兆。"

4.哀公九年:"(史赵曰)郑方有罪,不可救也,救郑则不吉,不知其他。阳虎以《周易》筮之,遇《泰》之《需》,曰:'宋方吉,不可与也。'……乃止。"

这4条中,第1条是魏国始祖毕万入晋做官而进行占卜的过程和结果。毕万相信了占卜的结果,于是入晋。与此相同的还有赵衰考虑是否跟随公子重耳外逃,正在犹豫不决的时候,进行占卜,结果显示"吉",使他坚定地随重耳而去。

晋献公嫁伯姬于秦,筮占的结果"不吉",但最终还是嫁给了秦穆公。原先还有一次,"献公欲以骊姬为夫人,卜之不吉,筮之吉,公曰从筮。"可以看出,晋献公实际上并不相信占卜。对他来说,占卜只是一种神道设教。

其余两条是关于战争,吉则行,不吉乃止。有的战争预测与结果完全一样,很可能是后人编史时加进去的。在鄢陵之战前,苗贲皇言于晋侯曰:"晋之良在其中军王族而已,请分良以击其左右,而三军萃于王卒,必大败之。"这是根据实情所作的分析。此后就是编者所加,"公筮之,史曰吉,其卦遇《复》,曰:'南国蹙,射其元王,中厥目'"。这就有点儿神乎其神,可信度不大。

《左传》还有一部分只引用卦爻辞说明道理而不进行筮占,此为朝义理派方向发展的雏形。师出以律则吉,否则凶;贪而无德凶,有德则吉;晋平公贪色成疾,医和针对病因说:"淫溺惑乱之所生也。在《周易》,女惑男,风落山,谓之蛊,皆同物也。"今卦辞爻辞无此语,说明是医和借《周易》而发挥某种观念,可见《周易》的理念在当时社会中对人们的影响之深。

到春秋末年,礼崩乐坏,新兴地主阶级即将取代没落奴隶主阶级,但晋国思想家史墨,用历史事实鼓励赵简子说:"三后之姓,于今为庶,主所知也。"在《易》卦曰:"雷乘乾曰大壮,天之道也。"雷乘乾上是自然现象,因此,臣夺君权,也就成了人之道了。

在当时,《易》的影响至少有三个层次。像晋献公这样的人,是占而不用,或随心所欲,属于运用神道设教的愚民政策,后来各朝各代的统治者都用不同的迷信形式继承了这一衣钵。其次,如史墨和医和,借着卦爻辞的哲理来阐述自己的思想。后来百家争鸣的集大成者荀况说过,"善为易者不占",发挥其"一阴一阳之谓道"就行了。还有一部分人,包括《左传》的作者,相信《周易》的卜筮确实灵验,这被后来的算命先生所继承发挥。

《易》的基本符号是阴爻和阳爻,阴爻和阳爻相重,变成四象,分别称作少阳、太阳、少阴、太阴,反映了春夏秋冬四季的变化,并用七、九、八、六这4个数字来表示。七、九是阳,八、六是阴;由七到九,由春到夏,是阳气本身的不断增加。由八到六,由秋到冬,是阴气本身的不断增加。由九到八,由夏到秋,阳气发展到了极点;由六到七,由冬至夏,阴气发展到了极点。物极必反,就要发生质变。阳气由七到九,是顺序递增；而阴气由八到六，是顺序递减；这是阳气代表积极上进的趋向，阴气代表着消极衰退的趋向。在划分蓍草的过程中，七八是不变爻，六九是变爻，有变爻就会产生之卦。

《国语·晋语四》有两条"之八"的记载，其一曰："公子亲筮之，曰：'尚有晋国'。得贞屯、悔豫，皆八也。""贞悔"是《周易》的专用术语，一卦六爻不变，则内卦曰贞，外卦曰悔；一卦中六爻有变爻，则前卦为贞，后卦曰悔。"贞屯、悔豫皆八"，就是说在屯豫之后筮得的两卦都是六爻不变。其二曰："董因迎公于河，公问焉，曰：'吾其济乎？'对曰：'臣筮之，得泰之八。'""之八"的意思是说，一卦六爻中，只有七八，没有九六，六爻皆不变，这一卦只有本卦，没有之卦，只能用卦辞占，没有爻辞可占。由此可见，晋人已经熟练掌握了筮占的宗教形式，并且能够灵活地解释卦爻辞。

随着封建因素在晋国迅速成长，权力不断下移，《周易》中的合理内核也不断突破宗教外壳，放射出辨证法的光芒。早在公元前645年韩原之战后，韩简就开始否定占卜。他引用《诗经》上的话说："下民之孽，匪降自天，噂沓背憎，职竞由人。"就是说，人们的命运和前途、福与祸，不是由天神决定，而是由个人勤奋努力的程度决定。公元前620年，郤缺提出"六府三事"的唯物主义观点：六府是水、火、金、木、土、谷；三事是正德、利用、厚生。公元前539年，有人提到晋霸诸侯，礼数太重时，晋大夫张趯打比方说："譬如火焉，火中，寒暑乃退，此其极也，能无退乎。"用大火出现引起的寒暑变化，来暗示晋国的霸权到了物极必反的时候。特别是晋国史官蔡墨，抛弃占卜形式，用历史事实鼓励赵简子说："三后之姓，于今为庶。"夏商周三代贵族，今天都变成了庶民百姓；同样，今天腐朽的贵族也可以被推翻。

《左传·昭公三十二年》，赵简子就鲁国执政的季氏驱逐鲁昭公，使鲁昭公死于国外一事问史墨，史墨答道："物生有两，有三，有五，有陪贰。故天有三辰，地有五行，体有左右，各有妃耦。王有公，诸侯有卿，皆有贰也。天生季氏，以贰鲁侯，为日久矣。民之服焉，不亦宜乎！鲁君世从其失，季氏世修其勤，民忘君矣。虽死于外，其谁矜之？社稷无常奉，君臣无常位，自古以然。故《诗》曰：'高岸为谷，深谷为陵。'"史墨是占卜的史官，对其主子，不是用占卜来尽职，而是用《周易》中的哲理来服务，说明《周易》的义理观念已经成为晋国的一种思想潮流。

（原载《三晋文化学术研讨会论文专集》，山西古籍出版社，1999年）

孔子与晋国

李孟存

　　孔丘所处的时代，正是我国奴隶社会向封建社会的转变时期。封建因素正在奴隶社会的母胎中孕育成长，通过政权下移形式逐渐完成这一历史性的转变。晋国是当时各国中势力最为强大的国家之一，居霸主地位百年之久，封建因素成长最快，是法家的策源地。因此，它的一切变革措施对各国颇具影响。居于礼仪之邦的孔子，继承和发扬了中国的传统文化，创立了以伦理道德为核心的儒家学说。在这一大动荡、大分化的时代里，形成儒法两家截然不同的思想文化体系。孔子为了实现其政治学说，周游列国14年，足迹所至者七八国，却从未到晋。一次，他和他的弟子来晋途中，一个突如其来的消息，使他踅足而回。尽管没有达到来晋的目的，然而他对晋国历史上所发生的重大事件和重要历史人物颇为关注，对此发表了评论和抨击，通过这些言论，不难看出孔子的政治立场和主张，这对于目前研究和评价孔子提供一点实证和线索，不是没有意义的。

　　孔子对比他早一个世纪的晋文公作了"谲而不正"①的评价。公元前636年，流亡在外19年的晋文公回国当政，对内加以整顿改革。《国语·晋语四》有这样一段话：

　　　　公属百官，赋职任功。弃责薄敛，施舍分寡。救乏振滞，匡困资无。轻关易道，通商宽农。懋穑劝分，省用足财。利器明德，以厚民性。举善援能，官方定物，正名育类。昭旧族，爱亲戚，明贤良，尊贵宠，赏功劳，事耇老，礼宾旅，友故旧。胥、籍、狐、箕、栾、郤、柏、先、羊舌、董、韩，寔掌近官。诸姬之良，掌其中官。异姓之能，掌其远官。公食贡，大夫食邑，士食田，庶人食力，工商食官，皂隶食职，官宰食加，政平民阜，财用不匮。

　　通过以上材料，可以看出，晋文公实行的一系列政策，对晋国的现状进行了一定的改革。但并未完全按照周礼的传统进行整顿，其核心内容是在功利价值观的指导下发展物质生产，满足人们的实际需要，是孔子所批判过的"小人喻于利"的收买人心之举，是违反周礼的谲术，非君子正道。

　　在勤王问题上，晋文公是耍了手腕的。周襄王废隗氏，狄人伐周，周襄王避居郑，王弟子带乘机夺权。周襄王向晋、秦告急，秦穆公出军待晋，晋文公称霸心切，"乃

---

① 《论语·宪问》。

行赂于草中之戎与丽土之狄"①，诡秘地避开少水通道，抢先占据阳樊（河南济原东南），"右师围温，左师逆王"②，杀子带，定襄王，对扶植他回国掌权的秦穆公，却未能和衷共事，礼让三先，独占勤王之美名，奠定了晋国称霸的基础。襄王因晋文公勤王有功，大大予以奖赏。晋文公不识抬举而越礼"请隧"，虽遭周王训斥，却得到阳樊、温、原、攒茅之田，"晋于是始启南阳"，国土扩展到太行山以南、黄河以北，阳樊百姓不服，"乃出其民"，晋文公这些做法确实是违背了"修文德以来之"的政治信条。

《左传·昭公二十九年》（公元前513年）记载了晋赵鞅铸范宣子刑书于鼎，孔子为此大加抨击：

> 晋赵鞅、荀寅帅师城汝滨，遂赋晋国一鼓铁，以铸刑鼎，著范宣子所为刑书焉。仲尼曰："晋其亡乎！失其度矣。夫晋国将守唐叔之所受法度，以经纬其民，卿大夫以序守之，民是以能尊其贵，贵是以能守其业。贵贱不愆，所谓度也。文公是以作执秩之官，为被庐之法，以为盟主。今弃是度也，而为刑鼎，民在鼎矣，何以尊贵？贵何业之守？贵贱无序，何以为国？且夫宣子之刑，夷之蒐也，晋国之乱制也，若之何以为法？"

在赵鞅、荀寅铸刑鼎前二十三年（公元前536年），郑国子产所谓刑书是我国法制史上最早的记载，晋铸刑鼎是紧步其后，其意义之重大不言而喻。《山西通志·金石记》仅着录"晋顷公十三年"六个字，而对范宣子刑书内容毫无提及。孔子认为它是夷之乱法，但我们根据刑鼎铸作的整个历史背景进行综合分析，可以略知其梗概。在范宣子刑书以前，没有见到晋国有单纯的刑律，晋国历史上制定的法规，目前根据文献记载所知的只有四部。第一部是晋国始祖唐叔虞所订的法度，大约根据周礼、并结合"启以夏政，疆以戎索"的原则制定出来的。第二部是公元前633年晋文公所作的"被庐之法"，其内容大致是晋文公为了除旧布新而进行的一次法制改革，主要是针对"民未知礼，未生其共（恭）"的社会状况而制定的，于是大蒐以示之礼，作执秩以正其官③。可见，"被庐之法"包括整顿国家机构、确定尊卑上下等级名分的法度，不是一部单纯的刑法。第三部是公元前621年赵盾当上执政卿，制定一整套执政大纲，让太师太傅行诸晋国以为常法，其内容大致是："制事典，正法罪，辟狱刑，董逋逃，由质要，治旧洿，本秩礼，续常职，出滞淹。"④提出了量刑定罪要轻重适当，积案要很快地予以断决，逃亡的奴隶要追捕归案，家奴委质于主人或买卖借贷都要有券契文约，腐败现象要革除，尊卑贵贱不能逾越，任贤用能，整顿吏治。这样看来，似乎是一部包罗万象的

---

① 《国语·晋语四》。
② 《左传·僖公二十五年》。
③ 《左传·僖公二十三年》。
④ 《左传·文公六年》。

总法，这就是"夷之蒐也，晋国之乱制也"。第四部是公元前593年，晋景公使士会聘周，周定王以命卿之礼招待了他，回到晋国后"乃讲聚三代之典礼，于是乎修执秩以为晋法"①。士会之法或称范武子之法，到了晋悼公时又命士渥浊修武子之法。第五部刑法就是公元前550年左右范宣子所制定的刑法，是从国家总法中分离出来的单纯刑法，经过一段著于竹帛、藏于秘府的时间，然后公之于众，所有国民一体遵照执行，比奴隶主所采用的习惯法前进了一大步。如果用周礼来衡量它，当然是乱制，使奴隶主的尊卑贵贱的上下关系受到一次冲击。后来晋国执政者把它铸于刑鼎公布出来，这样一来，奴隶主任意生杀予夺的特权怎么能维持呢！

范宣子刑书本身也是在新旧势力的斗争中产生的。公元前554年范宣子被任命为正卿，晋国宗室栾氏不能容忍异姓掌权，起而反对，却被范宣子赶跑。后栾氏虽然得到齐国的支持，武装反扑晋都，但以失败告终，灭族亡宗。韩、赵、魏、知、范、中行六卿从此控制了晋国的政权。到了公元前514年，六卿又进一步灭了公族的祁氏、羊舌氏，并企图用法制武器进一步消灭公族残余势力，于是，公布法律于刑鼎。孔子反对晋国铸刑鼎，就是为了维护公室利益，反对政权进一步下移，这恰好说明孔丘在政治思想方面的保守性。

《史记·孔子世家》有这样一段记载：

> 孔子既不得用于卫，将西见赵简子。至于河而闻窦鸣犊、舜华之死也，临河而叹曰："美哉水，洋洋乎！丘之不济此，命也夫！"子贡趋而进曰："敢问何谓也？"孔子曰："窦鸣犊、舜华，晋国之贤大夫也。赵简子未得志之时，须此两人而后从政；及其已得志，杀之乃从政。丘闻之也，刳胎杀夭则麒麟不至郊，竭泽涸渔则蛟龙不合阴阳，覆巢毁卵则凤皇不翔。何则？君子讳伤其类也。夫鸟兽之于不义也，尚知辞之，而况乎丘哉！"乃还息乎陬乡，作为《陬操》以哀之。

孔子周游列国，中原各国几乎都去过，甚至连所谓南蛮的楚国也去了，就是没有来过晋国。他并不是不想来晋，而是赵简子杀了两个大夫，物伤其类，有些不安，只好面河兴叹，回车而去。仔细分析，这件事情本身并不是孤立的。孔子在鲁国不满三桓执政，更反对陪臣执国命的阳虎。后来阳虎逃到晋国，又和赵简子打得火热，对赵简子早就有不好印象的孔子，一听到赵简子杀了两个贤大夫的消息，当然要对赵简子进行严厉抨击。孔子在卫国时，赵简子的下属佛肸在中牟叛赵简子，"佛肸召，子欲往。子路曰：'昔者由也闻诸夫子曰："亲于其身为不善者，君子不入也。"佛肸以中牟畔，子之往也，如之何？子曰'然，有是言也。不曰坚乎，磨而不磷；不曰白乎，涅而不缁。吾岂匏瓜

---

① 《国语·周语中》。

也哉？焉能系而不食。'"①孔丘为了反对赵简子，不惜参与赵氏叛臣佛肸的行列中。后来，"孔子闻赵简子不请晋君而执邯郸午，保晋阳，故《春秋》书曰，赵鞅以晋阳畔"②。事实是赵氏与范氏、中行氏的矛盾已经激化，晋君把赵简子赶到晋阳，后来又得到智、韩、魏三家的支持，逐步打败了范氏、中行氏，这是由六卿专政过渡到三家分晋的一个重要环节。通过这次战争，晋国的大批奴隶获得解放，使晋国的封建化程度大大向前推进了一步。这种礼乐征伐自大夫出的现象，在维护周礼的孔子看来当然是不能允许的。

赵简子其人名鞅，活跃于春秋末年的晋国，是新兴地主阶级代表的主要人物，他勇于改革，功绩显著。晋顷公九年（公元前517年），周王室发生了王子朝之乱，赵鞅奉命率军予以平息，定周敬王于成周，合诸侯兵戍周十年，成为王室命卿。晋顷公十三年（公元前513年），赵鞅把范宣子制定的刑书铸在一尊大鼎上，公布了晋国第一部成文法典，这是其前期活动中最引人注目的事件。晋定公十五年（公元前497年），赵鞅为正卿，始执国政，接着发生了范氏、中行氏内乱。赵鞅为了团结内部、瓦解敌人，进行了一系列的盟誓活动，著名的侯马盟书就是他进行盟誓活动的证明。范氏、中行氏靠齐、郑、鲁、卫等国的援助，于晋定公十九年（公元前493年）双方决战于铁（河南濮阳），赵鞅以少胜多，击败范氏、中行氏。其胜利的主要原因是，在战争的紧要关头，赵鞅宣布作战有功者："上大夫受县，下大夫受郡，士田十万，庶人工商遂，人臣隶圉免。"③人们为了获得土地和人身自由而拼命作战，终于扭转战局，取得胜利。赵鞅在用人方面否定了"亲亲"的原则，尚贤用能，凡有一技之长者都搜罗门下，如董安于、尹铎在建设晋阳根据地中发挥重要作用。赵鞅还在自己的领地上，实行亩制的改革，将百步为亩改为二百四十步为亩，亩大税自然就轻，能招来游民，有利于发展生产、开拓领土，为三家分晋后赵雄居北方奠定了基础。孔子对赵简子的反感与抨击，并非个人感情好恶不同，而是政治见解不同所造成的，更为深层的原因恐怕是晋鲁文化氛围不同所致。

赵简子执政时曾把传统的三年之丧改为一年，这就大大违背了孔子的以孝为基础的礼制思想。孔子的学生子贡认为三年之丧太长，遭到孔子的严厉训斥，赵鞅的这一行为当然为孔子所继承和发扬的"以义为尚"的传统价值观念所不容。生养孔子的鲁国政权始终为三桓血族集团所掌握，春秋末年形成以伦理道德为核心的儒家思想。晋国在献公尽灭诸公子后，形成尚贤崇功的风气，执政卿往往是以贤能者轮流担任，到了春秋末年形成"以法治国"的典范。赵鞅断然废除太子伯鲁，而立翟婢所生但精明强干的毋恤为

---

① 《论语·阳货》。
② 《史记·赵世家》。
③ 《左传·哀公二年》。

太子，这就是能够继承和发扬他的事业的赵襄子，历史上称为"简襄功烈"。而孔子早就断定"赵氏其世有乱乎"[①]，孔圣人之所以对当时的历史作出错误的评价，其根本原因是他坚持的是落后于时代的礼制，反对的是符合时代发展要求的法制。

（原载《山西师大学报》1991年第2期）

---

① 《左传·定公九年》。

晋文公称霸的战略思想

周征松

晋国在晋文公手里实现了在中原称霸的愿望。在公元前632年的晋楚城濮之战中，晋军以弱胜强，一举战败楚军，战后，在践土大会诸侯。周天子不得不承认晋文公继齐桓公之后为中原的第二个霸主。从此，人们对晋国刮目相看。

晋国在城濮之战中的胜利不是偶然的。战争是政治的继续。城濮之战是晋楚两国为争霸中原而诉诸武力的战争。晋文公图霸的战略思想十分明显。《左传·僖公二十七年》载：

> 晋侯始入而教其民，二年欲用之。子犯曰："民未知义，未安其居。"于是乎出定襄王，入务利民。民怀生矣，将用之。子犯曰："民未知信，未宣其用。"于是乎伐原以示之信，民易资者，不求丰焉，明征其辞。公曰："可矣乎？"子犯曰："民未知礼，未生其共。"于是乎大蒐以示之礼，作执秩以正其官。民听不惑而后用之。出谷戍，释宋围，一战而霸，文之教也。

这段话是作者概括出来的，它总结了晋文公为实现霸业的战略思想，采取了一系列措施，在人们心目中树立起"义""信""礼"的崇高形象，以便得心应手地统帅人民去完成晋国的霸业。

为了使人民知道自己是讲"义"的，晋文公做了两件事，即"出定襄王，入务利民"。关于前者，襄王是周天子。这时的周天子已经丧失往日的威风，不仅管辖的面积大大缩小，而且无力行使管束诸侯的权力，相反，他还需要诸侯在政治上的保护和经济上的支持。但是，周天子仍然拥有"共主"的地位，"尊周"仍成为诸侯国的一种政治资本。晋文公元年（公元前636年）冬，东周发生内乱。周襄王的弟弟太叔带勾结狄族进攻东都成周，周襄王被迫逃亡郑国，并向秦晋两国求援，秦国的军队已经出动了，但晋国要抢这个头功。晋文公的辅佐赵衰曰："求霸莫如入王尊周。周晋同姓，晋不先入王，后秦入之，毋以令天下。方今尊王，晋之资也。"[①]这就是说晋国要高举"尊周"的旗帜，作为图霸的资本。次年春，晋发兵将周襄王护送至成周，并杀了太叔带，平定了周的内乱。这次行动，晋不但获得"尊王"的名义，而且得到周赐给的河内阳樊之

[①] 《史记·晋世家》。

地，势力达到黄河以南。

关于"入务利民"，就是整理内政、发展经济、稳定社会秩序。《国语·晋语四》有一段比较集中的记载：

> 秦伯纳卫三千人，实纪纲之仆。公属百官，赋职任功。弃责薄敛，施舍分寡。救乏振滞，匡困资无。轻关易道，通商宽农。懋穑劝分，省用足财。利器明德，以厚民性。举善援能，官方定物，正名育类。昭旧族，爱亲戚，明贤良，尊贵宠，赏功劳，事耇老，礼宾旅，友故旧。胥、籍、狐、箕、栾、郤、柏、先、羊舌、董、韩，寔掌近官。诸姬之良，掌其中官。异姓之能，掌其远官。公食贡，大夫食邑，士食田，庶人食力，工商食官，皂隶食职，官宰食加。政平民阜，财用不匮。

这里所说的利民措施包括：第一，整顿吏治，分官设职，提高行政效能；第二，扶贫救困，废除债务，保护社会生产力；第三，减轻关税，剪除盗贼，发展商业贸易；第四，勉励稼穑，省用足财，实行宽农政策；第五，赏罚分明，重用人才，严格官赏的等级制度。这些措施的实行，收到"政平民阜，财用不匮"的社会效益。还应强调，晋文公在晋惠公"作爰田""作州兵"的基础上，继续深化土地制度和兵制的改革。在土地制度方面，晋文公实行"裂地分民"①的政策，继续把公田分割，分给"民"（不全是老百姓）耕种，推动了土地公有制向土地私有制的演化。这符合春秋时期社会经济发展的必然趋势，有利于农业生产的发展。在兵制方面，晋文公在献公作二军的基础上作三军（中军、上军、下军），不久又作三行（也即三军，因避天子六军之名，故称三行），达到与天子六军相等的建制，从而建立了一支数量可观、战斗力很强的军事力量。晋国社会经济的发展，军事力量的壮大，为晋文公的霸业奠定了坚实的基础。

为了使人民知道晋文公是讲"信"的，他也做了两件事，即"伐原以示之信，民易资者，不求丰焉，明征其辞"。关于伐原示信，原是周襄王赏赐给晋文公的阳樊等四个地方之一，原不服，所以晋文公派兵包围了原。他下令军队只带三日的粮食，但三天期满，原并不投降，晋文公命令撤军。这时有谍报说，原只能坚持一二日了，大家要求等一等。晋文公说："信，国之宝也，民之所庇也。得原失信，何以庇之？所亡滋多。"②原的民众听说晋文公如此守信，立即开门投降。卫国也在此影响下归顺晋国。至于"民易资者，不求丰焉，明征其辞"，则是讲求公平交易，不欺诈老百姓，从而取信于民。

为了使人民知道晋文公是讲"礼"的，他"大蒐以示之礼，作执秩以正其官"。晋文公在晋地被庐举行盛大的阅兵仪式，组建三军，治军以礼，又设立主管爵禄的官员，

---

① 《说苑·政理》。
② 《左传·僖公二十五年》。

使各种官位各得其所。

由于晋文公让人民知道他讲"义"、讲"信"、讲"礼",所以"民听不惑"。有了这样的臣民,就能所向披靡。晋文公依靠他们,很快就"出谷戍,释宋围,一战而霸"。这是因为晋文公具有高度的战略思想的缘故。

其次,晋文公爱护和重用人才,以他为核心,形成一个谦虚礼让、勤勉能干的坚强的领导集团。宋国的大司马公孙固说,晋文公重耳在流亡期间,"好善不厌,父事狐偃,师事赵衰,而长事贾佗"①。以上三人是重耳的主要谋士,"狐偃,其舅也,而惠以有谋。赵衰,其先君之戎御,赵夙之弟也,而文以忠贞。贾佗公族也,而多识以恭敬"。当秦国护送重耳归国,船至黄河中心时,狐偃将一块玉璧送还给重耳,说:"臣从君还轸,巡于天下,怨其多矣。臣犹知之,而况君乎?不忍其死,请由此亡。"重耳深情地说:"所不与舅氏同心者,有如河水。"将那块璧沉入黄河,以示贞信。当重耳在齐国时,耽于安乐,一时不想动了。狐偃曾设计灌醉重耳,把他装上车子,拉着上了路。重耳醒来,操起戈来要杀他,并声言要吃他的肉。当狐偃想起这段往事,不免有些后怕,于是有此举动。但晋文公豁达大度,既往不咎。事后也证明,晋文公即位后,不但没有发生过晋惠公和晋怀公时的杀戮事件,而且也没有残杀功臣。所以,文臣武将云集文公之朝,同心协力,共图霸强。这个领导集团团结礼让,战斗力较强。"赵衰三让"的故事可以说明这一点。晋文公建三军,提出以赵衰为卿,赵衰推辞,并推荐栾枝、先轸、胥臣,说"栾枝贞信,先轸有谋,胥臣多闻"。晋文公第二次又提出以赵衰为卿,衰又推辞,并推荐狐偃,夸奖他有三德:劝晋文公纳襄王以示民义,伐原以示民信,大蒐以示民礼。晋文公第三次提出赵衰为卿,衰还推辞,并推荐先且居(先轸之子),赞扬他在城濮之战中的功劳。晋文公给予赵衰三让以很高的评价,说:"其所让,皆社稷之卫也""让,推贤也"②。认为有了这种礼让精神,还有什么可怕的呢!

晋文公称霸,在当时具有重大的现实意义和深远的历史意义。晋文公继齐桓公之后称霸,进一步加强了与中原各国的联系,有效地遏制了戎狄势力,阻止了楚向中原的扩张,有利于中原的稳定和发展。晋文公称霸使晋国的声威远播。孟子概括《春秋》记事的内容,是以"齐桓晋文之事"为代表的。春秋中晚期各国之间的重大问题,没有晋国的参与,是不能解决的。晋国是当时举足轻重的一股重要力量。晋文公称霸,促使晋国进入大发展时期。

(原载《山西师大学报》1991年第2期)

---

① 《国语·晋语四》。
② 《国语·晋语四》。

晋国史书《乘》探微

畅海桦　鞠　振

晋国的史书目前没有保存下来，究其缘由正如《史记·六国年表》上所说："秦既得意，烧天下诗、书，诸侯史记尤甚，为其有所刺讥也。"①自秦以上，各诸侯国的史书除鲁国的《春秋》还较完整地留存外，不要说西周，就连春秋、战国的各种史书都被秦始皇烧掉了。但秦焚史书时，晋国早就灭亡了，如果真的烧了晋国史书，那也应是周王朝和其他诸侯国保存的晋国史书。因为从公元前453年韩、赵、魏三家分晋时算起，晋国的史书就应随晋国的被瓜分而散落了。《吕氏春秋·先识览》载："晋太史屠黍见晋之乱也，见晋公之骄而无德义也，以其图法归周，……居三年，晋果亡。"②春秋时代，文献典籍主要集中于官府，由史官掌管。如《周礼·春官》载："大（太）史掌建邦之六典""小史掌邦国之志""内史掌王之八枋之法，……内史掌书王命，遂贰之""外史掌书外令，掌四方之志，掌三皇五帝之书"。而每当一朝丧乱之际，史官们往往带着他们所掌管的文献典籍投奔新主。上述屠黍离晋外，《吕氏春秋·先识览》还记载"夏太史令终古出其图法，执而泣之。夏桀迷惑，暴乱愈甚，太史令终古乃出奔如商。……殷内史向挚见纣之愈乱迷惑也，于是载其图法，出亡之周"③。另外，从《竹书纪年》的内容看，晋国的史书和典籍除流向周王外，还被韩、赵、魏所"瓜分"。如魏国的《竹书纪年》，是西晋初在魏襄王墓中所发现的晋国、魏国史书，凡十三篇，叙述了夏、商、西周和春秋、战国的历史，按年编次。周平王东迁后用晋国纪年，三家分晋后用魏国纪年。因而我们可以断定，《竹书纪年》既然在春秋这段历史用了晋国纪年，那么由魏国史官掌管的文献典籍中肯定少不了晋国的史书。且同理参与瓜分晋国的韩、赵两国是不会袖手旁观的。但可惜的是，周王也好，魏国也好，他们保存的包括晋国史书在内的所有"史记"，到了秦统一后全都被付之一炬。

---

① 司马迁：《史记·六国年表》，中华书局，1999年，第102页。
② 吕不韦：《吕氏春秋·先识览第四》，中华书局，2009年，第396页。
③ 吕不韦：《吕氏春秋·先识览第四》，中华书局，2009年，第395页。

一、晋国史书的类别

目前我们从古籍中能见到的最早涉及晋国史书的是《国语·晋语七》中所记，"羊舌肸习于《春秋》"[1]，意思就是羊舌肸这个人，熟悉各国史书。因晋悼公要司马侯推荐一位"德义"之人任太子彪之师，司马侯立即向他荐举了"习于春秋"的羊舌肸。羊舌肸字叔向，晋悼公（公元前586～公元前558年）时人，生活在春秋中期。羊舌肸既然熟知各国春秋，也少不了熟读晋国史书。同时也说明晋国至少在春秋中期就有了史书。这里的"春秋"是春秋时代对各诸侯国史书的统称。商代和西周时，一年只有春、秋二时，而无冬、夏，因此古人称年为"春秋"。《春秋繁露·阴阳出入上下篇》称春分、秋分是："阴阳相半也。故昼夜均而寒暑平。"[2]春秋时期，虽然已有四时划分，但是人们尤其重视春、秋两季，如《周礼·地官·州长》说："春秋以礼会民。"《左传·僖公十二年》记管仲说："若节春秋来承王命。"意思是假若在春秋朝聘之时来接受王室命令。那么，春秋两季既是聚会人民之时节，也是朝聘周王朝的时节。也有以"春秋"二字代表四季的，如《诗经·鲁颂·閟宫》说："春秋匪解，享祀不忒。"意思是，一年四时不懈怠，祭祀上天下地和列祖列宗无丝毫差错[3]。所以各国史书大多以春秋命名。如《左传·昭公二年》："韩起聘鲁，见易象与《春秋》，曰：'周礼尽在鲁矣。'"[4]《墨子·明鬼篇》中有"周之春秋""燕之春秋""宋之春秋""齐之春秋"的说法。墨子也说："吾见百国春秋。"[5]《春秋公羊传注疏》卷一引闵疏云："昔孔子受端门之命……得百二十国宝书。"[6]《国语·楚语上》说："教之春秋。"[7]

但晋国的史书和郑国《志》、楚国《梼杌》一样，也有自己的官方专用名称叫《乘》（shèng）。《孟子·离娄》中记载："晋之乘、楚之梼杌、鲁之春秋，一也。其事则齐桓、晋文，其文则史。"[8]从孟子这段话我们至少可以看出以下三个内容：第一，涉及春秋时期三个国家史书的名称：鲁国的史书叫《春秋》，楚国的史书叫《梼杌》，晋国的史书叫《乘》。而且孟子把晋之《乘》放在首位，说明晋国的史书要早于"楚之梼杌、鲁之春秋"，或者说晋国的史书在当时的影响要大于《梼杌》和《春

---

[1] 《国语·晋语七》，上海古籍出版社，2000年，第320页。
[2] 潘朝霖：《水族历法准确诠释"年"的本义》，《贵州民族报》2004年第3期。
[3] 杨伯峻：《春秋左传浅讲》，广西师范大学出版社，2003年，第9页。
[4] 《左传·昭公二年》，上海古籍出版社，2000年，第205页。
[5] 《墨子》，上海古籍出版社，2000年，第71页。
[6] 徐彦：《春秋公羊传注疏》，中华书局，1980年，第12页。
[7] 《国语·楚语》，上海古籍出版社，2000年，第183页。
[8] 《孟子·离娄》，百花文艺出版社，2007年，第98页。

秋》，至少也可以说明晋国的史书《乘》成书时间和鲁国的《春秋》是同一时代的。第二，虽然三个国家的史书名称不一，但其体例是统一的。第三，三个国家的史书中都涉及齐桓公和晋文公时期的典册和制度。古代的"文"和现在的"文"不是同一个意思。清人刘宝楠在其《论语正义》中说道："文谓典策。"①刘师培先生也在其《文献解》中说："书之所载谓之文，即古人所谓典册制度也。"②

二、晋国史书的命名

《孟子注疏》中也说："晋国所记，言之则谓之乘，以其所载以田赋乘马之事，故以因名为乘也。"③孟子注疏中认为晋国的史书记述了田赋制度、乘马之事，因而叫乘。春秋时期，随着奴隶制的崩溃，各诸侯国相继实行"履亩而税"的田赋制度。如齐国的"相地而衰征"，即根据土地的好坏或远近分等级征收田赋；鲁国的"初税亩"，即不分公田、私田，均按亩缴纳租税；楚国的"量入修赋"，即根据收入的多少征集军赋；郑国的"作丘赋"，即按田亩征发军赋④。晋国也不例外。虽然文献中没有记载晋国的土地田赋制度，但我们可以从《孙子·吴问》的一段对话中窥见一斑。孙子曰："范、中行是（氏）制田，以八十步为（畹），以百六十步为畛，而伍税之。其□田陕（狭），置士多，伍税之，公家富。……韩、魏制田，以百步为（畹），以二百步为（亩），而伍税之。其□田陕（狭），其置士多，伍税之，公家富。……赵是（氏）制田，以百廿步为（畹），二百步为（亩），而伍税之，公无税焉。"⑤可见晋国六卿都在自己的领地内征收"伍税"的田赋，但程度却不一样。春秋时期，晋国由于强族如林，各卿大夫之间争夺权力和采邑的斗争最为激烈，土地归属变化频繁，因而史书中记载田赋之事就不足为奇了。终周一代，田地的契约无论是官府还是民间统由史官保管，出现纠纷亦由史官出具契约，辨明是非。《周礼·大史》曰："凡邦国、都鄙及万民之有约剂者藏焉，以贰六官，六官之所登。若约剂乱则辟法，不信者刑之。"⑥西周时期的《克盨》记载："隹十又八年，十又二月初吉庚寅，王在周康穆宫，王令尹氏友史趞典膳夫克田人。"⑦铭文的意思是：周王令尹氏友史趞（内史）将赏赐给克的田地和人民登录在册，从而确立克对这些财产的权力。

但晋国史书所记载的更重要更多的不仅仅是田赋之事，还包括"乘马"。古人取书

---

① 刘宝楠：《论语正义》，中华书局，1954年，第137页。
② 刘师培：《文献解》，中央党校出版社，1997年，第87页。
③ 孙奭：《孟子注疏》，北京大学出版社，1999年，第121页。
④ 赵守正：《管子通解》，北京经济学院出版社，1989年，第365页。
⑤ 《孙子·吴问》，黑龙江人民出版社，2003年，第140页。
⑥ 《周礼·大史》，上海古籍出版社，2000年，第98页。
⑦ 许兆昌：《周代史官文化》，吉林大学出版社，2001年，第51页。

名不是随意的,既然晋国史书取名为《乘》,也就有其根源。

从"乘"字看,它是一个会意字,甲骨文字形从大(人)从木,表示人爬在树上,一手拿刀,一手执枝条,本义为登、升,引申为砍、伐。现代汉语字典中对"乘"的解释有两种。一为名词:指车兵,后也称一般的史书为《乘》,如乘籍。二为量词:以四为一乘。从这里我们可以看到,《乘》和战争有关。《左传·襄公二十六年》中有"简兵搜乘"①,即"暂时休整,以检阅部队"的说法。再结合《竹书纪年》、留传至今的《左传》《国语》等文献,我们可以断定,晋史书《乘》的内容主要涉及晋国的军事和政治。另据《司马法》所言:"六尺为步,步百为亩,亩百为夫,夫三为屋。屋三为井,井十为通。通为匹马,三十家,士一人,徒二人。通十为成,成百井,三百家,革车一乘,士十人,徒二十人。十成为终,终千井,三千家,革车十乘,士百人,徒二百人。十终为同,同方百里,万井,三万家。革车百乘,士千人,徒二千人。"②由此可见,田赋乘马之事,关乎国家政治、经济、军事大事,与《孟子注疏》"田赋乘马之事"无悖。再则,"国之大事在祀与戎"③,春秋时期,晋国"之方,偏侯也,其土又小,大国在侧……"④,为了称霸诸侯,晋国自献公后就力图通过战争扩大晋国疆域,发展势力,一直到三家分晋时,晋国战争从没有间断过。而记录战争的任务还是非史官莫属。春秋时期史官随军作战是一个惯例。《周礼·大史》曰:"大史,抱天时,与大师同车。"⑤在参战的过程中,史官不但要记录战事,而且因其掌握着历法,所以在军队中主要负责提供天气即天时方面的信息。除此以外,史官从军,还要负责军队中的一些礼事活动并记载下来。《左传·哀公二十四年》记晋伐齐,鲁臧石率师从征。晋班师回国前,"饩臧石牛,大史谢之,曰:'以寡君之在行,牢礼不度,敢展谢之'"⑥。1986年陕西安康县出土了一件青铜史密簋,上有铭文:"史密左、率族人、釐、白、僰、周伐长必、获百人。"⑦记载的是齐国在一次对外战争中,史官"密左"率领联合部队进行战争的情况。齐、晋为邻国,史官随军应为同制。另据《左传》记载,晋在城濮之战时,仅有战车三百乘。而到晋昭公十三年,经过约100年的努力,竟拥有甲车四千乘⑧。足见晋国军事的发展和强盛。这也应是晋人以"乘"作为史书书名的重要原因之一。

---

① 《左传·襄公二十六年》,中州古籍出版社,1993年,第206页。
② 《司马法》,北大方正电子出版社,1997年,第35页。
③ 杨伯峻:《春秋左传注》,中华书局,1990年,第189页。
④ 《国语·晋语一》,上海古籍出版社,2000年,第67页。
⑤ 《周礼·大史》,上海古籍出版社,2000年,第102页。
⑥ 杨伯峻:《春秋左传注》,中华书局,1990年,第202页。
⑦ 张懋镕:《古文字与青铜器论集》,科学出版社,2002年,第24页。
⑧ 李孟存:《晋国史》,山西古籍出版社,1999年,第419页。

三、晋国史书的体例

《乘》的体裁也有时间标记。叔虞封唐时,唐在"夏墟",因而受命:"启以夏政"①。就是要遵循夏人的传统制度和夏人的历法去治理唐国。而夏历是正月建寅(即冬至后二月,相当于现今农历正月)。尤其是在春秋时,出现了"(周王室)史不记时,君不告朔"的现象,晋国就推行夏历,使用干支记时法。干支在晋国历史上被用来记日记时,无论在《史记》《左传》还是《春秋》中都有记载。《吕氏春秋·慎行论》中就有一段关于晋国军事上涉及干支记时的典型例子:"子夏之晋,过卫,有读史记者曰:'晋师三豕涉河。'子夏曰:'非也,是己亥也。夫己与三相近,豕与亥相似。'至于晋而问之,则曰'晋师己亥涉河'也。"②子夏到晋国时路过卫国,有人读史时间有误,子夏到晋国进行了考证。这说明晋国的史书不但存在而且使用干支纪时法。考古学也有证明。《晋公午奠铭》中记:"唯王正月初吉丁亥,晋公曰:'我皇祖唐公受大命,左右武王。'"③所记就为干支记时法,而且铭文字体笔画细劲而多方折,其书体接近于侯马盟书。侯马盟书中也是采用的干支纪年法。如:"十又一月甲寅朔,乙丑……"④,同时期的温县盟书:"十五年十二月乙未朔,辛酉"⑤。侯马盟书是晋国末期记载的关于赵氏卿族争霸的事,其书写规范和当时的官方史书《乘》应是同出一辙。只不过晋国史官在纪年时省略了帝王。其原因,一是因为诸王在位时只有名字而无谥号;二是为回避时王的名讳,纪时及记事均不能直接使用他们的名字。至于诸王的谥号,如晋文公、晋悼公、晋景公等,都是这些君王去世之后,由他们的继任者根据其生前执政的表现予以追认的。因此,当这些君王在位时,纪年就只能采用"唯王××年"的方式;记事若要提及时王,也只能单用一个"王"字。这样一来,在研究以帝王纪年记载的古史时可能就会因为帝王纪年的不完全或者缺损等问题造成诸多年代错乱。

春秋时期的史官,记事(史)是其重要的也是其最基本的工作之一。《国语·楚语》中记载:"有事不书,是史失其职守。"⑥《左传》称"夫诸侯之会,其德行礼仪,无国不记"⑦"史不绝书"⑧。《礼记》也有"史载笔,大事书之于策,小事简牍而已""动则左史书之,言则右史书之"⑨等说法。我们从现今留下来的文献和金文中

---

① 洪亮吉:《春秋左传诂》,上海古籍出版社,1994年,第54页。
② 吕不韦:《吕氏春秋·慎行论》,中华书局,2009年,第619页。
③ 王世民:《西周春秋金文中的诸侯爵称》,《历史研究》1983年第2期。
④ 山西省文物工作委员会:《侯马盟书》,文物出版社,1976年,第33页。
⑤ 河南省文物研究所:《河南温县东周盟誓遗址一号坎发掘简报》,《文物》1983年第3期。
⑥ 《国语·楚语》,上海古籍出版社,2000年,第203页。
⑦ 《春秋左传·僖公七年》,中州古籍出版社,1993年,第56页。
⑧ 《春秋左传·襄公二十九年》,中州古籍出版社,1993年,第256页。
⑨ 《礼记·玉藻》,上海古籍出版社,1981年,第202页。

常见有一个公式化的句子："王若曰。"就是说，这些文件不是王自己写的，而是史官受命而作。由于晋国史官体系庞大，故《乘》不是由一个人所写，而是史官群体的杰作。晋国的兴衰历史几乎和西周、春秋相始终。晋国在春秋时期能称霸一百多年不能说和晋国的重史思想没有关系。晋国的史书虽然我们现在看不到了，但由晋国史官撰写的史书《乘》以其翔实的史料和文笔，描绘了春秋时期晋国的政治、经济、军事画卷，也影响了春秋、战国时期的诸子百家治世思想。

（原载《山西师大学报》2009年第3期）

试探晋国史官地位嬗变之因

畅海桦

从目前考古和文献资料统计，晋国史官从西周到三家分晋一共有21名，在西周时期有1名史官，享受卿爵；其余20名为春秋时期，有大夫，也有士，还有无爵位者。

卿、大夫和士在周代是表明官职级别次序的，也称为爵位，多根据血缘亲疏关系和功劳大小授给，可以世袭。晋国爵位制承袭周王朝而来，一般分为三等九级。三等分别是卿、大夫、士，每等又分上中下三级。卿高于大夫，大夫高于士。《左传·桓公二年》记载："天子建国，诸侯立家，卿置侧室，大夫有贰宗，士有隶子弟，庶人工商各有分亲，皆有等衰。"①《国语·晋语八》中也有"大国之卿，一旅之田，上大夫，一卒之田"②的说法，从这些资料中我们可以清楚地看到卿、大夫、士的等级高低，大夫是介于卿与士中间的一类官员。

爵位制与官吏的地位、待遇紧紧相连。一般来讲，爵高者待遇就高，地位也高。可以看出，从西周时期的卿族且为执政大臣到春秋争霸时的晋国大夫，再到乱政时期的家臣，史官地位总体上呈下降趋势，但不同时期决定史官地位的因素不同。

一、西周时期

《左传·定公四年》载："昔武王克商，成王定之，选建明德，以蕃屏周。……分唐叔以大路。……命以《唐诰》，而封于夏墟，启以夏政，疆以戎索。"③又《左传·昭公十五年》载："晋居深山，戎狄之与邻。"④周成王为"以藩屏周"将其弟叔虞封于古唐国（夏墟之地），后改为晋，并实行"启以夏政，疆以戎索"的国策。

（1）天官功能决定史官的崇高地位。史官在西周属天官一系，司马迁在追述自己的祖先时说史"掌天官不治民。"⑤《太史公自序》说史在天官中有一项"观象制历颁

---

① 杨伯峻：《春秋左传注》，中华书局，2008年，第94页。
② 左丘明撰、鲍思陶校点：《国语》，齐鲁书社，2005年，第233页。
③ 杨伯峻：《春秋左传注》，中华书局，2008年，第1536～1539页。
④ 杨伯峻：《春秋左传注》，中华书局，2008年，第1371页。
⑤ 司马迁：《史记》，中华书局，2008年。

布朔政"①的职守,决定了其崇高地位。

晋国受命于周王"以藩屏周",靠的是雄厚的经济作后盾。晋国是农耕国家,以农业立国,凡日常用度与国家财用皆从农耕中所得,更重要的是军队开支也从农业中得到。《史记·鲁周公世家》里记载:"天降祉福,唐叔得禾,异亩同颖,献之成王,成王命唐叔以馈周公于东土,作《馈禾》。周公既受嘉禾,嘉天子命,作《嘉禾》。"可见发展农业成为晋国建国后第一要务。

"启以夏政"即在晋国使用"夏正"。"夏正"是周代通用的采用夏时的历书,内容是按一年十二个月,分别记载每月的物候、气象、星象,特别是生产方面的大事。书中反映当时农业生产的内容包括谷物、纤维植物、染料、园艺作物的种植,蚕桑、畜牧和采集、渔猎②。在周代发展农业离不开天文知识,而掌握天文知识的正是史官。《国语·周语上》记:"太史顺时覛土,阳瘅愤盈,土气震发,农祥晨正,日月底于天庙,土乃脉发。……王乃使司徒咸戒公卿、百吏、庶民,司空除坛于籍,命农大夫咸戒农用。"③史官观天授时于农业是其重要职守之一,授时也就是授"天时",授天时也就是授"农时","农时"是农业生产部署安排、收成丰歉的决定因素,农时是立农之本。《诗经·小雅·鱼丽》中说"物其有矣,唯其时也"④,《管子·禁藏》中也载:"顺天之时,约地之宜,忠人之和,故风雨时,五谷实,草木美多,六畜蕃息,国富兵强。"⑤可见天时是五谷丰登、六畜兴旺、国富兵强的根本保障。因此,晋国建国初期,为了发展农业经济而重用史官在情理之中。史官不但地位高而且不可或缺。

史官还掌握着祭祀的礼法和规范。《周礼·春官》云:"大史……大祭祀,与执事卜日,戒及宿之日,与群执事读礼书而协事。祭之日,执书以次位常,辨事者考焉,不信者诛之。大会同朝觐,以书协礼事。及将币之日,执书以诏王。"⑥更重要的是史官主体具有长期的稳定性,史官与祝、祷、卜、筮同属执技以事上者,不贰事,不移官⑦,并且父子、祖孙世职世位,世代相传。而国家的国事以"祀与戎"⑧为主,由于国事需求以及史官所独有的技能,史官职守非常高尚,决定了其崇高地位。

(2)史官特殊的政治背景决定了其崇高地位。西周春秋前期,学术和教育为官方所把持,国家有文字的法规、典籍、文献及祭祀典礼的礼器全部掌握在官府,在拥有知

---

① 许兆昌:《先秦史官的制度与文化》,黑龙江人民出版社,2006年,第117页。
② 梁韦弦:《易学考论》,黑龙江人民出版社,2005年,第198~199页。
③ 左丘明撰、鲍思陶校点:《国语》,齐鲁书社,2005年,第8页。
④ 阮元校:《十三经注疏》,中华书局,1979年,第417页。
⑤ 《诸子集成》,上海书店出版社,1986年,第292页。
⑥ 阮元校:《十三经注疏》,中华书局,1979年,第817页。
⑦ 阮元校:《十三经注疏》,中华书局,1979年,第1343页。
⑧ 杨伯峻:《春秋左传注》,中华书局,2008年,第861页。

识的官员中,史官是国家最具知识特征的一类官员。史官工作于官方文献典藏中心,是具知识性的官僚阶层,在"学在官府"①的学术环境下,史官独享文化传承和传播的权力。在晋国,作为创造晋文化主体的史官,其所针对的客体是他当时所接触到的全部文化的积淀,史官文化也代表了晋文化发展的最高成就,如此得天独厚的条件,显然是其他人员所不能拥有的,这就决定了史官的崇高地位。

其次,西周时期,晋国史官为公族。晋国在西周时期只有孙伯黡籍氏一家独揽史官一职。《潜夫论·志世姓》中云:"孙伯黡、晋,姬姓也。"②可知籍氏与晋原为同姓,是晋国公族史官。《诗·魏风·汾沮洳》中说:"殊异乎公族。"郑笺注:"公族,主君同姓昭穆也。"③因此说,公族即为和国君同姓之族。《番生簋》上说番生兼司公族、卿事寮、太史寮,《毛公鼎》上也有毛公兼司卿事僚、大史僚之说,番生和毛公皆为周王同姓公族④,足见公族地位之高。籍氏作为晋国姬姓公族,在西周时受命于周王在晋司典籍,《左传·昭公十五年》说:"孙伯黡司晋之典籍,以为大政,故曰籍氏。"杜预注:"孙伯黡,居正卿。"可见孙伯黡在晋国是太史,且为执政正卿。由于孙伯黡位居太史"掌建邦之典"熟悉历史兴衰过程,因而被晋国视为决策政治的重要智囊人物。

从历史发展轨迹看,从晋国建国到三家分晋,在其权力结构中,卿族不但可以世袭高位,还可以议立君主,可以参与最高决策,到春秋后期卿族甚至可以组织半独立的武装力量,垄断国政,足见卿族地位显赫。

二、晋国霸业时期

进入春秋,天下政局动荡,历史发展变数增大,晋国为了富国强兵、争霸天下,在各方面同其他诸侯开展激烈竞争。而竞争的焦点在于对人才的竞争,这就迫使晋国冲破宗法制,实施选贤任能的新制度。

(1)打击公族导致晋国史官地位下降。晋文侯时是晋国第一次向外扩张领土之时,此时周天子已无力控制各分封诸侯,政权不断下移,经济上井田制逐步解体,上层建筑领域出现了与周礼要求不相融的局面,"礼崩乐坏"的局面开始,而在晋国这种局面形成不但早而且典型。《左传·昭公十五年》记:"辛有之二子董之晋,于是有董氏。"就在晋文侯协助周平王东迁到洛阳后,董氏入晋,成为晋国太史,与籍氏"共董

---

① 侯外卢:《中国哲学简史》,中国青年出版社,1963年,第27页。
② 王符:《潜夫论》,中华书局,2001年,第69页。
③ 阮元校:《十三经注疏》,中华书局,1979年,第357页。
④ 许兆昌:《先秦史官的制度与文化》,黑龙江人民出版社,2006年,第130页。

督晋典"①，晋国公族第一次受到打击，晋国开始对周礼发起冲击。异姓史官入晋，直接动摇了姬姓公族史官独揽知识的霸权地位。

晋献公时，出于政治目的，更是实施了"尽灭公族"②行动，宗法制被破坏，世袭制改为任命制，晋国公族史官的特权地位被彻底打破。从文献上看，此后，籍氏再无从事史官职业的后代。异姓史官在晋献公时完全代替晋国公族史官，但异姓史官并不能像公族史官那样参政、执政，从附表中我们可以看到史官从事的都是一些主卜筮等琐碎事务，已很少能像西周时期太史那样参加一些如典图法、籍田礼、聘礼和大射礼等礼乐活动，他们失去了在往昔参加大规模礼乐仪式中的尊崇地位。"大史掌建邦之六典，以逆邦国之治，掌法以逆官府之治，掌则以逆都鄙之治。凡辨法者考焉，不信者刑之"③的职能，在"礼崩乐坏"的现实面前，根本就不可能施行。晋国史职记事的作用，借助礼乐制度的残余权威，变得突出了。晋灵公时太史董狐虽也直书大臣赵盾弑君，但其意义并不在于记载事件这个过程，而是礼乐制度自身的最后挣扎④。随着礼法已不能有效约束日益强大的诸侯臣僚，史官所掌的"典法"也就失去政治上至高无上的权威性，史官能做的只是将其观察、了解到的天文、人事，按礼法规定记录在案并妥善保管，以备咨询。史官地位下降成为不争的事实。

（2）"重人事轻鬼神"导致史官地位继续下降。客观上，晋国霸业时期，与其他诸侯间交往越来越频繁，战争频仍，导致最高统治者重视人事而轻视鬼神，重视权谋而轻视信仰。晋国在人事上"尚贤、尚法、尚公、尚义"⑤，对于神权则加以控制和利用使之为国家政治服务。《国语·晋语一》中记载："献公卜伐骊戎，史苏占之，曰：'胜而不吉。'公曰：'何谓也？'对曰：'……惧有口，携民，国移心焉。'公曰：'何口之有！口在寡人，寡人弗受，谁敢兴之？'……公弗听，遂伐骊戎，克之。"获胜回国后献公对史苏说："夫骊戎之役，女曰'胜而不吉'，故赏女以爵，罚女以无肴。克国得妃，其有吉孰大焉！"⑥可见史官不断由昔日的君王师友沦落为附庸，受到君权的牢牢控制。《左传·僖公四年》中也载："晋献公欲以骊姬为夫人，卜之，不吉；筮之，吉。公曰：'从筮。'"占卜的史官郭偃对献公说："筮短龟长，不如从长。且其繇曰：'专之渝，攘公之羭。一熏一莸，十年尚犹有臭。'必不可。"但献公"弗听，立之"⑦。史官成为君主"神道设教"⑧的一种工具，君权超过神权，史官地

---

① 王符：《潜夫论》，中华书局，2001年，第454页。
② 李玉洁：《先秦史稿》，新华出版社，2002年，第287页。
③ 阮元校：《十三经注疏》，中华书局，1979年，第817页。
④ 丁波：《先秦史官的演变与"史记"》，《牡丹江师范学院学报》2006年第1期。
⑤ 丁波：《先秦史官的演变与"史记"》，《牡丹江师范学院学报》2006年第1期。
⑥ 左丘明撰、鲍思陶校点：《国语》，齐鲁书社，2005年，第123页。
⑦ 杨伯峻：《春秋左传注》，中华书局，2008年。
⑧ 许兆昌：《试论春秋时期史官制度的变迁》，《烟台师范学院学报》1998年第2期。

位下降。

主观上，更多的晋国史官在新的政治体系中积极参与政事工作，他们深知人事的演变取决于人本身，宗教的威权实在无法使自己立身于世俗，其自身中的宗教因素逐渐蜕化，因此其流也就从宗教的世界走向以人为本的世界，由此而产生的对原始"天道"观念的侵蚀和对"人事"世界的拓展。这时也有部分史官坚守其理念，如史鲔，由于"其持之有故，其言之成理"[1]，因此也就日益受到君权的压制和打击。因为《礼记·王制》明文规定："假于鬼神、时日、卜筮以疑众，杀。"《墨子·号令》亦云："望气者舍必近太守，巫舍必近公社，必敬神之。巫祝史与望气者必以善言告民，以情上报守，守独知其情而已。巫与望气妄为不善言惊恐民，断弗赦。"更由于其"居处足以聚徒成群，言谈足以饰邪营众，强足以反是独立，此小人之桀雄也，不可不诛也。"[2]在民智渐开的时代，神职人员即史官的威信只能不断削弱。

总体而言史官的社会地位因客观和主观原因逐步下降。

三、晋国六卿乱政时期

伴随晋国国势增强，国内各卿族的实力也急剧膨胀，他们利用手中的政治权力与宗族势力，积聚了庞大的财富，建立了强大的根据地，进而规锐政权，窥探公室。大约在春秋后期，晋国军政大权逐渐下移，形成礼乐征伐自诸卿出乃至"陪臣执国命"[3]的局面。是时晋大夫蔡墨说："社稷无常奉，君臣无常位。"[4]在这样的背景下，一大批缺少家世背景的"新人"脱颖而出，在史官队伍中的比例不断提高。"学而优则仕"的从史人员，成为各卿大夫竞相延聘的对象，成为职业官僚。这些职业官僚与主君之间没有血缘关联，只有雇佣与被雇佣的关系，他们食君之禄，忠君之事，唯君命是从，史官沦为卿族家奴。

（1）晋国政坛动荡导致史官地位下降。自晋顷公至三家分晋，晋国公室衰微，社会动荡。晋公室对诸卿的控制大大削弱，晋国出现六卿纷争的局面，导致国室连自身地位也得不到保障，史官的社会地位下降也就成为必然。

这一时期史官队伍中只有两个称"士"的，其余连官位都没了，有7名史官成为卿族家臣，占到此时期史官总数（11人）的64%。这和晋国六卿乱政有关。由于六卿争雄，各卿族需要更多的技能之士补充到自己的势力中。在这些技能之士中有文书之技的史官尤其受到青睐，此与史官的职守有很大关系，在周代史官有一项重要的职能就是保

---

[1] 《荀子·非十二子》。

[2] 《荀子·宥坐》。

[3] 《论语》。

[4] 杨伯峻：《春秋左传注》，中华书局，2008年，第1519页。

管契约和盟约。

周代不管是政府还是民间，契约保管统由史官负责。《周礼·大史》曰："凡邦国都鄙及万民之有约剂者藏焉，以贰六官，六官之所登。若约剂乱，则辟法；不信者刑之。"[①]《周礼·大司寇》曰："凡邦之大盟约莅其盟书而登之于天府；大史、内史、司会及六官皆受其贰而藏之。"[②]六卿乱政时期，各卿族积极扩充势力，纳室是扩势的一个典型特征，而纳室活动中契约保管尤其重要。

六卿在争雄过程中经常举行会盟，史官在会盟过程中的首要任务就是记录其间所发生的重大事件，而且盟誓也由史官起草书写。《左传·昭公元年》记载："郑伯及大夫盟于公孙段氏。……使大史书其名，且曰'七子'。"[③]这虽是郑国之事，然而郑晋同为姬姓大国，晋国史官职守和郑相同。从某种意义上讲盟书也是一种契约，在宗主国内掌管这些盟书的还是史官。

随着各卿族军事增强，政务独立，社会发展需要越来越多具有专业技能的行政官僚，史官群体由于掌文字、书写、档案管理，几乎同所有的官僚机构都发生"官联"关系，这种特殊关系自然就成为新型行政的首选，随后大量史官流入各卿族家中。典型的如蔡墨、董安于。《国语·晋语九》中记载："下邑之役，董安于多。赵简子赏之，辞，固赏之，对曰：'方臣之少也，进秉笔，赞为名命，称于前世，立义于诸侯，而主弗志。及臣之壮也，耆其股肱以从司马，苟慝不产。"[④]从这段话中我们可以看到董安于系史官家族董氏的后代，年少时为赵氏的文书，后成为赵卿家臣。又《国语·晋语九》记载："赵简子田于蝼，史黯闻之，以犬待于门。"[⑤]韦昭注云："史黯，晋大夫史墨，时为简子史。"原晋国史官史墨也成了赵卿家臣。流入各卿族家的史官与新的政权成为"主卖官爵，臣卖智力"[⑥]的关系。

作为一种专门从事于沟通天人的技能之士，居然可以受制于某个家族势力，只能说明俗权政治的日益发展和壮大，人权高于神权。史官体制逐步涣散，史官地位每况愈下。

（2）学在官府格局被打破，史官地位丧失。史官之所以能长期身居高位，一个重要原因是其拥有较高的文化水平，但在春秋前，由于贵族垄断教育，只有为数很少的贵族子弟可以在国家办的贵族学校接受教育，有文化知识的人数量很少，而且技能之士是子承父业，史官地位得以保持。到了春秋后期，孔子提出"学而优则仕"的思想，认为

---

① 阮元校：《十三经注疏》，中华书局，1979年，第817页。
② 阮元校：《十三经注疏》，中华书局，1979年，第871页。
③ 杨伯峻：《春秋左传注》，中华书局，2008年，第1214页。
④ 左丘明撰；鲍思陶校点：《国语》，齐鲁书社，2005年，第240页。
⑤ 左丘明撰；鲍思陶校点：《国语》，齐鲁书社，2005年，第243页。
⑥ 《诸子集成·韩非子》，上海书店出版社，1986年，第255页。

只要通过学习，成绩优秀，掌握较多知识就能做官。孔子率先创办私学，主张"有教无类""学在官府"的格局被打破。私学的发展促进了文化的普及，直接摧毁史官"不贰事，不移官"的百年长堤。《左传·昭公十五年》记载：周景王对孙伯黡之后籍谈说："女，司典之后也，何故忘之？……籍父其无后乎！数典而忘其祖。"①也就是说，籍谈身为晋国司典的后代，竟然非但不是史官，而且连史官的职守也忘记了。

由于文化知识的传播，出现了不少知识渊博的学者，尤其是简、帛及成熟文字的出现和社会进步与发展的需要，从事文书的人员越来越多，史官职守遭到瓦解，从而从根本上动摇乃至取消了史官赖以生存和发展的核心基础，史官地位发生蜕变。由于识文能书者越来越多，能胜任文书工作的人也就日益增多，各卿族政府在选择史职人员时的余地越来越大，史官社会地位越来越显得微不足道。

从总体上来看，西周时期的晋国史官是执政卿，春秋时期，史官最多参政、议政、辅政，此时由于史官职权始终由天事向人事发展，特别是由于知识的民间化流布，王官之学不再为少数人所掌握，这样，过去由于世袭而形成某种文化垄断状态的史官就失去权威性，故而职守渐趋单一，地位也日益低下，到春秋末期史职衰败，正如司马迁感慨的那样："文史星历，近乎卜祝之间，固主上之所戏弄，倡优畜之，流俗之所轻也。"②到了春秋之末，晋国史官不但成为君王掌上玩弄之物，而且被赤裸裸地踩在世人脚下。

（原载《山西师大学报》2010年第5期）

---

① 杨伯峻：《春秋左传注》，中华书局，2008年，第1373～1374页。
② 班固著、李润英点校：《汉书》，岳麓书社，2009年，第710页。

魏国率先变法原因探析

杨秋梅

战国是我国历史上社会大变革的时代。"诸侯力政，争相并"的社会发展趋势，使列国都面临着前所未有的竞争与存亡的选择。为了在弱肉强食的环境中图生存、求发展，各国先后都程度不同地进行了变法。战国的变法运动自魏国开始，之后相继在各国轰轰烈烈地展开，构成波澜壮阔的历史画卷，成为战国历史最为光彩夺目的一个篇章。

魏国的第一代国君魏文侯即位后，就树立了富国强兵、图谋称雄的远大志向。他深知改革对图强的重要性，把变法放在了各项工作的首位，重用李悝、翟璜、魏成子、吴起、西门豹等人，在政治、经济、军事等领域进行了卓有成效的变法，使魏国在战国七雄中首先脱颖而出。关于魏国的变法，学界从变法的内容、影响等方面进行过较为深入的探讨和研究，[※]取得不小的成就，在许多方面达成共识，但对魏国何以率先进行变法却少有论述。本文拟从魏国自身独特的自然条件、历史传统、国内国际关系及改革者对局势的判断诸方面入手，分析其在固有传统与现实压力的合力之下，如何充分利用各种有利条件，最终形成儒法兼容的改革模式，且在此后的中国历史上不断被重温，影响深远。

一、富国强兵是变法者的主观目的

战国初期的变法运动，虽然根源于社会基本矛盾的运动，是顺应新旧社会更替的必然结果，但无可否认，"在社会历史领域内进行活动的，全是具有意识的、经过思虑或凭激情行动的、追求某种目的的人；任何事情的发生都不是没有自觉的意图，没有预期

[※] 高宏照、杜本礼：《魏"尽地力之教"原因初探》，《河南财经学院学报》1989年第1期；李端兰：《战国七雄改革成败得失散议》，《天津师范大学学报》1987年第2期；何泉达：《李悝"尽地力之教"辨证》，《史林》1990年第1期；尚志迈：《李悝变法意义及启示》，《汉中师范学院学报》1997年第5期；高专诚：《三晋变法的当代思考》，《晋阳学刊》1999年第2期；李亚光：《"尽地力之教"与"平籴法"》，《社会科学辑刊》2009年第3期；李亚光：《战国初期魏国经济改革再探讨》，《农业考古》2010年第1期。

的目的的"①。对于战国变法的领导者而言,所谓"自觉的意图"和"预期的目的",就是"变法革新—富国强兵—霸王之业"②,楚悼王任用吴起,其目的是"强兵"③;商鞅以"强国之术"打动孝公,其结合点也不过是为了"强秦"④。综观战国时各国变法,当政者、改革者的基本心态,莫不如此。

战国初期七雄崛起,出现"下无方伯,上无天子"的局面,这是春秋近三百年间政权逐步下移的结果,也是各诸侯国相互兼并的结果。兼并过程中,各国都逐渐认识到,要想图谋霸业,实力最为重要,尤其是军事力量和经济实力,更是一国兴盛乃至存亡的保证,而这也是时人之所以反复强调"强兵""富国"的原因所在。而要想富国强兵,就必须推陈出新,实行变法。韩非对此深有体会,他认为:"官治则国富,国富则兵强,而霸王之业成矣。"⑤强调政府、法律的重大作用,只要依法立国,赏罚分明,"无事则国富,有事则兵强,此之谓王资。既蓄王资而承敌国之衅,超五帝侔三王者,必此法也"⑥。这样的言论,反映了战国时人关于变法图新的共识。事实上,作为三晋旧邦的魏国,正是这一理论的最早践履者。

三家分晋后,魏国奠都于晋国腹里,"占有原晋国的大部分领土,可以说是晋国的直接继承者"⑦,晋国春秋霸业的辉煌对魏国的影响最直接也最深刻。此时魏国政平人和,社会稳定,内部阻力较少,加上魏文侯意志坚定,目标明确,从而使得魏国率先具备成功改革的基本要素。

可资比较的是,战国初期与魏国地位相伴的大国,如赵、齐、秦、楚等,由于内乱不休,政局动荡,既无暇也无法进行变革。赵国在赵襄子死后就发生赵桓子之乱,因赵襄子传位于其兄伯鲁的孙子赵浣为赵献侯,引起己子赵桓子的不满,赵桓子逐献侯自立。一年后,"国人曰桓子立非襄子意,乃共杀其子而复迎立献侯"⑧,齐国正经历着田氏代齐的残酷斗争,虽然自公元前481年"齐国之政皆归田常",但田氏政权并未得到周王室及各诸侯国的承认,旧公室及其拥护者伺机恢复,形势依然严峻。因而田氏在代齐后的数十年间,都不得不将大部分精力放在巩固政权和加强内部统治上,无暇他

---

① 恩格斯:《路德维希·费尔巴哈和德国古典哲学的终结》,第4卷,《马克思恩格斯选集》,人民出版社,1972年,第243页。

② 黄中业:《战国盛世》,河南人民出版社,1998年,第53页。

③ 《史记》卷六五《孙子吴起列传》,中华书局,1959年,第2168页。

④ 《史记》卷五《秦本纪》,中华书局,1959年,第202页。

⑤ 《韩非子》卷一八《六反》,《诸子集成·韩非子集解》第五册,中华书局,1954年,第319页。

⑥ 《韩非子》卷一九《五蠹》,《诸子集成·韩非子集解》,中华书局,1954年,第347页。

⑦ 冯瑞:《魏国疆域初探》,李元庆主编:《三晋文化学术研讨会论文专集》,山西古籍出版社,1999年,第331页。

⑧ 《史记》卷四三《赵世家》,中华书局,1959年,第1796页。

顾。秦国自厉公去世以后,围绕君位的继承问题多次发生动乱,国力消耗,史称"秦以往者数易君,君臣乖乱,故晋复强,夺秦河西地"①。楚国领土最大,但政治腐败,经济落后,国力衰弱,内有强宗大族的篡权逼君,外有三晋联军的频繁进攻,常常处于内外交困的窘迫状态。韩、燕国小势弱,外患频仍,自顾不暇。因而,在战国初期,七雄之中唯有魏国最具发展的潜力,率先变法以图强,称霸发生在魏国,自然具有其合理性。

二、狭小分散的地理形势是变法的客观因素

地理条件,包括自然资源、国土面积及结构、人地关系,对国家的生存与发展影响至大,相应的,不同国家选择的治国之道,也往往与其自身的地理条件息息相关。战国初期,魏国占有中原大部,拥有河东、河内及河西、河南部分土地,四邻东为齐、南为楚、西为秦、北为赵,胸腹还包含着韩国领土的大部,是名副其实的"四战之国"。这样的地理特征,国势强盛时可以向外拓展,衰弱时则容易四面受敌,对国力及国家政策的影响非常之大。

总体而言,魏国国土面积狭小,人地关系紧张。三家分晋后,魏国的主要疆土在今山西省西南部的"河东"和今河南省北部的"河内"。这里自古土地肥沃、经济发达,尤其是河东地区,不仅是魏国早期活动的核心地带,也是原晋国的政治、经济中心,多年精心的经营与开发,使之农业发达,物产丰富,交通便利,人口众多。司马迁曾说:"夫三河在天下之中,若鼎足,王者所更居也,建国各数百千岁,土地小狭,民人众。"②《商君书·徕民》也对这里的人地关系有所评价:"彼土狭而民众,其宅参居而并处,其寡萌贾息民,上无通名,下无田宅,而恃奸务末作以处,人之复阴阳泽水者过半,此其土之不足以生其民也。"③人稠地狭,耕地不足,养民成为魏国突出的社会矛盾。许多人迫于生计,在邻国招徕政策的吸引下,纷纷外流,"秦地旷而人寡,晋地狭而人稠,诱三晋之人,耕秦地,优其田宅,而使秦人应敌于外"④。这种局势下,如何利用有限的耕地资源,最大限度地发挥土地的效力和潜能、提高单位面积内的粮食产量、保障人民的基本生活以维护国家正常的生产和生活秩序,就成为魏国的当务之急,这也是李悝"尽地力之教"变法的客观原因。发展生产之外,对外扩张占据更多的土地资源是更直接、有效的解决办法。因而,对魏国来说,急迫地需要向外开疆拓土,像齐、秦、楚、越那样,成为地方千里乃至数千里的泱泱大国,以从根本上解决问题,但

---

① 《史记》卷五《秦本纪》,中华书局,1959年,第200页。
② 《史记》卷一二九《货殖列传》,中华书局,1959年,第3262页。
③ 《商君书》卷一五《徕民》,《诸子集成·商君书》第五册,中华书局,1954年,第26页。
④ 马端临:《文献通考》卷一四九《兵考一》,中华书局,1986年,第1305页。

这需要十分强大的军事、经济实力做后盾。

不仅如此，魏国还面临国土分散、四面受敌的局势。魏国疆土除河东地区比较完整外，"其他各处面积不大，又受到黄河与中条、王屋、太行诸山及韩、赵、秦等国领土的分隔，显得支离破碎，相互间来往联系多有不便"①。魏国"诸部最大者为河东，跨今县二十三，余者，或微逾十县，或五六县，最小者不及三县。地势如此畸零，平时需逐处设备，一部告警，则征调困难，实不易于立国"②。近似于"飞地"的魏国疆土，不仅难以有效地进行治理，而且大部分疆界被强国环绕，多处面临严重的威胁。为了防守这些分割零散的国土，魏国不得不四处设防，被迫占用了不少军队，极大地影响了兵力的集中使用。因此，将河东以外的各地拓展相连，以此巩固国防，保障国家的安全，也成为魏国面临的重要任务之一。

三、晋国优良的改革传统为变法提供了经验与借鉴

晋文化与其他地域文化相区别的一个显著特征就是它的兼容性，它从一开始就是以农耕文化与游牧文化复合的面目登上历史舞台，在以后的发展中两大类型的文化不断碰撞、整合，"一方面，促使晋国经常制定新法，形成'尚法'传统，法家思想得到长期丰厚的积淀。另一方面，使晋国的宗法制度、政权机构、宗族组织不断发生变化，不实行法治便难以适应新的形势，巩固政权"③。因而，在晋国社会发展的历程中，冲破礼制、变革创新就成为一种传统。晋献公、晋文公、晋悼公及执政的卿大夫多次在政治、经济等领域进行改革，正是由于他们的改革，才使晋国的历史发生一次次的巨变，同时也为战国时期的变法提供了经验和借鉴。

魏国是从晋国的母体中分离出来的，又占据着晋国的腹里之地；魏氏又是晋国的一个强宗大族，他们的先祖或是直接主持某项变革，或是变革的积极参与者和实施者，因而晋国优良的改革传统不能不对魏国产生直接而深刻的影响。甚至可以说，魏国变法的基本精神和主要内容，可以在晋国发现较为系统的渊源和较清晰的发展过程，是魏国以新的社会现实为基础对晋国历史中的传统精神进行总结、提炼、改进、发展的结晶。

政治上，确立任人唯贤的用人制度。受宗法制的制约，春秋列国都是以公室宗族近支作为政权的主体，但晋国却反其道而行之，确立了与诸侯列国相异的"无公族"制度。这不仅有悖于宗法制的原则，而且也改变了国君的政权结构，使大量的异姓、异氏进入领导机构。异姓、异氏不能像国君宗室子弟那样，只需凭借血缘关系就可封地赐爵，只有依靠自己的努力、以真才实干获取高官厚禄；而国君选拔人才"不再按亲缘关

---

① 宋杰：《魏在战国前期的地理特征与作战方略》，《首都师范大学学报》2002年第1期。
② 钟凤年：《战国疆域变迁考》序例（续），《禹贡》六、七合期，第201页。
③ 张有智：《先秦三晋地区的社会与法家文化研究》，人民出版社，2002年，第172页。

系任官，而以贤能为选官的标准"①，这就促使晋国形成"明贤良""赏功劳""举善援能"的"尚贤尚功"用人政策，使官爵世袭制遭到重创。

经济上，奖励垦殖，发展生产。晋国在其发展的历程中，多次调整、改革、创新经济政策。秦晋韩之战晋国惨败之后，为了调动国人的积极性，增强国家的实力，挽救战败后的颓废之局，晋国"作爰田"。晋文公即位后，"弃债薄敛，施舍分寡，救乏振滞，匡困资无，轻关易道，通商宽农，懋穑劝分，省用足财，利器明德，以厚民性（生）"②。"文公修政，施惠百姓"，调动了民众的生产积极性，繁荣了社会经济，为文公称霸奠定了坚实的经济基础。晋悼公为了恢复晋国的霸业，减轻赋税力役，赈抚贫困，缩减国家开支，使"庶人力于农穑，商工皂隶不知迁业"③。春秋后期，晋公室衰落、六卿专权，六卿为了在竞争中取得优势，都在自己的领地上废除了步百为亩的旧亩制。晋国根据社会发展的阶段性特点，适时地调整经济政策，每次都使晋国的发展出现新局面。

法制上，提倡法治，摒弃礼治。随着宗法制度的崩溃和异姓势力的崛起，晋国社会内部公室与宗族及各宗族之间的关系进一步复杂化。本来礼治观念就很淡薄的晋人，单纯用"礼"根本不能维系社会的秩序，只能依法来约束社会成员，协调各种矛盾。因此，晋国旗帜鲜明地提倡法制。晋文公作"执秩之法"，或称"被庐之法"；赵盾专权国政，作"赵宣子之法"，或称"夷蒐之法"；晋景公使范武子聘周，按"王室之礼"修"执秩之法"，是为"范武子之法"；晋平公时，范宣子以赵盾所作的"赵宣子之法"为蓝本制定了"范宣子刑书"，40年后，赵鞅铸"范宣子刑书"于刑鼎，首次向民众公布了国家成文法。晋国重法尚法的传统和较成熟的成文法，为李悝制定《法经》积累了经验，提供了基础。

晋国的改革不仅昭示了变革对图存发展的重要性，而且也为魏国的变法积累了宝贵的经验。魏国之所以能够成功地进行变法，不能不说是得益于晋国优秀文化的滋养。

四、政局稳定是变法的保障

变法不仅要有主观上的意愿与决心，更需要有政治体制的保障和推行新法的社会环境。

政治体制的保障是自上而下进行变法的前提和条件。西周创立的宗法分封制，是以"授民授疆土"的形式进行，也就是说，诸侯有自己的领地、臣民，还可以建立自己的军队，具备发展的条件和潜力。随着其势力的膨胀，必然会出现春秋时期"政在家门，

---

① 李孟存、李尚师：《晋国史》，山西古籍出版社，1999年，第412页。
② 《国语》卷一〇《晋语四》，上海古籍出版社，1978年，第371页。
③ 杨伯峻：《春秋左传注》，中华书局，1981年，第966页。

民无所依"的状况。因此，要保证政令的通达，必须要有中央集权制的保障，使国君在政治、经济、军事上拥有最高的决策权力。

战国时期，中央集权制在列国普遍确立，各国政权的具体构成虽不尽一致，但基本特征则大体相同，这就是："一，君权至上；二，以中央国家政权为中心的郡县制的形成；三，以君权为中心的官僚制的确立。"① 郡县制的产生使中国古代的国家结构发生本质的变化，形成新的格局。郡县是中央集权下的地方政府，相当于中央的派出机构，政治上没有独立性，只能服从和实施中央的命令。官僚制是世卿世禄制的对立物，与郡县制共同构成维系君主专制和中央集权的两大支柱。官僚制度的显著特点是官分文武，一方面是适应当时复杂的行政事务和军事活动的需要，另一方面则是为了分散大臣的权力，有利于国君集权。"郡、县的行政和军事权力，都控制在国君手里。国君直接任免郡、县长官，并加以考核"②。国君直接掌握官吏的任免，并通过上计制度、俸禄制度、玺符制度督察百官，控制地方政权，使郡县的行政权力和军事权力都控制在国君的手中。中央集权制的确立保证了君权至上，使政令的通达和执行渠道畅通，这样才使变法自上而下地进行成为可能。

郡县制在晋国早已产生，春秋末年赵鞅伐范氏、中行氏时说："克敌者，上大夫受县，下大夫受郡。"③ 关于战国初期魏国设置的郡县，虽然无法探究其全貌，但根据文献的零星记载，仍能管中窥豹，可见一斑。"李悝为魏文侯上地之守，……与秦人战，大败之。"④ 李悝为相之前，就已是上地的郡守，可见在魏文侯早期魏国已设立上郡。吴起奔魏后，率军攻占秦的河西之地，"文侯以吴起善用兵，廉平，尽能得士心，乃以为西河守，以拒秦、韩"⑤。魏文侯在新占领的地区设西河郡，任命吴起为郡守，说明设郡已成定制。魏文侯时期的县，史书记载有："西门豹为邺令，名闻天下，泽流后世"⑥ "酸枣无令，臣进北门可"⑦ "李兑治中山，苦陉令上计而入多"⑧。魏国在短暂占领中山时即在那里设县，那在本土设县自然是普遍的了。将相之分在晋国末期也已产生，《国语》记载："三卿宴于蓝台，智襄子戏韩康子而侮段规。"⑨ 段规"并非晋国卿族，也不是晋君之相，而是日益显示出新君形象的晋卿之相"⑩，即魏桓子驹的

---

① 李瑞兰：《春秋战国时代的历史变迁》，天津古籍出版社，1994年，第144页。
② 杨宽：《战国史》，上海人民出版社，1980年，第209页。
③ 杨伯峻：《春秋左传注》，中华书局，1981年，第1614页。
④ 《韩非子》卷九《内储说上》，《诸子集成·韩非子集解》，中华书局，1954年，第171页。
⑤ 《史记》卷六五《孙子吴起列传》，中华书局，1959年，第2166页。
⑥ 《史记》卷一二六《滑稽列传》，中华书局，1959年，第3213页。
⑦ 赵善诒：《说苑疏证》卷二《臣术》，华东师范大学出版社，1985年，第45页。
⑧ 《韩非子》卷一五《难二》，《诸子集成·韩非子集解》，中华书局，1954年，第278页。
⑨ 《国语》卷一五《晋语九》，上海古籍出版社，1978年，第503页。
⑩ 晁福林：《论战国相权》，《中国社会科学》1998年第5期。

相。魏文侯时期曾先后任命"魏成子、翟璜、李悝为相,而另有乐羊、吴起、翟角为将"①。将相虽位于魏国职官系统的核心,"贵重主断",但仍受国君的直接控制,体现了军政大权的高度集中。

国内政局稳定,君臣和睦,对外则注意维护三晋国家的友好关系,魏文侯"始终把三晋的和睦相处作为其重建晋国霸业的基础"②。韩、赵交恶,双方都想借兵于魏以攻伐对方,文侯不借,并借此机会调和二者之间的矛盾,得到韩、赵两国的尊敬,因而两国"皆朝魏"③,使魏文侯事实上成为三晋联盟的首领。三晋和睦,协同作战,大大增强了魏国对他国的威慑力,达到"无四邻诸侯之患"。

五、国君的决策与支持是变法的关键

改革能否开展和顺利进行,除了正确有效的措施之外,还取决于领导核心的勇气和魄力。如果没有开明的君主作坚强的后盾并给予强有力的支持,任何有才能的改革家要想取得成就都是不可能的。魏国变法中,魏文侯正是发挥了这样的作用。

魏文侯名斯,是魏国名正言顺的第一代国君。他胸怀宽阔,思想开放,能兼容各家学派之所长,使之得以在魏国成功地实践;同时,又礼贤下士,唯才是举,使各方面的优秀人才汇集于自己的麾下,尤其重用法家人物,为魏国的变法提供了人才上的准备。《史记·魏世家》称赞文侯"贤人是礼,国人称仁,上下和合"④,并非虚誉。

魏文侯崇尚学术自由,儒法兼容。战国初期,儒家已成为政治舞台上一支活跃的力量,法家也基本形成,两家思想各有利弊。魏文侯从富国强兵、维护新兴国家的利益出发,取两家之所长,兼而用之。一方面,他任命法家人物李悝为相,主持国政,在政治、经济领域实行变法;支持吴起在军事领域进行"武卒制"的改革;任用西门豹在邺地实行改易风俗与发展农业生产的改革措施。另一方面,他又拜著名的儒家人物、孔子的高足卜子夏为师,礼敬颇负盛名的田子方、段干木等人,宣扬儒家的信义、仁爱、实行王道政治。在他兼容并包策略的吸引下,儒、法、兵等各家优秀人才汇集魏国,尽其所长,为魏国的强盛做出了极大的贡献。魏文侯也说:"自吾友(田)子方也,君臣益亲,百姓益附,吾是以得友士之功。"⑤魏文侯因此而成为儒法兼容的光辉典范,这一思想亦对后世的统治策略产生深远的影响。

魏文侯严明法制,推行法令,"有功者必赏,有罪者必诛,强匡天下,威行四

---

① 杨宽:《战国史》,上海人民出版社,1980年,第204页。
② 天平:《论魏灭中山与战国初期的格局》,《河北学刊》1993年第4期。
③ 刘向:《战国策》卷二二《魏策一》,上海古籍出版社,1985年,第777页。
④ 《史记》卷四四《魏世家》,中华书局,1959年,第1839页。
⑤ 赵善诒:《说苑疏证》卷八《尊贤》,华东师范大学出版社,1985年,第228页。

邻"①，使魏国迅速发展成为七雄中的首强。为了推行改革，富国强兵，他礼贤下士，唯才是举，不拘一格，多方网罗人才。张守节《正义》引皇甫谧《高士传》云："（段干）木，晋人也，守道不仕。魏文侯欲见，造其门，干木逾墙避之。文侯以客礼待之，出过其闾而轼。其仆曰：'君何轼？'曰：'段干木贤者也，不趣势利，怀君子之道，隐处穷巷，声驰千里，吾安得勿轼……又请为相，不肯。后卑己固请见，与语，文侯立倦不敢息。"②由于文侯的真诚相待，段干木遂成为文侯的著名谋略家。吴起，因母丧不归、杀妻以求将而受到世人的非议，他听说"魏文侯贤，欲事之"。文侯问李克吴起怎么样，李克曰："起贪而好色，然用兵司马穰苴不能过也。"③于是文侯不计吴起的名声而命他为将，吴起"与诸侯大战七十六，全胜六十四，余则钧解。辟土四面，拓地千里"④。吴起还在军事领域进行"武卒制"的变革，使魏国的军事力量大增。李悝更是由于文侯的信任和支持，首开战国变法之先河，以其卓越的治国才能和成功的变法实践，为魏国的繁荣富强做出了巨大的贡献，且他本人也被称为法家的始祖。

魏文侯在位50年（公元前445～公元前395），君位的稳定为国家的持续发展、政策的连贯推行创造了条件。再加上他在对待学术思想及人才政策方面的兼容并包，唯才是举，导致四方人才辐辏，各个领域都有出类拔萃的人物，咨询问策，左右逢源，因此才能率先成就富国强兵的改革大业。

综上所述，魏国之所以率先进行变法并取得成功，是由诸多的因素所决定的，探讨其中的缘由及其相互关系，不仅有助于我们对魏国历史文化总体面貌及其特征的认识、对战国时期的政治与思想有所理解，而且为我们深刻理解秦汉以后的历次改革提供有益的启示和借鉴。

（原载《史学集刊》2011年第2期）

---

① 《韩非子》卷五《饰邪》，《诸子集成·韩非子集解》，中华书局，1954年，第90页。
② 《史记》卷四四《魏世家》，中华书局，1959年，第1839页。
③ 《史记》卷六五《孙子吴起列传》，中华书局，1959年，第2166页。
④ 《吴子·图国》，《诸子集成·吴子》，中华书局，1954年，第1页。

论赵国的定都与变迁

畅海桦

自公元前453年赵氏建国，到公元前288年秦军攻入邯郸灭赵的200余年时间里，赵国三选都地：初都晋阳（今山西太原西南），后迁中牟（今河南鹤壁西），再迁邯郸（今河北邯郸）。它的定都和各次迁徙都有着深刻的社会历史背景，但其目的都是为了适应赵国发展势力、称霸诸侯的战略决策[1]。

关于赵国都城的状况和迁徙，学者们已进行过较为深入的探讨和研究。如马世之从政治秩序的角度来考察赵都中牟[2]，曹桂琴从中牟的地理位置、军事地位、物质基础的优越性来探讨赵都中牟[3]，史延廷从邯郸城的战略地位、历史地位来分析赵都邯郸[4]。但前贤们鲜有把赵都作为一个整体的过程来进行统合分析和研究的。本文从赵国战略发展的趋向、社会历史背景、自然因素等方面，对赵国初期定都、屡迁都城作进一步的探讨。

一

三家分晋时，赵氏卿族虽没有得到周天子的分封，但实际上是以诸侯国的面貌出现在战国政治舞台上，随后赵氏便把治邑内最大的一个根据地晋阳作为国家的都城。

晋阳位于太原盆地北缘，地理位置具有举足轻重的军事和经济战略意义。军事上，具有进可攻、退可守的战略优势；经济上，这里自古以来就是农业、畜牧业、商业比较发达的地区，发达的畜牧业可以为赵国提供充足、优良的战马。晋阳附近蕴藏着丰富的矿产资源，铜、玉藏量异常丰富，是发展冶铜、制玉等手工业的天然资源[5]。经济是基础，有了经济基础，政治战略、军事战略的实施便有了物质保障。

---

[1] 张德一：《赵国兴衰浅说》，《三晋文化学术研讨会论文专集》，山西古籍出版社，1998年。
[2] 马世之：《赵都中牟浅析》，《河北学刊》1987年第5期。
[3] 曹桂琴：《赵都中牟的思考》，《学术月刊》2005年第6期。
[4] 史延廷：《论战国时期邯郸城的战略地位》，《河北学刊》1990年第3期。
[5] 《山海经》记载："有悬瓮之山，其上多玉，其下多铜。"经郝懿行和吴任臣考证，悬瓮山就在今天太原西，而且当年董安于建筑晋阳时，使宫室之墙垣皆为铜柱，可见当时手工业繁荣。

其实，早在三家分晋前，赵氏就已对晋阳情有独钟了。赵氏四周虽有不少可以开发利用的土地，然而，西边是秦国；南边是各诸侯在名誉上共同推尊的宗主国周天子的领地，还有虎视眈眈的韩氏卿族、魏氏卿族；东面为卫、郑等诸侯国。从政治角度出发，此时的赵氏作为一个卿族应尽可能地避免与它们发生冲突，以便在当时的国际政治舞台上立稳脚跟。为实施这一发展战略，赵鞅（简子）为赵氏制定了"北进策略"①：营建根据地晋阳，使晋阳不仅具有"城郭之完，府库足用，仓廪实"的坚强保障基础，并且其"公宫之垣，皆以狄蒿苫楚廧之"，可在战时制作箭矢；其"公宫之室，皆以练铜为铸质"②，可在战时改造兵器。而且"民无二心"，尹铎在营建晋阳时请示赵鞅："以为蚕丝乎，抑为保障乎？"赵鞅回答："保障哉！"于是尹铎就减少了晋阳纳税户的数目，通过此举来减轻民众的负担，争取民心。后赵鞅训诫儿子赵襄（毋恤）子说："晋国有难，而无以尹铎为少，无以晋阳为远，必以晋阳为归。"③

赵氏父子对晋阳长期的苦心孤诣的经营，为赵氏的发展奠定了坚实的基础，同时也为赵氏立国、称霸诸侯做了充分准备。虽然，晋阳作为赵国早期的政治、经济、文化中心的时间相对较短，但却是名副其实的赵氏发轫地。

自赵氏联合韩、魏、智氏消灭范氏、中行氏而瓜分其地开始，经赵鞅卒后赵毋恤吞并代国，收复中牟和联合韩、魏消灭智氏而三家分晋，至赵迁都中牟期间，赵氏依托晋阳的军事堡垒，基本上完成与韩、魏两国对晋国领土的瓜分，从而也基本上奠定赵国南部及东部的疆界，自此赵国的疆域开始和魏、韩、齐、燕、中山等国接壤④，极大地拓展了领土，拥有千里沃野。

二

"卜都定鼎，计及万世，必相天下之势而厚集之"⑤"相天下之势"是战略上的一种全盘考虑。战国初期，为了适应更为激烈的兼并战争局面，参加中原角逐，进而图霸中原，赵国需要选择一个靠近中原，便于东向发展，方便赵北部广大领土与晋东南地区的联络，同时又要拥有一定经济文化基础和优越地理位置的城邑作为新的都城⑥。这样，迁都中牟便成为赵国实施向中原发展的战略选择。

中牟因其位于太行山区与华北平原的结合部，据晋、冀之咽喉，成为一方战略要地。《左传·定公九年》载"晋车千乘在中牟"，可见中牟在春秋时已是一个不可轻视

---

① 白国红：《试论赵简子的北进策略》，《河北师范大学学报》2006年第3期。
② 刘向：《战国策·赵策一》，上海古籍出版社，1985年，第588页。
③ 《国语》，上海古籍出版社，1978年，第490页。
④ 沈长云：《赵国史稿》，中华书局，2000年，第353页。
⑤ 顾炎武：《历代宅京记》，中华书局，1984年，第490页。
⑥ 参见李久昌：《论战国赵都中牟的历史地位》，《史学月刊》2005年第4期。

的军事重镇,是"三国之股肱,邯郸之肩髀"①。《韩非子·外储说左下》记载,赵襄子时"王登为中牟令",赵襄子曾授权王登可以在中牟任命中大夫官员,中大夫是晋国重位,而赵襄子授权中牟令王登以中大夫的授予权,既是对王登的信任,也是中牟地位重要的体现。另外,由于中牟地处中原,所受文化熏陶也较浓。《韩非子·外储说左上》载:"中牟之人弃其田耕,卖宅圃而随文学者,邑之半。"赵襄子时期中牟有名志士中章、胥己"其身甚倍,其学甚博"。可见中牟还是一个文化繁荣的城邑。又《吕氏春秋·博志》记载,著名士人宁越"亦中牟之鄙人也"。他在中牟经过15年苦学,学成后前往洛邑为"周威公师"②,计其在中牟学习的时间,正是赵献侯执政之时。由此可知,中牟具备建都所必备的战略地理和文化条件。

但赵氏迁都中牟的直接原因却与内乱有关。史载,"襄子立三十三年卒,浣立,是为献侯"③。赵襄子感念伯鲁兄让位于己,去世之时,传位于伯鲁之子代成君周,代成君死,子浣继任。但赵襄子之子赵桓子自以为嫡传,又是赵献子的叔叔,于是违背其父意愿,凭借实力发动政变,逐走赵献侯。赵桓子在位仅一年死去,赵献侯复位,为避开赵桓子残余势力,"献侯少即位,治中牟"④。

公元前423年,赵献侯带着赵氏宗族的战略宏图东出太行。这次壮举是对赵国发展极具重要意义的战略决策。一方面,赵国都城由边陲向中原地区运动,是一种适应国际国内形势要求的战略推进,从此摆脱和终结了赵国长期以来偏于一隅的封闭式发展格局。另一方面,以迁都为契机,赵国很快完成政治改革。史载,赵烈侯四年(公元前405年),"齐攻廪丘,赵使孔青将死士而救之,与齐人战,大败之,齐将死,得车两千,得尸三万"⑤。第二年,周王又命"魏景子、赵烈子及我师伐齐入长垣"⑥,联军一直打到齐国长城以内,大获胜利。赵国由此声势大振,成为三晋中地域最大、实力最强的国家。公元前403年,名为天下共主的周威烈王正式册封赵氏为诸侯,至此,赵国终于抹去晋卿晋臣的痕迹,取得诸侯的正式名号。

中牟作为赵都的时间为38年,这个时期,正是赵国完成政治改革、加紧军事扩张、争霸中原的时期。也就是说,从此之后,赵国国君们能名正言顺地从事起只有诸侯们才有资格从事的事业,取得诸侯名分的赵国,像一个充满朝气的青年活跃在战国历史舞台上。

---

① 梁启雄:《韩子浅解》,中华书局,1956年,第156页。
② 陈奇猷:《吕氏春秋校释》,学林出版社,1984年,第1619页。
③ 司马迁:《史记·赵世家》,中华书局,2008年,第958页。
④ 司马迁:《史记·赵世家》,中华书局,2008年,第958页。
⑤ 刘向:《战国策·赵策一》。
⑥ 吕不韦:《吕氏春秋·慎大览第三》。

三

随着局势的发展,战国中期中牟陷入魏、韩、齐等国环绕之中,自有四通八达之便,也有随时被敌国包围和攻击之险,这在战争频仍的时期是一种潜在的威胁。中牟虽是赵国南部的门户,对于赵国有着举足轻重的作用,但要向南部开拓进取也很困难,因为南方为强大的楚国。从赵国历史发展的战略方向看,此时的治国方针应是首先对太行山东面获得的大片土地进行有效控制,然后再谋划中原东北部(东南为强大的齐国)。因而,作为政治中心的都城也应向东北方向转移,赵国的"东进战略"也是在这样的背景下出台的①。为此,就需要选择一个既便于发展又不能偏离中原、且拥有一定经济物质基础和优越地理位置的城市作为都城,这样,迁都邯郸就成为赵国历史发展的必然选择,也是赵国实现其战略转变的必然结果。

公元前386年,赵又迁都邯郸。

邯郸是传统的重要农业产区,同时也是战国时期著名的冶金中心,手工业、工商业发达②。从军事地理上看,邯郸"北通燕、涿,南有郑、卫"③"邯郸城为九省通衢"④,恰好位于太行山东麓的南北大道,同时又处于太行山八陉之一的滏口径系,成为连接南北大道的交汇点。这里背靠太行山,南临漳河水,交通发达,且靠近中原,邻接齐、魏,又是"四战之地",更是赵国争霸天下,威胁齐、魏的理想出发地和后勤供应基地,具有重要的军事意义和战略地位。控制它,无疑等于扼住了中原的咽喉。另外,秦国雄踞关中,常有东进之心。赵国与其接壤,若想御敌入侵,迁都于邯郸,就能在军事上起到进可以攻、退可以守的目的。西汉初年,汉高祖刘邦曾领兵北击叛将陈豨,"至邯郸,喜曰:豨不南据漳水,北守邯郸,知其无能为也"⑤。这虽是西汉初年事,同样能说明战国时期邯郸军事地位的重要。

然而,导致赵迁都于邯郸的直接原也是内乱。史载:"敬侯元年,武公子朝作乱,不克,出奔魏。赵始都邯郸。"⑥武公子赵朝,因敬侯继位而心存怨恨,遂起兵作乱,由此不仅导致赵国统治集团内部的危机,也使中牟这一自春秋以来的名都大邑遭到破坏。鉴于中牟的破坏,敬侯决定迁都。

赵敬侯迁都邯郸,使得邯郸成为赵国的政治、经济、文化中心,结束了赵国都城屡迁的局面,使赵国进入一个稳定发展的时期,也为赵国向中原发展,牢固占领燕、赵地

---

① 孙继民:《先秦两汉赵文化研究》,方志出版社,2003年,第256页。
② 杜瑜:《中国历史上中心城市的作用》,《中国历史地理论丛》1995年第4期。
③ 司马迁:《史记·货殖列传》,中华书局,2008年,第2530页。
④ 《邯郸县志》,1929年。
⑤ 司马迁:《史记·韩信卢绾列传》,中华书局,2008年,第1854页。
⑥ 司马迁:《史记·赵世家》,中华书局,2008年,第960页。

区打下了基础。

但邯郸也有局限性，其地理位置东距齐国聊城、西距韩国上党地区都不过百余里，南距魏国邺城只有几十里，而且东、南二面又无天险屏障。在当时诸国间频繁政治斗争和军事进攻的背景下，都城处于这样易受攻击的地理位置，自然面临随时可能到来的敌国威胁。为了确保邯郸都城的战略地位，鉴于中牟的历史教训，赵氏集团还在邯郸附近建了陪都——信都。《太平寰宇记·赵记》记载："赵孝成王造檀台，有宫，为赵别都，以朝诸侯，故曰信都。"《汉书·地理志》也载："赵分晋得赵国，北有信都。"《晋书·石勒》中有张宾向石勒建议定都的一句话："邯郸、襄国，赵之旧都，依山凭险，形胜之地。可择此二邑而都之。"可见，石勒占据襄国是"据赵之旧都"。

作为赵国第二政治中心的信都，在战国时期的长期军事斗争中，曾经起过至关重要的作用。据《史记·六国年表》记载，赵成侯二十二年（公元前353年）至二十四年（公元前351年）内，魏国曾经攻拔邯郸，赵国既未亡国，又未割地，而且以具有独立地位的一方与魏"盟漳水上"[①]，这说明在整个"邯郸之难"中，赵国的一整套统治机器和职能机构仍在正常运转和执行职能。邯郸拔而不亡，正是因为赵成侯依托着陪都——信都。

战国初期，赵国积弱，形势极为不利。为了发展壮大、称霸诸侯，赵国几迁都城。自赵敬侯迁都邯郸后，赵国逐渐走向鼎盛时期。特别是赵武灵王统治时期，赵国拓疆开域，南征北战，气势咄咄逼人，成为战国时东方一霸。

（原载《安徽史学》2010年第5期）

---

① 司马迁：《史记·赵世家》，中华书局，2008年，第962页。

卜子夏教育思想探微

杨秋梅

卜子夏，姓卜名商，字子夏（公元前507～公元前420年），晋国温邑（今河南温县）人。早年师从孔子，是孔子晚年弟子中的佼佼者。孔子去世，子夏为其守孝三年后，于公元前476年来到晋属西河（今山西河津一带）设教，专心教学55年。在长期的教学实践中，他继承和发展了孔子的学术与教育事业，形成独特的"西河教风"，为社会培养了一批有作为的栋梁之材。子夏作为孔子弟子中知识最为渊博的学者和卓越的教育家，为中国历史文化的传播与发展做出了积极的贡献。

关于子夏设教的情况，史书中并没有系统的专门记载，但我们可以从散见于《论语》及其他有关文献的记载中窥见其风貌。

一、继续传授以"六经"为主的教学内容

子夏深受孔子的栽培和教诲，其教育思想及办学方式不能不受到老师教育思想的制约和影响，如西河设教、创立学堂，就是继承了先师办私学的优良传统。探讨子夏的教育思想必然要联想到孔子的教育思想。

孔子教学内容的基本框架可以归纳为"四教"（文、行、忠、信）、"六艺"（礼、乐、射、御、书、数）、"六经"（诗、书、礼、乐、易、春秋）。"四教"是教学的基本内涵，"六艺"是教学的主要科目，"六经"是教学所使用的基本教材。施教日久，教材就变成科目之代称，如礼、乐，既为教材，又成科目。推而言之，则六经设教既久，也变成六种科目，这就造成后世以"六经"之名代"六艺"的状况。孔子说人的修养"兴于诗，立于礼，成于乐"[1]，由此可以看出，"孔子以诗书礼乐教"[2]。

子夏投师孔子，主要学习和整理古代文献，成绩突出。孔子周游列国未得重用，回到鲁国，已是68岁的老人，"鲁终不能用孔子，孔子亦不求仕"[3]，转而集中精力整理古代文献和教授弟子，这就是人们所熟悉的删诗书、定礼乐、赞易、作春秋。然而

---

[1] 《论语·泰伯》。
[2] 《史记·孔子世家》。
[3] 《史记·孔子世家》。

孔子此时已经年迈，搜集和整理资料要靠年轻弟子来帮忙。子夏勤奋好学，又是文学高徒，对古代文献非常熟悉，因而就成了孔子的得力助手。孔子经常与子夏切磋学问，交流思想，还称赞他"起予者商也"。受到孔子称赞的弟子很多，但说能启发他的却只限于子夏一人。如在编写《春秋》时，子夏就做出过重大的贡献，《春秋公羊传》卷首徐彦疏引《闵因叙》云："昔孔子受端门之命，制《春秋》之义，使子夏等十四人求周史记，得百二十国宝书。"然后由孔子总其成，"笔则笔，削则削，子夏之徒不能赞一辞"[①]。对于《春秋》，子夏可能更是多得孔子的真传和亲炙，因而《公羊传·哀公十四年》徐彦疏引《孝经说》云："孔子曰：《春秋》属商。"这说明子夏在帮助孔子编纂《春秋》时，的确付出过艰辛的劳动。

子夏不仅在帮助孔子整理和编纂经书时做出过重大贡献，而且对诸经的传授，在孔门之中，其功劳最大，也是其他弟子无法比拟的。王滋源在《论语新探》中说："在孔子弟子中若就影响而言，子夏无疑是最大的。"

子夏是孔子的高徒，又擅长研究经籍，对礼乐诗书都有独特的见解。这就意味着他在西河设教的主要内容，必然是传播和教授孔子的学说。也就是说，孔子教授的"六经"，也是子夏的主要教学内容。通过传授，使"六经"得以流传和保存。两汉魏晋人大都认为"六经"是子夏传播下来的，《孔子家语》谈到子夏的贡献时，用"无以尚之"来称赞他。宋代洪迈《容斋续笔·子夏经学》云："孔子弟子惟子夏于诸经独有书，虽传记杂言未可尽信，然要为与他人不同矣。于《易》则有传，于《诗》则有序。而《毛诗》之学，一云子夏授高行子，四传而至小毛公；一云子夏传曾申，五传而至大毛公。于《礼》则有《仪礼·丧服》一篇，马融、王肃诸儒多为之训说。于《春秋》，所云'不能赞一辞'，盖亦尝从事于斯矣。公羊高实受之于子夏，谷梁赤者，《风俗通》亦云子夏门人。于《论语》，则郑康成以为仲弓、子夏等所撰定也。"洪氏所言，未必完全可信，但按诸有关材料，也还是有踪迹可寻的，从中可以看出子夏与儒家经籍之间的密切关系。

古人称子夏为"经学鼻祖"。清代陈玉澍在《卜子年谱·自叙》中指出："无曾子则无宋儒之道学，无卜子夏则无汉儒之经学。宋儒之言道学者，必由子思、孟子而溯源于曾子；汉儒之言经学者，必由荀、毛、公、谷而溯源于卜子。是孔子为宋学、汉学之始祖，而曾子、卜子为宋学、汉学之大宗也。"在经学的发展中，子夏的成就和贡献十分突出。

子夏在继承和传播孔子儒学思想的同时，又不断地把自己的研究成果运用于教学实践中，从而又发展和充实了儒家经学。东汉徐防说："《诗》《书》《礼》《乐》，定自孔子；发明章句，始于子夏。"[②]子夏"发明章句"，则可以更具体地说明他在传经

---

① 《史记·孔子世家》。
② 《后汉书》卷四十四《徐防传》。

中的独特贡献。

孔子培养弟子的主要目的是为了从政，因而在为弟子讲授这些经典时，只注重概述或阐发其核心内容及其在社会生活中的重要作用，并没有系统地、逐章逐句地进行讲解和分析，因而经书就不分章节和句子。子夏继承孔子的六经教育，在研究和传授这些经典文献时，最独特的贡献就是对经书进行章节划分、句读判明、文义解释。经过子夏加工的经书易看好懂，便于学生理解与掌握。子夏发明的章句之学，不仅是教材史上的重大改革，而且在文化、教育和科学发展史上，都具有划时代的意义。这一重大发明对社会的文明与进步，起了不可估量的作用。

二、"博学而笃志，切问而近思"的教学原则和方法

"博学而笃志，切问而近思"[①]，是子夏对孔子启发式教学原则的继承和发展。博学就是孔子所说的"博学于文，约之以礼"[②]，广泛地学习，才能求得各方面的知识。人的知识都是求学所获，没有"生而知之"者。笃志，是对个人独立人格的重视。对自己来说，要坚守自己的意志，保持人格尊严，不为威胁利诱所动；对他人来说，要尊重其志，不可强夺。这和孔子的"不降其志，不辱其身"[③]"匹夫不可夺志"[④]的做人原则是一致的。切问，即对未懂之处要恳切地向别人请教，这就是要提倡、引导学生积极思考，发现问题，提出疑问。能否提出问题，对于学生和老师都是至关重要的，这实际上也是教学质量和思维质量的一种反映，子夏把它作为教学中的重要一环。疑则生问，问则求解，不仅使学生增长知识，而且也培养了他们积极思考、勇于探索的精神。这和孔子的"疑思问"[⑤]"每事问"[⑥]"不耻下问"[⑦]的为学态度都是一致的。近思，即根据自己的亲身体验去思考。孔子曰："己欲立而立人，己欲达而达人。能近取譬，可谓仁之方也已。"[⑧]即能就近以自己的心而推及别人的心，其中隐含着学思并重、学思结合的精神。

因材施教，循序渐进，也是子夏教学的一个基本特征。要使教学具有针对性，产生实效，首先就要了解学生的个性特征、才能和志趣。"子游曰：'子夏之门人小子，当洒扫应对进退则可矣，抑末也。本之则无，如之何？'子夏闻之曰：'噫，言游过矣！

---

① 《论语·子张》。
② 《论语·雍也》。
③ 《论语·微子》。
④ 《论语·子罕》。
⑤ 《论语·季氏》。
⑥ 《论语·八佾》。
⑦ 《论语·公冶长》。
⑧ 《论语·雍也》。

君子之道，孰先传焉？孰后传焉？譬诸草木，区以别矣。君子之道，焉可诬也？有始有卒者，其惟圣人乎？'"①君子之道，先传什么，后传什么，就像对草木一样，都要分类加以区别。子夏认为，自浅入深，循序渐进，有始有终，先后有序地教授学生，教学才能获得成功。而子游反而把它视为舍本逐末，这就犯了违背教学规律的错误。程颐曰："君子教人有序，先传以小者、近者，而后教以大者、远者。非先传以近、小，而后不教以远、大也""学者当循序而渐进，不可厌末而求本"②。

孔子提倡的"学而时习之"③，也同样是子夏所倡导的优良学风。"日知其所亡，月无忘其所能，可谓好学也已矣。"④要想每天都得到新的知识，就必须坚持学习，对学得的知识，每个月都要复习巩固提高，这样才会牢固地掌握和熟练地运用，才能达到"温故而知新"⑤的目的。

三、"君子学以致其道"的教学目的

子夏说："君子学以致其道。"⑥学以致用，培养治世的"贤才"，是子夏施教的现实目的。学习的目的在于应用。在学与用的关系上，子夏比较侧重于用。子夏曰："贤贤易色，事父母能竭其力，事君能致其身，与朋友交言而有信。虽曰未学，吾必谓之学矣。"⑦学习书本知识固然重要，但更重要的是要在实际中去应用，这和孔子学以致用的思想一致。孔子曰："诵《诗》三百，授之以政，不达；使于四方，不能专对。虽多，亦奚以为？"⑧知而不能行，学而不能用，就等于无知无学。可见，孔子教人不是为诵诗而诵诗、为学而学，而是通过学来指导自己的言行，为社会现实服务。子夏的这种重用思想，本身就包含了学与用的辩证关系。学是用的基础，用是学的继续和目的。学用要结合，但并非不讲学习，只讲实用。朱熹在《四书集注》中引吴注："子夏之言，其意善矣。然辞气之间，抑扬太过，其流之弊，将或至于废学。"⑨这种担心实在没有必要。

子夏学以致用的根本目的是为政，是为了给国家培养治世的贤才。

"学而优则仕"是子夏的一句名言，也是我们大家都熟知、并且经常引用的一句经

---

① 《论语·子张》。
② 朱熹：《四书集注》引程注，岳麓书社，1985年，第178页。
③ 《论语·学而》。
④ 《论语·子张》。
⑤ 《论语·为政》。
⑥ 《论语·子张》。
⑦ 《论语·学而》。
⑧ 《论语·子路》。
⑨ 朱熹：《四书集注》，岳麓书社，1985年，第73页。

典语言。时人往往将"优"字解释为优秀、优良,因而就演绎为"读书做官",在"文革"期间,为了批判"读书做官论",对它的引用率相当高。其实,在这句话的前面还有一句"仕而优则学",而"优"字,在这里应解释为"有余力"。此解对于"读书做官论"的演绎也无妨,并对理解整个句子及学与仕的辩证关系更为合理。

"仕而优则学,学而优则仕"①,即做官有余力就去学习,学习有余力就去做官。朱熹曰:"仕与学,理同而事异。故当其事者,必先有以尽其事,而后可及其余。然仕而学,则所以资其仕者益深;学而仕,则所以验其学者益广。"②这里反映出学与仕的辩证关系。学与仕是互补的,学是仕的基础,学有所成才能去当官,才能有自信和成就;在当官的历程中,必然会遇到许多新的问题,因而还必须坚持继续学习,充实自己。这反映了子夏的教育目的是培养修身从政的"贤士",使他们学有所成,治国安民,也就是孔子所说的"举贤才"③。在世禄世官制度占统治地位的春秋战国之际,子夏提出"学而优则仕",有其革命的意义。在学与仕,也就是在道德学问与治世才能的关系上,子夏主张通过求学来选优汰劣,从而改变仕进的方式。因此,他想通过设教,为社会培养大批的"贤才",以满足各国设置各种官职的需要。史实也表明,子夏弟子中确有不少人学成后入仕从政,成为各国新兴官僚集团的成员,如魏斯是魏国的开国之君,李悝为魏国相,吴起为魏国将、西河守、楚国令尹。而他自己在政治追求遭受挫折之后,并未隐居以避世,而是通过做帝王之师的方式来影响现实政治。做官以后,要想管理好国家,还要"仕而优则学",继续学习提高。这又隐约透露出子夏的终身教育观念④。这一主张为后代乃至现代所承袭。随着儒家文明的形成,中国的政治舞台上,儒者出身的文官开始担当起主角。"从政治上说,以儒者为主体的文官政治,总的说要优于飞扬跋扈、贪鄙粗俗的武夫当政。"⑤

子夏的"学以致其道""仕而优则学,学而优则仕"的思想,把学习与社会实践结合了起来。虽然这种结合具有很大的局限性,但他毕竟意识到并且进行了尝试,取得初步的成效。

四、儒法兼容的教学新风

子夏是继承和发扬孔子学说的重要传人。他在接受、继承和传播儒家基本学说的过程中,为适应社会的需要,产生一些具有法家倾向的思想。孔子对此有过直接的批评,

---

① 《论语·子张》。
② 朱熹:《四书集注》,岳麓书社,1985年,第229页。
③ 《论语·子路》。
④ 喻本伐等:《中国教育发展史》,华中师范大学出版社,2000年,第78页。
⑤ 马振铎等:《儒家文明》,中国社会科学出版社,1999年,第145页。

"女为君子儒，无为小人儒"，并告诫他"无欲速，无见小利。欲速则不达，见小利则大事不成"①。孔子之所以这样提示子夏，是因为"子夏之病常在近小，故各以切己之事告之"②。从孔子对子夏"见小利"的批评中可以看出，子夏非常重视"利"，他在为莒父宰时就比较重视改善民众的经济生活条件。这与法家"利以为尚"的基本主张一致。

子夏的法家思想倾向可以从他的言论中表现出来。

"君子信而后劳其民"③，着重强调了当政者必须首先取得百姓的信任，然后才能去役使他们。是否取信于民是当政者施政成功与否的一个先决条件。这种思想对以后吴起、商鞅的变法都起过重大的影响。

"舜有天下，选于众，举皋陶，不仁者远矣。汤有天下，选于众，举伊尹，不仁者远矣。"④皋陶、伊尹都出身于贫民，因此，可以推测，子夏"选于众"的范围，应该包括普通民众。这种不论出身贵贱、举贤使能的思想也是法家所崇尚的。

"《春秋》之记臣杀君，子杀父者，以十数矣，皆非一日之积也，有渐而以至矣。"故子夏曰："善持势者，早绝奸之萌。"⑤统治者要巩固自己的地位，必须运用自己的权势，对一切叛逆犯上的行为及时给予制止，不应姑息养奸。很显然，子夏已经看到"势"的作用与威力。

从子夏的话可以看出，子夏早年在鲁国学习时就已经具有法家思想的倾向。当他离开鲁国回到魏国后，本来就有法家思想倾向的他，在这个特殊的社会氛围中，学以致用、儒法兼容，培养出一批著名的法家人物。

子夏于西河设教，授徒三百，见于史书记载的名弟子有八位：魏文侯、李悝、吴起、田子方、段干木、公羊高、谷梁赤、禽滑厘。他们或为君，或为相，或为将，都在各自的职位上做出了巨大的贡献，有力地推动了社会的发展。

魏国的开国之君魏斯，在青少年时就拜子夏为师，即位后经常向子夏请教，对子夏倍加尊重。受子夏的影响，魏文侯把儒学思想与魏国的实际相结合，成为儒法兼用的最好典范。他遵循子夏"选于众"的思想，实施唯才是举的用人路线，拜具有道家思想的田子方和段干木为师，重用法家人物李悝、吴起、西门豹，取得法制、经济和军事方面的重大成就。魏文侯在位的半个世纪，使魏国成为战国初期最强盛的国家。《汉书·艺文志》载："六国之君，魏文侯是为好古。"《史记·魏世家》称赞魏国"贤人是礼，国人称仁，上下和合"。

---

① 《论语·子路》。
② 朱熹：《四书集注》引程注，岳麓书社，1985年，第178页。
③ 《论语·子张》。
④ 《论语·颜渊》。
⑤ 《韩非子·外储说右上》。

李悝、吴起，都是由儒转法的人物。李悝，曾相魏文侯、魏武侯两代。他首开战国变法之先河，在魏国成功地进行变法，并制定了我国历史上第一部较为系统的封建法典，使魏国国富兵强，成为战国初期的一大强国，而李悝也被称为法家的始祖。吴起，在魏国进行"武卒制"的变革，后在楚国进行变法，都取得显著的成效。段干木、田子方，以贤闻名于世，是魏文侯时著名的政治谋略家。二人"轻爵禄而重其身，不以欲伤生，不以利暴形"①，终归道家。还有墨家的禽滑厘、儒家的公羊高、谷梁赤，都是子夏弟子中的佼佼者。子夏弟子中人才济济，各个领域都有出类拔萃的人物，可见子夏设教西河，不但贯彻了孔子的"有教无类"教育方针，而且授法入儒，兼收并蓄。

　　子夏的学说从总的趋向来讲，还是属于孔子儒学的范围，但不是孔孟之道的纯儒。在他的学说中，确实包含了一些法家思想的萌芽。正是由于他融通儒法，才培养出魏文侯、李悝、吴起这样的人物。承认和肯定子夏之学在法家思想的早期发展过程中所起的影响和作用，并不是说子夏就是法家人物，或者子夏之学是法家思想的源头。

　　子夏的这种不怀学派偏见、兼容并蓄的学术内涵和教学新风，对于形成和推动战国时期的"百家争鸣"起了巨大的作用。荀况受他的影响，赋予"礼"以"法"的内容，试图将"礼教"引向"法教"，培养出韩非、李斯这样的大法家，何其相似乃耳！"由此看来，原始儒有着不同的两派，一派是纯儒的孔孟之学，一派是儒法兼容的卜荀之学。两千多年的封建统治者，往往打的是孔孟之道的招牌，行的是卜荀之学。"②子夏设教，开辟了儒法兼容的先河，可谓业绩博大，光泽后世。

（原载《纪念〈教育史研究〉创刊二十周年论文集》2009年9月）

---

① 《淮南子·泰族训》。
② 李孟存：《卜子夏西河业绩》序。

子夏法思想论析

谢耀亭

子夏，姓卜，名商，字子夏。晋地温邑人（今河南温县），三家分晋后属魏。其生卒年约为公元前507年至公元前420年。长于文学，曾任鲁国的莒父宰。孔子死后，他在西河设教（今山西河津一带）。死后葬于今河津市东辛封村，至今此地还有子夏墓和祠堂，且历代都有修葺。

在孔门较有影响的弟子中，子夏的研究略显薄弱。近些年来，子夏受到人们的重视，而研究的重点则放到由子夏开启的西河学派、子夏对儒学的贡献及其在学术史上的地位等方面。但关于子夏本身的思想，研究者较少。至于子夏思想中的法思想，研究者更是寥寥无几。有些学者曾提到子夏思想中有法思想，但没有进一步进行研究[①]。本文就子夏思想中的法思想（本文所论子夏的法思想，不仅包括法家法思想，且更多包括的是儒家法思想。关于儒家法思想的界定、分析及其演变等可参考俞荣根先生的专著《儒家法思想通论》，本文关于此等问题一概从略）进行分析，勾勒出其法思想体系概貌，进而探讨其产生原因，以请教于方家。

一、子夏法思想的主要内容

（1）法先王，天下大同——法的来源和理想法

《韩诗外传》卷二："子夏读《书》已毕。夫子问曰：'尔亦可言于《书》矣？'子夏对曰：'《书》之于事也，昭昭乎若日月之代明，燎燎乎如星辰之错行，上有尧舜之道，下有三王之义，弟子所受于夫子者，志之于心不敢忘。虽居蓬户之中，弹琴以咏先生之风，有人亦乐之，无人亦乐之，亦可以发愤忘食矣。'"《尚书大传》卷五也记载了子夏通过对《尚书》的研习，对尧、舜、禹、汤、文王的治世之道已经明了。先

---

① 可参考：孔祥骅：《子夏氏"西河学派"初探》，《学术月刊》1985年第2期；孔祥骅：《子夏氏"西河学派"再探》，《学术月刊》1987年第7期；徐鸿修：《孔门高足、学术大师——谈子夏的历史贡献》，《孔子研究》2001年第1期；高专诚：《卜子夏与三晋儒学》，山西人民出版社，2001年；裴传永：《论子夏在中国经学史上的地位——从〈史记·孔子世家〉"六艺"的本义说起》，《中国哲学史》2005年第1期。

王之道，既是儒家思想的来源，也是儒家理论的支柱，儒家在损益先王之道的过程中发展了儒学。子夏对"尧舜之道"和"三代之义""志之于心不敢忘"，这和孔子是一样的，把要遵循的最根本的原则等内容，都追及先王。作为其思想之一部分的法思想，也来源于先王。

儒家始终有崇高的理想追求。天下为公的大同世界是儒家梦寐以求所要达到的理想社会，子夏也不例外。子夏提出自己的理想法，即由修身及家达到平均天下的大同世界。《礼记·乐记》及《史记·乐书》都记载了魏文侯和子夏论乐的事，子夏谈到："修身及家，平均天下。"又《论语·颜渊》载有子夏曰："商闻之矣，'死生有命，富贵在天。'君子敬而无失，与人恭而有礼，四海之内皆兄弟也。""四海之内皆兄弟"和大同社会的"不独亲其亲，不独子其子"如出一辙。从中可见，子夏要达到的理想社会就是平均天下的大同社会。而达到这一理想社会的途径就是"修身及家"。"敬而无失""恭而有礼"便是修身的体现。这同孔子的观点完全一致，且与儒家的"修身、齐家、治国、平天下"的途径相吻合。

（2）礼乐制度——国家根本法

在子夏的思想中，他把礼乐制度看做是国家的根本大法。《史记·乐书》记载子夏言论："然而圣人作为父子君臣，以为之纪纲，纪纲既正，天下大定。"子夏把礼乐制度作为治国的纪纲。作为治国纪纲的礼，便具有根本法的性质，这并不是在子夏思想中才开始显现出来，在三代，礼本来就有根本法的性质。如《左传·隐公十一年》："礼，经国家，定社稷，序民人，利后嗣也。"子夏强调把礼乐制度作为治国纪纲，也就可以看出在其思想中把礼乐制度视为国家的根本大法，是总的指导性原则，其他制度、刑法的制定，应以此为指导，以此为准绳。

（3）选于众——人与法关系论

《论语·颜渊》载子夏言："富哉言乎！舜有天下，选于众，举皋陶，不仁者远矣。汤有天下，选于众，举伊尹，不仁者远矣。"选于众的目的是举贤人，这显然与孔子的"'为政在人'——人与法的关系论"[①]是一脉相承的。若没有贤人主政，先王治天下的根本大法便不能推行，不能发扬光大，选于众的结果便是贤人能够主政。由此可见，在子夏法思想中，认为治国应当任人，而不是任法，是子夏关于人与法关系的主张。

（4）序尊卑长幼——礼法的功能

《史记·乐书》中子夏言："……此所以官序贵贱各得其宜也，此所以示后世有尊卑长幼序也。"三代之礼法没有明确区分，礼大体包含了法，但礼不等于法，礼之一部分属道德范畴。礼是否归法，即看失礼是否入刑，凡入刑的礼便是法。子夏把序尊卑长

---

① 俞荣根：《儒家法思想通论》，广西人民出版社，1998年，第256页。

幼贵贱视为法的功能之一,这与儒家的法是伦理法分不开。"在宗法伦理社会,父权延伸为君权,维系血缘家庭的伦理道德同维护阶级统治的国家法律完全相同。"①宗法伦常可决定身份尊卑、地位高低及权利和义务等。《礼记·曲礼》的"夫礼者,所以定亲疏,决嫌疑,别同异,明是非也"道出了古人对礼法功能的认识。子夏思想中礼法的序尊卑长幼贵贱的功能,就是通过礼法的规定使得天下在有等差的状况下达到稳定。这在宗法伦理社会中是达到社会和谐稳定的一条较好的途径,也从另一个角度说明礼乐制度是国家的根本法。

（5）慎罚——刑罚观

《尚书大传》载子夏解释《尚书·康诰》慎罚原则的一段话:"昔者三王慇,然欲错刑遂罚,平心而应之,和然后行之,然且曰吾意者以不平虑之乎,吾意者以不和虑之乎,如此者三,然后行之,此之谓慎罚。"周人已经提出"明德慎罚"的观点,孔子吸收前人思想提出"刑法中"的原则,这其中就包含了"慎罚"的内容。子夏继承了孔子的思想,主张在量刑之前,应考虑再三,慎之又慎。

（6）重视功利——法的实用主张

《论语·雍也》载:"子谓子夏曰:'汝为君子儒,无为小人儒。'"何谓"小人儒"?朱熹在《四书章句集注》中引谢氏言:"君子小人之分,义与利之间而已。"钱穆先生认为:"推孔子所谓小人儒者,不出两义:一则溺情典籍,而以忘世道;一则专务章句训诂,而忽于义理。"②钱穆先生是从为学之道来区分君子小人的。然而"小人喻于利",至少孔子将喻于利的人视为"小人"。在此,小人儒也应看做是注重功利的人。因为《论语·子路》载:"子夏为莒父宰,问政。子曰:'无欲速,无见小利。'"可见在当时孔子就注意到子夏的重功利的倾向。在法的指导下,重视功利的获取,是子夏的主张。

（7）重视"势"——对人君的法律主张

《韩非子·外储说右上》记载有子夏曰,《春秋》之记臣杀君、子杀父者,以十数矣。皆非一日之积也,有渐而以至矣""善持势者,早绝奸之萌"。可见韩非也承认子夏思想中有"势"的思想。善于持势者,就能做到防患于未然。因为只有善于持势,才能预防各种奸邪之事的发生,从而稳固国君的统治地位。这是子夏对人君的法律主张,且后来也在历史中实践过。

（8）重视"信"——法实施的保证

《论语·学而》中子夏言:"与朋友交,言而有信。"《论语·子张》中也记载"君子信而后劳其民"。不论是为民者,还是为君者,都应有信。尤其是为君者,更应

---

① 俞荣根:《儒家法思想通论》,广西人民出版社,1998年,第135页。
② 钱穆:《论语新解》,三联书店,2002年,第152页。

先施信与民，然后才能使民。没有良好的信誉，法便得不到贯彻。只有讲"信"，才能保证法在实施过程中的有效性。

二、子夏法思想产生原因试探

从以上子夏法思想的内容可以看出，前五项属于儒家法思想，后三项明显带有法家法思想的倾向。重视功利，一向被法家所重视和执行。而"势"的理论最终成为法家三大理论之一。示民以信，后来为法家和兵家所经常使用。作为孔子的高足，子夏为何会产生如此颇具特色的思想呢？这是一个值得我们探讨的问题。

我认为子夏思想的形成，与地域文化有着非常密切的关系。地域对文化的影响，前人多有讨论。其实孔子就已发现地域之间的不同，《论语·雍也》载："齐一变，至于鲁；鲁一变，至于道。"这就是看到地域文化之间的差异。

首先，子夏思想中的儒家法思想是与孔子的法思想一脉相承的。孔子生于鲁国，且长期居住于此，受邹鲁文化影响非常深。邹鲁文化趋于保守，多保守而少进取，表现在学术上，则是学术走向更加精深，而不可能出现较巨大的转变，另辟他径。儒学在邹鲁地区的发展只能朝更加精深的方向发展，而很少有突破。子夏比孔子小44岁，他求学时，孔子的思想已经成熟，形成自己的思想体系。子夏作为孔子晚年的高足，因其资质与勤奋，所以对孔子的思想得到深刻的领会，他思想中儒家法思想正是在邹鲁随孔子学习时形成的。

其次，子夏思想中的法家法思想与三晋文化有密切关系。晋初封地在古唐国，即位于今山西南部的翼城、曲沃及新绛之间"方百里"之地。这里多为山谷高原，华夏族与戎狄族犬牙交错。所以，叔虞封唐后即执行了周公为之制定的"启以夏政，疆以戎索"的治国原则。这一治国原则，成了叔虞治国的根本法，且从根本上规定了晋文化的发展格局。这种发展格局造就了晋及三晋文化的特点，即不断进取和创新。晋国立国之法就表明此地应因地制宜，这就使晋国以后政策法令的制定有了很大的自由度，较少受周制的约束而带有开拓性质。因此晋文化中便有许多不合周制的内容。不合周制的最突出表现是以小宗代大宗的"曲沃代翼"和晋献公的"大灭公族"之事。而且这些事件的出现又恰恰更深层次地破坏了宗法制在晋文化中的影响。

晋国历来重视法度。我们可以把叔虞封唐时所奉行的"启以夏政，疆以戎索"看做是晋国的第一部法，也是晋国的根本法。此后晋国的法律不断制定、修改和更新[①]。三晋法律之多是同时代其他诸侯国所无法相比的。

由于上述原因，三晋被称为"法家的摇篮"。子夏处于由晋向三晋转变这一时期，且长期生活于此，受三晋文化影响之深是不言而喻的。加之当时社会环境的影响，儒学

---

① 李元庆：《三晋古文化源流》，山西古籍出版社，1997年，第191~195页。

在子夏身上便有了突破，产生法家法思想。子夏随孔子学习，也曾在莒地为官，但孔子死后，他便回到三晋而没有继续留在鲁国，这也可以看出他与邹鲁之儒是有不同的，更深层次则反映了两地文化的不同。所以深受三晋文化熏陶的子夏，跟从孔子学习后，在其思想中既有儒家法思想又有法家法思想便不足为奇了。

三、小　结

由上述可知，深受三晋文化影响的子夏在跟从孔子学习后，产生颇具特色的法思想。在其法思想体系中，"法"来源于"先王"，其所要达到的理想社会是平均天下的大同社会，而礼乐制度是治国的根本法，在人法关系方面，继承了孔子"为政在人"的思想，进而提出"选于众"的观点。他还在法的实践层面作了一些探讨，如法的功能，对待刑罚应持的态度等一系列问题。

从整体上看，子夏法思想属儒家法思想，因为儒家法思想既有理想法又有现实法，而法家法思想则只有现实法没有理想法。但是子夏法思想中确实包含不属于儒家法思想而属于法家法思想的思想，这正是子夏思想颇具特色之处，也是三晋文化不同于邹鲁文化在思想层面上的表现。正是基于这一点，有的学者才称子夏为"儒家向法家转化的过渡性人物"[①]。

子夏西河设教，儒学始在三晋大地上流传开来，且西河成为战国时的一个学术重镇。子夏可谓三晋儒学的创始人[②]。正是独特的文化产生了子夏颇具特色的思想，反过来，子夏的思想也深深影响了三晋文化以后的发展格局，其法思想也进一步被发展、被损益，成为三晋文化不可缺少的组成部分，这是值得我们重视的。

（原载《运城学院学报》2006年第1期）

[①] 孙开泰：《春秋战国思想史》，人民出版社，1994年，第134页。
[②] 高专诚：《卜子夏与三晋儒学》，山西人民出版社，2001年。

子夏在儒学发展史上的贡献

谢耀亭

子夏，姓卜，名商。晋地温邑人（今河南温县），三家分晋后属魏。长于文学，曾任莒父宰。孔子死后，他到西河（今山西河津一带）设教，死后葬于今河津东辛封村，至今此地还有子夏墓和子夏祠堂，且历代都有修葺。随着先秦儒家简帛的不断出土，以及我们对早期儒学发展的重新认识，可以看到子夏在儒学史上占有极其重要的地位。通过对子夏的研究，可使我们更加深入地认识早期儒学的发展状况。

一

子夏为创立和光大儒学做出了不朽的业绩。儒学的创立，不得不归功于孔子。然孔门弟子在儒学发展史上扮演了两个角色。这两个角色的划分可以孔子的去世为界。在孔子去世之前，可以把他们看成是同孔子一起创立儒学的开创者；孔子去世后，他们便成为儒学的传承者与发展者。我们以孔子去世为界是基于如下考虑：孔子生前，孔门弟子思想虽与孔子思想有一定的分歧，但不是很大，且孔子能及时加以指导，孔子在与其弟子相处过程中，他们相互受到启发；孔子去世后，孔门弟子便以孔子的学说游说诸侯和教授弟子，遂以儒学的传人面世。

子夏作为孔门"四科十哲"之一，对儒学的创立做出应有的贡献。《论语·八佾》载子夏问孔子："'巧笑倩兮，美目盼兮，素以为绚兮。'何谓也？"子曰："绘事后素。"曰："礼后乎？"子曰："起予者商也！始可与言《诗》已矣。"起，启发之意。子夏启发孔子的是什么？是"礼后"，那么比礼更为本质的是什么？那就是"仁"。孔子思想有两大支柱，一为礼，一为仁。二者关系如何？子夏一语道破。孔子说："人而不仁如礼何！人而不仁如乐何！"可以看出礼之本即是仁。孔子的"礼后于仁"的思想受到子夏的启发。[①]《史记·孔子世家》载："至于为《春秋》，笔则笔，削则削，子夏之徒不能赞一辞。"从此语中能否得出子夏对有的书是有机会"赞一辞"的？如果根本没有机会，何必要写"至于为《春秋》"呢？一部《论语》被后世儒生奉为圭臬。《论语》一书中子夏被提到十九次，且子夏的言论有的与孔子的言论具有相同

---

① 徐鸿修：《孔门高足学术大师——谈子夏的历史贡献》，《孔子研究》2001年第1期。

的权威性而被广泛传诵,如"学而优则仕""博学而笃志,切问而近思",可见后世儒生也承认子夏为儒学创立做出的贡献。

二

在孔门弟子中,子夏是为数不多的几个对《六经》皆有修养的弟子之一,对儒学的传播做出了巨大的贡献。

我们在文献中不难发现子夏对《六经》的掌握和运用。对于《诗》,《论语·八佾》中有子夏同孔子讨论诗的记载。子夏不仅能准确领悟到诗句的深意,且能举一知二。此外,《韩诗外传》《礼记·孔子闲居》都有子夏在学习诗的过程中遇到疑难向孔子请教的记载。子夏对于《书》的研习,则见于《韩诗外传》和《尚书大传》中。关于《礼》的讨论,见于《论语》《礼记·檀弓上》《孔子家语》中《论礼》和《子贡问》中。关于《乐》的运用,《史记·乐书》载魏文侯问乐于子夏。子夏不仅解释了古乐与今乐的不同,且对乐的功能进行进一步的解释。关于《易》的掌握,子夏写有《易传》,但后来亡佚,今存《子夏易传》乃后人伪造①。《孔子家语》中《六本》和《执辔》都记载了子夏和孔子谈《易》的情况。至于《春秋》,后人认为《公羊传》和《谷梁传》的传授都与子夏有关。

子夏对"六经"的掌握和运用,为其西河之学的形成创造了有利条件,也使子夏传播儒学有了可能。子夏对传播儒学有着非常关键的作用。梁启超先生说:"当孔子在世时,其学未见重于时君也。及魏文侯受经子夏,继以段干木、田子方,于是儒教始大于西河。文侯初置博士官,实为以国力推行孔学之始。儒教第一功臣,舍斯人无属矣。"②事实确如梁氏所说,孔子周游列国,推行其学说主张,未能受到时君的重视,儒学只是当时诸子学中的一种。由于时代环境所致,各国国君都不愿接受儒家的学说,更谈不上真正推行,我们从"累累若丧家之狗"的记载中,便不难想见。魏文侯"师卜子夏,友田子方,礼段干木",以国力推行儒学,确曾对儒学的发扬光大起了不可磨灭的功劳。子夏设教西河,广泛授徒,加之其弟子魏文侯以国力推行儒学,使儒学得到很大的发展。子夏开启了三晋儒学之先河,为三晋儒学的创始人。

子夏对儒学发展的贡献,不仅表现在开启三晋儒学的先河,创立了西河学派,以及其弟子魏文侯以国力推行儒学,更表现在他对儒家经典的传授上。

对于子夏传经,历来有不同的说法。传统的说法,以宋代洪迈为代表,认为六经皆传自子夏。他说:"孔子弟子,惟子夏于诸经独有书。虽传记杂言未可尽信,然要于他人不同矣。于《易》则有传,于《诗》则有序。而《毛诗》之学,一云,子夏授高成

---

① 刘玉建:《〈子夏易传〉真伪考证》,《山东大学学报》1995年第4期。
② 梁启超:《论中国学术思想变迁之大势》,上海古籍出版社,2001年,第54页。

子，四传而至小毛公；一云，子夏传曾申，五传而至大毛公。于《礼》则有《仪礼·丧服》一篇，马融、王肃诸儒多为之训说。于《春秋》，所云'不能赞一辞'，盖亦尝从事于斯矣。公羊高实受之于子夏；谷梁赤者，《风俗通》亦云子夏门人。于《论语》，则郑康成以为仲弓、子夏等所撰定也。后汉徐防上疏曰：'《诗》《书》《礼》，定自孔子，发明章句；始于子夏。'斯其证云。"①近人梁启超也在《论中国学术思想变迁之大势》中依据传世文献列出自子夏到汉代的"六经"传授系统。也有人否认子夏传经，以钱穆先生为代表。他说："孔门传经系统见于史者惟《易》，而《易》之与孔门，其关系已最疏，其伪最易辩。其他诸经传统之说，犹远出史迁后，略一推寻，伪迹昭然矣。"②对于子夏传经，洪氏所举诸经传授系统，出于两汉魏晋人之说，未必完全可信。梁氏所列表下自注曰："所表传授人，只据故书，其真伪非著者的责任。"③可见梁氏未做具体考证。我们如果明确说六经皆由子夏传授，且传承关系如汉儒传经般历历可考，则找不到确凿的证据，且不大可能。因为子夏的时代，尚不同汉儒那样重视派系及传人。汉儒的传经是历史原因造成的特有现象。但我们也不能全盘否定子夏对经学传播的功劳。

首先，子夏对六经的熟练掌握，为其传经提供了可能性。

在汉代人认同的儒家经典传承体系中，列于首传者的大多是子夏的弟子，且都有史可考。

另外，从现存文献记载中，也可以发现子夏传经的痕迹。《后汉书·邓张徐张胡传》记载徐防言："臣闻《诗》《书》《礼》定自孔子；发明章句，始于子夏。"这就是说用章句的形式注释《诗》《书》《礼》等经典最早是从子夏开始的。

综上所述，由于子夏对"六经"的熟谙和运用，加之魏文侯的礼贤政策，使儒学在西河之地大放异彩。这对当时处于百家争鸣中的儒家来说，是一个极有力的推动，为儒学的进一步发展创造了良好的条件。

三

儒学是一个开放的体系，这在孔子创立儒学之时便可看出，孔子正是在吸取前人思想的基础上、加之自己的创造，才使儒学得以产生。这样一个开放的体系，在其发展过程中也会以开放的胸怀来迎接不断到来的挑战。一个开放的体系不可能要求学派成员的思想保持高度一致，而恰恰需要来自不同声音的探讨和辩论，在不同的思想中寻求共同的进步。孔门弟子之间的思想也有很大的差别，其中子夏的思想便颇具特色。

---

① 洪迈：《容斋续笔》，上海古籍出版社，1978年，第390页。
② 钱穆：《先秦诸子系年》，商务印书馆，2001年，第101页。
③ 梁启超：《论中国学术思想变迁之大势》，上海古籍出版社，2001年，第62页。

第一，注重务外。《论语·学而》载："子夏曰：'贤贤易色，事父母能竭其力；事君，能致其身；与朋友交，言而有信。虽曰未学，吾必谓之学矣。'"事父母、事君、交友，这些都是具体的实践，子夏认为这也是学习。《论语·子张》载："子夏曰：'虽小道，必有可观者也。'"所谓"小道"即农、工、商、医等小的技艺。可观之处，便是值得学习借鉴的地方。从外在世界学习，即使在一些小的技艺中也可学到知识，体现了子夏重视从外在世界探求学习的"务外"思想。

第二，学以致用。《论语·子张》载："子夏曰：'百工居肆，以成其事，君子学以致其道。'"获得知识的目的是要运用，用知识来指导实践。"学而优则仕"也反映了其"学以致用"的思想。通过"仕"找到一个发挥"所学"的平台，用学到的知识去指导实践，而不是把"学"当做"仕"的敲门砖。子夏的学以致用思想也影响到荀子。荀子言："学至于行之而止矣。"也表现出"学以致用"的思想。

第三，儒法兼容。子夏为孔门高足，有儒家思想自不必说。但在子夏的思想中也兼容了法家的思想。

首先，重视功利。《论语·雍也》载："子谓子夏曰：'女为君子儒，无为小人儒。'"何谓小人儒？朱熹在《四书章句集注》中引谢氏言："君子小人之分，义与利之间而已。"①小人儒便是注重功利的人。《论语·子路》载："子夏为莒父宰，问政。子曰：'无欲速，无见小利。'"可见在当时孔子就注意到子夏的重功利的倾向。而重视功利一向被法家所重视和执行。

其次，对"势"的重视。《韩非子·外储说右上》记载有子夏言："善持势者，早绝奸之萌。"善于持势者，就能做到防患未然。可见韩非也承认子夏思想中有"势"的思想。韩非最后总结法家学说为法、术、势三部分。关于势的学说，主要来源于慎到的"势"的思想。而慎到是赵国人，时间距子夏较近，更容易受到子夏思想的影响。

再次，对"信"的重视。《论语·学而》中子夏言："与朋友交，言而有信。"《论语·子张》中也记载"君子信而后劳其民"。不论是为民者，还是为君者，都应有信。尤其是为君者，更应先示信与民，然后才能使民。这种示民以信的思想，后来为法家及兵家常常使用。

子夏颇具特色的思想，使其开创的"西河之学"也呈现别样的风采，培养出一大批经国济世之才，但他的主要弟子却无一人成为儒学正统传人，而是道、墨、法俱存于西河学派之中。此种现象之形成，无不和子夏独特的思想有密切关系。子夏思想中的法思想，也使其成为三晋文化中儒家向法家过渡性的人物②。

---

① 朱熹：《四书章句集注》，中华书局，1983年，第88页。
② 谢耀亭：《子夏法思想论析》，《运城学院学报》2006年第1期。

四

依据修养方法和途径之不同,从宏观上我们认为,先秦时期儒学的发展主要有两种倾向,可把先秦儒学划分为两大派:一派是由内向外、注重向内探求的"主内"派;一派是由外向内、注重外部制约的"务外"派[①]。由前述子夏独具特色的思想中可以看到,子夏开启了早期儒学"务外"之先河。子夏"务外"倾向的形成与三晋文化有着密切的关系。三晋文化表现出进取和创新。晋国始封时,"启以夏政,疆以戎索"。由于与戎狄相杂,所以因地制宜,有很大的自由度,较少受周制的约束。晋国经历大灭公族后,公室衰微,受宗法制的影响较少,使改革少了许多阻力。晋国从建国初便不断制定法律,且不断加以修改更新,这就使三晋文化表现出一种进取和创新的态势。生于三晋且长期留驻于此的子夏就处于这种文化熏陶之中。子夏虽在邹鲁地区随孔子学习,但在子夏身上表现出了和曾子不一样的气象,形成"务外"的倾向,明显与三晋文化有关。

清代汪中在《荀卿子通论》一文中认为:"知荀卿之学,实出于子夏、仲弓也。"[②]荀子的思想来源极其广泛,其具体的师承关系已不可考,荀子批评子夏氏之儒为"贱儒",这应是指子夏后学而言,并非针对子夏本人,相反荀子受子夏"西河之学"的影响是有迹可寻的。子夏创西河之学,其成员众多,声势甚大,儒学始在三晋大地上流行开来。我们从曾子指责子夏的三条罪状之一,即西河之民疑子夏为孔子,就可看出当年西河之学的规模和气势。《晋书·束皙传》记载,晋太康二年,汲冢人不准盗发魏襄王墓,或言安釐王冢,得竹书数十车。有《纪年》《易经》《国语》《名》《师春》《穆天子传》《图说》等,其中许多都是与儒家有关的典籍。这说明魏国此时书籍颇丰,类目甚众。这与子夏的西河之学在魏国盛行有很大的关系。荀子是赵国郇邑人。刘蔚华先生认为,"荀姓族人可能散居在古临汾至新绛、临猗、解县一带。荀况的原籍大约就在这一带"[③]。这与子夏晚年设教的西河相距不远,且荀子活动的年代距子夏活动年代为时不远。荀子在去齐之前就生活在西河之学的影响圈内,不可能不受其影响——这并不否认荀子受其他学说影响。高专诚先生也认为:"像李悝这样的人物,很可能担当起子夏与荀子思想之间的传递者的角色。"[④]这是有一定道理的。李悝为三晋法家的始祖,其变法在三晋大地上影响甚大,荀子难免受其影响。

子夏对儒家的创立、早期儒学的传播,以及儒学经典的传授发挥了不可磨灭的作用。特殊的文化环境造就了子夏独具特色的思想,使他成为早期儒学"务外"派的重要

---

① 谢耀亭:《从修养方法看先秦时期儒学的发展与走向》,陕西师范大学,2007年,第8~9页。
② 王先谦:《荀子集释》,《诸子集成》(二),上海书店,1986年,第15页。
③ 刘蔚华:《荀况生平新考》,《孔子研究》1984年第4期。
④ 高专诚:《卜子夏与三晋儒学》,山西人民出版社,2001年,第23页。

代表之一。子夏的思想融入三晋文化之中,对后来处于三晋文化圈中的荀子也产生深远的影响。由此可见,子夏在儒学发展史上做出了重要的贡献。

(原载《运城学院学报》2008年第3期)

子夏故里温邑考
——兼与"卫国说"者商榷

谢耀亭

子夏（公元前507~公元前420年），姓卜名商，是孔子晚年的得意弟子之一，名列"四科十哲"之中，长于文学，晚年设帐授徒，开创了著名的"西河学派"，形成战国首个学术重镇。子夏在儒学发展史上做出了巨大的贡献，尤其当新出土简帛使我们对早期儒学有了更加清楚的认识时，其贡献更显突出。在儒学史上占有重要地位的子夏，关于其故里温邑的归属却一直以来众说纷纭，以至多种观点并存，这主要是由于"温"在春秋战国时期归属不定，加之史料缺少所致。关于子夏的出生地，前人主要有三种观点：第一，温（国）人，发端者为东汉郑玄，直至现代学者钱穆仍坚持此说[①]；第二，卫国人，最早提出者为西汉董仲舒，后世倡此说者为《孔子家语》[②]；第三，魏国人，此说最早见于孔颖达的论述中，直到晚清学者陈玉澍作《卜子年谱》时仍持此说[③]。"温"在今河南温县稍南，已为学界公认。郑玄从具体地域角度提出的"温国说"，也得到后人的一致认同。本文在同意子夏出生于温邑的基础上，利用传世文献及相关的考古资料，对其国别进行梳理考证。

一

在甲骨文中，温之本字作"昷"，有 ❀、❀、❀、❀ 诸形[④]，像人在器皿中洗浴。甲骨卜辞有记载。

……未卜宁贞……令寝往……温。（《合集》13575）

癸丑卜，争贞：旬亡囚，王固曰："有祟，有梦！"

---

① 钱穆：《先秦诸子系年》，商务印书馆，2001年，第72页。
② 董仲舒：《春秋繁露》，中华书局，1992年；廖名春、邹新民校点：《孔子家语》，辽宁教育出版社，1997年。
③ 孔颖达：《礼记·檀弓疏》，上海古籍出版社，1997年；陈玉澍：《卜子年谱·自叙》，《丛书集成续编》（第259册），新文丰出版公司，1988年。
④ 于省吾主编：《甲骨文字诂林》，中华书局，1999年，第2640~2643页。

甲寅，允有来嬉。左告曰：有往自温十人又二？"（《合集》137）

由此可知，"温"用作地名在殷商时就有，盖由温地的气候状况与"温"之引申义"温暖、湿润"相符而得名，惜其地望难以考定。

《汉书·地理志》记载："温，故国，已姓，苏忿生所封也？"由此可知，温邑初为苏忿生的采邑。《尚书·立政》载："周公若曰：太史，司寇苏公，式敬尔由狱，以长我王国。"《左传·成公十一年》载："苏忿生以温为司寇。"可知苏忿生为周武王时司寇。晁福林先生指出："大致而言，武王时期的'分封'，只是夏商时代以来传统的分封现象的继续；周公东征以后大规模的封邦建国才是周代分封制的真正开始。"①综上可知，温是王畿内司寇苏忿生的采邑，也就是武王分给他的食禄田。苏忿生是一个畿内的采邑主，而不是封邦建国的诸侯。

二

西周时期，互为支撑的"分封制"与"宗法制"维系着周人社会的和平与宁静，周天子权力相对集中，政治相对稳定。土地在各诸侯国之间的变动还不甚剧烈，所以在此时的文献中没有见到有关温邑归属变动的记载。进入春秋，大国之间的争霸所带来的灾难也会波及一些小的诸侯国和采邑。公元前771年，周幽王被杀，郑桓公也一起殉难，其子郑武公护送周平王东迁洛阳。郑武公、庄公都做过周平王的卿士，在王朝内有相当大的权力。周平王为了削弱郑在朝的权势，所以不专任郑伯，有时也把大政委以虢公，导致郑庄公对平王不满，周郑之间有了矛盾②，但"周郑交质"使其矛盾暂时未有激化。周平王去世后，桓王即位，打算给虢公权力，周郑矛盾激化。公元前720年，郑庄公就派祭足带领军队割取了温的小麦。《左传·隐公三年》记载："四月，郑祭足帅师取温之麦。秋，又取成周之禾。周、郑交恶。"由此可知此时温处于周王畿之内，且依附于周。所以郑国对周天子的报复也就殃及温。郑国在春秋初年有"小霸"之称，由于周、郑相邻，故其所属土地有时也会出现调整。公元前712年，周桓王把原属苏忿生之田：温、原、缔等12邑给了郑国。《左传·隐公十一年》载："王取邬、刘、芳、邘之田于郑，而与郑人苏忿生之田——温、原、缔、樊、隰郕、欑茅、向、盟、州、陉、隤、怀。"这是"温"在归属上不断变化的开始。关于温地的历史变迁，高专诚先生在对温邑的历史变迁考辨后认为："从温邑的历史变迁来看，温邑严格来讲尚属于晋国；而子夏成年之后，韩、赵、魏'三家'正式瓜分晋国，温邑就归属魏国了。"③笔者赞

---

① 晁福林：《试论西周分封制的若干问题》，《西周史论文集》，陕西人民教育出版社，1992年。
② 司马迁：《史记·郑世家》，中华书局，1959年。
③ 高专诚：《子夏故里温邑的历史变迁》，《沧桑》2003年第2期。

同高文的结论，但仍有很大的补充余地，尤其是在子夏出生前后，对温邑的归属未曾详考，因此这一观点遭到有的学者反对[①]。

公元前712年，周桓王给郑国的土地，为王田之在温者，并非以全邑与郑。因为在公元前675年温仍为苏氏邑。

周庄王的爱妾姚生子颓，有宠于周庄王，周庄王使大夫䓝国为子颓的老师，周惠王即位后夺取了䓝国的园圃为王的宫苑，又将大夫边伯的宫室改为王宫，还将大夫子禽、祝跪与詹父的田地据为己有，并收了膳夫石速的秩禄[②]。公元前675年，苏氏对周桓王夺去其十二邑给了郑国一直耿耿于怀，于是利用这次机会策动被夺利的大夫共同叛乱，拥戴子颓攻击惠王。结果失败，逃到苏氏之邑。苏子又拥着子颓逃到卫。《左传·庄公十九年》载："秋，五大夫奉子颓以伐王，不克，出奔温。苏子奉子颓以奔卫。"[③]此时温仍为苏氏邑，当然是温之一部分，因其一部分于公元前712年由周桓王割给了郑国。僖公十年《经》云："狄灭温，温子奔卫。"《传》作"苏子奔卫"。以邑言之则曰温子，以氏言之则曰苏子，其所指相同。这样的称谓在先秦是很寻常的。公元前650年，温被狄人所灭。

三

温被狄人灭后，温名义上应归周王朝所有，但实际上曾为大叔所占据。《左传·僖公二十四年》载："秋，颓叔、桃子奉大叔以狄师伐周，大败周师，获周公忌父、原伯、毛伯、富辰。王出适郑，处于氾。大叔以隗氏居于温。"这也说明此时周王室对温地的实际控制力较弱。公元前635年，晋文公用狐偃"勤王"策，平定了周王朝的内乱。周王把温、原等田赏赐给晋国。《左传·僖公二十五年》载："夏四月丁巳，王入于王城。取大叔于温，杀之于隰城。戊午，晋侯朝王。王飨醴，命之宥。请隧，弗许，曰：'王章也。未有代德，而有二王，亦叔父之所恶也。'与之阳樊、温、原、攒茅之田。"晋国在实际接管温、原等田时，仍遇到一些麻烦。《左传·僖公二十五年》

---

① 步如飞、郑晓华：《子夏里籍考》，《管子学刊》2006年第4期。
② 司马迁：《史记·周本纪》，中华书局，1959年。
③ 《史记》中之《周本纪》《年表》《卫世家》《燕世家》均记载"惠王奔温"。杨伯峻《春秋左传》注认为"以《左传》文义言之，奔温者似是五大夫"，杨说可从。《左传·庄公十九年》载："五大夫奉子颓以伐王，不克，出奔温。苏子奉子颓以奔卫。卫师、燕师伐周。冬，立子颓。"而《史记·郑世家》载："五年，燕、卫与周惠王弟颓伐王，王出奔温，立弟颓为王。六年，惠王告急郑，厉公发兵击周王子颓，弗胜，于是与周惠王归，王居于栎。"相较而言，《左传》所言更胜。《史记》所载，恐为史公之偶疏。子颓之乱经过似为：五大夫奉子颓伐王，不胜，王颓奔温，再以温奔卫，卫师、燕师继而伐周，惠王奔栎，子颓立。因温为苏氏邑，五大夫作乱苏氏是策划者之一，与惠王有隙，惠王不应该奔温。

载:"冬,晋侯围原,命三日之粮。原不降,命去之。谍出,曰:'原将降矣。'军吏曰:'请待之。'公曰:'信,国之宝也,民之所庇也。得原失信,何以庇之?所亡滋多。'退一舍而原降。迁原伯贯于冀。赵衰为原大夫,狐溱为温大夫。"至此温地长期属于晋国。以下材料可证明温长期归属于晋国,且扮演着重要的角色。

《左传·僖公二十八年》(公元前632年):"冬,会于温,讨不服也。"

《左传·文公元年》(公元前626年):"晋文公之季年,诸侯朝晋,卫成公不朝,使孔达侵郑,伐绵、訾、及匡。晋襄公既祥,使告于诸侯而伐卫,及南阳。先且居曰:'效尤,祸也。请君朝王,臣从师。'晋侯朝王于温。先且居、胥臣伐卫。"此时温地盖属晋。朝王盖与王会盟。僖公二十八年,晋就曾召周王会于温,而书曰"天王狩于河阳"。温地如不属于晋,因其特殊的地理位置,则定为是非之地,周王不应该居于温。如温属周,晋襄公到周朝见周王,也应记作朝王于周。因为在晋侯朝王于温的同年,《左传》载:"王使毛伯卫来赐公命。叔孙得臣如周拜。"

《左传·襄公十六年》(公元前557年):"晋侯与诸侯宴于温。"

《左传·昭公二十二年》(公元前520年):"冬十月丁巳,晋籍谈、荀跞帅九州岛之戎及焦、瑕、温、原之师,以纳王于王城。"

《左传·哀公二年》(公元前493年):"郑人击简子中肩,毙于车中,获其蜂旗。大子救之以戈。郑师北,获温大夫赵罗。大子复伐之,郑师大败,获齐粟千车。"

由上可知,温在长时间内属于晋。且晋国在温地举行了许多重要的活动,如同各诸侯国的会盟等。①温地属晋,不仅见之于以上政治事件之中,更重要的是在文献中能找到温在晋国的实际拥有者。

《左传·僖公二十五年》(公元前635年):"赵衰为原大夫,狐溱为温大夫。"

《左传·文公六年》(公元前621年):"六年春,晋搜于夷,舍二军。使狐射姑将中军,赵盾佐之,阳处父至自温。"

《左传·成公十一年》(公元前580年):"晋郤至与周争鄇田,王命刘康公、单襄公讼诸晋。郤至曰:'温,吾故也,故不敢失。'刘子、单子曰:'昔周克商,使诸侯抚封。苏忿生以温为司寇,与檀伯达封于河。苏氏即狄,又不能于狄而奔卫。襄王劳文公而赐之温,狐氏、阳氏先处之,而后及子。若治其故,则王官之邑也,子安得之?'晋侯使郤至勿敢争。"温为郤至采邑,由《左传·十六年》《左传·十七年》传文又称郤至为温季可证。

《左传·昭公元年》(公元前541年):"十二月,晋既烝,赵孟适南阳,将会孟

---

① 此在考古中也得到证实。1965年12月在山西侯马晋国遗址出土了一批盟书,数量多达五千余件,被定名为"侯马盟书"。1980年3月,在河南温县也出土了一批盟书,称为"温县盟书",惜其材料尚未公布。侯马盟书与温县盟书,性质完全相同,都是在晋国主持的会盟中对盟誓内容的记录。

子余。甲辰朔,烝于温;庚戌,卒。郑伯如晋吊,及雍乃复。"杨伯峻注:"赵氏世称赵孟,故谓其祖为孟某某。子余乃赵衰之字。杜注:孟子余,赵衰,赵武之曾祖。其庙在南阳温县。"①

《左传·昭公三年》(公元前539年):"(赵)文子曰:'温,吾县也。'"

由上引材料可知,温邑曾先后归属于狐溱、阳处父、郤至、赵氏等。虽由于资料的短缺,温被狄人灭后在归属上有可能较上述更为复杂,但整体来说,温邑长期归晋,大致不误。

四

温邑在被狄灭后,长期归晋。但关于子夏出生时温邑的归属乃是确定子夏国别的主要依据。子夏生于周敬王十三年,即公元前507年,是年为卫灵公二十八年。《史记·卫世家》载:"灵公五年朝晋昭公。"则此时晋、卫实力似可想象。其后,卫国又发生"蒯聩之乱",卫国更是集内忧外患于一身,国力日见其损,以至到敬、昭时,"是时三晋强,卫如小侯,属之"。结合上文对温地归晋的考证,则可判断卫国在此时占据温似不大可能。且在子夏出生前后,文献中明确记载着温归晋。《左传·昭公二十四年》(公元前518年)载:"冬十月癸酉,王子朝用成周之宝圭沈于河。甲戌,津人得诸河上。阴不佞以温人南侵,拘得玉者,取其玉。"杨伯峻引杜注:"不佞,敬王大夫。晋以温兵助敬王,南侵子朝。"《左传·定公八年》(公元前502年)载:"晋师将盟卫侯于鄟泽,赵简子曰:'群臣谁敢盟卫君者?'涉佗、成何曰:'我能盟之。'卫人请执牛耳。成何曰:'卫,吾温、原也,焉得视诸侯?'"此时温仍属晋,且成何之语气,似温、原属晋时间长矣,而此年距子夏出生只过了五年。由此可知,在子夏出生前后,温仍属晋。三家分晋后,三家间曾进行土地的调整。赵的主要势力在北方,魏的主要势力在南方。原属赵的温,便划归魏国了。《史记·魏世家》载:"(昭王)十年,齐灭宋,宋王死我温。"可知,在三家分晋后,子夏的国别应属魏国。

由以上考证,子夏出生时温邑归晋,三家分晋后属魏,大致不误。关于子夏的国别,历史上有主张卫国说者,主要是因温在历史上特殊的地理位置,常归属不定所致。卫国说在目前仍有遵从者,似有必要对卫国说者所持论点重新考察。步如飞、郑晓华在对众说进行考证后,认为子夏是卫国人。因其晚出,能充分吸收前人研究成果,故以此文为卫国说代表(以下简称步、郑文)。步、郑文支持卫国说的主要理由有三点:一为时代最早,二为可信度高,三是基于历史沿革考察。关于历史沿革,上文已详细考证,温在被狄人灭后,长期归属于晋,特别是在子夏出生前11年及出生后5年,文献明确记载温地归晋国所有,是以从历史沿革来考察,子夏应归魏国。

---

① 杨伯峻:《春秋左传注》,中华书局,1990年,第1225页。

关于时代问题，步、郑文认为："董仲舒的《春秋繁露·俞序》是最早涉及子夏国别的文献，也最为可信。"《春秋繁露·俞序》说："故卫子夏言，有国家者不可不学《春秋》，不学《春秋》，则无以见左右旁侧之危，则不知国之大柄，君之重任也。"对董仲舒之说，司马迁或闻之，或否。司马迁如果未闻董仲舒之说，则最早考虑子夏故里的当为司马迁，因为在《史记·仲尼弟子列传》中孔子大多数弟子都有籍贯，而子夏作为孔门重要弟子之一，其籍贯却不见记载。可能子夏的籍贯司马迁也曾记载，后世因文献流传之故而亡佚。除此之外，唯一的理由是，当时司马迁对子夏的籍贯就不太确定。当然司马迁也有可能见到董仲舒的《春秋繁露》，且这种可能性相对较大。董仲舒生活于公元前179年至公元前104年，司马迁生活在公元前135至公元前87年，二人前后相距不到50年，且司马迁曾向董仲舒学《公羊春秋》，其在《史记·太史公自序》中说："余闻董生曰：……故有国者不可以不知《春秋》，前有谗而弗见，后有贼而不知。"既然司马迁听到董仲舒的说法，为何在《史记》中不载？盖与司马迁"信以传信，疑以传疑"的著史态度有关。不论上述何种情况，都可以肯定的是，关于子夏的籍贯，在司马迁时代卫国说就不是定论。所以，不能因为《春秋繁露》最早明确提及子夏是卫国人，就认为此为不刊之论。

步、郑文认为卫国说可信度较高的理由仍与卫国说出现较早相关联。魏国说最早由孔颖达在《五经正义》中提及，步、郑文认为孔颖达提出魏人说之后，在唐代社会没有产生"一石激起千重浪"的效果，因此认为魏人说至少在唐代没有得到公认，魏人说"事出穿凿，不足服人"。东汉末年之后，战乱四起，儒家经典散佚严重，经学研究一片混乱，正是在这样的背景下，唐太宗以国家的名义和资源，集当时众多经学大师，如孔颖达、颜师古、马嘉运、司马才章、王恭、王琰、贾公彦、杨士勋、长孙无忌等人来修撰《五经正义》，有学者指出："《五经正义》的修撰，前后时间跨度约17年，3次有结果的修撰其用时约5年，没能完成的详定、讨论持续约3年。参撰人员有名氏记载者共41人，而实际参与人员当远不止此数。"①可见《五经正义》的修撰是严肃认真的，所选的注、疏都是编撰者认为最佳的，因而其有很高的权威性。在众多问题里面，对子夏故里温邑的归属这样一个小问题似没有穿凿附会的必要，关键是我们找不出编修者穿凿的动机和理由。我们认为孔颖达的魏人说必有所本，之所以在"卫人说"与"魏人说"之间选择了后者，是其经过考定而选其较佳者的结果，这也符合《五经正义》的编修目的。

步、郑文引宋人高适孙在《史略》中说："江南《史记》为唐旧本，有字多者，有字少者，与今本同异，凡四千三百五十条。孔颖达所见《史记》有'魏人也'三

---

① 白长虹：《〈五经正义〉及其研究综述》，《鞍山师范学院学报》2007年第1期。

字，盖唐本也。今本无此二字，盖宋本也。"[1]怀疑高适孙的说法是假的。我们在《史略》中只见记载"江南《史记》为唐旧本，有字多者，有字少者，与今本同异，凡四千三百五十条"[2]。而"孔颖达所见《史记》有'魏人也'三字，盖唐本也。今本无此二字，盖宋本也"，非高适之说，此当为步、郑文引述偶误，此是陈玉澍在《卜子年谱》中依高适孙《史略》所记载唐旧本与当时通行的《史记》出入较多而认为"魏人也"三字是唐旧本所有[3]。由于文献载体之故，加之流传时间之久，文本的出入时有发生。东汉之后的战乱，典籍的散佚，值唐初集国家书籍与人才优势，统一经学，复位五经之际，一些文献得以原貌重新展现也未尝没有可能。是以"卫国说"所持可信度高的理由也不充分。

通过以上对温邑归属的考证，可以看到温在被狄人灭后，长期归属于晋，且温在晋国的实际拥有者有史可征。通过对"卫国说"所持理由的分析可以看到，虽然时代越早的材料可信度越高，是考证中普遍遵循的一条原则，但在确认子夏故里温邑的归属这个具体问题上，我们应慎用这条原则，因为我们能在文献中找到有力的材料来证明温邑在子夏出生前后的归属，在子夏出生前11年及出生后5年，文献明确记载温地归晋国所有，此应成为考证子夏故里温邑归属的有力证据。虽然在实际历史中，温地的归属远比上文所述要复杂得多，但把子夏出生时的温邑划归晋国，"三家分晋"后归属于魏国，就目前的史料而论，是比较合理的。

（原载《社会科学评论》2009年第2期）

---

[1] 转引自步如飞、郑晓华：《子夏里籍考》，《管子学刊》2006年第4期。
[2] 高适孙著、张艳云、杨朝霞校点：《史略》，辽宁教育出版社，1998年，第13页。
[3] 陈玉澍：《卜子年谱》，《丛书集成续编》（第259册），新文丰出版公司，1988年，第468页。

子夏之学与三晋学术

杨秋梅

子夏，姓卜名商，字子夏，春秋时期的晋国温邑人。子夏是孔子的高足，于孔子去世后来到晋属西河（今山西河津一带）设教，专心教学55年。在长期的教学实践中，他继承和发展了孔子的学术与教育事业，不仅开启了三晋儒学的先河，使三晋大地孕育出荀子这样的硕儒，而且不怀学派偏见，儒法兼容，对三晋法家思想的生成与发展产生重要的影响和作用。

子夏对儒学发展的贡献，突出地表现为对诸经的传授。宋人洪迈在《容斋续笔·子夏经学》中云："孔子弟子惟子夏于诸经独有书，……于《易》则有传，于《诗》则有序。……于《礼》则有《仪礼·丧服》一篇。……于《春秋》，所云'不能赞一辞'，盖亦尝从事于斯矣。……于《论语》，则郑康成以为仲弓、子夏等所撰定也。"洪氏所言，未必完全可信，但按诸有关材料，子夏与诸经之间的关系还是有踪迹可寻的。

子夏《易传》，后世目录书中多有著录，《四库全书》经部易类以子夏《易传》冠首。《诗序》，是子夏对《诗经》的主旨所做的总论，郑玄作注，《汉书·艺文志》《隋书·经籍志》都有"子夏序《诗》"的记载。于礼学子夏则长于丧服研究，撰有《丧服传》，是对《仪礼·丧服》所做的阐释和解说。于《春秋》，孔子曰"《春秋》属商"①，还称赞子夏"起予者商也"，这说明孔子作《春秋》时子夏的确参与其中并经常与孔子切磋学问、交流思想，受到孔子称赞的弟子很多，但能启发他的却只限于子夏一人。发挥《春秋》微言大义的《公羊传》《谷梁传》也都出于子夏的传授。

子夏是孔学的重要传人和继承者，但他在接受、继承和传播儒家学说的过程中，能够适应社会发展的需要，打破学派门户之见，实行学术自由，儒法兼容。在他的学说中确实包含一些法家思想的萌芽和特征。首先，崇尚功利。子夏为莒父宰时，曾采取了一些促进生产发展、改善民众生活的措施，为此孔子曾批评他"无欲速，无见小利"，并告诫他"女为君子儒，无为小人儒"。其次，对"势"的重视。"善持势者，早绝奸之萌"②。再次，重"信"尚贤。"与朋友交，言而有信""君子信而后

---

① 《公羊传·哀公十四年》徐彦疏引《孝经说》。
② 《韩非子·外储说右上》。

劳其民""选于众"。

知识渊博的子夏，于西河设教，"教弟子三百人，为魏文侯师"，声势和影响甚大，不仅为中国历史文化的传播与发展做出过积极的贡献，而且对三晋之地的文化与学术也产生了直接而积极的影响。

西河地处战国时代的魏国，子夏又是魏文侯的老师，作为帝王之师，其声望和影响非一般学者可以比肩，他对魏国的影响显而易见。《晋书·束皙传》记载，晋太康二年，汲郡人不准盗墓，发现竹书数十车，有《纪年》《国语》《易经》《穆天子传》等，典籍丰富，类目众多，如此繁荣发达的魏国文化，当与子夏的西河之学有一定的关系。再从曾子指责子夏的三条罪状之一，即西河之民疑子夏为孔子，也可看出当年西河之学的规模和气势。

魏文侯魏斯，在青少年时就拜子夏为师，对他推崇备至。魏文侯遵循子夏"选于众"的思想，实施唯才是举的用人路线，拜"贤人"田子方、段干木为师，同时重用法家人物李悝、吴起进行变法，取得法制、经济和军事方面的重大成就。由于魏文侯实施儒法兼用的策略，经半个世纪的治理，使魏国成为战国初期最强盛的国家。《史记·魏世家》赞扬魏文侯："贤人是礼，国人称仁，上下和合。"

荀子是战国时期赵国的卓越思想家，他在批判继承前人思想的基础上，博采众家学说，创立了独具特色的思想体系。荀子思想的渊源是否和子夏之学有关呢？荀子思想的来源极其广泛，其具体的师承关系很难进行考证，但受子夏"西河之学"的影响还是有迹可寻的。"在孔子之后的传经之学中，子夏一系的学说对荀子之学有一定的影响""荀子《易》乃继承了前人，而对其影响较大的或即子夏《易》学"①。

荀子是赵国郇邑人。刘蔚华先生认为，"荀姓族人可能散居在古临汾至新绛、临猗、解县一带。荀况的原籍大约就在这一带"②。近年来还有指出荀子故里的具体位置就在临汾的安泽，这些地方都与子夏设教的西河相距不远，且荀子活动的年代仅距子夏百余年，荀子在去齐之前可能就生活在西河之学的影响圈内。荀况是儒家，但不是纯儒，他"儒法兼容"，提出"隆礼""重法""礼者，法之大分，类之纲纪"等思想，开创了礼法一体论的先河。荀子"隆礼重法"思想的渊源是否可以追溯到子夏之学呢，是否可以说子夏之学是源，荀学是流，董仲舒的儒术是他们的实际继承者？不可否认文化之间尤其是同一地域文化之间的影响与传承关系的客观存在，高专诚先生在《卜子夏与三晋儒学》中曾说："像李悝这样的人物，很可能担当起子夏与荀子思想之间的传递者的角色。"尽管这种关系还有待于进一步的考证。

战国法家源于三晋，而三晋法家的始祖则是子夏的学生李悝。李悝奉行子夏"君子

---

① 杨朝明：《子夏及其传经之学考论》，《孔子研究》2002年第5期。
② 刘蔚华：《荀况生平新考》，《孔子研究》1984年第4期。

学以致其道""学而优则仕"的为学目的,曾相魏文侯、魏武侯两代,面对战国日益严峻的政治形势,他逐渐淡化甚至放弃了子夏儒学中道德教化的一面,把越来越多的注意力放在发展经济、加强君主权力方面。为此,李悝首开战国变法之先河,在魏国成功地进行了变法。李悝的"废除官爵世袭制""尽地力之教"和"善平籴"等改革措施虽然是他本人的首创,但其师子夏重视功利、"选于众"思想的影响显而易见。韩非是法家思想的集大成者,他总结了前期法家的理论,主张实行法、术、势兼用。韩非关于势的学说,主要来源于慎到的思想。慎到是赵国人,时间距子夏较近,重势思想的形成可能与子夏"善持势"思想的影响和启发有一定的联系。韩非又是荀子的学生,在他的著述中,经常直接引用子夏的观点。这就说明,子夏之学不仅影响了法家的始祖李悝,也影响了法家思想的集大成者韩非。

(原载《光明日报》2009年12月16日)

荀子与晋学

张焕君

  荀子通常被认为是战国后期学术思想的集大成者。清代学者汪中在《荀卿子通论》中认为："荀卿之学出于孔氏，而尤有功于诸经。"并指出《毛诗》《鲁诗》《韩诗》《左传》《谷梁传》《礼学》《易经》的传授，荀子都起到至关重要的作用。这一观点在《四库全书总目提要》中也有体现。荀子不仅是儒学之功臣，当代哲学家劳思光更进而认为荀子"杂取道家、墨家之言，以别立系统"，其思想路径与孟子迥异，并为韩非继承、改造，重视君权，偏重制度，对秦汉之后的中国产生巨大影响[1]。关于荀子思想的评价，较有代表性的是唐代韩愈在《读荀》中提到的"大醇而小疵"，虽然这是相对于韩愈眼中"醇乎醇者"的孟子而言，但却得到清代学者的广泛认可。清末谭嗣同则从暴政与民主立论，将其与"大盗"式的秦政并举，认为"二千年来之学，荀学也，皆乡愿也"[2]，假托孔学之名，助长暴政之实，批判最为激烈，但因其言辞决绝，便常被人引用，以证明荀学在后世的深远影响。

  荀子学识广博，对当时各家学说皆有评价。在《天论》《解蔽》《非十二子》等篇中，对慎到、老子、墨子、宋钘、庄子、惠施、邓析、申不害及子思、孟子等人的思想加以论述，指出各家的优劣之处。正是在广泛吸收众家之长的基础上，荀子发展出一套独有的思想体系。自清代中期以来，荀子受到持续的关注，相关研究不断深入。稍加综合可以看出，荀子思想的核心在于要在现实世界中建立一套行之有效的礼义系统。为此，他分别从人性、心性、天人关系、君道、礼法关系等方面加以论述，宗旨都在于将主体精神落实于客观秩序之上。

  荀子主张性恶，提出"化性起伪"，以此而与孟子之性善说相颉颃。因为人类生性好利，有各种缺陷，喜好声色犬马，倘若不加节制，一味顺从，必然争夺四起，犯上作乱。拯救之道，唯有礼义之途。以礼义而行教化，就是"伪"。《性恶》篇又云："凡礼义者，是生于圣人之伪，非故生于人之性也。"因为人性本恶是个普遍的命题，顺此发展就会得出人类社会绝无改进之可能的结论，人类也永远无法克服其先天就有的动物

---

[1] 劳思光：《新编中国哲学史》第一卷，广西师范大学出版社，2005年。
[2] 谭嗣同：《仁学》，中州古籍出版社，1998年。

性。在荀子看来，唯一的希望就是那些能够制礼作乐的圣人，"圣人积思虑，习伪故，以生礼义而起法度"。但是圣人不外乎人，与普通人的人性并无不同，所谓"尧舜之与桀跖，其性一也"，不同的是圣人是"人之所积而致"，如同士农工商，都是通过经验技能的积累而有所成就的。所以，荀子特别重视教育，鼓励锲而不舍的学习，倡导学习要能变化气质，有益身心，并最终得出"涂之人可以为禹"的结论。

由此出发，荀子发展出他的心性论与天道观。在《解蔽》篇中他以盘水设譬，说明相对于"理"而言，心与这些客观规律的关系只是观照，而非参与或主宰。而对于天人之际，他则主张"物畜而制之""制天命而用之"，原因就在于"天行有常，不为尧存，不为桀亡"①，天是外于人存在的，并非人类社会的主宰。跳出内向性的"心"与超越性的"天"的制约与支撑，决定人类社会的必然是以现实世界为基础的外在秩序。这是荀子重视礼法、君道的理论前提。儒家礼学自孔子而下，已形成仁、礼结合的体系，强调内在的价值自觉是礼乐制度的基础。这一思路为孟子所继承，从而发展出四心四端之说，肯定先天即善的心性乃是一切价值与秩序的源头。荀子则另辟蹊径，从现实政治与秩序出发，认为礼的起源在于如何解决人生来具有的"欲"与满足欲望的"物"之间的不平衡。欲望无穷，物质有尽，不免纷争混乱，"先王"于是制定礼义加以分别、分配，使二者能够"相持而长"，保持平衡，社会得以安定，国家才能太平。这一思路与荀子的其他理论息息相关，互为支撑。但也正因如此，必然导致对先王、圣人之类的权威的尊崇，从而使礼义侧重制度性。所以他在《礼论》篇中一方面强调礼的制度功能，将其与绳墨规矩相比，阐明礼的工具性；另一方面又宣扬"礼有三本"，将天地、先祖、君师并列为礼存在的根本要素，从而将君权推演为礼义的制约性因素。这与孔子借助礼乐维护等级制度的思路似同而实异，但却在后世产生巨大的影响，不仅被韩非借鉴而成就法家的权威主义，而且也使儒家此后的发展路径与先秦大为不同，直到宋代理学兴起，才略有改变。

此外，荀子在名学、心理学乃至辞赋方面也都有所建树。涉猎虽广，其理论的核心问题却如上述。由此而来的问题就是荀子的学术思想如何形成，尤其是他对于儒法两家如何取舍。当前地方学、区域史研究受到学界越来越多的重视，就先秦三晋地区的学术思想也形成相当多的学术成果。自蒙文通先生提出"晋学"的概念后，最近20年来关于晋学的探讨日渐深入，就其主体特征、主要内容、学科边界及研究方法形成的认识日渐清晰。如果说晋学在先秦时期是以三晋地区为主要地缘，以法家思想为主要特征，兼及儒家、名家、兵家等各派学说，那么荀子的思想在其中处于怎样的地位，在学术传授链条上有怎样的师承关系，就成为一个意义重大的学术问题。或者说，自子夏西河设教传播儒学、李悝创制《法经》首开战国法家先河之后，三晋地区已形成采择儒法务实进取

---

① 《荀子·天论》。

的传统。比较《史记·商君列传》与《史记·赵世家》中赵武灵王胡服骑射时改革双方的相关辩论，可以看出法家思想的流传轨迹，而略加留意，又可以看出无论是商君还是武灵王，对儒家的思想及相关礼仪制度也并不排斥。兼容并包的背后，正是一种强烈的实践理性，如何解释并改造当下的世界乃是关注核心，至于是借助礼乐制度还是推崇君主权威都不过是工具手段而已。由此出发，反观荀子的思想形成及其主要特征，或许会得出不同的结论。

无论是晋学，还是徽学、楚学、齐学，作为"学"，都具有一些相近的特点，如具备一定数量的文献资料，有特定的研究对象，呈现出明显的地域特征，等等。将荀子置于晋学整体研究之中，也可如是考虑。《荀子》32篇，洋洋十万余言，而且自成体系，在文献缺乏的先秦时期已属难得，虽然关于荀子其人直接的记载无多，但书中提到的同时期学者却是数量不少，内容丰富。如果采信《史记》本传的记载，可以看到荀子的主要学术活动地域有四：50岁之前在赵国，后来则辗转于秦、赵、楚三国。据此可以断言，荀子的主要学术思想形成于三晋，丰富于列国。依据艾尔曼提出的"学术共同体"概念[①]，结合《荀子》及诸子书中的相关记载，我们甚至可以尝试勾勒出三晋地区学术共同体的组成及特点，并从而归纳出这一地域的整体特征。这种方法不仅适用于先秦时期，且即便在秦汉之后的晋学研究中也十分必要。而这也正是地方学、区域史研究的价值所在。

（原载《光明日报》2009年12月19日）

---

① 艾尔曼：《从理学到朴学》，江苏人民出版社，1997年。

荀子游齐考

谢耀亭

关于荀子游齐的年龄和游齐的时间，历来众说不一。由于荀子游齐时间的确定，不仅仅是一个关于荀子寿命的问题，而且关系到荀子思想来源及其学术生命历程等一系列学术史上的问题。今在前人研究的基础上，进行梳理和考证。

一

关于荀子游齐的年龄，自古以来有两种说法，即"年五十"说和"年十五"说。这种分歧源自两种不同的文献记载。《史记·孟子荀卿列传》云："荀卿，赵人。年五十始来游学于齐。……田骈之属皆已死齐襄王时，而荀卿最为老师。齐尚修列大夫之缺，而荀卿三为祭酒焉。"《风俗通义·穷则》云："齐威、宣之时，孙卿有秀才，年十五，始来游学。至襄王时，孙卿最为老师。"就是源于这两种记载，后人围绕"年五十"和"年十五"进行了不厌其烦的考证。赞成"年五十"的有颜之推（《颜氏家训·勉学》）、汪中（《荀卿子通论》）、胡适（《中国哲学史大纲》）、罗根泽（《荀卿游历考》）、蒋伯潜（《诸子通考》）、梁涛（《荀子行年新考》）、池田知久（《郭店楚简〈穷达以时〉之研究》）等。赞成"年十五"的有刘向（《荀子叙录》）、晁公武（《郡斋读书志》）、梁启超（《荀卿及〈荀子〉》）、钱穆（《先秦诸子系年·荀卿年十五之齐考》）、梁启雄（《荀子简释》附《荀子传徵》）、游国恩（《荀卿考》）、刘蔚华（《荀卿生平新考》）等。我们认为荀子是年五十游齐的。

我们先看"年十五"论说者的依据。

（1）基于对荀子寿命的计算而认为《史记》中"五十"为"十五"之误。多数持"十五"观点的学者几乎都这样认为。我们认为从文献学的角度看，这条理由站不住脚。首先材料的写定时间距事件发生的时间越近，材料的可靠性便越大。其次证据越多越可信，正所谓孤证难立。司马迁、刘向都说是"年五十"，只有东汉末年的应邵说是"十五"，因此我们应相信司马迁的说法。宋代晁公武认为《史记》中"五十"为"十五"之伪。显然也缺乏证据。晁氏这种校勘方法当属"理校法"。因为北齐的颜之推在《颜氏家训·勉学》中说："荀卿年十五，始来游学。"可见《史记》在流传过程中就是"五十",也不是钞刻之误导。晁氏在没有记载"十五"的《史记》底本的情况下,运用理校法认为"五十"为"十五"之伪。这在今天看来是不合适的。"理校法"在校勘学中是众多校勘方法中境界最高的一种,也是风险最大的一种。这种方法的运用,需要校勘者学识渊博,在融会贯通之后做出正确的结论。陈垣先生说:

> 四曰理校法。段玉裁曰:"校书之难,非照本改字不讹不漏之难,定其是非之难。"所谓理校法也。遇无古本可据,或数本互异,而无所适从之时,则需用此法。此法须通识为之。否则卤莽灭裂,以不误为误,而纠纷愈甚矣。故最高妙者此法,最危险者亦此法。①

(2)认为"始游学于齐"的意思是初到齐国来读书②。我们认为这种理解不大合适。首先,游国恩先生认为游学必在少年时代,50岁未免太迟。言外之意是荀子生平第一次游学是在齐国,在此之前没有到其他地方游学,所以应该在少年时代。"始"是初的意思,"始游学于齐"是说才(第一次)到齐国游学。可能荀子以前也去过别的地方游学,只不过到齐国游学的时间是五十岁那年。所以从"始游学于齐"不能得出荀子游齐的年龄是"十五"。

再次,"游学"是否指"专为读书",也是值得商榷的。古人所说的游学好比我们今天所说的学术交流、学术访问。因为古人认为学问之道不光要读书,也要躬身实践,在实践中领悟知识,正所谓"读万卷书,行万里路"。

(3)在"年十五"的观点中,钱穆先生的考证在学术界有着广泛影响③。对于钱先生的考证,我们从日本学者池田知久先生对他的评价中可以看出一二:

> 但钱穆以上的见解(指《荀卿年十五之齐考》),是在资料操作上,相当勉强的情况下获得的。他将能相当信赖的古资料和与之相较信赖性较低的后来的资料,同列地放在资料性的价值上,并且恣意的引用这些资料来描绘荀子的生涯和事迹……。④

通过以上分析,"年十五"说不能成立,我们认为应如《史记》所说,荀子游齐的年龄是50岁。梁涛先生认为从《荀子》一书中的生活用语(主要是对钱币的称呼)也可以证明荀子是"年五十"始来齐的⑤。这是从区域文化习俗对个人影响方面来谈,我们认为值得重视。文化习俗的形成是受一定区域文化限制的,不同的区域文化会形成不同的文化习俗。文化习俗一旦形成则会在个体身上顽强地保存下去,而文化习俗的形成是长时间的积累。所以梁先生认为从生活中最熟悉的货币的称呼上,也可以证明荀子是

---

① 刘梦溪:《中国现代学术经典》(陈垣卷),河北教育出版社,1996年,第424页。
② 池田知久:《郭店楚简〈穷达以时〉之研究》,载《古史考》,海南出版社,2003年。
③ 钱穆:《先秦诸子系年·荀卿年十五之齐考》,商务印书馆,2001年。
④ 钱穆:《先秦诸子系年·荀卿年十五之齐考》,商务印书馆,2001年,第524~525页。
⑤ 梁涛:《荀子行年新考》,《陕西师范大学学报》2000年第4期。

五十岁到齐国的。这个判断应该是合理的。

二

与荀子游齐年龄相关的问题是荀子游齐的时间。相对于荀子游齐的年龄而言，荀子游齐的时间显得更为复杂。我们从《荀子集解》一书的考证中就能看到这种复杂情况。综合起来大致有四种说法。

（1）威王、宣王说。这种观点始自刘向《孙卿子叙录》云："孙卿，赵人，名况。方齐宣王、威王之时，聚天下贤士于稷下，尊宠之。若邹衍、田骈、淳于髡之属甚众，号曰列大夫，皆世所称，咸作书刺世。是时，孙卿有秀才，年五十，始来游学。诸子之事，皆以为非先王之法也。孙卿善为《诗》《礼》《易》《春秋》。至襄王时，孙卿最为老师，齐尚修列大夫之缺，而孙卿三为祭酒焉。"应邵《风俗通义·穷通篇》的说法大体与刘向同，只是把"宣王、威王之时"改为"威、宣王之时"，"年五十"改为"年十五"。从此论者有晁公武（《郡斋读书志》）、钱穆（《先秦诸子系年》）、刘蔚华（《荀卿生平新考》）等。

（2）湣王末年说。主此说者有汪中《荀卿子通论》云："年五十始游学来齐，则当湣王之季。"此外还有胡元仪（《荀卿别传》）、游国恩（《荀卿考》）、梁启超（《荀卿及〈荀子〉》）、廖名春（《〈荀子〉各篇写作年代考》）、梁涛（《荀子行年新考》）等都认同此说。

（3）襄王说。主此说者有宋人唐仲友"卿名况，赵人，以齐襄王时游稷下"[①]。明人宋濂（《诸子辨》）也主此说。

（4）王建初年说。主此说者主要有胡适："西历前二六五年至二六零，荀卿年五十，游于齐。"[②]罗根泽（《荀卿游历考》）、蒋伯潜（《诸子通考》）等也认同此说。

我们认为荀子游齐的时间是在齐襄王末年至王建初年（公元前274～公元前260年）这段时间。有许多学者认为荀子来齐是在湣王末年，所依据的材料是《盐铁论·论儒篇》中的一段话：

> 及湣王，奋二世之余烈，南举楚、淮，北并巨宋，苞十二国，西摧三晋，却强秦，五国宾从，邹、鲁之君，泗上诸侯皆入臣。矜功不休，百姓不堪。诸儒谏不从，各分散，慎到、捷子亡去，田骈如薛，而孙卿适楚。

《盐铁论》是西汉桓宽根据盐铁会议记录、推衍增广而成，目的是"究治乱，成一家之法"。该书是研究西汉时期社会政治经济状况和社会思想的重要史料。但我们若用该书中的材料去研究先秦的历史，应该谨慎。因为其书多是辩论之词，并非像史学著作一样

---

① 王先谦：《荀子集解》，上海书店出版社，1986年。
② 胡适：《中国哲学史大纲》（卷上），河北教育出版社，1996年，第208页。

经过详细的考证。所以我们认为这不能构成荀子在愍王时到齐的证据。

罗根泽先生认为考定荀子的行年有两个基本的依托点,一个是公元前255年(楚考烈王八年),荀子仕楚为兰陵令。另一个是公元前238年(楚考烈王二十五年),是年,春申君死而荀卿废,因家兰陵。我们认为罗先生的这种方法是科学的,因为这是史有明文记载,且没有异议的。荀子在楚至少有17年。荀子仕楚是在游齐之后,他游齐时已经50岁了,在齐待的时间以10年左右计算,三者相加已经80岁左右了,所以说荀子游齐的时间应距他仕楚的时间不太久。《史记》有一段文字对于考证荀子游齐的时间至为重要:

> 荀卿,赵人。年五十始来游学于齐。……田骈之属皆已死齐襄王时,而荀卿最为老师。齐尚修列大夫之缺,而荀卿三为祭酒焉。

关于"田骈之属"一句的断句,胡适先生从文法上考证断句应在"齐襄王时",而不应在"属"字后[①]。游国恩先生从刘向、应邵由于对《史记》的误解而导致误改,进行了考证[②]。我们认为胡适先生的断句正确,中间省略了的是错简,所以司马迁的记载就是荀子50岁游齐,田骈之属已死齐襄王时。齐襄王之后是齐王建,这就说明荀子来齐的时间有可能是齐襄王末年,也有可能是王建初年。唯一能确定的是荀子来齐时,田骈已死。田骈约死于公元前275年[③]。则可肯定荀子游齐的时间为齐襄王末年至齐王建初年(公元前274~公元前260年)。

三

荀子游齐的考证,对于我们了解荀子的学术历程大有裨益。一般学者大多论及荀子与稷下之学有莫大的关系,而忽视其与三晋文化的联系。我们承认荀子的学说与稷下之学有着非常深的联系,甚至说荀子思想的最后成熟定格是在与稷下学士交流过程中、通过吸收和批判而最后形成。我们认为这种说法也不为过。但是我们也应注意到荀子生于赵国,也在赵国长期居住过,三晋文化对荀子也有深厚的影响。

三晋文化表现出进取和创新的精神。晋国始封时,"启以夏政,疆以戎索"。由于与戎狄相杂,所以因地制宜。这就有很大的自由度,较少受周制的约束。晋国经历大灭公族后,公室衰微,受宗法制的影响较少,这就使改革少了许多阻力。加之春秋以后,对外战争较多,且这里的人一直尚武好勇。晋国从建国初便不断制定法律,且不断对法律加以修改更新。这就使三晋文化表现出一种进取和创新的精神。

---

① 胡适:《中国哲学史大纲》(卷上),河北教育出版社,1996年,第225页。
② 游国恩:《荀卿考》,载罗根泽,《古史辨》(第四册),上海古籍出版社,1982年。
③ 钱穆:《先秦诸子系年》,商务印书馆,2001年。

荀子也深受子夏西河之学的影响①。子夏儒学是孔门儒学中开放的一派,这也是荀子受三晋文化影响的一个表现。在法家摇篮的三晋文化中生长起来的荀子,正是秉承了三晋文化中的这种进取和创新的精神,来到稷下这个更广阔的平台上,对各家学说进行批判、吸收,从而建立了自己的儒学体系,成为先秦儒学的集大成者。

(原载《运城学院学报》2007年第1期)

---

① 谢耀亭:《论曾子、子夏在儒学发展中的贡献》,孔子2000网。

荀子的哲学和社会政治思想

陈德安

荀子生活在封建诸侯割据称雄的战国末期，奴隶制度已经崩溃，各国都确立了封建制度。生产力得到前所未有的发展，社会经济空前繁荣，自然科学也达到一定水平。在思想学术领域，正是从"百家争鸣"的黄金时代逐渐向法家思想取得主导地位的过渡时期。荀子作为新兴地主阶级的思想家，在综合百家之学的基础上，创立了自己的哲学思想体系。他总结各国变法的新经验，对如何巩固地主阶级的封建制度，实现封建统一，进行了研究，为建立统一的专制主义中央集权的封建国家奠定了理论基础。

一、荀子的唯物主义世界观

荀子的哲学思想体系是唯物主义的，是他对当时阶级斗争、生产斗争和科学知识的概括，也是对春秋战国时期诸子百家学说的批判总结。荀子的唯物主义世界观，主要包括三个方面的内容。

（1）"天人相分"的观点

孔子和孟子都说天是有人格和意志的，天能给人赏罚，人的生死、富贵都是老天爷命定的。孟子还宣扬"天人合一"的思想，认为天具有仁义礼智道德属性，所以天人是相通的、合二而一的，只要尽心，就可以知性，进而就可以知天。道学家派的老子也认为人是由绝对精神的"道"产生的，只要去掉知识欲望，就可以复归于道，和道同体，合二而一。庄子更说的直截了当："我"就是"道"，"道"就是"我"；人就是天，天就是人。他们这样宣扬"天人合一"的思想，目的就是要把地上的王权和天上的神权互相沟通起来。

荀子反对这种"天人合一"的唯心主义思想，提出"天人相分"的观点。他主张把天和人的不同性质、不同职分区分开来。他认为自然界万物是由物质性的"气"构成的，天也是如此。天没有意志，不是什么神，它有自身的运行规律，而不以社会和人的意志为转移，它的运行同人间的"治"和"乱"毫不相干。他说："天行有常，不为尧存，不为桀亡。"（《荀子·天论》）

荀子把天的职能称作"天职""天功"，又称之为"神"。他认为天的职能只是自然界无形之中生成万物的一种作用，说："列星随旋，日月递炤，四时代御，阴阳大化，风雨博施，万物各得其和以生，各得其养以成，不见其事而见其功，夫是之谓神。皆知其所以成，莫知其无形，夫是之谓天功。"（《荀子·天论》）在这里，荀子把"天"理解为列星、日月、四时、阴阳、风雨、万物生长等自然变化的现象。把"神"理解为自然界在无形之中生成万物的作用（天职、天功），从而把"天"和"神"这两个宗教唯心主义的概念，做了完全唯物主义的解释。

以上思想在当时都有其进步意义。但由于时代的局限，他还不可能科学地从宏观世界和微观世界来探讨宇宙的形成问题，还不可能科学地回答生命的起源和人类起源的问题，还不可能科学地解释人类社会的发生和社会的性质，还不可能正确指明在阶级存在的社会里，人要向自然斗争，同时还要进行阶级斗争。

荀子认为人的吉凶祸福与天没有关系，凡事决定于人，而不决定于天。只要能发挥主观能动性，就能抵御祸害，获得幸福。他说："强本而节用，则天不能贫；养备而动时，则天不能病；修道而不贰，则天不能祸。故水旱不能使之饥，寒暑不能使之疾，祅怪不能使之凶。"（《荀子·天论》）在这里，荀子认为人的吉凶祸福，全是由人自己的行为决定的，与天无关，反对俯首于天的唯心主义思想。反映了新兴地主阶级初登上政治舞台以后，对旧的传统势力的藐视。

（2）"人定胜天"的思想

荀子批判了孔、孟、老、庄的"思天""颂天""待天"等消极无为的思想，在中国哲学史上第一次提出利用自然和改造自然的"人定胜天"的战斗口号。

在春秋战国时期的社会大变动中，孔、孟、老、庄都主张"思天""颂天""待天"，孔子要人"知天命"和"畏天命"。孟子宣扬"皆天也，非人之所能为也"。结论是"莫非命也，顺受其正"。道家采取比儒家更"精致"的唯心主义形式。老子主张"无为"，说什么"吾是以知无为之有益"。庄子宣扬人的生死存亡、穷达富贵，"是事之变，命之行也"，结果只能是"知其不可奈何，而安之若命"。儒道两家都宣扬"天命论"，从不同角度否定了人的主观能动作用，其目的都是要人服从贵族的统治。

荀子提出了"制天命而用之"的思想来与儒家的"畏天命"和道家的"无为"思想针锋相对。他说："大天而思之，孰与物畜而制之？从天而颂之，孰与制天命而用之？望时而待之，孰与应时而使之？因物而多之，孰与骋能而化之？思物而物之，孰与理物而勿失之也？愿于物之所以生，孰与有物之所以成？故错人而思天，则失万物之情。"（《荀子·天论》）这就是说：把天看得很尊重而思慕它，何不把天当作物来畜养而控制它？顺从天而颂扬它，何不掌握和控制天的变化规律来利用它？观望天时而坐等恩赐，何不因时制宜而使天时为生产服务？听任物类自然生长而增多，何不把万物管理好而不失掉它的作用？指望物类的自然发生，何不掌握物类生长规律辅助它成长？因此，放弃了人的作用而对天痴心妄想，不符合物类的发生、成长的真实情况。荀子还说：

"君子敬其在己者而不慕其在天者,是以日进也;小人错其在己者而慕其在天者,是以日退也。"(《荀子·天论》)就是说:君子重视自己的努力,而不拜倒在天之下,所以不断前进;小人则放弃自己的努力,而拜倒在天之下,所以不断倒退。荀子在这里所说的"君子",是指新兴地主阶级的优秀分子,所说的"小人"则是指俯首"天命"的庸人。荀子的"人定胜天"思想,反映了新兴地主阶级刚登上历史舞台,是生气勃勃的,对自己的事业和力量充满了信心。

(3)对鬼神迷信思想的批判

荀子还对当时流行于社会的种种迷信思想展开了斗争。荀子反对当时的"营巫祝""信机祥",批判了"相人术""灾异"迷信、"有鬼论"等,给唯心主义观点以有力的打击。他尖锐地批判了子思的"国家将兴,必有祯祥;国家将亡,必有妖孽"的"灾异"说,指出日蚀、星坠、木鸣等自然现象是"无世而不常有之",用不着惊慌害怕。他认为社会的祸乱不是天造成的,最可怕的还是人为的灾祸,他说:"物之已至者,人祅则可畏也。"(《荀子·天论》)荀子站在当时进步阶级的立场上,还敢于正视社会治乱、人事的吉凶与天没有关系,揭露和批判了奴隶主阶级利用少见的自然现象而进行的欺骗。他明确指出,造成社会灾难的根本原因,不是什么"天命"和"灾异",而是"人妖",即奴隶主的反动统治。

二、荀子的唯物主义认识论

荀子的认识论建立在其唯物主义世界观的基础之上,其中含有许多唯物主义的因素。他肯定物质是第一性的,意识是第二性的,存在决定意识。他认为先有人的身体才会有人的精神活动,精神是身体产生的,"形具而神生"(《荀子·天论》)。这就直接否定了孟子认为在人类产生之先,已有什么永恒不变的仁义礼智等道德精神的存在。

荀子肯定了人具有认识客观事物的能力,同时也肯定了客观事物及其规律是可以被人认识的。他说:"凡以知,人之性也;可以知,物之理也。"(《荀子·解蔽》)荀子又进一步指出,人的认识能力只有和认识对象相结合,通过感觉器官(天官)与客观事物接触,又经过思维器官(天君)对感觉印象加工,才有可能正确认识事物。他说:"在人者谓之知,知有所合谓之智。"(《荀子·正名》)否定了孟子到内心去认识世界的唯心论。

荀子初步正确地论述了人的认识过程——感性认识和理性认识的作用及其相互联系。他认为感觉是认识的出发点,思维(征知)必须以感觉经验为基础。他说:"征知则缘耳而知声可也,缘目而知形可也,然而征知必将待天官之当簿其类然后可也。"(《荀子·正名》)孟子说人们的耳目之官是"小体",心之官是"大体",排斥感性认识而强调"思",他说:"从其大体为大人,从其小体为小人",为"劳心者治人,劳力者治于人"作辩护。荀子强调思维器官必须有待于感觉器官去接触外界对象,才能发生"征知"的作用，进而说"材性知能，君子小人一也"。（《荀子·荣辱》）认为君子和小人的感觉都是一样的，和孟子的理论是针锋相对的。

荀子认为仅仅依靠感觉，不能判断事物的真假，还必须依靠思维的作用才能分辨真假，他说："凡观物有疑，中心不定，则外物不清，吾虑不清，则未可定然否也。"（《荀子·解蔽》）他认为"心"要"虚壹而静"，才能正确地辨别和反映外界的事物。他说："心何以知？曰：虚壹而静。"（《荀子·解蔽》）何为"虚壹而静"？他说："不以所已臧害所将受谓之虚""不以夫一害此一谓之壹""不以梦剧乱知谓之静"。荀子还认为知识必须经得起现实的检验，提出"知之不若行之"（《荀子·儒效》）的杰出论点。

荀子还从朴素唯物主义的主观与客观相统一的观点出发，在"名"与"实"（即名词概念与客观事物）的关系上，提出"制名以指实"，"实"在先，"名"在后，"名"是从属于"实"并为"实"服务的唯物主义的认识路线。孔子提倡"正名"，认为"名失则愆"，要用"名"去改变已经变化了的"实"。荀子认为"名无固宜，约之以命，约定俗成谓之宜，……名无固实，约之以命，约定俗成谓之实名"。这种思想，否定了"名"是上天意志决定的"天命论"和"先验论"。荀子还主张制名要根据时代的要求，要随着形势的变化而变化。荀子认为"名"是社会历史的产物，可以循用旧名，也可以制作新名："若有王者起，必将有循于旧名，有作于新名。"（《荀子·正名》）所以，荀子猛烈攻击孟子是"案往旧造说"，是"僻违而无类"，还要自己吹捧自己是"真先君子之言"，事实上是在"饰邪说，文奸言，以枭乱天下"。（《荀子·非十二子》）荀子的"制名以指实"，其目的是"上以明贵贱，下以辩同异""壹于道法而谨于循令矣"（《荀子·正名》），为建立新的封建等级制度服务。

荀子的认识论的局限性在于他不了解社会实践在认识世界、改造世界中的决定性作用，而夸大思维在认识过程中的作用。他夸大"心"的能力，把"心"视为独立自主的东西，说："心者，形之君也，而神明之主也，出令而无所受令。"（《荀子·解蔽》）这和他的物质决定精神的基本前提是互相矛盾的。他夸大理性知识的作用，认为只要掌握事物的原理、原则和关于"类"的知识，就可以代替对具体事物的具体分析，"以类行杂，以一行万"。（《荀子·王制》）他轻视生产劳动者和生产技术知识，抬高脑力劳动者和社会伦理知识。他说："农精于田而不可以为田师，贾精于市而不可以为贾师，工精于器而不可以为器师。有人也，不能此三技而可使治三官，曰：精于道者也，精于物者也。"（《荀子·解蔽》）这是由他的剥削阶级立场所决定的。

三、荀子的人性论——性恶论

战国时期，孟子首创"性善论"，作为他的"仁政"学说的理论基础。荀子同孟子针锋相对，提出"性恶论"，作为新兴地主阶级推行礼治（实际上是法治），确立封建制度和地主阶级专政的理论根据。

荀子认为"性"就是人天生的自然本质,不是人力所能教出来的。他说:"性者,本始材朴也。"(《荀子·礼论》)性就是原始的质材。"生之所以然者谓之性。"(《荀子·正名》)"凡性者,天之就也,不可学,不可事。"(《荀子·性恶》)

荀子认为人生下来就"目好色,耳好声,口好味,心好利,骨体肤理好愉佚,是皆生于人之情性者也"。这些情欲任其发展下去,那就只有争夺暴乱,所以人性是恶的。"从人之性,顺人之情,必出于争夺,合于犯分乱理而归于暴,……人之性恶明矣。"荀子认为,为了遏制人性恶的发展,必须立国君、明礼义、制法度加以制止。他说:"故古者圣人以人之性恶,以为偏险而不正,悖乱而不治,故为之立君上之势以临之,明礼义以化之,起法正以治之,重刑罚以禁之,使天下皆出于治,合于善也。""立君上,明礼义,为性恶也。"(《荀子·性恶》)这就为实行地主阶级的法治,建立地主阶级的专政提供了理论根据。

荀子特别强调后天学习对改造人性的重要性和必要性。他认为人虽性恶,但可以通过后天的努力改造(他称为"伪",即人为)而为善。他说:"人之性恶,其善者伪也。"(《荀子·性恶》)"性也者,吾所不能为也,然而可以化也。"(《荀子·儒效》)"圣人"并非生来就有善良的品质,而是不断努力,从事道德实践的结果。他说:"尧、禹者非生而具者也,夫起于变故,成于修为,待尽而后备者也。"(《荀子·荣辱》)"故圣人者,人之所积而致也。"(《荀子·性恶》)总之,荀子认为人的"善"之产生是接受教育改造的结果,是学习和受环境影响的结果,不是"良知良能"。这就批判了孟子的天赋道德论和从内心深处寻找善性、扩充"善端"的唯心主义先验论。荀子在中国哲学思想史上提出"性恶论",正是反映了新兴地主阶级推翻奴隶主贵族的统治,具有促进社会进步的作用。

四、荀子的社会观和历史观

荀子认为人类社会的特点是能"群"与"分"。荀子认为人类与动物的区别,以及人类所以能够克服自然而维持其生存的主要本领,就在于人能"群"。他说:"力不若牛,走不若马,而牛马为用,何也?曰:人能群,彼不能群也。"(《荀子·王制》)荀子认为人类社会为了保持和平群居生活,使之不争不乱,还必须有"分"。他说:"人之生不能无群,群而无分则争,争则乱,乱则离,离则弱,弱则不能胜物。"(《荀子·王制》)所谓"分",就是使人们有贫、富、贵、贱之分,就是把人们按封建制度分成等级。他说:"先王恶其乱也,故制礼义以分之,使有贫、富、贵、贱之等。"(《荀子·王制》)在社会是"农农、士士、工工、商商";在家庭是"父父、子子、兄兄、弟弟";在国家是"君君、臣臣"。这种"分"的理论,是为封建等级制度作辩护的。

荀子进一步论证了"礼"和"义"的起源、必要性。荀子认为,人类社会为了维持"群"和"分",为了防"争乱",就必须制定"礼义"。他说:"礼起于何也?曰:人生而有欲,欲而不得则不能无求;求而无度量分界,则不能不争;争则乱,乱则穷。先王恶其乱也,故制礼义以分之,以养人之欲,给人之求,使欲必不穷乎物,物必不屈于欲,两者相持而长,是礼之所起也。"(《荀子·礼论》)这就为封建礼义的产生和合理性找到了理论根据。

荀子的"礼义",实际上就是封建社会的"法",就是"法治"。他讲的礼,是节制人欲的标准,是"物"的"度量分界"。因为人生有欲求,"欲虽不可去,求可节也"。(《荀子·正名》)而"礼"是"节之准"。(《荀子·致士》)《礼记·乐记》注:"节,法度也。"因此,荀子的"礼"要人民安于贫贱,使地主阶级永远富贵,具有保护私有财产的意义,代表战国时期新兴地主阶级的利益。但荀子扩大了"礼"的范围,把它看成是大自然的最高准则,从而维护封建制度的合法性和永恒性。

荀子的"礼",具有打击奴隶主贵族,破坏奴隶主贵族的世卿世禄的世袭制度的进步意义。他说:"虽王公士大夫之子孙,不能属于礼义,则归之庶人;虽庶人之子孙也,积文学,正身行,能属于礼义,则归之卿相士大夫。"(《王制》)这反映了地主阶级打击奴隶主旧贵族,要求进行财产和权力再分配的愿望。

荀子的社会观,从根本上说是唯心的,是为封建剥削制度服务的。由于封建制度正处于向上发展阶段,荀子的社会观是为新兴的封建制度制造理论根据的,所以,在当时具有一定的进步意义。

荀子的历史观是"法后王"的厚今薄古的历史观。孔子"祖述尧舜",孟子"言必称尧舜",都主张要"法先王",向古看。荀子认为"法先王"是"呼先王以欺愚者"(《儒效》),与此针锋相对,主张"法后王",重视当世。他主张由今而识古,说:"欲观千岁,则数今日。""欲观圣王之迹,则于其粲然者矣,后王是也。彼后王者,天下之君也。舍后王而道上古,譬之是犹舍己之君而事人之君也。"(《荀子·非相》)由上可知,荀子认为历史是进步的,不能以古非今、厚古薄今,而应当厚今薄古、重视当今。他所说的"后王",实际上是新兴地主阶级理想的君王,是可以统一天下的封建地主阶级的明君。他到秦国考察后,称赞秦国"四世有胜""治之至也",是人主治国的榜样,可以"一天下,名配尧、禹"。(《荀子·王霸》)因此,他把统一天下的希望寄托在秦国身上,积极向秦国提出了一系列的建议。

五、荀子的政治思想

荀子所处的时代,各国的封建制度已经确立,但奴隶制复辟的危险性依然存在;荀子通过总结各国的变法经验，通过对一些国家实地考察，通过对诸子百家思想的批判总结，为巩固封建制度，防止奴隶制复辟，建立统一的中央集权的封建帝国，提出了自己的主张。

（1）主张实行法治

荀子亲自到变法后的秦国进行考察，热情赞扬秦国实行法治的功效，进而发展了前期法家的"法治"思想。他指出"法者，治之端也"。（《荀子·君道》）又说："法也者，国家之本作也。"（《荀子·致士》）他不仅把法看作治理国家的开端，更把法当作治理国家的根本。他提出取人要有道，用人要有法，要"稽之以成""校之以功""无私人以官职事业"。（《荀子·君道》）他主张赏罚分明，要"无功不赏，无罪不罚"。（《荀子·君道》）要"庆赏严罚"，即赏要厚，罚要严。要"刑法有等"，即赏有厚薄，刑有轻重。荀子主张对奴隶主贵族特权阶层也一律实行法治，犯罪的不能宽恕，有功的应该奖励。他拥护废除井田制，赞扬秦商鞅变法中确立的封建土地私有制，进一步提倡"农分田而耕"（《荀子·王霸》）的主张，提倡发展农民的个体经济，以巩固和发展封建社会的经济基础。

他提倡"奖励耕战"，专门写了《荀子·议兵篇》，批判孟子攻击商鞅奖励耕战的言论，规定有功者给以厚赏，怯敌者施以重刑，提倡"将死鼓，御死辔，百吏死职，士大夫死行列"（《荀子·议兵》）。以此鼓励士卒勇敢作战。他还在《荀子·富国篇》中提出"省商贾之数""无夺农时"等重农思想。

（2）主张加强封建君主专制主义中央集权

荀子认为封建君主应具有至高无上的权力，一国的大权应集中到国君一人身上。他说："君者，国之隆也。""隆一而治，二而乱。"（《荀子·致士》）"权出一者强，权出二者弱。"（《荀子·议兵》）因此，他主张天子"势至尊""尊无上"（《荀子·君子》）。荀子的思想反映了地主阶级建立君主专制主义中央集权制封建国家的要求。

（3）主张实现统一

荀子认为统一是历史的趋势，人心所向。他说："齐一天下，而莫能倾也。"（《荀子·儒效》）"一天下，是又人情之所同欲也。"（《荀子·王霸》）因此，荀子提出"一天下"的进步主张，认为全国必须实现统一，要做到"四海之内若一家"，要做到"天下为一，诸侯为臣，通达之属，莫不从服"。（《荀子·王霸》）从此结束"诸侯异政，百家异说"的分裂局面。他把统一天下的希望寄托于秦国，认为富国强兵，成就霸业是统一天下的必由之路。

荀子进一步发展了古代朴素的唯物主义思想，奠定了中国古代唯物主义思想的基础，其地主阶级的法治思想被他的学生韩非、李斯等进一步发挥和实践，对于秦始皇统一中国，建立和巩固地主阶级中央集权制度做出过贡献。荀子的思想对当时的社会发展起过进步的作用，但当地主阶级获得统治权力之后，主要危险来自农民阶级的反抗，荀子的朴素唯物主义思想，就不再适合地主阶级的政治需要了，而孟子的唯心主义哲学，却很适合地主阶级的口味，地位被越抬越高。汉代以后，封建统治者崇孟贬荀，正反映了地主阶级这种历史地位的转化。

（原载《山西师大学报》1989年第1期）

荀子的学习思想探析

陈德安　申国昌

荀子不仅是中国古代史上的一位伟大思想家，而且是一位伟大的教育家。他是先秦思想的集大成者，又是儒学发展史上"上承孔孟，下接易庸，旁收诸子，开启汉儒"[①]的独具风格的儒家大师。

荀子"寿命长，阅历多，涉猎广，著述富"[②]。他的学问博大精深、纷繁多姿，富有灵活性和综合性。因而，他能够在批判、吸收和发展诸子思想的过程中，建立起自己的新思想体系。他的饱含实践经验的学习理论是其完整思想体系中的一个有机组成部分，至今闪烁着辩证唯物主义的光芒，成为中国教育史上的瑰宝。在我们当今想培养一种良好的学风、形成生动活泼的局面、使我国的教育事业兴旺发达起来的时代，研究荀子的学习理论有重大现实意义。

一、荀子论学习的作用和意义

"学习"一词来源于孔子的"学而时习之"（《论语·学而》）一语。其最初的涵义只限于教育领域中学、思、练、行的范围之内，但荀子却创造性地把学习的外延扩大了。他认为，学习是人对客观事物所采取的有目的、有计划的行为活动，既不同于动物无目的的适应，又不同于人的先天性的本能动作。他说："可学而能，可事而成之在人者，谓之伪。"（《荀子·性恶》）又说："为之，人也；舍之，禽兽也。""君子生非异也，善假于物也。"（《荀子·劝学》）荀子的"伪""善假于物"就是通过人为的努力，学好本领，干成事业，主要是指人的学习过程。这里的"学习"不限于文化知识的学习和道德品质的修养，而是渗透了人类为生存而善于利用自然、改造自然的意义。荀子是把学习放在人与自然搏斗的背景下加以认识的。

荀子对"学习"概念的解释，是他"制天命而用之"（《荀子·天论》）的唯物主义哲学思想在教育思想中的反映。他认为，学习是人类生存活动中一项事关重大的活动，它不仅使人们掌握知识，增长才干，"化性起伪"，形成个性品德，改变个人的社

---

① 李泽厚：《中国古代思想史论》，人民出版社，1985年，第106页。
② 郭沫若：《十批判书》，科学出版社，1965年，第246页。

会地位,而且关系到国家的兴衰存亡,并且对文化的传播发展起着承上启下的桥梁作用,现分述如下。

(1)学习可以积累知识

荀子认为学习是求取知识的过程。他说:"苟无之中者,必求于外。"(《荀子·性恶》)意思是,一个人如果没有知识,就一定要向外求索学习,只有通过学习才能得到知识。他还给人们树立学习的榜样,说:"圣人也者,人之所积也。"(《荀子·儒效》)才学渊博、道德高尚的"圣人",就是普通人通过不断地学习知识、积累经验和进行道德修养转变而成的,并非"生而知之"。荀子认为,知识是由人们对客观世界的观察和对前人经验的总结得来的。他说:"不登高山,不知天之高也;不临深溪,不知地之厚也;不闻先王之遗言,不知学问之大也。""吾尝终日而思矣,不如须臾之所学也。"(《荀子·劝学》)一个人如果成天苦思冥想,而不与外物接触,即使费了好长时间,最终也一无所获,比不上学习一会儿工夫所得到的知识多。可见,学习是积累知识的重要途径。

(2)学习能增长才干

荀子发现,现实生活中,人们的能力千差万别:有满腹经纶、德高望重的"君子",又有才学浅薄、品行卑劣的"小人";既有精通业务、操术有方的"内行",也有对业务一窍不通、不学无术的"外行"。是什么条件造成这些差别呢?他说:"圣人之所以同于众,其不异于众者,性也;所以异而过众者,伪也。"(《荀子·性恶》)可见,荀子认为人们之所以具有高低悬殊的能力,是后天学习积累的结果。现代心理学研究表明,人的能力是在素质的基础上,通过后天的学习、实践而形成和发展的。在同样素质的基础上,可以形成千差万别、高低不等的能力,这完全取决于后天的条件。因此,荀子的这种学长才干的观点,现在仍不失其正确性。

(3)学习能"化性起伪"

荀子为了突出学习与环境影响对人的心理发展的主导作用,从而提出"性恶论"。他说:"性者,本始材朴也。"(《荀子·礼论》)"今人之性,生而有好利焉,顺是,故争夺生而辞让亡焉;生而有疾恶焉,顺是,故残贼生而忠信亡焉;生而有耳目之欲,有好声色焉,顺是,故淫乱生而礼义文理亡焉。然则从人之性,顺人之情,必出于争夺,合于犯分乱理而归于暴。"(《荀子·性恶》)荀子说的"性"就是先天生就的素质,具有粗俗、斑驳、"好利""疾恶""有欲"等特点。这些特点与社会共同利益相抵触,如果任其发展,必将严重危害社会秩序。这就是人性"恶"的表现。

人的这些"恶"的本性能否变"善"呢?荀子对其首先是肯定的。他说:"性也者,吾所不能为也,然而可化也。"(《荀子·儒效》)"人之性恶,其善者伪也。"(《荀子·性恶》)荀子"化性"的前提是"起伪"。何为"伪"?荀子在《荀子·正名》中作了回答:"心虑而能为之动谓之伪。虑积焉、能习焉而后成谓之伪。"所以,荀子所说的"伪"是人依赖心智的思考来指挥其他器官，在实践中不断积累知识经验，获得技能技巧，达到预期目的的一种活动，亦即学习活动。怎样"伪"才能促使性由"恶"变"善"呢？荀子回答说："今之人，化师法，积文学，道礼义者为君子；纵性情，安恣睢，而违礼义者为小人。"（《荀子·性恶》）就是说，只有通过长期接受礼法教育、积累文化知识，就能化"恶"性为"善"性。相反，不学无术、骄横放纵、违礼抗法、背信弃义，必将滑入"小人"行列。教育心理学认为，人的气质、性格、意志、情感等心理成分都受学习的影响。在人的成长过程中，由于学习和各种训练的影响，在人的大脑两半球皮层上便形成大量的条件反射，形成复杂的比较稳定的神经联系，构成习惯了的、各种不同的行为方式。所以荀子强调学习能"化性"是有一定科学道理的。

（4）学习是道德修养的前提

荀子认为，学习是道德品质形成的前提，修善品德又是学习的目的。他说："今人之性，固无礼义，故强学而求有之也；性不知礼义，故思虑而求知之也。"（《荀子·性恶》）"千里跬步不至，不足谓善御；伦类不通，仁义不一，不足谓善学。"（《荀子·劝学》）

荀子已认识到没有学习、没有良好的道德准则，就不会产生正确的道德行为。他说："礼乐则不修，分义则不明，举错则不时。"（《荀子·强国》）不在道德方面进行学习，就不能辨明是非，在实际行动中就不时地犯错误。现代教育学告诉我们，道德品质的形成是由知到行的转化过程，是知、情、意、行的培养提高过程。知是情、意、行的前提、基础，没有知，则行为是盲目的。荀子强调学习是道德修养的前提，这一论点与现代教育学理论一致。

（5）学习能改变人的政治地位和经济地位

学习是庶人成为君子、提高社会地位的重要途径。他说："我欲贱而贵，愚而智，贫而富，可乎？曰：其唯学乎……上为圣人，下为士君子，孰禁我哉！"（《荀子·儒效》）在荀子看来，学习能够使庶人由低贱转为高贵，由贫穷转为富有，能改变庶人的政治地位和经济地位。为此，他明确提出："虽庶人之子孙也，积文学，正身行，能属于礼义，则归之卿相士大夫。"（《荀子·王制》）庶民百姓的后代，通过不懈地学习知识，修养品德，也能列为"卿相""士大夫"之类。显然，这是鼓励人们学习的一种精神动力，为当时封建统治选贤举能、废除世卿世禄制，为下层知识分子参政提供了理论依据，具有划时代的进步意义。

（6）学习关系到国家的安危存亡

荀子认为，人才问题关系到安邦定国和国家的兴衰存亡。他说："彼错国者，非封焉之谓也，何法之道，谁子之与也。"（《荀子·王霸》）认为国家的兴衰，关键在于任用人才的优劣和实行制度的好坏。又说："有良法而乱者有之矣，有君子而乱者，自古及今，未尝闻也。"（《荀子·致士》）"士之与人也，道之与法也者，国家之本作也，君子也者、道法之总要也，不可少顷旷也。"（《荀子·致士》）显然，荀子认为要把国家治理好，治国人才问题比法政制度问题更为重要。

择人取士关系到国家兴衰存亡，那么到底应该选择什么样的人才呢？他说："知而不仁不可，仁而不知不可，既知且仁，是人主之宝也，而王霸之佐也。"（《荀子·君道》）作为一个治国人才，应该是既有渊博的知识，又有优秀的品德。他还举了例子："大儒者，善调一天下者也。"（《荀子·儒效》）像"大儒"这样的知识分子，在建立统一霸业和治国安邦中能起重要作用。这种"大儒"正是普通人经过不断地学习知识、修善品德而造就的。所以说，学习关系到国家的兴衰存亡。

（7）学习对人类文化的传播和发展起着承前启后的桥梁作用

荀子认为，人类社会的文明能不断地传播和发展的原因之一，就是由于学习和教育所起的作用。一个人在广采博学前人的文化成果、接受前人的经验教训过程中，就起到了"承前"的作用；而在科学知识的基础上，总结创新，著书立说，奔走讲学，又在客观上完成了"启后"的作用。他说："不闻先王之遗言，不知学问之大也。"（《荀子·劝学》）认为只有学习先人的文化知识，才能扩大视野，在学问上有所建树。他又指出，学问不应停留在前人的水平上，而应后来居上。他用了一个很恰当的比喻来说明这个问题，说："青，取之于蓝而青于蓝；冰，水为之而寒于水。"（《荀子·劝学》）荀子正是这样做的，一生兢兢业业，刻苦学习，创立了自己的思想体系。在稷下学宫积极讲学，弟子遍布各地，儒法分流，为战国和秦统一培养了一批重要的学界和政界人才。荀子对人类文化的传播和发展起了很大的作用，"是中国思想史从先秦到汉代的一个关键"[①]。

以上荀子关于学习作用和意义的论述，把学习提高到人类社会最显著的位置，认为学习应该成为全社会人们的第一要务，从而鼓励了千千万万后人为国家强盛、民族兴旺而发愤学习。

二、荀子论学习过程和学习方法

荀子在长期的学习和社会实践中，不断总结学习经验和方法，因而能以唯物主义的观点，对学习过程进行全面的论述。他把学习过程概括为"闻见""知"和"行"三个逐级上升的阶段。他说："不闻不若闻之，闻之不若见之，见之不若知之，知之不若行之，学至于行之而止矣。"（《荀子·儒效》）"闻见"即感官接触外物的感性认识阶段；"知"即大脑对感性材料进行抽象思维的理性认识阶段；"行"则是理论见之于实际的实践过程。显然，荀子对学习过程的论述与学生学习知识的唯物主义的认识路线一

---

① 李泽厚：《中国古代思想史论》，人民出版社，1985年，第106页。

致。同时，在每个学习阶段中，他又为人们提供了一些具有实际指导意义的学习原则和方法。

荀子为了细致说明"闻见"这一感性学习阶段，提出"天官意物"（《荀子·正名》）的思想。"天官"是什么？他说："耳目鼻口形能，各有接而不相能也，夫是之谓天官。"（《天论》）可见，"天官"就是人们的各种不同感官，它们有各自不同的功能，不能相互代替。"意物"就是"天官"与外界事物接触，从而感知到外物不同属性的过程。这种感官接触外物、获得感性材料的过程，即学习的首要阶段——感性学习阶段。

同时，荀子发现，在感性学习阶段中，容易出现认识片面、见解狭隘的现象。也就是根据片面的、表面的感性材料，"各是其所是"，结果导致"蔽于一曲而失正求"（《荀子·解蔽》），即被片面的、表面的印象材料所蒙蔽而失去其正确性。为此，荀子对症下药，提出三种行之有效的学习方法和纠正的办法。

（1）广采博学，"兼陈万物"

荀子认为，仅仅学习和考察局部的、少量的知识是不能掌握其内部规律的。他说："夫道者，体常而尽变，一隅不足以举之。"（《荀子·解蔽》）因此他主张，只有"兼陈万物"，即广泛地学习各种知识，方可掌握知识学科之间的外部联系和内在规律。他说："多闻曰博，少闻曰浅；多见曰闲（大），少见曰陋。"（《荀子·修身》）荀子提倡在学习的感性阶段应当"多闻多见"。因为获得的感知材料愈丰富，综合思维活动的范围愈广、层次愈高，对实践的指导意义也愈大。

（2）不耻下问，"询于刍荛"

荀子认为在感性学习阶段，单凭多闻多见是不够的，还应积极主动地多问。多问才能多获得知识，不懂的或有疑问的地方才能被弄清楚。他说："知而好问然后能才。"（《荀子·儒效》）就是说天资聪颖的人再加上多问，便可以增长见识，成为有才之士。

怎样才能做到"博问"呢？他引用《诗经》里的话作解释："诗曰：'我言维服，勿用为笑。先民有言，询于刍荛。'言博问也。"（《荀子·大略》）意思是：不要见笑，我说的最要紧的就是先人有句俗语，不知就问打柴人。如果能降低身份，问比自己地位低贱的人，即为"博问"。荀子还规定了"博问"的原则："无留善，无宿问。"（《荀子·大略》）见善即行，绝不留滞；有疑即问，不等过夜。

（3）"积微""积靡"，日积月累

荀子认为，人们在学习中只有不断积累感性材料，才能掌握更多的知识。积累是感性学习阶段中增长知识的基本途径。他说："尽小者大，积微者著。"（《荀子·大略》）同时他还发现，通过不停地"积微"，不断地向大脑输入外界信息，就会使人的知识结构和技能逐渐发生变化，荀子称之为"积靡"。他说："居越而越，居夏而夏。

是非天性也，积靡使然也。"（《荀子·儒效》）人在后天环境中所形成的习性和技能，是"积靡"的结果。所以，"积靡"是逐渐增强自己的能力与修养自我品德的过程。他说："积土而为山，积水而为海，旦暮积谓之岁……涂之人百姓，积善而全尽谓之圣人。……故圣人也者，人之所积也。"（《荀子·儒效》）人积累知识的过程，就是"积靡"向"圣人"转化的过程。

荀子提倡广采博学、"兼陈万物"、不耻下问、"询于刍荛""积微""积靡"、日积月累的学习方法，对于广泛取得感性知识和发展思维能力有着积极的意义。

感性学习阶段，只能了解一些分散的、表面的、浮浅的知识，而不能把握知识体系的内在规律。因此，荀子认为，在获得感性材料的基础上，还需要经过一个"心有征知"的学习阶段。荀子所说的"心有征知"，就是通过思维的主观能动作用，把感性知识提炼为精确的、概括的和本质的理性知识阶段，即高于感性阶段的理性学习阶段。该阶段是储存、整理学习知识的重要环节。

如何才能把握好"心有征知"这一学习阶段呢？荀子提出了一套行之有效的理性思维的理论、原则和方法。

第一，学思结合，"思考通之"。

荀子强调学习与思考相结合。一方面，他认为在学习过程中必须开动脑筋、积极思考，只有通过"心"进行"征知"，才能对所学知识"定然否"。而且只有"思乃精"，使学习者最终达到"通于神明，参于天地"（《荀子·性恶》）的境界。可见，"学"离不开"思"。另一方面，荀子强调思维必须以学习为基础。正如他所说："吾尝终日而思矣，不如须臾之所学也。"（《荀子·劝学》）

第二，"制名指实"，"以辨同异"。

荀子认为，要在感性学习的基础上进行理性思维，必须先对感性材料进行"制名"，即明确概念。因为概念是"由符号所代表的具有共同的关键属性的一类事物或性质"[①]，是知识的细胞，能反映事物的本质。因此他说："实不喻然后命，命不喻然后期，期不喻然后说，说不喻然后辨。故期、命、辨、说也者，用之大文也。"（《荀子·正名》）这里"命"就是"制名"。可见，"制名"是理性思维中最基本的活动。

那么，如何"制名"呢？荀子认为"制名之枢要"在于"制名以指实"（《荀子·正名》）。即概念要与现实事物相符。"制名"的过程是："名也者，所以期累实也。"（《荀子·正名》）就是说，概念是对不同的感性知识进行抽象概括的结果。"制名"的具体方法是"缘以同异"，同中求异，异中求同，他说："物也者，大共名也。推而共之，共则有共，至于无共然后止。""鸟兽也者，大别名也。推而别之，别则有别，至于无别然后止。"（《荀子·正名》）荀子特别反对"擅作名以乱正名"

---

① 邵瑞珍：《教育心理学》，上海教育出版社，1997年，第63页。

（《荀子·正名》），提倡"制名指实""以辨同异"。

第三，"以辞兼名"，进行判断。

荀子认为，从概念（"名"）到推理（"辨"）之间，有一学习过程——"辞"，起着承上启下的作用：既能解决"名"解释不清的问题，又为推理准备了材料。那么，何为"辞"呢？荀子为之下了定义："辞也者，兼异实之名以论一意也。"（《荀子·正名》）即通过联结、合并不同的"名"来表明一种意思的判断思维方式。只有通过"以辞兼名"，才能使所学知识理论化、条理化。因此他说："正其名，当其辞，以务白其志义者也。"（《荀子·正名》）

第四，"陈说原委"，辨说喻道。

荀子还发现，在许多场合下，光靠"辞"是不能说明问题的，还需要进一步推论，进行辨解。他说："期（辞）不喻然后说，说不喻然后辨。"（《荀子·正名》）这里的"说"即"陈说原委"，"辨"就是辨说喻道，"辨说"是理性思维和认识活动的深化。荀子根据其作用下了定义："辨说也者，不异实名以喻动静之道也。"（《荀子·正名》）杨倞注："动静，是非也。"就是说，"辨说"是根据原有的"实名"和"辞"而推知事物的是非规律，辨明思想、通晓事理的一种思维方式。现代逻辑学认为，由已知判断推出新判断，从既得知识推出新知识的逻辑思维形式就是推理，推理是一种获得新知识的方法。可见，荀子的"辨说"正是这种推理思维形式。

怎样才能正确地"辨说"推理呢？荀子认为"辨说"要"心合于道，说合于心"（《荀子·正名》）。就是说，"辨说"要遵守正确的思维规律——"道"。"道"的标准则是"是谓是，非谓非，曰直"（《荀子·修身》）。在推理中，如果出现"是非疑"，就应当"度之以远事，验之以近物"（《荀子·大略》）。以此来辨明是非，完善推理，推陈出新。

第五，"譬称以喻"，形象类比。

荀子认为对于那些高深难懂的道理，应"譬称以喻之"，用比喻的方法来加以说明。同时，他又强调，用比喻时应遵循"分别以明之"的规则，即拿具有共同特征的事物来作类比，不能用不同类别的事物来作比拟。他解释了原因："凡同类同情者，其天官之意物也同，故比方之疑似而通。"（《荀子·正名》）"疑"同"拟"。"比方之疑"就是譬喻比拟。意思是，具有共同特征的事物和道理，人们对它们的感知和思考有相同之处，所以，它们能相互譬称比拟。

第六，"以一知万"，触类旁通。

荀子继承孔子"举一反三"的思维方法，进一步提出"以一知万"，要求学习时开动脑筋，能通过学习一个事物的道理而推知其他千千万万同类事物的道理。荀子认为，这一学习原则运用在具体学习中，便会使人"以近知远，以一知万，以微知明"（《荀子·非相》）。"以浅持博，以古持今，以一持万。"（《荀子·儒效》）可以从有限的、简单的已知推出无限的、复杂的未知，从而掌担更多的知识和道理。

第七，"求其统类"，概括总结。

荀子认为知识是广泛"杂博"的，只有"求其统类"，概括总结，才能揭示知识之间的相互联系，从而把握事物的本质和发展趋势。同时，"求其统类"又是探讨知识内部的共同原理（"同理"）的重要途径。他说："倚物怪变，所未尝闻也，所未尝见也，卒然起一方，则举统类而应之，无所儗㑅（疑怍）。"（《荀子·儒效》）通过"统类"、概括，就可以准确地掌握复杂的知识、认识奇异的事物。因此，他教诫人们，要想"乡乎邪曲而不迷，观乎杂物而不惑"（《荀子·非相》），首先应当"求其统类"，抽象概括。具体办法是："疏观万物而知其情，参稽治乱而通其度。"（《荀子·解蔽》）即归纳总结。

第八，"除蔽去塞"，"兼陈中衡"。

荀子认为在学习过程中，人们的思想方法容易片面，妨碍认识事物的全貌，即"蔽于一曲"，具体表现为"欲为蔽，恶为蔽；始为蔽，终为蔽；远为蔽，近为蔽；博为蔽，浅为蔽；古为蔽，今为蔽"（《荀子·解蔽》）。荀子进一步论述其危害性，说："曲知之人，观于道之一隅而未之能识也，故以为足而饰之，内以自乱，外以惑人，上以蔽下，下以蔽上，此蔽塞之祸也。"（《荀子·解蔽》）因此，他要求人们在学习中应"除蔽去塞"，放弃"一隅""一曲"的门户之见，全面考察事物，做到"兼陈万物而中悬衡"（《荀子·解蔽》）。就是要广泛学习，全面考察事物的各个方面，然后根据一定的标准，对各个方面的知识进行判断权衡，"定其欲恶取舍"（《荀子·不苟》）。只有这样，才能认识准确，通晓万物。

第九，"定其取舍"，批判继承。

荀子特别强调对历史的学习应当采取批判继承的态度。他对学习历史食古不化和全盘否定这两种错误做法持明显的否定态度，提倡学习历史的时候，应当"兼权之，孰计之，然后定其欲恶取舍"（《荀子·不苟》）。就是说，在广泛掌握史料，反复考察研究之后，才能决定哪些该吸收，哪些该摒弃。显然，这个从"兼全孰计"到"定其取舍"的过程，正是批判思维方式在历史学习中具体运用的过程。批判性思维渗透于历史学习中便形成一种批判的学习方法。

总之，荀子肯定了理性思维过程是学习过程的主体部分，同时又提出一系列流芳百世的学习原则和方法。这是荀子在中国教育史上谱写的一页壮丽篇章。

荀子承认，通过"天官意物"，可以扩大视野，广采博学，储备材料，积累知识；再经"心有征知"，分析综合，抽象概括，把握知识，提高智能。但是，要想学到真正有用的知识，使知识的用途得以实现，还必须经过一个"布乎四体，形乎动静"（《荀子·劝学》）、将知识贯彻于行动中的实践过程，荀子简称为"行"。他认为，"行"是学习过程中的最高阶段，说："知之不若行之，学至于行之而止矣。"（《荀子·儒效》）这个观点虽然在现在看来是不完全正确的，但它反映了"行"的重要地位。

荀子为什么这样重视"行"呢？他列举了以下三个方面的理由。

首先，"行"能获得真知，提高智能。他说："所以知之在人者谓之知，知有所合谓之智。所以能之在人者谓之能，能有所合谓之能。"（《荀子·正名》）意思是说，只有通过"知有所合""能有所合"，即主观认识能力与客观实际相结合的实践活动，才能得到真知，提高智能。毛泽东同志也说过："你要有知识，你就得参加变革现实的实践。"①

其次，"行"可以检验知识，判明是非。荀子认为，"行"是判明是非、检验所学知识正确与否的唯一标准。他说："本仁义，当是非，齐言行，不失毫厘，无它道焉，已乎行之矣。"（《荀子·儒效》）又说："无稽之言，不见之行，不闻之谋，君子慎之。"（《荀子·正名》）"君子"对于没有根据的言论、没有见过的行动、没有听过的谋略，从未轻易相信过。那么，"君子"如何鉴别、吸收这些东西呢？他说："行之，明也，明之为圣人。"（《荀子·儒效》）就是说，通过实践，君子就能辨明是非；而明确了是非的东西，就能为之所用。

再次，"行"能使知识的价值得以实现。学习很多知识，却不能用来解决实际问题，这种知识再多也是无用的。他说："知之而不行，虽敦必困。"（《荀子·儒效》）荀子把"口能言之，身能行之"的人称为"国宝"。在荀子看来，实践是知识价值得以实现的唯一手段。

荀子提出的"行"高于"知"，以及"行"是学习中最高级阶段的观点，是有科学根据的。列宁曾说过："实践高于认识。因为实践不仅有普遍性的优点，并且有直接的现实性的优点。"②因此我们说，荀子的学行并进、学以致用、身体力行的学习原则和方法，至今仍有现实意义。

三、荀子论学习的积极态度

学习是一种包含多种心理成分的复杂心理活动。心理学研究表明：人的心理活动包括认知活动和意向活动。认知活动包括感觉、知觉、思维、想象等，是学习活动实现的条件。意向活动包括动机、兴趣、注意、意志、情感和情绪等，体现于学习中也就是学习态度。就学习活动的整体或一般情况来看，学习态度是主导的、第一位的，它的作用超过了认知活动，对学习效果起着决定作用。因此，荀子对学习态度在学习中的重要性，以及如何采取正确的学习态度等问题，作了精辟的论述，颇有借鉴价值。

（1）"择一而壹"，专一不二

---

① 《毛泽东选集》（合订本），人民出版社，1969年，第246页。
② 《列宁全集》第38卷，人民出版社，1963年，第230页。

荀子认为，学习应当有明确的目的。如果没有明确的学习目的，就不会取得优异的成绩。他说："无冥冥之志者，无昭昭之明。"（《荀子·劝学》）他提倡学习目的专一不二，说："知者择一而壹焉。"（《荀子·解蔽》）"学也者，固学一之也。"（《荀子·劝学》）就是说，聪明的学者，往往选择一个明确的学习目标作为奋发专一的方向。

为什么学习目的要明确专一呢？荀子认识到，一方面，知识是纷繁复杂、无穷无尽的，即"理焉亿万"；同时又是新旧更替、变化发展的，也就是"万物之变"。另一方面，不仅人的生年有限，而且人的认识能力也有限。他说："能不能兼技，人不能兼官。"（《荀子·富国》）意思是，人的能力再大也不能兼顾数技，人的感官再灵敏也不能同时进行多种感觉活动。这样，以一个人有限的认识能力来探索客观世界无穷的知识奥秘，即使是"没世穷年"，也终"不能遍"。因此他说："心枝则无知，倾则不精，贰则疑惑。……故知者择一而壹焉。"（《荀子·解蔽》）要想避免学习过程中对所学知识的"无知""不精""疑惑"，就应当"择一而壹"。又说："并一而不二，所以成积也。"（《荀子·儒效》）学习目的专一不二是成功来临的前提。

现代心理学告诉我们，一个人如果有了明确专一的学习目的，就能充分调动学习的积极性和创造性，就能使人的行为自始至终具有一定的倾向性，更有利于任务的完成。荀子提倡学习应具有"择一而壹"的精神，现在看来仍然是正确的。

（2）"锲而不舍"，持之以恒

荀子认为除了明确学习目的外，还必须有一种锲而不舍、坚持不懈的精神。他提出千古流传的名言："锲而舍之，朽木不折；锲而不舍，金石可镂。"（《荀子·劝学》）读书学习，如果"锲而不舍"、持之以恒，即使自己天资不及他人，也能有所成就。他说："故蹞步而不休，跛鳖千里；累土而不辍，丘山崇成。"（《荀子·修身》）相反，如果在学习上虚度光阴、一曝十寒，虽天资过人，必将一事无成。他说："彼人之才性之相县也，岂若跛鳖之与六骥足哉？然而跛鳖致之，六骥不致，是无他故焉，或为之，或不为尔。"（《荀子·修身》）因此，荀子说告诫人们要以永恒的态度来对待学习，只有"锲而不舍"、始终如一，方可摘取知识的硕果。

（3）"虚壹而静"，注意集中

荀子认为要提高学习效率、掌握更多更深的知识，必须具备"虚壹而静"的学习态度。"虚壹而静"是学习成败的关键。他说："心何以知？曰：虚壹而静。"又说："未得道而求道者，谓之虚壹而静。作之，则将须道者之虚则人，将事道者之壹则尽，尽将思道者静则察。"（《荀子·解蔽》）

什么是"虚壹而静"呢？荀子称之为"大清明"，并逐字作了解释。

所谓"虚"。他说："不以所已臧害所将受谓之虚。"（《荀子·解蔽》）杨倞解释说："臧"为"藏"。荀子认为，在人的意识里，藏着很多已知的东西，人的已有知识常使他先入为主，妨碍他对新鲜事物的接受。荀子所指的"虚"，就是教人排除私心杂念和偏见，不以已有的知识去妨害他接受新知识。

所谓"壹"。荀子说："不以夫一害此一谓之壹。"（《荀子·解蔽》）意思是，不因为已经懂得一种知识而干扰影响另一种知识的学习。对于所学习的东西，应当精力集中、全力以赴，切勿三心二意、注意分散。他告诫人们，只要"伏术为学，专心一致，思索孰察，加日县久，积善而不息"，就能"通于神明，参于天地矣"（《荀子·性恶》）。

所谓"静"。荀子说："心未尝不动也，然而有所谓静，不以梦剧乱知谓之静。"（《荀子·解蔽》）"静"是要求人们在学习时心情平静，不让梦幻般的想象和冲动的感情来扰乱正常的思维活动。如果心绪不定、神情恍惚，就会给感知造成错觉："中心不定，则外物不清。"（《荀子·解蔽》）因此学习中应当保持头脑清醒，思维清晰。

由上可知，"虚壹而静"作为一种学习态度，是要求人们在学习时尽可能地排除感情和私欲的干扰，保持思维活动的清醒状态，从而最大限度地发挥"心"的能动作用。现代心理学发现，当人在一定时间内集中注意某一事物时，大脑皮层的有关区域就会产生优势兴奋中心，这时，这个事物便可在大脑中获得最清晰的反映；与此同时，皮层上其他区域就处于抑制状态，对他物毫无觉察。而排除私心杂念，保持头脑清醒平静，又能促进注意集中。可见，荀子"虚壹而静"的学习思想与现代心理学观点一致。这一观点是荀子学习思想的精华，它的提出为世界教育史进献了一朵绚丽多姿、芬芳百世的鲜花。

（4）心平气和，"乐得其道"

现代心理学认为，情感产生于认识实践活动，同时又影响认识、实践活动。一个人在心情烦躁与在心平气和时对同一事物的感知效果大不相同。荀子已经发现了这一现象，他说："心忧恐则口衔刍豢而不知其味，耳听钟鼓而不知其声，目视黼黻而不知其状，轻煖平簟而体不知其安。"（《荀子·正名》）此时对于所学的东西，无疑难于接受。相反，如果"心平愉，则色不及佣而可以养目，声不及佣而可以养耳，蔬食菜羹而可以养口，粗布之衣、粗纼之履而可以养体，屋室、芦庾、葭藁蓐、尚机筵而可以养形。"（《荀子·正名》）此时学习一定能事半功倍。因此荀子说："君子乐得其道。"（《荀子·乐论》）并解释说："情悦之为乐。"（《荀子·礼论》）意思是，人在心情愉快平和时，就容易接受所学的知识。

（5）实事求是，笃实求学

荀子重视实事求是、扎扎实实的学习态度，要求学生"知之曰知之，不知曰不知，内不以自诬，外不以自欺"（《荀子·儒效》），反对不懂装懂、自欺欺人的学习态度及那种"入乎耳，出乎口"（《荀子·劝学》）的浮夸不踏实的学习风气。他认为实事求是应做到"是谓是，非谓非"（《修身》），对实事求是的态度给予赞扬，对敷

衍了事、混淆是非的态度予以贬斥,说:"是是、非非谓之知,非是、是非谓之愚。"(《荀子·修身》)

(6)谦虚谨慎,"守之以愚"

荀子要求人们持谦虚的学习态度,他说:"不知则问,不能则学,虽能必让,然后为德。"(《荀子·非十二子》)就是说,人不懂就该请教,不会就要学习,即使是自己有能力也要谦虚,只有如此,方可成为品学兼优的学者。他还引用孔子的话,为人们树立行为典范,在《荀子·宥坐》篇中写道:"孔子曰:'聪明圣知,守之以愚。'"以"守之以愚"来教诫人们虚心求学,切勿自满。

为什么要人们"守之以愚"呢?他又借用孔子的话来作解释。他说:"孔子曰:……知而好谦,必贤。"(《荀子·仲尼》)意思是说,天资聪明而又谦虚谨慎的人,一定会高人一筹,成为贤人。同时,荀子又对自满的人发出这样的警告:"吁!恶有满而不覆者哉。"骄傲自满是一定要失败的。可见,荀子已经认识到"谦虚使人进步,骄傲使人落后"的道理。

学习态度是否端正是学习成败的关键。因此荀子对学习的目的、动机、意志、注意、情感等方面作了多方位、多层次的论述,思想深刻,语言精湛,闪烁着辩证唯物主义的光辉。

(原载《孔子儒学与当代社会文集》,齐鲁书社,1991年)

荀子论道德教育和道德修养的意义

陈德安

荀子（约公元前313～公元前238年），是我国战国时期一位伟大的唯物主义思想家和教育家，也是一位伟大的儒家传经大师，儒家学说的集大成者。他"上承孔孟，下接易庸，旁收诸子，开启汉儒"①，在儒学发展史上起着综合和承上启下的作用。孔子的"六经"经过荀子的传授，传播绵延各国，秦汉时期儒生所学习的经书及其解说，大多来自荀子。可以这样说，没有荀子也就没有"焚书坑儒"后儒家经学的重新振兴，也就没有西汉时期"独尊儒术"局面的出现。清朝人汪中在《荀卿子通论》中说："荀子之学，出于孔氏，而尤有功于诸经。……盖自七十二子之徒既殆，汉诸儒未兴，中更战国暴秦之乱，六艺之传，赖以不绝者荀卿也。"这一结论，多为历代经学史家所公认。荀子特别重视道德教育，这不仅是对孔孟传统道德思想的继承，更为重要的是根植于当时社会现实的土壤，忧思深重，目光投向未来，积极谋求社会发展，国家安宁，鼓励人们拼搏进取，奋发向上。

荀子对秦国进行认真考察调查之后，认为重视道德教育是维护国家长治久安的根本大计。荀子生活的时代，是中国社会制度发生巨大变革的时代。奴隶制度已经崩溃，封建制度已经确立，长期分裂割据的局面即将结束，中国统一的曙光已经出现，历史即将跨进一个新的辉煌时期。荀子是热烈赞成和欢迎统一的，说："一天下，是又人情之所同欲也。"②他要求做到"四海之内若一家"③"天下为一，诸侯为臣，通达之属，莫不从服"④，从此结束"诸侯异政，百家异说"的分裂局面。他把统一的希望寄托于日益强盛的秦国，并打破儒者不入秦的旧例，亲自到秦国进行考察。经过耳闻目睹、循名责实后，他向秦相范雎称颂秦国的政绩说："佚而治，约而详，不烦而功，治之至也。"⑤并说这是秦国经过自秦孝公至秦昭王四代国君精心改革治理的结果，"故

---

① 李泽厚：《中国古代思想史论》，人民出版社，1985年，第106页。
② 《荀子·王霸》。
③ 《荀子·议兵》。
④ 《荀子·王霸》。
⑤ 《荀子·强国》。

四世有胜，非幸也，数也①"。即使如此，荀子认为秦国与理想中的"圣王之治"的盛世还相距甚远，说："然而县（衡）之以王者之功名，则侗侗然其不及远矣！"②而且秦国仍然忧心忡忡，唯恐不能长久，"虽然，则有其愗矣③"。这是什么原因呢？荀子认为，这是因为秦国只重法治、不重用儒术的结果，他批评说："则其殆无儒邪！故曰：粹（完全实行儒道治国）而王，驳（兼收并蓄）而霸，无一焉而亡。此亦秦之所短也。"④可见儒家把仁义伦理道德教育作为治国之纲。荀子认为，重用法家虽能攻伐天下、兼并天下，但是治理天下、巩固天下必须重用儒术、重视德教。一国之君如果有高尚的道德修养，又重视、提倡道德教化，人民就能心悦诚服，衷心拥戴，向往归顺，他说："今人主有明其德者，则天下归之若蝉之归明火也。"⑤另一方面，注重对人民进行道德品质修养的教育，才能形成良好的社会风尚与习俗，他说："儒者在本朝则美政，在下位则美俗。"⑥荀子尖锐地指出，秦国统治者只重法家而不重视儒家仁义礼诚的道德教育，是秦国的致命弱点，也正是秦国统一后将不能长治久安的症结所在。后来的史实证明，荀子的这个见解和预见十分正确。秦始皇统一六国后，由于重法治、任刑法而不用儒术、任德教，结果14年就亡了国。汉代的儒生如贾谊、陆贾、董仲舒等人总结秦亡的这一历史经验教训，也无不得出和荀子同样的结论。董仲舒说，秦朝速亡的原因是"师申商之法，行韩非之说，……非有文德以教训于天下也"⑦。

荀子分析当时的社会现状，回顾历史的经验教训，认为国君重视仁义道德教育、努力克制私利贪欲，是获得国家大治、天下统一的正确方针和路线。荀子生活的时代，是中国社会剧烈动荡的时代，七国争雄，虎视狼吞，腥风血雨，杀气腾腾。各国为了兼并天下，自强图存，都实行了变法，制定了各种法令和刑法。各国修武功而不重文德，耍权谋而不讲道义，社会风气是重物利而不尚仁礼。当时，强梁者为雄，勇武者称霸，人心凶残贪暴，道德荡然无存。"礼义不行，教化不成，仁者绌约，天下冥冥。"⑧"知者不得虑，能者不得治，贤者不得使。"⑨人们"纵情性，安恣睢，禽兽行，不足以合文通治"⑩。荀子作为新兴的地主阶级思想家，在批判综合各家学说的基础上，对如何巩固新建立的封建制度，进行了认真的研究和总结。荀子指出，新兴国君必须重视道德

---

① 《荀子·强国》。
② 《荀子·强国》。
③ 《荀子·强国》。
④ 《荀子·强国》。
⑤ 《荀子·致士》。
⑥ 《荀子·儒效》。
⑦ 《汉书·董仲舒传》。
⑧ 《荀子·尧问》。
⑨ 《荀子·尧问》。
⑩ 《荀子·非十二子》。

教育，以礼义道德修治其国，提倡高尚的道德情操，克制私利贪欲，人们彬彬行礼义，国家才能大治，天下才能统一大安。如果国君放弃仁义道德，唯利是求，一国上下相互逐利，尔诈我虞，权谋日行，仁义不存，其结果必然国破身亡。他对齐缗王的兴衰历史进行认真的回顾和反思后，揭示了这样一条真理。齐国在齐宣王、齐缗王统治时期，曾攻下燕都、大败楚国、灭掉宋国。齐缗王还号称"东帝"，西取函谷关，与秦国抗衡。公元前284年，齐国终被燕、秦、韩、赵、魏五国联军打败，连丧七十余城，齐缗王也被楚将所杀。荀子把齐缗王作为追逐私利、玩弄权术、不修仁义、放弃教育而最终身死国亡的典型代表，用他的血躯教训统治者应以此为鉴。在《荀子·王霸》一文中，荀子用坚定深沉而犀利的笔写道：

> 挈国以呼功利，不务张其义，齐其信，唯利之求，内则不惮诈其民而求小利焉，外则不惮诈其与而求大利焉，内不修正其所以有，然常欲人之有，如是，则臣下百姓莫不以诈心待其上矣。上诈其下，下诈其上，则是上下析也，如是，则敌国轻之，与国疑之，权谋日行而国不免危削，綦之而亡，齐闵、薛公是也。故用强齐，非以修礼义也，非以本政教也，非以一天下也，绵绵常以结引驰外为务。故强，南足以破楚，西足以诎秦，北足以败燕，中足以举宋。及以燕、赵起而攻之，若振槁然，而身死国亡，为天下大戮，后世言恶则必稽焉。是无它故焉，唯其不由礼义而由权谋也。

荀子认为"本政教""修礼义"，用仁义治国，克制私利贪欲，对人民进行道德教育，是国君治理国家的正确指导方针。如果国君放弃道德，"呼功利""由权谋"，则一国之内"上诈其下，下诈其上"，人们见利忘义，这个国家势必云谲波诡，顷刻土崩瓦解。荀子谆谆告诫统治者必须懂得和牢记这个道理，反复强调说："故义胜利者为治世，利克义者为乱世。上重义则义克利，上重利则利克义。"① "故用国者，义立而王，信立而霸，权谋立而亡。三者，明主之所谨择也，仁人之所务白也。"② "积礼义，尊道德，百姓莫不贵敬，莫不亲誉。"③

荀子是一个知识渊博、目光深邃的思想家，他还从人类社会的结构、人类社会的安定与发展的角度来审视道德教育的重要位置。荀子认为人类社会的特点是能"群"与"分"，人类与动物的根本区别及人之所以能战胜自然而维持其生存的主要本领，就在于人能"群"。他说："力不若牛，走不若马，而牛马为用，何也？曰：人能群，彼不能群也。"④荀子已认识到人类必须依靠群体的力量，依靠社会的组织，依靠人与人之间结成的一定的社会关系才能维持生存；已认识到每个人都是社会的一员，不能脱离社

---

① 《荀子·大略》。
② 《荀子·王霸》。
③ 《荀子·议兵》。
④ 《荀子·王制》。

会群体而独立存在，只有依靠集体，依靠社会，团结起来才有力量。荀子还认为，人类社会为了能够保障其和平群居的生活，使之不争不乱，还必须有"分"。他说："人何以能群？曰：分。"①"故人生不能无群，群而无分则争，争则乱，乱则离，离则弱，弱则不能胜物。"②所谓"分"，就是使人们有贫、富、贵、贱之分，把人们按封建制度分成等级，他说："先王恶其乱也，故制礼义以分之，使有贫、富、贵、贱之等，足以相兼临者，是养天下之本也。书曰：'维齐非齐'此之谓也。"③"分"的具体体现是：在社会是"农农、士士、工工、商商"；在家庭是"父父、子子、兄兄、弟弟"；在国家是"君君、臣臣"。荀子已认识到，在阶级社会中，人类是按等级生活的，人与人之间是一种不等的关系，这种关系又正是阶级社会赖以存在的基础和条件，引用古人的话说，就是"要做到整齐就必须是不齐"，因而不平等是天经地义的。

荀子认为，人类社会为了维持"群"和"分"，防止争乱，一方面，必须要有法律制度作保障，必须由圣人君王制作一套"礼"来约束和规范人们。他说："礼起于何也？曰：人生而有欲，欲而不得，则不能无求；求而无度量分界，则不能不争；争则乱，乱则穷。先王恶其乱也，故制礼义以分之，以养人之欲，给人之求，使欲必不穷乎物，物必不屈于欲，两者相持而长，是礼之所起也。"④所以，"礼"是维护社会等级秩序、保护人们政治和经济地位有"度量分界"的"法度"，实际上就是封建社会的"法"和"法治"，是强制人们必须遵循的。另一方面，为了维护"分"这种等级制度，荀子认为还必须对人们进行思想政治道德教育，使人们从思想到行为都自觉自愿地遵守这一套制度，这就需要用"义"来发挥作用。"义"就是要求人们在思想、言论、行为等各方面都能遵守"分"的标准和原则，克服不正当的利欲要求。荀子说："分何以能行？曰：义。故义以分则和，和则一，一则多力，多力则强，强则胜物。"⑤又说："有分义，则容天下而治。"⑥荀子认为，在上的统治者重视对人们进行"义"的道德教育，使人们都能安分守己，"皆内自省以谨于分"⑦，按"义"而行，不去非法牟利。这样，人们就能互相谦让，和睦相处，团结一心，步调一致；国家就能安定、统一、强大，天下就能和平大治，社会、历史就能发展进步。

荀子还从人性论的角度出发，充分肯定道德教育的必要性。战国时期，孟子首创"性善论"，作为其"仁政"学说的理论基础。荀子同孟子针锋相对，提出"性恶

---

① 《荀子·王制》。
② 《荀子·王制》。
③ 《荀子·王制》。
④ 《荀子·礼论》。
⑤ 《荀子·王制》。
⑥ 《荀子·大略》。
⑦ 《荀子·王霸》。

论"，作为新兴地主阶级推行礼治、进行道德教育的理论依据。荀子认为"人性"就是人天生的自然本质，原始的质材，不是人力所能教出来的。他说："性者，本始材朴也。"①"生之所以然者谓之性。"②"凡性者，天之就也，不可学，不可事。"③荀子认为人的本性就是"目好色，耳好声，口好味，心好利，骨体肤理好愉佚，是皆生于人之情性者也。"④又说："今人之性，生而有好利焉，顺是，故争夺生而辞让亡焉；生而有疾恶焉，故残贼生而忠信亡焉；生而有耳目之欲，有好声色焉，顺是，故淫乱生而礼义文理亡焉。然则从人之性，顺人之情，必出于争夺，合于犯分乱理而归于暴。"⑤可见，荀子所说的人的原始质材具有"自私""好利""疾恶"（嫉妒、仇恨）、"有欲"等特点，是驳杂而粗恶的，与社会的共同利益相抵触，如果任其发展下去，必然发生争夺暴乱，严重破坏社会秩序和多数人的利益。这就是"人性恶"的具体表现。荀子认为，人性虽恶，但是可以改化，可以通过后天的努力改造而变化为善，他称之为"伪"，即人为努力之意。他说："性也者，吾所不能为也，然而可化也。"⑥"人之性恶，其善者伪也。"⑦他认为，圣人并非生来就具有善良的品质，而是不断努力，经过教育、学习、道德修炼积累，以及良好环境影响之结果。他说："尧、禹者，非生而具者也，夫起于变故，成乎修修之为，待尽而后备者也。"⑧"故圣人者，人之所积而致也。"⑨又说："今之人性恶，必将待圣王之治，礼义之化，然后皆出于治，合于善也。"⑩荀子认为一个人必须接受老师的教育诱导，积极地学习，事事处处遵循礼义制度，不断地积累善行，就能去掉恶性而成为圣人君子；如果得不到道德教育，对恶的本性任其发展，就会成为作恶多端的小人。所以，道德教育可以使人明辨是非善恶标准，可以教人不断地去做好事，不干坏事；好事做多了，达到完全（全）、彻底（尽）、纯粹（粹）的善的程度，恶就除尽了，这样，人格就高尚了，同时变得聪明睿智，学业和事业也得到精进，于是也就成为一个圣人了，故说："积善成德，而神明自得，圣心备焉。"⑪——这就是道德教育"化性起伪"的功效！

在阶级社会中，人性就是人的社会性。人既有追求善美的愿望和要求，也有自私

---

① 《荀子·礼论》。
② 《荀子·正名》。
③ 《荀子·性恶》。
④ 《荀子·性恶》。
⑤ 《荀子·性恶》。
⑥ 《荀子·儒效》。
⑦ 《荀子·性恶》。
⑧ 《荀子·荣辱》。
⑨ 《荀子·性恶》。
⑩ 《荀子·性恶》。
⑪ 《荀子·劝学》。

自利、欲壑难填的本能。孟子说人性本善，实际上是从人的肯定性一面来鼓励人，安慰人；荀子说人性本恶，实际上他是从人的否定性一面来鞭策人、警醒人。荀子的学说，直指人的最丑恶、最肮脏、最猥琐的那一部分，使人们的头脑更清楚地知道自己应该改变些什么。他要求人们改恶从善，弃恶向善，这不仅是社会对每一个人的呐喊，也是一个人内心深处的呼唤。他指出，道德教育是使人们由邪恶走向光明的通天阶梯！

荀子认为，有无道德教育和道德修养是人与动物的根本区别，道德修养对人来说就像货财粟米一样重要。荀子认为人为万物之灵，人最高贵，"水火有气而无生，草木有生而无知，禽兽有知而无义，人有气、有生、有知，亦且有义，故最为天下贵也"[1]。人有智慧，有道德，能"群"有力量，这是人与动物的根本不同，从而使人从根本上改变着自己，也使整个世界发生着翻天覆地的变化。特别是人的道德修养是人类社会文明的标志，人若无道德，就如同禽兽一样，不能组成其文明社会了，他说："故学数有终，若其义则不可须臾舍也。为之，人也；舍之，兽禽也。"[2]"故人无礼则不生。"[3]所以，荀子认为道德教育和道德修养对人来说，就像财货粟米一样不可缺少，"仁义礼善之于人也，辟之若货财粟米之于家也，多有之者富，少有之者贫，至无有者穷。故大者不能，小者不为，是弃国捐身之道也。"[4]荀子认为所有人的本性最初都是一样的，和禽兽差不多，无礼义道德可言，"今人之性，固无礼义。"[5]礼义道德是经过后天教育、学习之后形成的，"故强学而求有之也""故思虑而求知之也"[6]。所以，一个人如能虚心向老师求教，刻苦学习，积累文化知识，加强道德修炼，达到高尚境界，就可成为圣贤君子，否则，永远摆脱不了动物的本性和境遇，永远是一个不齿于人类的小人，他说："今之人，化师法，积文学，道礼义者为君子；纵性情，安恣睢，而违礼义者为小人。"[7]可见，道德教育和道德修养是把人类从动物境界中拯救出来，使人真正成为一个人的唯一的途径和手段。

荀子认为，道德教育和道德修养能改变一个人的政治、经济地位和仪表风度。荀子继承了孔子"举贤才"的思想，认为国家要得到大治，办事效率要得到提高，光靠国君一个人是办不到的，必须依靠大批的贤人左右辅弼才行，所以他提出"尚贤使能"的主张，要求选拔、任用德才兼备的人来治理国家。他说：

---

[1] 《荀子·王制》。
[2] 《荀子·劝学》。
[3] 《荀子·修身》。
[4] 《荀子·大略》。
[5] 《荀子·性恶》。
[6] 《荀子·性恶》。
[7] 《荀子·性恶》。

尚贤使能，等贵贱，分亲疏，序长幼，此先王之道也。①

论德而定次，量能而授官，皆使人载其事而各得其所宜。上贤使之为三公，次贤使之为诸侯，下贤使之为士大夫，是所以显设之也。②

谲德而定次，量能而授官，使贤不肖皆得其位，能不能皆得其官，万物得其宜，事变得其应。③

朝无幸位，民无幸生。尚贤使能，而等位不遗；折愿禁悍，而刑罚不过。④

荀子认为，国君能"尚贤使能"，重用德才兼备的贤人，人民就知道前进的方向，"尚贤使能则民知方"⑤。提拔道德高尚、廉洁奉公的人，罢免那些花言巧语、贪图私利的人，国家才能繁荣昌盛，"德厚者进而佞说者止，贪利者退而廉节者起"⑥。尊重贤德之人，重用才能之士，他们的道德声望才能安抚百姓，使臣下和百姓都讲究谦让，竭尽忠信，谨守臣民的本分，"故上好礼义，尚贤使能，无贪利之心，则下亦将綦辞让，致忠信，而谨于臣子矣"⑦。"人主必将有卿相辅佐足任者然后可，其德音足以镇抚百姓，其知虑足以应待万变然后可，夫是之谓国具。"⑧只有"尚贤使能"，好人坏人才能区分，英雄豪杰才能毕至，是非真假才能不乱，"两者分别则贤不肖不杂，是非不乱。贤不肖不杂则英杰至，是非不乱则国家治。若是，名声日闻，天下愿，令行禁止，王者之事毕矣"⑨。只有"尚贤使能"，人心仰慕，才能称王称霸于天下，"尊圣者王，贵贤者霸，敬贤者存，慢贤者亡，古今一也"⑩。总之，荀子认为贤才是治国安邦的根本，是国家赖以强大、繁荣、安定的保证，英明的君主应该急于求得治国的贤才，把他们当成国宝看待，故"明主急得其人"⑪"明君以为宝"⑫。

荀子认为，评定、选拔和任用贤才的标准主要是看他的思想品德、道德修养、礼仪风度和办事的智慧能力，就是要从德才兼备来全面考察，特别是要把德性放在首位，他

---

① 《荀子·君子》。
② 《荀子·君道》。
③ 《荀子·儒效》。
④ 《荀子·王制》。
⑤ 《荀子·君道》。
⑥ 《荀子·君道》。
⑦ 《荀子·君道》。
⑧ 《荀子·君道》。
⑨ 《荀子·王制》。
⑩ 《荀子·君子》。
⑪ 《荀子·君道》。
⑫ 《荀子·王霸》。

说：“取人之道，参之以礼。”① "无德不贵，无能不官。"② "行义（仪）动静，度之以礼；智虑取舍，稽之以成；日月积久，校之以功。"③荀子反对"以世举贤"，他说："先祖当（尝）贤，后子孙必显，行虽如桀、纣，列从必尊，此以世举贤也。以族论罪，以世举贤，虽欲无乱，得乎哉！"④他要求废除奴隶社会以氏族"别贵贱""别智愚"的世卿世禄制度和血统论，采取选贤举能的用人制度，实行"任人唯贤"的政治路线，使有德有能者上，缺德无能者退，不拘一格选拔人才。他写道：

请问为政？曰：贤能不待次而举，罢不能不待须而废，元恶不待教而诛，中庸民不待政而化。分未定也则有昭缪。虽王公士大夫之子孙，不能属于礼义，则归之庶人。虽庶人之子孙也，积文学，正身行，能属于礼义，则归之卿相士大夫。⑤

这是说，贤能的人要破格提拔，缺德和无能的人要立即罢免。即使是王公大人的子孙，如果没有礼义道德，就削为庶人平民。即使那些普通庶民百姓的子孙，如果积累了文化知识，品行端正，符合礼义规范，也能当卿相士大夫。他说"小人"可以上升为"君子"，君子也可以下降为小人，"小人君子者，未尝不可以相为也"⑥。小人、君子是可以相互转化的，转化的条件唯凭德才。

荀子的这些言论，不失为中国最早的民主政治思想，为广大下层知识分子参政提供了理论依据和希望。他向他们大声疾呼："我欲贱而贵，愚而智，贫而富，可乎？曰：其唯学乎。……上为圣人，下为士君子，孰禁我哉！"⑦明确给他们指出：尊师重道，努力学习，修养品德，升华人格，积累知识，提高智慧，积极进取，奋力拼搏，前途光明，圣贤可成！一个人只有相信自己，依靠自己，开掘自己，发挥自己，刻苦学习，砥砺品德，才能改变自己的政治地位、经济状况和品格形象。荀子把《劝学》《修身》作为其书开首篇，可见其良苦用心。这是对孔子"下学而上达"⑧思想的继承。荀子的这种重人不重天、重德不重门、重才不重貌的思想，对于社会尊师重教，重视道德教育和道德修养，崇敬人品，激励学习，提高全民族的道德水平和素质，具有深远的历史意义。

荀子认为，经过道德教育，人的行为才能变得文明有礼貌，言谈举止、仪表风度才

---

① 《荀子·君道》。
② 《荀子·王制》。
③ 《荀子·君道》。
④ 《荀子·君子》。
⑤ 《荀子·王制》。
⑥ 《荀子·性恶》。
⑦ 《荀子·儒效》。
⑧ 《论语·宪问》。

能优雅大方。荀子认为人的原型是质朴粗糙的，只有经过教育之后才能"文理隆盛"。道德教育不仅能使人的心灵纯洁，涵养丰厚，而且能使人的外在行为文雅优美，受到世人的崇敬。他说，"凡用血气、志意、知虑，由礼则治通，不由礼则勃（悖）乱提僈（慢）；食饮、衣服、居处、动静，由礼则和节，不由礼则触陷生疾；容貌、态度、进退、趋行，由礼则雅，不由礼则夷固僻违，庸众而野"①。就是说：凡运用血气、志意、智慧和思虑去处理问题，遵循礼法的，事事都办得通；不遵循礼法的，就会悖乱松懈；衣食住行，一举一动，凡是遵循礼法的，就能和谐而有节奏，不遵循礼法就毛病百出；凡是容貌、态度、进退、走路，遵从礼法的就显得文雅，不遵循礼法的就显得傲慢孤僻，庸俗粗野，令人厌恶。荀子认为，一个有道德教养的人，其内在修养和外在行为是统一的、和谐的、完美的。

荀子认为，只有那些有道德修养的人，他的语言才能至诚恳恳，美如金玉，沁人肺腑，感人至深。他说："赠人以言，重于金石珠玉；观人以言，美于黼黻、文章；听人以言，乐于钟鼓琴瑟。故君子之于言无厌。鄙夫反是，好其实，不恤其文，是以终身不免埤污庸俗。"②这是说，用美好的语言馈赠别人，比施之于金石珠玉还贵重；用美好的语言来鼓励别人，比让他看到色彩斑斓的衣服还要赏心悦目；人们听到美好的语言，比听到钟鼓琴瑟的声音还要觉得动听。所以，君子十分看重他的言谈，而庸俗的人恰恰相反，他们不顾言谈的文采，说话粗鲁硬邦邦的，因此终身免不了卑污和庸俗。语言是心灵的镜子，语言的力量就是思想的力量，就是情感的力量，就是智慧的力量，就是感召的力量。语言美和行为美是统一的。因此，荀子强调君子一定要注意言谈，善于言谈，"君子之于言也，志好之，行安之，乐言之。故君子必辩"③。

荀子认为，一个人的荣誉和耻辱的来临，必然与他个人的道德品质优劣相一致，因为各类事情的发生，必定有它的根由。他说："物类之起，必有所始；荣辱之来，必象其德。"④荀子的这种荣辱、祸福、休咎都是由自己个人造成的思想，是对春秋时期"吉凶由人"⑤"祸福无门，惟人所召"⑥思想的继承和发展。荀子劝说人们要加强道德修养，多做好事善事，才有可能获得荣誉和幸福；如果思想品性不好，胡作非为，作恶害人，必招人怨，必遭灾祸，他说："肉腐出虫，鱼枯生蠹。怠慢忘身，祸灾乃作。强自取柱（祝），柔自取束。邪秽在身，怨之所构。"⑦多行不义必自毙，所以荀

---

① 《荀子·修身》。
② 《荀子·非相》。
③ 《荀子·非相》。
④ 《荀子·劝学》。
⑤ 《左传·僖公十六年》。
⑥ 《左传·襄公二十三年》。
⑦ 《荀子·劝学》。

子谆谆告诫人们，言行是招祸招辱的根基，一言一行必须特别谨慎认真，要仔细考虑到其后果，即使很细微的地方，也要及早防微杜渐，不能麻痹大意，轻率妄为："故言有召祸也，行有招辱也，君子慎其所立乎！"①"祸之所由生也，生自纤纤也。是故君子蚤（早）绝之。"②君子一定要谨慎地立身处世，加强博学自省的道德修炼功夫，才能避免过错，"木受绳则直，金就砺则利，君子博学而日参省乎己，则知明而行无过矣。③"

荀子认为，有道德修养的人能健康长寿，享其天年，缺少德行的人常常夭亡。荀子不是宣传因果报应的思想，而是从人的心理卫生健康对生理健康的影响这个角度出发而言的："材悫者常安利，荡悍者常危害；安利者常乐易，危害者常忧险，乐易者常寿长，忧险者常夭折：是安危利害之常体也。"④纯朴老实的人常常满足于已得到的利益，放荡凶暴的人常常遭受危害；满足于得到利益的人常常安乐，危害别人的人常常忧愁危险。安乐的人常常长寿，忧愁危险的人常常夭亡。这就是安危利害的通常规律。又说："得众动天，美意延年，诚信如神，夸诞逐魂。"⑤"公生明，偏生暗，端悫生通，诈伪生塞，诚信生神，夸诞生惑。"⑥思想品德好，得到人民大众的拥戴就能撼动上天，就能内心愉快、祛病延年、消灾益寿，诚实守信就能应变如神，虚狂荒诞就会毁伤心志，疲惫精神。公正才能明察，褊狭导致愚昧，端正诚实产生通达，欺诈虚伪导致阻塞，诚实而讲求信用可产生不可思议的力量，虚夸狂妄导致迷惑无知。概言之，善意待人、纯朴老实、诚实守信、公正无私的人平平静静，舒舒泰泰，安安乐乐，健康长寿，因为他们心灵纯洁，胸怀宽广，心理健康愉快，身体自然康泰；那些虚伪欺诈、狂妄荒诞、放荡凶暴、损人利己的人心怀叵测，绞尽脑汁，忧愁危险，日夜不安，常常夭亡，因为他们心地恶毒，心胸狭窄，精神不宁，身体自然多病。荀子认为，人要健康长寿，一方面要注意治气养生，另一方面要加强道德修养，从生理、心理两个方面进行全面修炼，"以治气养生则身后彭祖（传说为夏、商时期人，活了800余岁，后世多以他为长寿者的象征），以修身自强则名配尧、禹"⑦。这一思想为以后的中国道教思想家提出的"性命双修"理论奠定了基础。

荀子"寿命长，阅历多，涉猎广，著述富"⑧。他学问博大，思虑精深，洞察世

---

① 《荀子·劝学》。
② 《荀子·大略》。
③ 《荀子·劝学》。
④ 《荀子·荣辱》。
⑤ 《荀子·致士》。
⑥ 《荀子·不苟》。
⑦ 《荀子·修身》。
⑧ 郭沫若：《十批判书》，科学出版社，1956年，第246页。

情，经验丰足。他提出的德教与法治并用的思想，虽然未能被秦国采纳，但经过秦朝的覆灭，汉初统治阶级总结经验教训，终为汉武帝所采用，"霸王道杂之"[①]、外儒内法的统治策略一直为以后两千多年的封建统治阶级所沿袭，所以，荀子实为为秦汉封建专制主义统一政权准备了理论基础的儒家学派的先驱人物。荀子要求统治阶级重视仁义道德的修养与教育，努力克制私利贪欲，对遏制统治者凶残贪暴、荒淫腐朽、穷奢极侈、胡作非为具有积极的作用。荀子极力维护不平等的封建等级制度，但他认为对每个个人来说，政治、经济地位是有可能改变而且必须改变的，缺德无能的必须下降，有德有能的必须升迁。这是中国最早的民主政治思想，对于激励人们修行品德，努力学习，积极进取，以实际贡献实现人生价值具有巨大的鼓舞力量和永远不衰的魅力。荀子对人要求特别严格，从性恶论出发，要人严格检查和克服自己的缺点错误，不仅要摆脱禽兽的行为，而且要使自己的人品修养和善事善想达到全、尽、粹的高度和境界，言行举止和仪表风度都要文明高雅，给后人树立了崇高的人格风范和人生追求的理想目标。世上谁人不想荣华荣耀，多福多寿？荀子给人们指出，丢掉幻想和一切邪门歪道，以修身致达、修身致荣、修身致福、修身致寿，才是最现实可行的根本途径。

总之，荀子关于道德教育与道德修养重要性的论述，对于国家的长治久安、社会的和谐发展、全民族精神文明和道德水平的提高具有深远的历史意义和现实意义。在今天商品经济发展、一切向钱、道德滑坡、世风日下的情况下，重温荀子的言论能不使人振聋发聩、深思猛醒吗？

（原载《桂林市教育学院学报》1995年第1期）

[①] 《汉书·元帝纪》。

韩非的哲学和社会政治思想

陈德安

韩非约生于公元前280~公元前233年，他出身于韩国贵族，是先秦时期最后一位代表新兴地主阶级利益的思想家。他的思想特点是充满了反对守旧复古的革新精神，反映了封建君主专制的时代要求。他的政治主张基本上为秦王朝所采纳，对秦始皇统一中国，建立君主专制主义的中央集权制起了积极的作用。

韩非的世界观是唯物主义的，他的认识论包含着辩证法的因素，他的社会历史观具有社会进化论的观点，他的人性论把荀子的"性恶论"发展到极端，他的法、术、势相结合的法治思想为封建专制主义中央集权提供了理论根据。

一、韩非的唯物主义自然观

韩非的自然观是唯物主义的，它吸取了当时生产斗争和科学技术的新成就，继承和发扬了荀子的唯物主义思想。

他肯定了天是自然，没有意志，对人不分亲疏，他说："若地若天，孰疏孰亲？"（《韩非子·扬权》）"非天时，虽十尧不能冬生一穗。"（《韩非子·功名》）

他认为自然界是不断运动变化的："万物有盛衰""夫物之一存一亡，乍死乍生，初盛而后衰，不可谓常。"（《韩非子·解老》）

他认为事物的运动变化是有规律的，并提出"道"和"理"的概念来说明事物的规律性。他认为"道"是宇宙万物总的规律。他说："道者万物之所然也，……万物之所以成也。"（《韩非子·解老》）"道者，万物之始，是非之纪也。"（《韩非子·主道》）他说的"理"，是指具体事物的条理和特殊规律："理者，成物之文也。"（《韩非子·解老》）他认为具体事物都因其有的特殊规律，因而使世界上的事物之间形成千差万别。他说"万物各异理""理定而物易割也""凡理者，方圆、短长、粗靡、坚脆之分也"（《韩非子·解老》）。他认为事物的各种特殊规律是不能相互代替的，他说："物有理，不可以相薄。"（《韩非子·解老》）

韩非认为"道"和"理"是互相区别而又相互联系的，认为"道"是"万理"的总和，"道者，万物之所然也，万理之所稽也"（《韩非子·解老》）。但"道"存在于具体的"理"之中，它依赖于"理"而存在。"凡理者，方圆，长短、粗靡、坚脆之分也，故理定而后物可得道也。"（《韩非子·解老》）万物之"理"是变化的，故"道"也是变化的，并与"理"相适应。"万物各异理而道尽，稽万物之理，故不得不化。""凡道之情，不制不形，柔弱随时，与理相应。"（《韩非子·解老》）

韩非承认自然界有客观规律性，并且提出"道"和"理"的概念，来说明事物的普遍规律和特殊规律及其相互关系，在古代哲学思想史上是一个重要的贡献。

韩非提出"道"和"理"的学说，是为他的君主专制主义的法治思想服务的。他说"道"和"理"是变化的，所以"法"也必须改变。"稽万物之理，故不得不化；不得不化，故无常操。"（《韩非子·解老》）他说"道"是独一无二的，因此必须实行君主专制主义中央集权制的政体。"道无双故曰一。是故明君贵独道之容。"（《韩非子·扬权》）

韩非认为客观事物是有规律的，人们必须按照事物的规律去行动，才能获得成功。他说："夫缘道理以从事者，无不能成。"（《韩非子·解老》）

韩非发挥了荀子的"制天命而用之"的思想，论证人不可相信"天命"，必须发挥主观积极性，体现了上升时期地主阶级积极进取的精神。他说："夫必恃自直之箭，百世无矢；恃自圜之木，千世无轮矣。"（《韩非子·显学》）要人不要等待自然恩赐，要运用工具去改造自然物。他进而用此观点去论证法治的必要性。他说："不恃赏罚而恃自善之民，明主弗贵也。何则？国法不可失，而所治非一人也。故有术之君，不随适然之善，而行必然之道。"（《韩非子·显学》）

韩非从他的唯物主义世界观出发，对当时社会流行的鬼神迷信思想进行批判。他指出日月星辰的运行和迷信鬼神都不能决定人们的吉凶祸福。相反，迷信鬼神会使国家陷于灭亡。他举例说："越王勾践恃大朋之龟，与吴战而不胜，身臣入宦于吴；反国弃龟，明法亲民以报吴，则夫差为擒。"（《韩非子·饰邪》）他把迷信鬼神作为亡国的象征之一，尖锐地指出："用时日，事鬼神，信卜筮而好祭祀者，可亡也。"（《韩非子·亡征》）

韩非还剖析人们产生迷信鬼神思想的原因，认为这是由于人们遭于疾病和灾祸而产生的。没有疾病和灾祸，对于鬼神的迷信自然就淡薄了。他说："人处疾则贵医，有祸则畏鬼。""夫内无痤疽瘅痔之害，而外无刑罚法诛之祸者，其轻恬鬼也甚。"（《韩非子·解老》）

韩非坚持天道自然的唯物主义立场，要人们冲破天命鬼神思想的束缚，积极发挥主观能动性，大声疾呼"争于气力"，反映了当时地主阶级生气勃勃的进取精神。

二、韩非的认识论

韩非的认识论和他的唯物主义自然观一致，具有许多唯物辩证的因素。

韩非认为人的感觉和思维依赖于天然的感觉器官和思维器官。人的感觉和思维能力是物质的一种属性。他说："人也者，乘于天明以视，寄于天聪以听，托于天智以思虑。"（《韩非子·解老》）韩非在这里所说的天就是荀子所说的自然的天，所说的"乘于天明""寄于天聪""托于天智"发挥了荀子关于"天官""天君"的说法。韩非认为人具有认识世界的本能，由此论证了人们认识世界的可能性。

韩非进而强调人认识世界的必要性，认为人要免除祸害，求得幸福，必须充分认识事物的规律，按照事物的规律行动才有把握。他说："人有祸则心畏恐，心畏恐则行端直，行端直则思虑熟，思虑熟则得事理。行端直则无祸害，无祸害则尽天年，得事理则必成功。尽天年则全而寿；必成功则富与贵；全寿富贵之谓福。"（《韩非子·解老》）他坚信，认识规律，按照规律行动，必然成功；反之，不了解规律，轻举妄动，必然失败。他说："夫缘道理以从事者，无不能成。……夫弃道理而妄举动事者，虽上有天子诸侯之势尊，而下有猗顿、陶朱卜祝之富，犹失其民人而亡其财资也。"（《韩非子·解老》）

韩非相信世界是可以认识的。他说："物有常容。"即事物都有一定的内容和表现形式。人们于世界的认识，必须依据事物的形状、性质对事物进行反复的观察研究，找出世界的客观规律。他说："因天之道，反形之理，督参鞠之，终则有始。"（《韩非子·扬权》）

韩非认为人认识世界必须排除一切主观偏见，不受杂念干扰，才能正确认识规律，接受知识："喜之则多事；恶之则生怨。故去喜去恶，虚心以为道舍。"（《韩非子·扬权》）他在《解老》篇中曾经批判唯心主义认识论的所谓"前识"。他说："先物行，先理动，之谓前识。前识者，无缘而忘（妄）意度也。""虚以静后"，就是排除一切主观的"妄意度"使认识产生在对于事物进行观察研究之后，才能得出正确的结论。

韩非提出检验认识是否合乎实际的"参验"的方法。他说："偶参伍之验，以责陈言之实。"（《韩非子·备内》）他论述参伍的方法说："参伍之道，行参以谋多，揆伍以责失……言会众端，必揆之以地，谋之以天，验之以物，参之以人，四证者符，乃可以观矣。"（《韩非子·八经》）所谓"伍"，就是排队比较；所谓"参"就是比较研究。他认为考察一种言论的得失，必须注意到有关各方面（"众端"），其中包括自然的（天、地、物）和社会的（人）各种因素。只有同这些方面都符合的言论才是正确的言论。因此，韩非说："循名实而定是非，因参验而审言辞。"（《韩非子·奸劫弑臣》）就是说，正确的言论，应该是名实的统一，"实"是检验"名"的标准。

韩非认为，认识和言论是否正确，要以实践中的效果作为检验的标准。他说："今听言观行，不以功用为之的彀，言虽至察，行虽至坚，则妄发之说也。"（《韩非子·问辩》）即是说，如果达不到预期的效果，虽然讲得很透彻，做得很努力，也等于废话。韩非还举例说：当人们都在睡眠的时候，无从区分谁是盲人。当人们都不说话的时候，哑巴也不容易被识破。但是，如果让他们看东西，提问题要他们回答，那么，盲人和哑巴便都无法掩饰了。韩非说："不听其言也则无术者不知，不任其身也则不肖者不知；听其言而求其当，任其身而责其功，则无术不肖者穷矣。"（《韩非子·六反》）韩非又举例说："比如观察宝剑，只是靠看它的颜色，专家也难于马上判定它的好坏。可是。只要实地去砍斫一下，一般人都能区别它的利钝。再如观察马，如果只观察马的颜色形状，专家也不能立刻认出它的优劣，如果实地让它驾一次车，一般人都能判定它的优劣。"

韩非在认识论上重视实效，是为了在政治方面贯彻以能力和办事效果作为用人的标准。他说："试之官职，课其功伐，则庸人不疑于愚智。"（《韩非子·显学》）"故明主之吏，宰相必起于州部，猛将必发于卒伍。"（《韩非子·显学》）就是要从基层中提拔一些有实际经验的人做官。他主张对臣下要"功当其言则赏，不当则诛"（《韩非子·难二》）。做出来的成绩和他讲的相符合，则有奖；只讲不做，或讲得多做得少，则要受罚，以实效作为赏罚的依据。

三、韩非的人性论

韩非把荀子的"性恶论"发展到极端，主张加强君主专制独裁，对人民实行严刑峻法。

韩非认为人皆有"自为心"，人人都是自私自利的，所以人性是恶的。他认为人与人之间的关系包括君臣、君民、父母子女之间的关系，都是建立在个人利害的基础之上的，都是为了各自的利益而结合而斗争的，根本没有"仁爱""仁义"之类的东西。他举例说："医善吮人之伤，含人之血，非骨肉之亲也，利所加也。故舆人成舆，则欲人之富贵；匠人成棺，则欲人之夭死也。非舆人仁而匠人贼也，人不贵则舆不售，人不死则棺不买，情非憎人也，利在人之死也。故后妃、夫人、太子之党成而欲君之死也，君不死则势不重，情非憎君也，利在君之死也。"（《韩非子·备内》）做医生的吮伤含血愿人病好，做车的人愿意人富贵，而做棺材的愿意人死得多，做后妃、夫人、太子的愿意国君早死，这些都不是因为他们的心仁慈与不仁慈，而是出于他们的切身利益所决定。韩非认为父母对子女也是计较利害的，没有什么"慈爱"。他说："父母之于子也，产男则相贺，产女则杀之。此俱出父母之怀衽，然男子受贺，女子杀之者，虑其后便、计之长利也。"（《韩非子·六反》）父母于子女都计较利害，没有什么"慈爱"。韩非由此推论，国君与臣民之间，更没有什么"相爱之道"了，他们之间充满了利害矛盾。他认为国君用官爵来换取人臣为他效死力，人臣为达到富贵而由死力来换取人君的官爵，他们之间的关系是建立在官爵买卖关系之上的，互相根本没有"仁爱之心"。他说:"臣尽死力以与君市。君垂爵禄以与臣市,君臣之际,非父子之亲也,计数之所出也。"(《韩非子·难一》)君臣之间的关系是买卖关系,没什么仁义可言。"臣之所不弑其君者,党与不具也。"(《韩非子·扬权》)在他看来,只要条件齐备、时机成熟,臣下都可能把人君弑掉。

韩非根据以上人性恶的分析,否定了儒家所标榜的仁义和"德治",也批判了墨家所讲的兼爱学说。他说:"今学者之说人主也,皆去求利之心,出相爱之道,是求人主之过于父母之亲也,此不熟于论恩诈而诬也。"(《韩非子·六反》)人天生"性恶",互相争利,根本没有仁义,因而"德治"不可行。他从地主阶级的立场和利益出发,极力主张实行"法治"用严酷的刑罚镇压人民的反抗,防止奴隶主贵族的破坏。他在《韩非子·显学》篇中说:"夫严家无悍虏,而慈母有败子,吾以此知威势之可以禁暴,而德厚之不足以止乱也。"因此,他认为君主的统治要靠"刑"而不靠"德",必须"以法为教""以吏为师"(《韩非子·五蠹》)。

韩非处于地主阶级夺权和巩固政权的时代,其"性恶论"揭露了奴隶主道德观念的虚伪性,破坏了世袭贵族的社会秩序;强调用暴力镇压反抗者,用暴力粉碎奴隶主贵族的反抗破坏。这对于地主阶级夺取和巩固政权非常重要,但韩非的人性论是个人利己主义的伦理学说,是地主阶级或商人地主对人的观点的集中反映。这种人性论在理论上是错误的和唯心的,在政治上具有反对人民的反动的一面。因为他把社会矛盾的真正根源都错误地归结为"人人自私自利",从而掩盖地主阶级剥削压迫农民而引起的农民阶级同地主阶级之间对抗的阶级实质。因为他主张采用严刑峻法,残酷地镇压人民的反抗,越向后发展反动作用越明显。韩非的学说,被秦始皇实行了,对人民的统治是残暴的,所以秦王朝很快就灭亡了。历史证明,越是反人民的东西,越要遭到粉碎。

四、韩非的进化论的历史观

韩非认为历史是变化的,进步的。他把历史发展分为"上古之世""中古之世""近古之世""当今之世"四个阶段,社会是由低级阶段向高级阶段发展的。他说:"上古之世,人民少而禽兽众,人民不胜禽兽虫蛇。有圣人作,构木为巢,以避群害,而民悦之,使王天下,号之曰有巢氏。民食果蓏蚌蛤,腥臊恶臭而伤腹胃,民多疾病;有圣人作,钻燧取火,以化腥臊,而民说之,使王天下,号之曰燧人氏。中古之世,天下大水,而鲧、禹决渎。近古之世,桀、纣暴乱,而汤、武征伐。今有构木钻燧于夏后氏之世者,必为鲧、禹笑矣;有决渎于殷、周之世者,必为汤、武笑矣。然则今有美尧、舜、汤、武、禹之道于当今之世者,必为新圣笑矣。"(《韩非子·五蠹》)这个"新圣"就是新兴地主阶级的代表人物。他认为社会是进步的,后世超过前世,这是一种进化发展的历史观。

韩非严厉地批判了当时一些人颂古非今，企图使历史车轮倒转的复古的唯心史观，指斥他们"故明据先王，必定尧、舜者，非愚则诬也"（《韩非子·显学》）。讥笑他们生于当今之世，即称颂上古，口不离"先王"，言必称"仁义"，这好像用泥土做饭菜一样，中看不中吃，只能当儿戏而不能治国。他还把儒术比作巫术说儒家口口声声鼓吹先王行仁义可以做王，如同巫术师"使若千秋万岁"的祝祷声震聋耳朵，然而人的寿命也延长不了一天（见《韩非子·显学》）。他批判孔子说："仲尼之对，亡国之言也。"（《韩非子·难三》）如果相信那一套，就会"法败而政乱"（《难三》），"大者国亡身死，小者地削主卑"（《韩非子·奸劫弑臣》）。他说："今欲以先王之政，治当世民，皆守株之类也。"（《韩非子·五蠹》）

韩非认为历史是进化的，不同的时期有不同的任务，应该从实际情况出发，采取不同的任务，采取不同的政策、策略和处理方法，而不是沿用老一套的东西。他明确提出："世异则事异""事异则备变"（《五蠹》）。所以"后圣""新圣""不务循古，不法常可，论世之事，因为之备"。认为时代变了，社会变了，统治的方法就应随形势而改变，为其变法主张找理论根据。

韩非认为他当时的时代是"争于气力"的时代（《韩非子·五蠹》），"力多则人朝，力寡则朝于人，故明君务力"（《韩非子·显学》）。他极力主张必须"废先王之教"（《韩非子·问田》），主张"富国以农，距敌恃卒"（《韩非子·五蠹》），要采用法家的耕战政策，发展生产，发展武装力量，增强新兴地主阶级在政治上、经济上、军事上的力量，用暴力手段建立一个统一的强大的封建国家。

韩非的历史观含有进化论的观点，主张用暴力建立统一的中央集权的封建国家，反映了当时新兴地主阶级的积极革命精神，有一定的进步意义，但理论上仍是错误的。他不可能科学地了解历史发展的规律，把历史分为上古、中古、近古、当今四个历史阶段是不科学的。他把古代建房、用火的发明归于少数"圣人"，而不认为是人民群众的发明创造，这不符合历史实际情况。他不承认人民群众是历史的创造者、是推动历史前进的动力，而认为只有像他那样的"后圣""新圣"才决定历史发展的方向，鼓吹英雄史观，主张对人民实行"愚民政策"。他不了解社会动乱的根源是残酷的剥削制度引起的阶级斗争，却错误地认为是人口众多而财富少而引起的，认为古代"人民少而财富有余"，而当时"人民众而货财寡，事力劳而供养薄，故民争"（《韩非子·五蠹》）。这不符合历史情况。他不了解远古生产水平低，生活资料贫乏，过的是原始共产生活，所以没有阶级分化；后来生产力发展了，剥削阶级产生了，因而发生争夺。他主张加强法治，要统治阶级用严刑镇压人民，才能防止社会上的争乱，所以，他的历史发展观仍然是唯心主义的。

五、韩非的法、术、势相结合的法治思想

韩非站在地主阶级的立场上，根据当时建立君主专制主义中央集权制的封建政治需要和当时阶级斗争的情势，总结以往各国地主阶级的变法经验，综合法家商鞅、申不害、慎到三派的学说，明确提出法、术、势相结合的法治理论，为封建专制主义中央集权提供了理论根据。韩非大大发展了法家各学派的法治思想，把法、术、势思想有机地结合起来，成为完整的法治理论。所以，韩非是法家学派的集大成者。

韩非认为法、术、势相互联系相互补充，缺一不可，应当把法、术、势三者紧密地结合在一起："此不可一无，皆帝王之具也。"（《韩非子·定法》）而三者之中，最根本的是"法"，法是术和势的中心和根本。他说："以法为本"（《韩非子·饰邪》）"国无常强，无常弱。奉法者强则国强，奉法者弱则国弱（《韩非子·有度》）。"

韩非所讲的"法"，就是维护封建统治的法令和规章制度。韩非认为一切法令必须出自君主，而且要详细具体。官吏的职务是执行法，民众的义务是服从法。韩非认为只有君主才是主动者，其他人都应听凭君主法令的摆布。韩非把君主宣布的法作为全社会必须遵循的统一标准，谁违反了谁就当死无赦。他引赵上地郡守董阏的话说："使吾法之无赦，犹入涧之必死也，则人莫之敢犯也，何为不治！"（《韩非子·内储说上》）韩非把法令叫做"名"，根据法令进行赏罚叫做"刑"，这就是韩非的"刑名之法"。韩非特别强调"法不阿贵""法之所加，智者弗能辞，勇者弗敢争。刑过不避大臣，赏善不遗匹夫"（《韩非子·有度》）。就是说，执法用刑，不讲情面，犯了法的，大臣也要治罪，立了功的，普通人也要行赏，用人行政，一切都根据法律办事。韩非的"法"，一方面是镇压农民的，另一方面具有打击奴隶主贵族势力的进步意义，他认为只有加强法治实行严刑重法，才能防止暴乱，有利于主尊国安："严家无悍虏（家长管教严的没有凶悍的奴仆），而慈母有败子（败家子），吾以此知威势之可以禁暴，而德厚之不足以止乱也。"（《韩非子·显学》）他明确宣称"用法之相忍，而弃仁义之相邻"。要抛弃虚伪的仁义外衣。

韩非认为先有法还不行，还必须用"术"才能使国君的统治巩固，即法和术必须紧密配合。他说："君无术则弊于上，臣无法则乱于下。此不可一无，皆帝王之具也。"（《韩非子·定法》）就是说国君必项有术，臣下必须守法，天下才不为乱。韩非讲的术，有积极的一面，如主张"因任而授官，循名而责实，……课群臣之能者也"（《韩非子·定法》）。即根据言行和才能来任免、考核、赏罚官吏，但更多的是主张君主对臣下"操杀生之柄"（《韩非子·定法》），操纵生杀大权，采用各种阴谋诡计、如深藏不露、装聋作哑、遇事不表态、事后抓辫子、设置暗探，进行暗杀等，就是对臣下采用各种阴谋诡计和进行特务统治。所以，"术"是统治阶级内部争权夺利的理论表现。

韩非认为"法"必须和"势"紧密结合起来。"势"就是君主的政权和地位，是君主统治人民的凭借，是君主的命根子。他说："势者，胜众之资也。"（《韩非子·八经》）"抱法处势则治，背法去势则乱。"（《韩非子·难势》）他鼓吹极端君权主义，认为一切权力必须牢牢掌握在国君一人手里，不可分人。他指出："故明君操权而上重，一政而国治"（《韩非子·心度》），"权势不可以借人"（《韩非子·内储说下六微》），大权不可旁落。权势一分，君主就不能成为君主了。为了加强君权，韩非坚决主张建立一个统一的中央集权的封建国家："事在四方，要在中央。圣人执要，四方来效"（《韩非子·扬权》）。他大力倡导"兼天下"（统一天下），实行郡县制，反对分封制："诸侯之博大，天子之害也。"（《韩非子·爱臣》）为了加强君权，韩非认为必须独尊法家，严禁各种不利于君主专制的思想和学派。他认为，"儒以文乱法，侠以武犯禁，而人主兼礼之，此所以乱也"（《韩非子·五蠹》）。所以，对他们必须严加禁止，不仅要"禁其行""破其群以散其党"（《韩非子·诡使》），而且要"灭其迹，息其说"（《韩非子·五蠹》）。他主张严厉镇压儒家的"私学"，同时提出"以法为教""以吏为师"的文化专制主义政策。"以法为教"，就是废除儒家的"先王之语"和"书简之文"，以地主阶级的法律和规章制度作为教科书。"以吏为师"，就是以官吏为老师，废除儒家"私学"。这就是要用新兴地主阶级的政策法令和思想文化，来巩固封建的经济基础。这种思想为秦始皇、李斯所继承，"焚书坑儒"就是这种思想的具体实现。

韩非的这种法、术、势相结合以加强封建专制主义中央集权的法治思想，反映了当时封建社会统一的历史趋势，具有一定的进步意义。但他提出这种主张的根本目的，是为了巩固和强化地主阶级对农民阶级的专政，矛头指向农民阶级。

（原载《传统文化》1989年第1期）

附　录　山西师范大学历史与旅游文化学院晋学研究论著目录

李孟存

*论文

1.《对〈晋作爰田考略〉的异议》，《晋阳学刊》1982年第5期。（与常金仓合作）

2.《范宣子刑书探微》，《山西师院学报》1983年第1期。（与常金仓合作）

3.《叔虞封地诸说正误辨析》，《晋阳学刊》1983年第4期。（与常金仓合作）

4.《唐改国号一解》，《山西师院学报》1984年第2期。（与常金仓合作）

5.《爰田与井田——与林鹏同志再商榷》，《晋阳学刊》1984年第4期。（与常金仓合作）

6.《西周时期的晋国》，《山西师大学报》1985年第2期。（与常金仓合作）

7.《晋国的农业》，《山西师大学报》1985年第3期。（与常金仓合作）

8.《晋国的军制》，《山西师大学报》1985年第4期。（与常金仓合作）

9.《略论春秋与战国的年代界限》，《山西师大学报》1987年第1期。

10.《"简襄功烈"述评》，《山西师大学报》1988年第4期。

11.《孔子与晋国》，《山西师大学报》1991年第2期。

12.《绛商与空首布》，《山西师大学报》1992年第1期。

13.《唐尧是和合文化的源头》，《山西师大学报》1997年第3期。（与李引丝合作）

14.《〈周易〉与晋国文化》，《三晋文化学术研讨会论文专集》，山西古籍出版社，1999年。

15.《山西通史上光辉的一页》，《新田文化研讨会论文集》，山西教育出版社，2005年。

16.《晋法与鲁儒的冲撞与融通》，《新田文化研讨会论文集》山西教育出版社，2005年。

17.《卜子夏青年轨迹拾零》，《新田文化与和谐思想论文集》，山西人民出版社，2008年。

*著作

1. 李孟存、张之中主编：《平阳史话》，山西人民出版社，1987年。

2. 李孟存、常金仓著：《晋国史纲要》，山西人民出版社，1988年。

3. 乔志强主编：《山西通史》，中华书局，1997年。（奴隶社会部分，李孟存）

4. 李孟存、李尚师著：《晋国史》，山西古籍出版社，1999年。

5. 李孟存、李尚师著：《晋国人物评传》，延边大学出版社，2006年。

6. 张仝凤、李孟存著：《晋国史话》，山西人民出版社，2008年。

7. 山西省地图集编纂委员会：《山西历史地图集》，中国地图出版社，2000年。绘制地图七幅半。

卫文选

*论文

1. 卫文选：《尧都考》，《山西师院学报》1981年第3期。

2. 卫文选：《晋国灭国考略》，《晋阳学刊》1982年第6期。

3. 卫文选：《晋国的阶级、阶层和土地占有制度》，《山西师院学报》1983年第4期。

4. 卫文选：《历代晋卿与晋国兴衰的关系》，《晋阳学刊》1984年第1期。

5. 卫文选：《晋文公富国要略》，《山西师大学报》1987年第3期。

6. 卫文选：《晋国赵室兴盛初议》，《山西师大学报》1988年第4期。

7. 卫文选：《晋国郡县考释》，《山西师大学报》1991年第2期。

8. 卫文选：《晋国文化研究二题》，《山西大学师范学院学报》1991年第3期。

*著作

1. 乔志强主编：《山西通史·先秦卷》，山西人民出版社，2001年。撰写《晋作爰田、作州兵考释》一节。

2. 卫文选：《晋国文化十八篇》，延边大学出版社，2005年。

3. 卫文选：《晋国杰出国君晋文公传》，平阳历史文化丛书（内部图书），2008年。

陈德安

1. 陈德安：《荀子的哲学和社会政治思想》，《山西师大学报》1989年第1期。

2. 陈德安：《韩非的哲学和社会政治思想》，《传统文化》1989年第1期。

3. 陈德安：《荀子的学习理论初探》，《教育理论与实践》1989年第6期。（与申国昌合作）

4. 陈德安：《荀子的学习思想探析》，《孔子儒学与当代社会文集》，齐鲁书社，1991年。（与申国昌合作）

5. 陈德安：《荀子论道德教育和道德修养的意义》，《桂林市教育学院学报》1995

年第1期。

6. 陈德安：《荀子论学习过程和学习方法》，《纪念〈教育史研究〉创刊二十周年论文集》2009年。（与申国昌合作）

周征松

1. 周征松：《晋文公称霸的战略思想》，《山西师大学报》1991年第2期。
2. 周征松：《尧都平阳在临汾不在太原——对王尚义〈太原建都已有4470年〉一文的商榷》，《山西师大学报》2004年第1期。

张玉勤

*论文

1. 张玉勤：《井田制辨析》，《山西师院学报》1982年第4期。
2. 张玉勤：《晋作爰田探讨》，《晋阳学刊》1984年第2期。
3. 张玉勤：《晋作州兵探析》，《山西师大学报》1985年第1期。
4. 张玉勤：《研究晋文化须将考古、文献、民俗的研究结合起来》，山西省考古研究所编：《晋文化研究座谈会纪要》，1985年。
5. 张玉勤：《也论庶人》，《山西师大学报》1986年第3期。
6. 张玉勤：《战国土地买卖异议》，《山西师大学报》1988年第3期。
7. 张玉勤：《论战国时期的国家授田制》，《山西师大学报》1989年第4期。
8. 张玉勤：《综析周代土地制度的变革与性质》，《先秦史研究动态》1989年总第17、18期。
9. 张玉勤：《神农、炎帝、黄帝关系辨》，《山西师大学报》1990年第3期。
10. 张玉勤：《战国土地买卖辨》，《史学理论研究》1994年第2期。
11. 张玉勤：《周族起源考》，《山西师大学报》1994年第4期。
12. 张玉勤：《论尧文化》，《山西师大学报》2000年第4期。（与赵玉钟合作）
13. 张玉勤：《神农、炎帝关系辨兼及炎帝在华夏文明形成中的作用》，《炎帝文化》，中华书局，2005年。（与赵玉钟合作）
14. 张玉勤：《晋都新田造就了晋文化的辉煌》，《新田文化研讨会论文集》，山西教育出版社，2005年。（与赵玉钟合作）
15. 张玉勤：《论君明臣忠在晋国兴衰中的作用》，《新田文化研讨会论文集》，山西教育出版社，2005年。（与赵玉钟合作）
16. 张玉勤：《论炎帝及其在华夏文明形成中的作用》，《炎帝、姜炎文化与和谐社会》，三秦出版社，2007年。（与张辉杰合作）
17. 张玉勤：《也论尧文化——兼与高邮发祥说商榷》，《探索与争鸣》2007年第8

期。（与张晓荣合作）

18. 张玉勤：《陶寺：尧文化的直根》，《中关村》2007年第12期。（与张晓荣合作）

19. 张玉勤：《论黄帝、炎帝及华夏文明的起源》，《山西师大学报》2007年第5期。（与张辉杰合作）

20. 张玉勤：《晋文化是东周时期的主体文化》，《山西师大学报》2011年第3期。（与张辉杰合作）

*著作

1. 张玉勤主编：《山西史》，中国广播电视出版社，1992年。

2. 张玉勤：《让烛光更灿烂》，山西教育出版社，2000年。（撰写第一讲《论山西古代的文明与辉煌》）

常金仓

1. 常金仓：《晋侯请隧新解》，《山西师大学报》1988年第4期。

2. 常金仓：《古唐国与我国原始驯养业》，《山西大学师范学院学报》1991年第3期。

张有智

*论文

1. 张有智：《"通鉴"书商鞅变法辨——兼谈李之勤同志的文章》，《山西师大学报·纪念司马光逝世九百周年专刊》1986年。

2. 张有智：《浅析信陵君的礼贤下士及其后效》，《山西师大学报》1989年第2期。

3. 张有智：《荀子教育思想述要》，《高教研究》1992年第3期。

4. 张有智：《宗法制在晋国的衰落》，《晋阳学刊》1993年第1期。

5. 张有智：《〈山西省文化史略〉述评》，《晋阳学刊》1998年第2期。

6. 张有智：《二十一世纪呼唤"晋学"》，《三晋文化学术研讨会论文专集》，山西古籍出版社，1999年。

7. 张有智：《关于"晋学"研究的战略思考》，《山西师大学报》1999年第3期。

8. 张有智：《论春秋晋国宗族组织间的政治关系》，《史林》2000年第1期。

9. 张有智：《有道变无道：春秋晋国史中最生动的一页》，《史林》2001年第4期。

10. 张有智：《三晋法家形成原因一议》，《新田文化研讨会论文集》，山西教育出版社，2005年。

11. 张有智：《论法文化在先秦时期的孕育》，《中国史新论·法律分册》，联经出版公司，2008年。（与李亚峰合作）

12. 张有智：《"蔺相如现象"的文化阐释》，《史林》2009年第1期。（与何海斌合作）

13. 张有智：《晋学概念及其他》，《光明日报》2009年12月11日。

14. 张有智：《自然环境与晋国的发展》，《山西·曲沃曲村-天马遗址发掘30周年晋文化论坛论文集》，三晋出版社，2011年。（与阎海燕合作）

15. 张有智：《三晋文化的当代价值》，《2010年三晋文化研讨会论文集》，三晋文化研究会，2011年。（与谢耀亭合作）

16. 张有智：《简论荀子思想中的齐文化因素》，《第六届中国山西安泽荀子文化节高层论坛论文集》，2011年。（与孙义国合作）

17. 张有智：《试论陶寺遗址即尧都》，《临汾日报》2012年9月12~13日。（与武幸龙合作）

*著作

1. 张有智：《平阳史话》，山西人民出版社，1987年。（参编）

2. 张有智：《先秦三晋地区的社会与法家文化研究》，人民出版社，2002年。

3. 《晋学研究丛书新田文化研讨会论文集》，山西教育出版社，2005年。（副主编）

4. 张有智：《三晋文献集》（先秦卷），主编，山西古籍出版社，2007年。

5. 张有智：《山西通史》（干部读本），山西人民出版社，2012年。（参编第一章）

杨秋梅

*论文

1. 杨秋梅：《〈赵氏孤儿〉本事考》，《山西师大学报》1987年第2期。

2. 杨秋梅：《略论赵武在弭兵会中的作用》，《山西师大学报》1989年第4期。

3. 杨秋梅：《晋国史研究》，《四十年山西社会科学通览》，山西高校联合出版社，1991年。

4. 杨秋梅：《魏绛在晋悼公复霸中的作用》，《山西师大学报》1991年第2期。

5. 杨秋梅：《试论晋吴联盟》，《山西师大学报》1992年第1期。

6. 杨秋梅：《晋国后期内战及其历史影响》，《山西师大学报》1996年第3期。

7. 杨秋梅：《"晋无公族"的形成及其历史影响》，《三晋文化学术研讨会论文专集》，山西古籍出版社，1999年。

8. 杨秋梅：《晋国的始盛之君——晋献公》，《山西师大学报》1999年第3期。

9. 杨秋梅：《晋国公族与公室关系的变异》，《晋阳学刊》2002年第5期。

10. 杨秋梅：《卜子夏教育思想探微》，《教育史研究》2009年第1期。

11. 杨秋梅：《推动晋学研究 建设文化强省——晋学研讨会综述》，《山西师大学报》2004年第3期。

12. 杨秋梅：《晋学研究的新篇章——读李元庆先生论著〈晋学初集〉》，《晋阳学刊》2005年第5期。

13. 杨秋梅：《春秋时期晋国公族研究》，《多维视野下的中外历史文化》，书海出版社，2005年。

14. 杨秋梅：《晋文化暨侯马盟书出土40周年研讨会综述》，《中国史研究动态》2006年第5期。

15. 杨秋梅：《和谐视野下的晋国霸业》，《新田文化与和谐思想论文集》，山西人民出版社，2008年。

16. 杨秋梅：《隆礼重法思想与子夏之学》，《山西日报》2008年12月30日。

17. 杨秋梅：《子夏之学与三晋学术》，《光明日报》2009年12月16日。

18. 杨秋梅：《魏国率先变法原因探析》，《史学集刊》2011年第2期。

19. 杨秋梅：《春秋时期的晋国公族及其特点》，《安徽史学》2011年第3期。

20. 杨秋梅：《晋国早期都城浅议》，《山西曲沃 曲村-天马遗址发掘30周年晋文化论坛论文集》，三晋出版社，2011年。

21. 杨秋梅：《忠孝既难全 生死两茫然——〈晋恭世子碑铭并序〉述评》，《山西档案》2012年第2期。

*著作

1. 杨秋梅：《魏国史话》，山西春秋电子音像出版社，2007年。

2. 杨秋梅：《山西历史与文化》，三晋出版社，2008年。

林宏跃

1. 林宏跃：《论三家分晋形成的社会机制》，《山西师大学报》1992年第1期。

2. 林宏跃：《赵世系中赵夙与赵衰的辈分考辨》，《山西师大学报》1988年第4期。

3. 林宏跃：《晋学学科体系构建》，《光明日报》2009年12月14日。

4. 林宏跃：《晋国的道德风尚及其形成的社会基础》，《新田文化研讨会论文集》，山西教育出版社，2005年。

宸晓红

1. 宸晓红：《试论战国前期魏国强大的原因》，《山西师大学报》1987年第3期。

2. 宸晓红：《晋国内乱得失论》，《新田文化研讨会论文集》，山西教育出版社，2005年。

畅海桦

*论文

1. 畅海桦：《晋国范氏的和谐思想》，《新田文化与和谐思想论文集》，山西人民出版社，2008年。

2. 畅海桦：《试论晋国范氏的兴衰及影响》，《沧桑》2009年第1期。

3. 畅海桦：《晋国史书〈乘〉探微》，《山西师大学报》2009年第3期。

4. 畅海桦：《晋学的四大特征》，《光明日报》（理论版）2009年12月15日。

5. 畅海桦：《论赵国的定都与变迁》，《安徽史学》2010年第5期。

6. 畅海桦：《试探晋国史官地位嬗变之因》，《山西师大学报》2010年第5期。

7. 畅海桦：《从晋和戎狄的商业贸易看晋文化的整合》，《山西曲沃　曲村-天马遗址发掘30周年晋文化论坛论文集》，三晋出版社，2011年。

8. 畅海桦：《从安泽惠民工程看荀子民生思想对当今社会的指导意义》，《第六届中国山西安泽荀子文化节高层论坛论文集》2011年。

*著作

畅海桦：《文明的见证》，科学出版社，2010年。

张焕君

1. 张焕君：《春秋时期晋国君臣观浅析》，《新田文化研讨会论文集》，山西教育出版社，2005年。

2. 张焕君：《荀子与晋学》，《光明日报》2009年12月19日。

3. 张焕君：《从赵武灵王胡服骑射看战国时期社会思潮》，《山西社会主义学院学报》2011年第3期。（与高敏合作）

4. 张焕君：《战国时期儒家后学的礼学发展》，《第六届中国山西安泽荀子文化节高层论坛论文集》2011年。

5. 张焕君：《尧文化与中国礼乐文明的人文精神》，《临汾日报》2012年9月21～25日。

谢耀亭

1. 谢耀亭：《子夏法思想论析》，《运城学院学报》2006年第1期。

2. 谢耀亭：《子夏在儒学发展史上的贡献》，《运城学院学报》2008年第3期。

3. 谢耀亭：《子夏故里温邑考——兼与"卫国说"者商榷》，《社会科学评论》2009年第2期。

4. 谢耀亭：《荀子游齐考》，《运城学院学报》2007年第1期。

5. 谢耀亭：《荀子的圣王观及其对思孟学派的批判》，《第六届中国山西安泽荀子文化节高层论坛论文集》2011年。

仝建平

仝建平：《晋学研究资料利用问题》，《光明日报》2009年12月15日。

张志刚

1. 张志刚：《唐叔虞封地究竟在哪里》，《山西师院学报》1982年第4期。
2. 张志刚：《狐偃在晋文公政治生涯中的作用》，《山西师院学报》1983年第2期。

研究生学位论文

1. 《20世纪以来晋国史研究的回顾与思考》 2008级 阎海燕
2. 《春秋时期晋国官制研究》 2005级 谢梅芳
3. 《晋国史官研究》 2009级 樊酉佑
4. 《晋国宗教文化研究》 2010级 徐雅洁
5. 《晋国法制试探》 2006级 常 宏
6. 《晋国礼制研究》 2010级 田 源
7. 《春秋时期晋国军礼研究》 2007级 成 亮
8. 《春秋时期晋国战争史研究》 2010级 赵 军
9. 《春秋时期晋国军事思想研究》 2010级 郑阿静
10. 《春秋晋国世族势力的发展对晋国政治格局之影响》 2007级 王浚波
11. 《春秋时期晋国盟誓问题研究》 2008级 王者希
12. 《试析晋国公室的联姻》 2007级 贾建华
13. 《晋国的宗族与政治》 2010级 武幸龙
14. 《晋国范氏宗族研究》 2004级 刘长江
15. 《春秋晋国郤氏研究》 2010级 白艳芳
16. 《春秋时期晋国栾氏家族研究》 2010级 王春红
17. 《春秋晋国中行氏家族研究》 2010级 李朝燕
18. 《春秋时期晋秦关系论》 2005级 闫亮亮
19. 《戎族与晋国关系研究》 2005级 曹艳强
20. 《春秋时期晋楚关系略论》 2006级 薛晓庆
21. 《试论春秋时期的晋齐关系》 2006级 张 玲
22. 《春秋时期晋宋邦交研究》 2010级 岳 淼
23. 《试论春秋时期的晋郑关系》 2010级 李 杰
24. 《晋国改革与社会发展》 2009级 王海桃
25. 《20世纪以来战国魏文化研究的回顾与思考》 2009级 杨 超
26. 《三晋都城迁徙及其地缘战略初探》 2006级 何海斌

27.《魏国军事文化论略》 2004级 李亚峰
28.《魏国政治制度研究》 2005级 任江波
29.《先秦三晋儒家研究》 2008级 田 彬
30.《三晋名家初探》 2006级 王 琳
31.《先秦三晋兵学研究》 2006级 张 健
32.《先秦三晋纵横家成因初探》 2005级 辛志花
33.《先秦三晋地区的婚姻与女性研究》 2004级 申 磊
34.《荀子思想的逻辑演进》 2009级 白雪倩
35.《荀子理性思维研究》 2008级 余瑞霞
36.《荀子社会管理思想研究》 2009级 李红兵
37.《〈管子〉和〈荀子〉治国思想比较研究》 2009级 孙义国
38.《安泽碑刻与民间信仰》 2008级 刘鑫阳
39.《乡宁民歌与乡宁社会》 2008级 闵 睿
40.《唐代五台山高僧著述研究》 2006级 贺瑞玲
41.《万历至康熙年间的山西天主教》 2006级 张妍平
42.《明清晋徽两商帮的商业伦理思想特点及其现代意义》 2005级 李明
43.《清末山西公共领域发展初探》 2005级 李玉明
44.《近代山西基督教社会事业研究》 2008级 刘丽霞
45.《铁路修建与山西城市发展研究（1904—1937）》 2006级 高卫平
46.《民国期间晋西北一贯道研究——以晋西北崞县、忻县、代县三县及周边为例》 2006级 李世宽
47.《民国时期山西留美教育研究》 2006级 赵润霞
48.《抗日战争时期晋察冀边区减租减息运动研究》 2007级 赵 倩
49.《20世纪四十年代晋绥边区农贷研究》 2007级 武 婵
50.《20世纪三四十年代晋西北农村变工互助探析》 2007级 贺文乐
51.《太岳革命根据地救灾度荒工作研究——以1942—1944年的旱蝗灾为中心的考察》 2007级 张俊仁
52.《晋西北抗日根据地戏剧运动研究》 2009级 曹源源
53.《晋西北根据地合作社研究》 2009级 王晓蕊
54.《晋西北根据地抗战勤务问题研究》 2010级 白旭琴
55.《抗战时期晋绥根据地民兵组织研究》 2010级 于成龙
56.《抗战时期阎共统一战线下的民族革命大学研究》 2010级 牛鹏程
57.《民国山西烟毒问题研究（1911—1937）》 2010级 屈振中
58.《壶关县土地改革研究》 2007级 韩李飞

59.《河津县土改实证研究（1947—1950）》 2010级 王 霞
60.《山西省扫盲运动研究（1950—1956）》 2010级 胡艳平
61.《临汾地区初级社研究》 2010级 李成芹
62.《洪洞县农村社会主义教育运动初探》 2007级 张欣欣
63.《计划经济时期的新绛纺织厂（1950—1982年）》 2007级 李红艳
64.《山西省城市化发展研究》 2006级 冯华平
65.《建国以来临汾城市化发展研究》 2006级 苗 玮